本书受教育部哲学社会科学研究重大课题攻关项目
"'一带一路'沿线国家汉语教育比较研究"(项目号：20JZD044)资助

# 汉语国际教育慕课研究

张 浩 ◎ 著

时事出版社
北京

# 前　言

2008年，斯蒂芬·唐斯（Stephen Downes）和乔治·西蒙斯（George Siemens）开发上线了第一门开放在线课程"关联主义和关联知识"，戴夫·科米（Dave Cormie）和布莱恩·亚历山大（Byran Alexander）据此创造慕课（Massive Open Online Course，简称MOOC）一词，C慕课形成。2011年斯坦福大学推出了"人工智能"在线课程，形成以人工智能为代表的X慕课，慕课概念正式进入教育研究的热门领域。2012年，《纽约时报》发文将2012年称作"慕课之年"，以示慕课发展的高光时刻。从2008年至今，慕课已走过10多年的历史。随着互联网信息技术的发展，慕课不断形成、完善并发展起来，在远程教育和网络教学中发挥着越来越大的作用。

2013年，清华大学上线全球首个中文版慕课平台——学堂在线，拉开了中国慕课建设的序幕。2014年，北京大学在美国慕课平台在线教育（Coursera）上线"初级汉语"慕课，标志着第一门汉语慕课的诞生，为汉语在线教学探索出新道路，标志着汉语国际教育紧跟时代发展的步伐，搭上了"互联网+"的快车。2013年至今，随着世界慕课的迅速发展和现代信息技术的不断更新，中国慕课、中国汉语慕课如雨后春笋般快速崛起并逐渐完善起来，为中国的教育教学模式的改革与创新提供新思想、新方法、新路径。

2020年，新冠疫情以始料不及的速度肆虐全球，深刻改变了人们的教育教学、工作、生活与学习方式，全球大部分地区纷纷采取临时关闭学校的措施，学生的学习方式从线下学习为主转向全面的线上学习，由此世界上出现史上规模最大且影响深远的教育生态的改变，网络教学因其超时空性的特点在世界各地得到大规模应用。汉语作为第二语言教学，也从传统的线下课堂为主向线上的直播、录播、翻转课堂等多种模式转变，汉语教学全面走向线上，出现越来越多的线上教学平台，如中国大学慕课、超星学习通、云班课、雨课堂、钉钉、腾讯课堂、企业微信等。

作为网络教学的重要形式，汉语远程教育教学在疫情期间发挥着举足轻重的作用。中国学者崔希亮（2020）指出："无论是在基础教育领域还是在职业教育领域，甚至高等教育领域，慕课这些年在教育教学改革当中所扮演的角色都越来越重要，它们的作用越来越凸显，前几年在全国范围内出现的慕课热，也体现了网络时代教学模式的变革成为发展潮流和大趋势。"[①] 研究资料显示，疫情期间，各大主流慕课平台配合其他网络教育形式，提供了多等级、多课型、多门类的汉语课程和教学资源，注册学习者数量持续增加，实现了疫情期间学习者的"停课不停学"。但是，从当前的社会需求与现实情况看，汉语慕课的整体数量仍偏少，运行成熟、拥有一定规模的稳定学习者群体与影响力的汉语慕课平台更是屈指可数，未来的汉语慕课建设仍任重道远。同时，已有文献资料显示，自慕课形成以来，相关的研究并未对慕课尤其是汉语慕课做出系统的梳理，人们对慕课的了解大部分仍停留在"大规模开放在线课程"上，缺乏对汉语慕课的深入研究和了解。因此，本书主要以汉语慕课（汉语作为第二语言教学的慕课）为研究对象，对汉语慕课的概况、发展阶段、类型及特点、现状及存在的问题、未来发展方向等进行较为系统、全面的梳理和总结，以期厘清汉语慕课的历史脉络，总结汉语慕课的现状和问题，规划汉语慕课的未来发展方向。

本书以汉语慕课为主要研究内容，力图从慕课概述、汉语慕课概述、汉语慕课教学研究、汉语慕课的未来发展方向四个方面对汉语慕课问题进行系统的论述。本书的基本内容主要包括以下四个方面：一是慕

---

① 崔希亮：《全球突发公共卫生事件背景下的汉语教学》，《世界汉语教学》2020年第3期。

课概述，从来源与发展、概念与界定、变化与分类、研究与趋势四个方面对慕课进行简单的概述；二是汉语慕课概述，从发展概况、主流平台、类型及特点、混合式教学、教学评价等方面对汉语慕课进行详尽的分析；三是汉语慕课教学研究，主要对汉语语音慕课、汉语语法慕课、汉语汉字慕课、汉语水平考试（HSK）慕课、商务汉语慕课、初级综合汉语慕课、中高级综合汉语慕课、汉语口语慕课、汉语文化慕课九类具体的汉语慕课进行概况、结构设计、主要教学流程、主要教学方法、典型案例分析等方面的研究和分析，以概括总结出各类汉语慕课的基本范式，为汉语慕课的未来发展提供典范和榜样，促进汉语慕课质量的进一步提高和完善。综上，本书各章节内容在汉语教学的大背景下，对汉语慕课及其教学进行了细致的概括和总结，为汉语慕课的未来研究和发展方向提供了一定的思路。因此，我们希望，本书中提出的一些粗浅问题能够引起相关专家的注意，为汉语慕课的发展提供一定的有益参考。

需要提出的是，本书以汉语慕课为主要研究对象，较多侧重具体汉语慕课类型的系统分析，未对汉语慕课乃至中国慕课、世界慕课未来的整体发展趋势做出相应的评估和预测，也未对汉语慕课与其他类型的网络教学形式进行相关的比较研究，此为本书的纰漏之一。同时，由于各种因素的影响，本书的编写和出版相对滞后，书中所涉及相关数据也具有一定的滞后性或不妥谬误之处，此为本书的另一纰漏。因此，我们恳切希望各位同仁对本书的不足之处提出宝贵的意见和建议，并予以批评指正。

这里，我们期冀本书的出版能够抛砖引玉，吸引更多、更好、更全面的慕课专著面世，全面、详尽、立体地呈现慕课发展的细枝末节，以激励中国汉语慕课、中国慕课乃至世界慕课的长远、可持续发展，为后疫情时代线上线下相结合的汉语教学模式做出新的、更大的贡献！

张　浩
2021 年 10 月 12 日

# 目录

Contents

**第一章　慕课概述** ································································· 001
　第一节　慕课的来源与发展 ···················································· 001
　第二节　慕课的概念与界定 ···················································· 004
　第三节　慕课的变化与分类 ···················································· 010
　第四节　慕课的研究与趋势 ···················································· 015

**第二章　汉语慕课概述** ··························································· 042
　第一节　汉语慕课发展概况 ···················································· 042
　第二节　汉语慕课的类型及特点 ·············································· 054
　第三节　汉语慕课的混合式教学 ·············································· 057
　第四节　汉语慕课的教学评价 ················································· 063

**第三章　汉语慕课教学设计研究** ············································· 067
　第一节　汉语语音慕课教学 ···················································· 067
　第二节　汉语语法慕课教学 ···················································· 082
　第三节　汉语汉字慕课 ·························································· 102
　第四节　汉语水平考试慕课 ···················································· 114
　第五节　商务汉语慕课 ·························································· 140

**第四章　汉语慕课教学模式研究**……………………………… 168
　第一节　初级综合汉语慕课教学……………………………… 168
　第二节　中级及高级综合汉语慕课教学……………………… 272
　第三节　汉语口语慕课教学…………………………………… 293
　第四节　汉语文化慕课教学…………………………………… 324

**第五章　结语：汉语慕课的未来发展方向**…………………… 354

**参考文献**………………………………………………………… 359

# 第一章 慕课概述

一直以来，学术界对慕课大都停留在对其首字母及其"大规模开放在线课程"含义的理解上，国内大部分慕课研究尤其是外语慕课和汉语慕课，也没有对此做进一步梳理。如果仔细梳理慕课发展历史及其来源就会发现，不同语境和研究背景中使用的慕课虽界定相似，但大多取其冰山一角为我所用。本书将追根溯源，从慕课的来源与发展入手，以期梳理慕课的脉络和路径，形成清晰的界定和理解。

## 第一节 慕课的来源与发展

慕课并非凭空而来，与开放在线学习、开放教育、开放教育资源、远程教育等息息相关。可以说，慕课由开放在线学习发展而来，与开放教育资源协同发展，同时又与远程教育相互影响。因此，要想理解慕课的具体含义和内容，就需要从与之相关的概念入手，厘清来源，梳理脉络。

文献资料显示，慕课的来源与发展大致经历了以下几个阶段：一是20世纪90年代以前，在互联网尚未普及的年代，一些以电视、广播、电话等形式开展的远程教育已逐渐出现；二是到了20世纪90年代前期，伴随着电子邮件课程的发展，开放在线学习的形式出现；三是20世纪90年代中期，受开放在线学习形式的影响，课堂学习模式正式向在线学习模式转化，最初的线上学习模型几乎仿制了线下传统课堂的全部流程，包括教学资源、考试和作业，甚至已经出现模仿课堂学习经历的实时聊天和讨论。为了支持线下到线上学习的转化，首批学习管理系统随之形成。慕课具体产生与发展过程如图1-1所示。

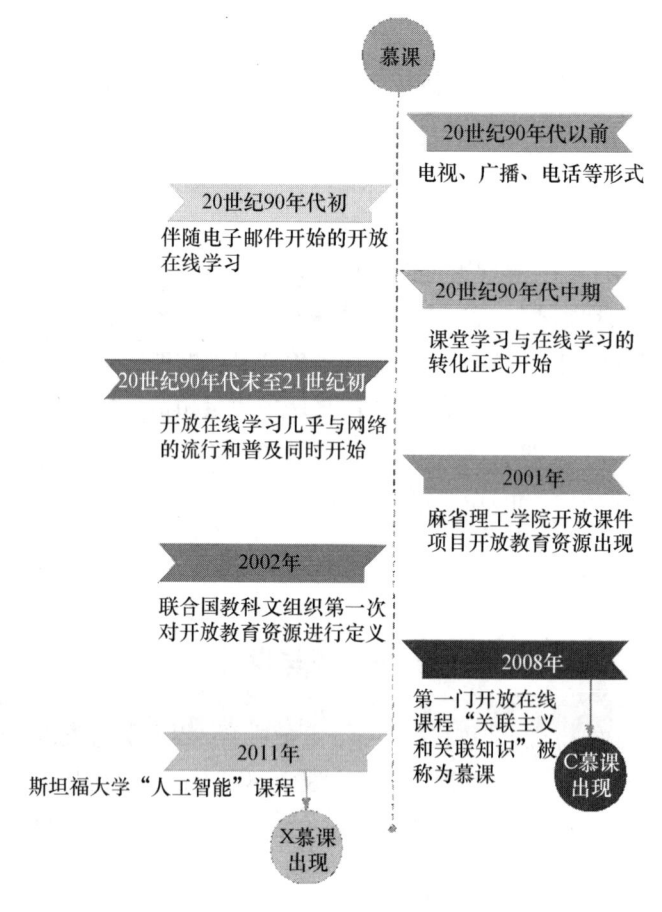

图1-1　慕课的来源与发展

由图1-1可见，从20世纪90年代晚期到21世纪初期，随着互联网的流行和普及，开放在线学习几乎同时形成规模。自此，以开放、在线为基础特征的教育模式逐渐成熟。

2001年，美国麻省理工学院推出开放课件项目，开放教育资源形成；2002年，联合国教科文组织第一次对开放教育资源进行定义，即"任何存在于开放域或有开放许可的教育资源"。① 开放教育资源的发展促成了第一门开放在线课程"关联主义和关联知识"的诞生。该课程由斯蒂芬·唐斯和乔治·西蒙斯于2008年开发上线，它不以内容为中心，强调参与者之间的网络形成以及在网络间进行的资源分享和贡献。2008年，戴夫·科米和布莱恩·亚历山大据此创造了慕课这个词，这门课的出现也标志着关联主义慕课，即C慕课的形成。2011年，斯坦福大学推出"人工智能"在线课程，吸引了数以万计的学生注册学习。自此，慕课分流成以"关联主义和关联知识"为代表的C慕课和以"人工智能"为代表的X慕课两种截然不同的教学与学习模式。慕课这一概念也正式成为教育研究的热门领域。2012年，《纽约时报》发文将该年称作"慕课之年"，以示慕课发展的高光时刻。此后，慕课（特别是X慕课）的数量急剧增长，慕课集成性网站统计的数据显示，截至2020年底，有来自世界各地（除中国地区外）的950所大学共16300门慕课上线，而慕课学习的学生数量也达到1.8亿之多。

**图1-2 慕课课程与学习者数据统计**

资料来源：Shah, D. (2020). *By The Numbers: Moocs in 2020*. The Report by Class Central. Retrieved July 12, 2021, http://www.classcentral.com/report/mooc-stats-2020/。

---

① UNESCO (2002). *Forum on the Impact of Open Courseware for Higher Education in Developing Countries: Final Report*. Paris: UNESCO. Retrieved July 12, 2021, from https://docs.iiep.unesco.org/I009621.pdf.

由此可见，慕课自形成以来发展迅速，形成 C 慕课与 X 慕课并行、其他类型丰富、数量庞大的体系。

## 第二节　慕课的概念与界定

单纯对慕课一词进行解释其实并不难，正如许多汉语中的外来词一样，慕课由其英语缩写"MOOC"音译而来，其含义是"大规模开放在线课程"。它是一种在线课程，目的在于通过网络提供不设限的参与及开放性的访问。除了传统课堂材料之外，慕课也有额外的材料，例如视频、文本以及试题库；并且为学生、教师和助教提供了互动式的使用者论坛，以便于建立社区。

但是，布朗斯（Brouns）等（2014）在研究中指出："对这个概念的阐述并不严谨，且已经引起关于到底什么是慕课、什么不是慕课的讨论。"[1]如多大规模的课程可以算作大规模？大规模具体指的是什么？什么才是真正的开放？在线又作何解释？课程真的是一门传统意义上的课吗？慕课的课是否要包括传统课程中的所有元素，还是不能有一点儿传统课程的因素？具体到现实问题上来说，大量教育机构设计和开发的直播课能不能算作慕课？因为疫情出现而不得不转移到线上进行的直播和录播混合进行的教学又是否是慕课？慕课这一概念的边界在哪里？什么样的课程才能被称为慕课？又或者什么样的课程不能被称为慕课？

针对以上问题，研究者虽未专门进行研究，但均在其慕课相关研究中提出过自己的看法：

首先，从大规模角度来看，阿尔贝尔比西（Albelbisi）等（2018）认为，大规模指的是参与者的数量，慕课是一种"新型在线学习方式"，其

---

[1] Brouns, F., Mota, J., Morgado, L., Jansen, D., Fano, S., Silva, A., & Teixeira, A. (2014). A networked learning framework for effective MOOC design: The ECO project approach. In A. M. Teixeira, & A. Szücs (Eds.), *Challenges for research into open and distance learning*. Oxford: EDEN.

"参与者数量庞大、没有入学要求"①；阿隆索-门西亚（Alonso-Mencía）等（2020）同样在研究中指出，慕课的本质就是"大规模和开放"，其参与者为"多元化学习者群体"，他们"有着不同的背景及动机，故学习进度与投入也不同"②；利亚纳古纳瓦德纳（Liyanagunawardena）等（2013）则从其课程的主题出发对大规模进行了界定，称慕课"为大量参与者提供了不同领域和课题的广泛选择"③。

其次，从开放角度来看，已有研究对慕课开放这一角度的界定更为复杂，早期 C 慕课的研究者更倾向于类似开放教育资源的定义，也就是慕课中的教学资源是开放给所有参与者共享的，所有参与者皆有权对资料进行使用和修改，其教学方式"建立在关联主义和交流的思想基础上，与现在美国精英教育机构开发的、更遵从行为主义方式的 X 慕课非常不同"。④ 而 X 慕课的研究者给出的界定多集中于任意或免费访问这两个角度。任意访问的意思就是对访问课程的参与者不做任何限制。例如，布朗斯等（2014）在研究中指出，慕课是"开放给所有人的，没有入学资格的要求"⑤；西班牙学者卡斯塔尼奥和卡贝罗（Castaño & Cabero, 2013）、梅尔赫斯和拉斯帕（Mailhes & Raspa, 2015）也都认为，慕课最重要的特征就是"自由访问，这一特征由参与者决定，因为

---

① Albelbisi, N., Yusop, F., Mohd S. & Umi K. (2018). Mapping the factors influencing success of massive open online courses (MOOC) in higher education. *Eurasia Journal of Mathematics, Science and Technology Education*. 14, 2995 - 3012.

② Maldonado, J., Alario - Hoyos, C., Pérez - Sanagustín, M., Delgado - Kloos, C., Alonso - Mencía, M. & Estévez - Ayres, I. (2019). Self - regulated learning in MOOCs: Lessons learned from a literature review. *Educational Review*. 71, 1 - 27.

③ Liyanagunawardena, T., Adams, A. & Williams, Shirley. (2013). MOOCs: A systematic study of the published literature 2008 - 2012. *International Review of Research in Open and Distance Learning*. 14, 202 - 227.

④ John, D. (2012). Making sense of MOOCs: Musings in a maze of myth, paradox and possibility. *Journal of Lifelong Learning Society*. 8, 257 - 284.

⑤ Brouns, F., Mota, J., Morgado, L., Jansen, D., Fano, S., Silva, A., & Teixeira, A. (2014). A networked learning framework for effective MOOC design: The ECO project approach. In A. M. Teixeira, & A. Szücs (Eds.), *Challenges for research into open and distance learning*. Oxford: EDEN.

任何人都可以根据自己的需要和兴趣决定参与课程的方式"。①② 免费访问则更关注课程是否如传统高等教育般收费,例如麦考利(McAuley)等(2010)在研究中称,慕课"通常没有条件要求、费用要求、正式学分或既定的参与程度要求"③。

最后,从在线和课程的角度来看,学者大多未进行详尽深入的界定,多数定义中甚至未提及。因为无论是 C 慕课还是 X 慕课,都是以互联网为载体才得以实践;自然地,研究者们认为在线即通过互联网的方式进行教学活动,而课程则被 X 慕课研究者定义为传统教育中课的形式。

由上可知,大部分研究者对慕课的定义只是一带而过,并未明确地厘清上述问题,对慕课相关概念的讨论和争议也没有在上述有关研究中得到定论。本书从众多研究中选取两篇较为清晰的研究,将其定义梳理如下:

一是欧洲电子学习、交流和开放数据工程中的开放教育项目。该项目在 2014 年专门对慕课定义进行了研究(2015 年进行了调整),④ 从慕课一词的各个角度均进行了详细的定义和说明,详见表 1-1。

表 1-1 慕课定义不同维度的标准

|  | 慕课定义维度 | 一门慕课的决定标准 |
| --- | --- | --- |
| M | 一种为数量庞大的参与者设计的在线课程 | 参与者数量要超过一个正常教室或大学场地能够容纳的教学人数(≥150,即邓巴数字)<br>课程(教学模式)参与者人数大量增加时,其所有服务活动(包括进行指导的教师、考试等)并不会增加 |

---

① Castaño, C. & Cabero, J. (Coords) (2013). *Enseñar y aprender en entornos M - Learning*. Madrid: Editorial Síntesis.

② Mailhes, V., & Raspa, J. (2015). MOOC: De la devolución educativa a la supervivencia. *Letra. Imagen. Sonido: Ciudad Mediatizada*, 14, 75 - 91.

③ McAuley, A., Stewart, B., Siemens, G., & Cormier, D. (2010). *The MOOC model for digital practice*. Charlottetown: University of Prince Edward Island.

④ Home & Open up Ed. (2015 March 12). *Definition massive open online courses*(MOOCs). Retrieved July 12, 2021, from https://www.openuped.eu/images/docs/Definition Massive Open Online Courses.pdf.

续表

|  |  | 慕课定义维度 | 一门慕课的决定标准 |
|---|---|---|---|
| O | 开放 | 课程可为任何人访问，只要参与者有网络连接，就可在任何地点访问课程 | 几乎所有人都可以无限制地访问课程<br>只要参与者有网络，无论在哪里都可以访问课程 |
|  |  | 地点、进度和时间的自由 | 当下大多数课程都有固定的开始和结束日期，因此在进度或时间上并不是开放的，但事先定好的进度或者固定的开始和结束日期不能成为区别慕课和其他类型课程的明确标准 |
|  |  | 对任何人开放，没有准入要求 | 参与在线课程不需要提供资格或学历证明 |
|  |  | 课程可以免费完成 | 课程不向参与者收取任何费用 |
| O | 在线 | 整个课程在线进行 | 课程的所有过程都在线上进行 |
| C | 课程 | 学习单元 | 整个学习慕课的时间至少是25—30学时 |
|  |  | 课程提供完整的课程体验，包括：教学内容，同伴间的协助互动（包括与教师的有限互动），活动或任务、考试及反馈，一些非正式的奖励，学习指南或大纲 | 教学内容可以包括视频、音频、文本、游戏（包括模拟）、社交媒体、动画等<br>课程提供互动机会以建立学习社区，例如社交媒体渠道、论坛、博客或简易信息聚合（RSS）<br>课程为参与者提供反馈机制，可以是自动生成的（例如随堂测验），也可以是通过同伴进行的（同伴反馈）以及/或者通过教师进行的日常反馈<br>课程应包括一些奖励，例如可以选择性提供结业证书等正式的证书，通常还会提供收费的学习指南或大纲 |

二是斯特拉克（Stracke）等（2019）对开放教育资源和慕课进行了来源、定义和类型的梳理性研究。[1] 该研究对这两个概念的起源、发展和类型进行比较，较为详细和深入地阐释了二者的联系和不同点。其中对慕课的定义包括：

首先，关于慕课中的大规模。大规模一词也许会被认为与影响有关，即一门课程如果（只有）有大量参与的学生就（才）是慕课；或从设计角度而言，慕课哪怕实际数量没有达到预期，只要能够容纳大量学生即为大规模。C 慕课和 X 慕课通过不同方式吸引大量学生，前者通过利用分散的网络，后者则通过扩张性的云服务和自动化。大规模一词在数量的意义层面有多重理解，但是作为起始标准，邓巴（Dunbar, 1998）指出至少要有 150 名学习者，他认为这一数字代表慕课（学习者）超越了互相认识的学习群组，达到具备互动能力的网络。[2] 随着慕课课程数量的增长和国际化竞争的加剧，每门课程的注册学习者数量在降低，但大部分慕课的学习者仍超过百人。

其次，关于慕课中的开放。开放性可能会被认为是慕课及其质量的最大挑战。一方面，开放性意味着开放访问（没有注册要求、没有入学要求、没有费用要求等），但部分慕课课程并不能自由访问，因此有评论认为这些课程不应该被标为开放，同时也有批评称 Coursera 和优达学城（Udacity）平台提供的课程不应称为开放的，因为课程内容并没有开放授权。随着慕课商业模式的发展，课程参与者完成一门慕课后若想获得证书则需要缴纳相应的费用，因此慕课领域对开放意义的争议更大了。另一方面，开放的并不一定是"普遍的"。一门慕课可面向数以千计的学习者，为一整个学习社区（例如大学）开放，但外部访问则受到严格管理。除此之外，还有一些成论认为开放性应该与开放性方法有

---

[1] Stracke, C., Downes, S., Conole, G., Burgos, D. & Nascimbeni, F.（2019）. Are MOOCs open educational resources? A literature review on history, definitions and typologies of OER and MOOCs. *Open Praxis*. 11, 331.

[2] Dunbar, R.（1998）. The social brain hypothesis. *Evolutionary Anthropology*. 6, 178 – 190.

关，也就是学习和教育的创新方式。[1][2]

再次，关于慕课中的在线。慕课必须于线上开展，否则无法传递给其学习者和参与者，故该要求似乎很容易达到。这意味着全面参与慕课不应包括线下活动，但在第一门慕课开课期间就出现了类似见面会这样由当地学习者群组提出的建议，而且也有一些为缺少网络连接的线下学习者设计的慕课。此外，一些机构结合打包慕课的概念，将课程参与者限定为那些注册了与慕课内容关联的面授课程的人。[3][4]

最后，关于慕课中的课程。课程一词可以被定义为有固定开始日期、结束日期以及一个共同主题的一系列事件。最初的C慕课是建立在讲座课程的旧模式之上的，这种课程由教授提供、学生组织，但没有我们现在所谓传统课堂的标志性作业和成绩等；其对慕课的界定包括，通过分布式网络而不是自动化服务招揽大规模学习者，允许所有人共享，使用和交流完全开放，学习过程完全在线，不要求线下活动，以及非传统意义上的课程等方面，在最大程度上弱化了传统教师角色的比重。与此同时，X慕课则与传统模式中的教师主导的教学过程类似。如今，大多数慕课提供了混合模式，课程时间也较短，通常在5—8周之间。

综合来看，上述两者的研究对慕课的定义有其共通和差异之处：

一是课程的参与人数。对于课程的参与人数虽然没有过分严格的限制，但最低仍应达到百人及以上或是上文提到的150人；至于课程实际是否达到这一目标并不重要，重要的是课程应在设计之初将"容纳大量

---

[1] Dunbar, R. (1998). The social brain hypothesis. *Evolutionary Anthropology*. 6, 178 – 190.

[2] Stracke, C. (2017). The quality of MOOCs: How to improve the design of open education and online courses for learners? In Zaphiris, P., Ioannou A. Learning and Collaboration Technologies. *Springer*. 6, 285 – 293.

[3] Zawacki‐Richter, O., Bozkurt, A., Alturki, U. & Aldraiweesh, A. (2018). What research says about MOOCs – An explorative content analysis. *The International Review of Research in Open and Distributed Learning*. 19（1）.

[4] Jaffer, T., Govender, S. & Brown, C. (2017). "The best part was the contact!": Understanding postgraduate students' experiences of wrapped MOOCs. *Open Praxis*. 9, 207.

参与者"纳入设计目标中。此外，前者在研究中强调，课程不应增加教师或课程服务的工作量，这一点也需要在课程设计时予以考虑。

二是课程的开放程度。前者认为其内容开放是最低标准，但后者做了更为严格的要求，即不应对参与课程的参与者提出注册的要求，这一点也使得大多数平台中的 X 慕课处于被质疑的状态。另外，前者认为课程应尽量对更多的人开放，而后者则认为在一定范围内可以对内部开放。前者将固定开始和结束日期纳入是否开放的范畴，认为这一点会混淆慕课与其他课程；后者则提到开放不仅限于内容，还应该包含开放教学法，即鼓励创新。

三是课程的在线要求。前者对在线的要求相对严格，即认为课程所有方面均要在线完成，后者则提到绝大部分慕课（至少是 X 慕课）从最开始就有线上线下结合的活动。

四是课程的界定。前者对课程进行了较为细致的包括内容、方式等方面的规定，也明确指出一门慕课的最低学时；后者则提出与前者在开放维度相反的观点，即课程意味着有固定的起始和结束日期或固定的某一段时间。值得注意的是，尽管前者的研究并不认同固定开始和结束日期，但仍认为需要通过奖励认同的方式来体现其结束。

## 第三节　慕课的变化与分类

从前文可以看出，慕课本身经历了概念混淆与厘清的过程，在这一过程中也经历了分类和再分类的过程。直至现在，由于整体教学环境和国际形势的不断变化，慕课类型仍然在不断变化和重新被界定。因此，对本书而言，对慕课变化与分类的了解和梳理必不可少。

### 一、基于慕课学习理论的分类

自慕课概念形成，即从 2008 年至 2013 年，慕课经历了较为明显的分流，即形成 C 慕课和 X 慕课，对于这一点，很多学者已经达成共识。王颖等（2013）指出现在较被人们认可的慕课分类是按照学习理论分类的方法，一种基于关联主义学习理论的 C 慕课，另一种是基于行为主义理论的 X 慕课。[1]

### （一）C 慕课

基于关联主义理论，C 慕课被认为是知识是网络化连接的，学生基于同一话题在社交化网络中通过讨论、交流建立知识节点并最终在知识网络中形成多群体学习路径的生成式课程。每个学习者在活动探究中拥有对知识的个性化建构。学习者在开放和个性化的学习环境中根据自己的习惯和偏好使用多种工具和平台，课程不局限于特定平台。[2] C 慕课具有以下几个特征：基于社交网媒的互动式学习、非结构化的课程内容、注重学习通道的建立、学习者高度自治和学习具有自发性等。[3] 典型的 C 慕课主要包括普伦克2010（PLENK 2010）、克里特里特2010（CRITLIT 2010）和移动慕课2011（Mobi MOOC 2011），其参与人数从377人到1610人不等，课程强调在开放网络中教育者和参与者的互动及模块化角色；但这些慕课都不以传授标准大学知识为目的，相反，它们要么内容灵活，要么通过云应用提供极为分散的内容，其课程设计是为了将关联主义的四个设计理念付诸实践，即"自主""开放""多元"和"互动"，并鼓励参与者通过创新方式在网络中寻找和分享自己有意义的内容。

### （二）X 慕课

基于行为主义理论，X 慕课是在传统高等教育体制内，对教学模式的延伸性突破。与 C 慕课相比，在2012年以后呈爆发式增长的 X 慕课

---

[1] 王颖等：《大规模网络开放课程（MOOC）典型项目特征分析及启示》，《远程教育杂志》2013年第4期。
[2] 王萍等：《大规模在线开放课程的新发展与应用：从 cMOOC 到 xMOOC》，《现代远程教育研究》2012年第3期。
[3] 樊文强：《基于关联主义的大规模网络开放课程（MOOC）及其学习支持》，《远程教育杂志》2012年第3期。

在实时和有效的互动效率上大幅降低，课程大多模仿传统课堂模式，有固定的开始和结束日期、特定的教学大纲且多以形成性评价为主；此类典型的 X 慕课数不胜数，除了斯坦福大学的"人工智能"课程，在各大平台上线的慕课几乎都可以被列入此范畴；同时，X 慕课结构化的课程体系和系统化的平台支持服务更容易被学习者接受，并与以学位教育为主的主流正规高等教育课程接轨。虽然 X 慕课具有传统课堂教学的一些特征，但更是在先进技术的支持下对课程模式的突破和创新，具有不同于传统课程教学和传统网络教学的特征，[①] 具体如下：

完整的课程结构：与传统网络课程相比，X 慕课除了提供视频资源、文本材料和在线答疑外，还为学习者提供各种用户交互性社区，注重对学生的学习支持服务，关注学生的学习体验。完成课程的学生还可获得证书，选择特定课程的学生可获得学分。

重视学习路径导航：在课程开始前，授课教师以邮件的方式告知课程开始时间和相应的学习准备，并发布在平台公告上。课程材料发布以周为单位向前推进，学习资源以学习过程的纵向需求进行分布，学习者很容易找到本单元学习所需要的学习材料、测试内容、讨论版等。为了方便学习者及时获悉课程动态，授课老师会将课程的任何动态以邮件和公告两种途径通知学习者。

及时的学习过程反馈：X 慕课的测试方式有两种，分别是基于视频的嵌入式测试和单元测试，测试题目以客观题为主。X 慕课利用机器测评的方式及时反馈测评结果，学生可以及时了解自己的学习成果。教师根据学生的测试结果分析学生的掌握程度并给予个性化的学习反馈和学习资源推荐。如由杜克大学丹·艾瑞利（Dan Ariely）开设的"非理性行为学"，这门课会针对学生的学习问题，通过录制座谈的形式反馈给学生。

授课团队的无私投入：调查显示，授课老师在开课之前平均需要花费 100 个小时进行课前准备，在开课过程中，每周需要花费 8 个小时为

---

① 王颖等：《大规模网络开放课程（MOOC）典型项目特征分析及启示》，《远程教育杂志》2013 年第 4 期。

学生解答在学习过程中的疑惑。而每门慕课至少有 1 位助教，为学生的学习过程提供反馈。[①] 一门慕课为了吸引来自世界各地的学生参与课程的学习，并满足个性化学习需求的学习者，需要课程设计团队在前期投入大量的时间和精力。在课程运行过程中，课程设计团队要根据学生的学习数据分析和反馈，对课程设计进行螺旋式的动态调整。

## 二、基于慕课特征的分类

一些学者根据慕课的特征从不同角度进行了分类归纳，其中克拉克（Clark，2013）进行了最为广泛和具体的分类。他将慕课分为迁移慕课、生成慕课、同步慕课、异步慕课、适应慕课、群组慕课、关联主义慕课以及迷你慕课 8 种类型。

表 1-2　慕课的 8 种类型

| 时间 | 类型 | 含义 |
| --- | --- | --- |
| 2013 | 迁移慕课 | 从大学现有的课程转移到线上的慕课 |
|  | 生成慕课 | 多利用视频，强调任务的协作完成 |
|  | 同步慕课 | 有特定的开始和结束日期 |
|  | 异步慕课 | 没有截止日期 |
|  | 适应慕课 | 个性化学习体验 |
|  | 群组慕课 | 为特定学生群组设计的慕课 |
|  | 关联主义慕课 | 即 C 慕课 |
|  | 迷你慕课 | 内容少、时长短（基本上与大学学期安排一致） |

资料来源：Clark, D. (2013). MOOCs: Taxonomy of 8 types of MOOC. Retrieved July 12, 2021, from http://donaldclarkplanb.blogspot.co.uk/2013/04/moocs-taxonomy-of-8-types-of-mooc.html。

---

[①] Steve, K. (2013). The professors behind the MOOC hype. Retrieved July 12, 2021, from http://chronicle.com/article/The-Professors-Behind-the-MOOC/137905/#id=results.

## 三、基于慕课"4+2模式"的分类

现今研究者更为广泛采纳的分类是2014—2018年形成的"4+2模式"（详见表1-3），其中4种基础类型慕课梳理自吉尔和马丁内斯（Gil & Martínez, 2018）[①]、奥苏纳-阿塞多（Osuna - Acedo）等（2018）[②] 以及瓦迪略和布西奥（Vadillo & Bucio, 2018）[③] 的研究，包括X慕课、C慕课、社交慕课和迁移慕课；新型的微课来自西班牙国家教育技术和教师培训研究所（2016）的报告，[④] 指短时间内为学习者提供特定领域所需知识的课程；而语言慕课则来自巴塞纳和马丁-蒙克（Bárcena & Martín - Monje, 2014）的研究，是"专门为第二语言学习设计的网络课程，没有访问限制，也可无限制参与"。[⑤]

表1-3 "4+2模式"慕课分类情况表

|  | 类型 | 含义 |
| --- | --- | --- |
| 4种基础慕课 | X慕课 | 基于行为主义理论的慕课 |
|  | C慕课 | 基于关联主义理论的慕课 |
|  | 社交慕课 | 利用社交媒体使学习者积极参与互动，与联通主义不同，更强调投入 |

---

① Gil, J., & Martínez, J. (2018). El empoderamiento del alumnado en los sMOOC. *Revista Complutense de Educación*, 29（1），43-60.

② Osuna - Acedo, S., Marta, C., & Frau - Meigs, D. (2018). De sMOOC a tMOOC, el aprendizaje hacia la transferencia profesional：El proyecto europeo ECO. *Comunicar*, 27（55），105-114.

③ Vadillo, G., & Bucio, J. (2018). Un MOOC, muchos MOOC：Diseño multinivel en cursos masivos del área de la salud. *Revista Investigación en Educación Médica*, 7（26），92-98.

④ INTEF. (2016). *¿Qué es un NOOC?* Retrieved July 12, 2021, from http：//educalab. es/intef/formacion/formacion - en - red/nooc

⑤ Bárcena, E., & Martín - Monje, E. (2014). Introduction. Language MOOCs：An emerging field. In E. Martín - Monje & E. Bárcena (Eds.), *Language MOOCs：Providing learning, transcending boundaries* (pp. 1-10). Berlin：De Gruyter Open.

续表

| | 类型 | 含义 |
|---|---|---|
| 4 种基础慕课 | 迁移慕课 | 与克拉克（2013）不同，强调的是学习和教学的转化与迁移，促使学生对实践和专业交流产生兴趣 |
| 2 种新型慕课 | 微课 | 提供短课时的课程，使学习者在 1—20 小时的时间内掌握特定知识领域的某一技能 |
| | 语言慕课 | 第二语言学习/外语学习类慕课 |

资料来源：作者根据网上数据自制。

针对以上分类，从学科及其形式来看，本书的研究对象——将汉语作为第二语言进行教学的慕课，最适合归属于语言慕课。但是，从具体的教学设计来看，汉语慕课与外语类慕课又有所不同，虽有相通之处但其核心要点有较大差别。因此，汉语慕课更适合自成体系，以打通学习者学术及职业发展路径为目标，形成符合语言环境和教学实际的线上课程体系。

## 第四节　慕课的研究与趋势

### 一、慕课的总体研究与趋势

自 2012 年以来，慕课的大量增长引起众多研究者和教师的关注。有关慕课的研究纷纷涌现，其中包括一些阶段性的综述性研究。本书同样选取其中较有代表性的 4 篇综述，梳理截至目前的慕课研究领域和趋势。

#### （一）利亚纳古纳瓦德纳等（2013），前期较为广泛认可和引用的慕课综述性研究

研究梳理了 2008—2012 年的 45 篇慕课研究英文文献，根据文章各自的侧重点，该研究将文献研究领域划分为概述、概念、案例研究、教育理论、技术、参与者、提供者及其他 8 项，其中案例分析占据了较大比重，其次是

教育理论和概念性研究。该阶段的慕课研究反映出课程数量增加但研究较为零散、学习者分析及技术性研究尚未成熟的特点。

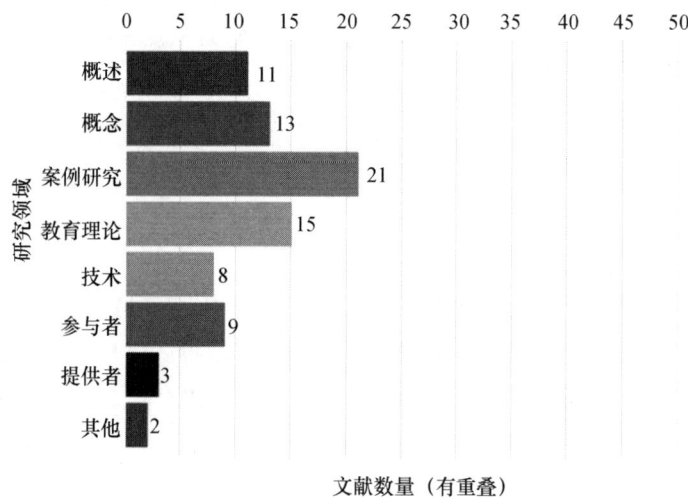

**图 1-3  2008—2012 年慕课研究文献领域分布图**

资料来源：Liyanagunawardena, T., Adams, A. & Williams, S. (2013). MOOCs: A systematic study of the published literature 2008-2012. *International Review of Research in Open and Distance Learning*, 14 (3), 202-227。

### （二）埃本和墨菲（Ebben & Murphy, 2014）的相关研究

研究根据 2008—2013 年的 25 篇慕课文献，详细地归纳和梳理了 X 慕课与 C 慕课的分流及各自研究的特征。研究指出，慕课研究可以根据时间分为两段，分别是 C 慕课关联主义的创新阶段和 X 慕课的学习分析阶段（见图 1-4）。该研究还引用了罗德里格斯（Rodriguez, 2013）对二者的比较，[①] 指出 X 慕课中使用的工具较少（如网页、油管视频和考试），与 C 慕课相比教师的反馈也很少。参与斯坦福课程的学习者每周需要完成包括测试在内的任务，教师在课程中是传统的角色，也就是

---

[①] Rodriguez, O. (2013). The concept of openness behind c and x – MOOCs (Massive Open Online Courses). *Open Praxis*. 5 (1), 67-73.

讲课（视频）、说明练习要求、讲解课程安排、安排考试等。在工作时间，教师会选择性回答学生的问题，但从来不直接与学生互动。同时，罗德里格斯认为斯坦福慕课是不同种类的慕课，也就是 X 慕课，从认识论角度出发，C 慕课具有生成知识的特性，而 X 慕课具有说明知识的特性。在他看来，X 慕课也许更适合进行有明确正误回答的学习，行为主义教学法对批判性思考和创新训练来说有所损害，而联通主义似乎更适合用来开发全球网络学习环境中的资源和联系。

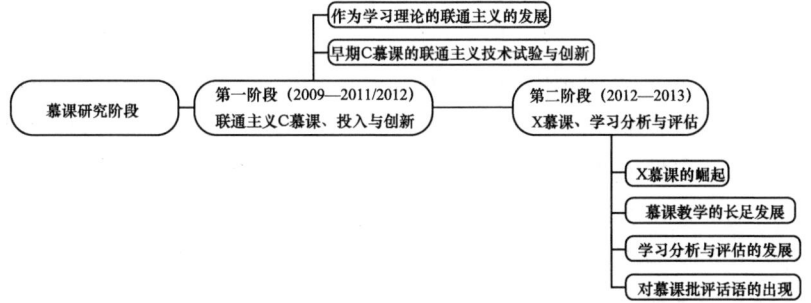

图 1-4 慕课研究阶段图

资料来源：Ebben, M. & Murphy, J.（2014）. Unpacking MOOC scholarly discourse: A review of nascent MOOC scholarship. *Learning, Media and Technology*, 39（3）, 328-345。

（三）博兹库尔特（Bozkurt）等（2017），对早期慕课研究进行了综述

其研究通过收集、挑选和梳理 2008—2015 年的共 362 篇研究，深入细致地从研究领域、话题分析、慕课类型、引用分析、研究方法/模型和理论框架 6 个角度进行了全方位统计和分析。在研究领域部分，综述应用了扎瓦奇-里希特（Zawacki-Richter, 2009）[1] 的远程教育研究领域框架体系，将研究分为宏观、中观和微观三个层面 15 个领域。研究指出，截至 2015 年，慕课的研究更多来自理论及模型（27%）的宏

---

[1] Zawacki-Richter, O.（2009）. Research areas in distance education: A Delphi study. *International Review of Research in Open and Distance Learning*, 10（3）, 1-17.

观领域，其次是来自学习者特征（15.7%）和教学设计（11%）的微观领域，而对慕课质量、成本、技术等中观方面的研究仍然偏少。除此之外，该研究还借助韦莱西亚诺斯和谢泼德森（Veletsianos & Shepherdson, 2015）的研究分析了C慕课研究在整个慕课发展过程中数量较少的原因，称"X慕课所使用的教学方法对教学界而言是比较熟悉的，类似于在高等教育机构和在线学习实践中已使用的且被广泛接纳的方法，然而相比之下，C慕课中所使用的方法则没有那么为人所知，因此教学界对它感到些许犹豫和怀疑"。[①]

作者在引用分析的部分指出，在选出的362篇研究中共涉及11520个引用，其中74篇文献被引用了1696次，占总数的14.7%。这一点与帕累托法则相符合，即80%的产出来自于20%的收入，也就是说大量慕课研究来源于一少部分文献基础。而在理论框架方面，研究显示，在362篇文献中，有298篇没有理论或概念框架，这表明慕课研究中缺少理论框架的应用；这虽然与慕课本身建立在已知的如远程开放学习、开放教育资源、在线学习等不成熟实践有关，但也反映出其架构的不稳定状态。

### （四）西班牙研究者伊达尔戈（Hidalgo）等（2020）

该研究与上述三篇的不同之处在于，它不仅收集了2012—2019年间较新的慕课研究，而且囊括了英语和西班牙语的研究。该研究选择了55篇慕课研究文献，对慕课的起源定义、类型、平台、优缺点、专业课程和教学应用6个角度进行归纳和梳理。研究指出，目前语言慕课"对于外语学习目标来说是强大的工具，虽然目前主要的课程为英语学习，但大众对其他语言学习的兴趣也在增长，例如中文、日语和西班牙语"。[②] 除此之外，研究中也总结了对慕课的批评：（1）学习者身份的

---

[①] Veletsianos, G. & Shepherdson, P. (2015). Who studies MOOCs? Interdisciplinarity in MOOC research and its changes over time. *International Review of Research in Open and Distance Learning*, 16 (3), 1–17.

[②] Palacios-Hidalgo, F., Huertas Abril, C. & Gómez Parra, M. (2020). MOOCs: Origins, concept and didactic applications: A systematic review of the literature (2012–2019). *Technology, Knowledge, and Learning*. 25, 853–879.

界定,也就是什么样的参与者才是用户或学习者;(2)高"辍学"率引起的问题,作者在这一问题上引用了希尔(Hill,2013)的研究,指出学习者可以分为4类,分别是潜水者、被动参与者、主动参与者和嵌入式学习者,这一分类对于确定学习者的身份也有所帮助;(3)僵硬的评价体系。研究指出大部分慕课的课程成绩来自于平台或网站对学习者提交内容的自动评估,缺乏教师的过程性评价;(4)缺少(真人)教师指导,学生易产生孤独感或挫败感,这个问题也许是一直困扰慕课建设的问题;(5)盈利模式的问题,作者指出这一问题的重点并不在于收费或盈利,而是学生在花费金钱购买证书后,其证明作用却微乎其微,学生既无法用这一证书申请学术上的认可,也无法得到职业上的发展。

研究最后指出,尽管没有看到相关研究文献,但目前有些慕课平台推出的专业课程是慕课课程结构可以发展的方向。每个专业课程都包括完成每个单独的部分并以最终的考试或项目形式检测学生对所学的应用。完成课程和评估的学生会收到学历证书(但价格也相应提高)。作者也指出这一模式的好处,即集成许多单门慕课的优点,学习者可接触特定领域的大量信息,有利于建立个人及专业网络,丰富个人经历,继续学习,以及增长知识。

### 二、汉语慕课的研究与趋势

为探究汉语慕课的研究过程与发展趋势,本书以国内常用权威期刊数据库中国知网为文献来源,以文献检索与管理系统(NoteExpress)为文献处理与分析软件检索分析相关文献。截至2021年5月11日,笔者以汉语慕课和中文慕课为关键字段检索相关文献,在去除重复与相关度低的文献后得核心期刊(即中文核心期刊与CSSCI中文社会科学引文索引)文章11篇,普通期刊文章45篇,学位论文32篇,会议论文6篇,总计94篇;期刊文章占主体(59.57%),其次为学位论文(34.04%),最少的为会议论文(6.38%)。

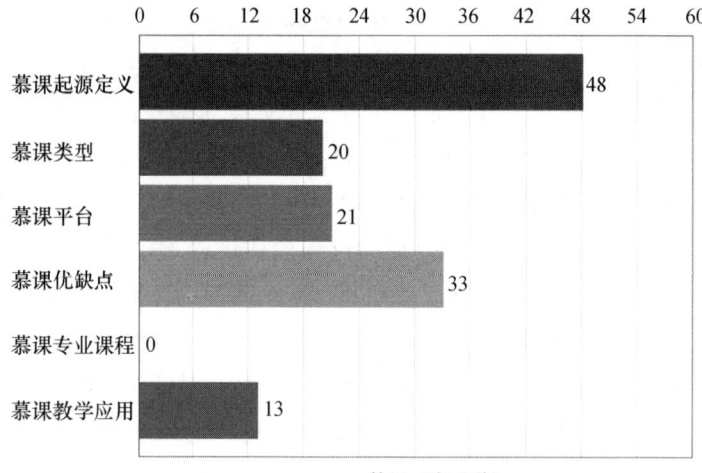

**图 1-5　2012—2019 慕课研究领域分布图**

资料来源：Palacios-Hidalgo, F., Huertas Abril, C. & Gómez Parra, M. (2020). MOOCs: Origins, concept and didactic applications: A systematic review of the literature (2012-2019). *Technology, Knowledge, and Learning.* 25, 853-879。

## （一）汉语慕课的研究文献年度趋势与分布

从检索到的文献发表年份来看，与汉语慕课相关的研究最早出现于 2014 年，此后每年皆有一定数量的文献发表。本书在统计各年份发表的文献数量及类型后制表 1-4，并绘图 1-6 以显示发表数量年度趋势。

**表 1-4　汉语慕课研究发表文献类型及数量**

| 年份 | 类型 | 数量（篇） | 占比 |
|---|---|---|---|
| 2014 年 | 期刊文章 | 3 | 3.19% |
| 2015 年 | 期刊文章 | 6 | 9.57% |
|  | 学位论文 | 3 |  |

续表

| 年份 | 类型 | 数量（篇） | 占比 |
|---|---|---|---|
| 2016 年 | 期刊文章 | 9 | 15.96% |
| | 学位论文 | 6 | |
| 2017 年 | 期刊文章 | 5 | 10.64% |
| | 学位论文 | 5 | |
| 2018 年 | 期刊文章 | 7 | 12.77% |
| | 学位论文 | 3 | |
| | 会议论文 | 2 | |
| 2019 年 | 期刊文章 | 17 | 22.34% |
| | 会议论文 | 4 | |
| 2020 年 | 期刊文章 | 9 | 22.34% |
| | 学位论文 | 11 | |
| | 会议论文 | 1 | |
| 2021 年 | 期刊文章 | 3 | 3.19% |

资料来源：中国知网及 NoteExpress。

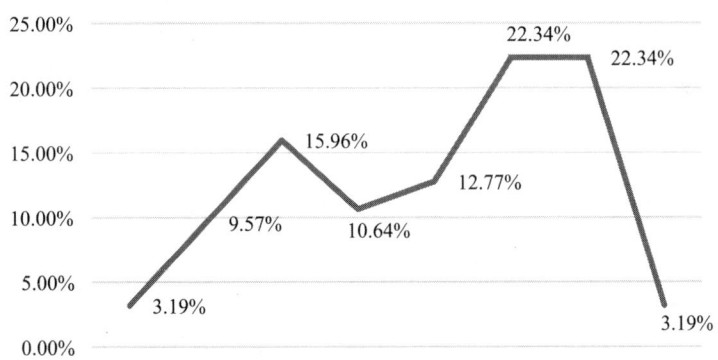

**图 1-6　汉语慕课研究发表文献数量年度趋势分布图**

资料来源：中国知网及 NoteExpress。

基于以上检索数据可知，国内汉语慕课的研究自 2014 年初至 2020

年底 7 年间呈整体增长，其间有所波动的趋势。笔者在中国知网以慕课为关键词，对中文文献库进行检索，发现国内学界对慕课的研究始于 2012 年，有关汉语慕课的研究虽较之稍晚，但也反映出汉语教学界紧跟当下教育技术发展并将之运用于汉语教学的理论探讨与实践应用的情况。

2012—2021（截至 2021 年 5 月 11 日）年间的汉语慕课研究发展大致可分为三个阶段：第一阶段为 2014—2016 年，该阶段汉语教学界开始对汉语慕课进行研究且增速迅猛；第二阶段为 2016—2017 年，研究数量呈减少趋势，个中缘由尚待进一步探究；第三阶段为 2017—2021 年（截至 2021 年 5 月 11 日），汉语慕课相关研究再次增加，其中 2018—2019 年增速较大，2019—2020 年则趋于稳定。从各年的文献类型分布来看，在 2014—2020 年 7 年间的汉语慕课研究中，期刊文章在当年发表文献中一直占有相当比例，并于 2019 年达到顶峰；学位论文则为其次，于 2020 年达到最高值。

### （二）汉语慕课研究文献高被引论文分析

本书统计了与汉语慕课相关的被引次数最高的 10 篇文献，其中期刊文章 8 篇，学位论文 2 篇，期刊文章中 6 篇来自核心期刊，2 篇来自普通期刊，学位论文中 1 篇为博士学位论文，1 篇为硕士学位论文。

表 1-5　汉语慕课研究被引次数最高的前 10 篇文献

| 序号 | 被引次数 | 文献名称 | 作者 | 文献来源 | 发表年份 |
| --- | --- | --- | --- | --- | --- |
| 1 | 68 | 《孔子学院发展的新思路——慕课（MOOCs）教学模式的应用》 | 雷莉 | 《西南民族大学学报（人文社会科学版）》 | 2014 年 |
| 2 | 39 | 《慕课（MOOC）背景下的国际汉语教学和推广》 | 刘娟 | 《学术论坛》 | 2015 年 |

续表

| 序号 | 被引次数 | 文献名称 | 作者 | 文献来源 | 发表年份 |
|---|---|---|---|---|---|
| 3 | 29 | 《慕课教学中教师角色转换的叙事研究》 | 王添淼 张越 | 《课程·教材·教法》 | 2017年 |
| 4 | 25 | 《对外汉语教学慕课的发展现状及思考》 | 曹儒 刘思远 | 《辽宁师范大学学报（社会科学版）》 | 2017年 |
| 5 | 24 | 《汉语教学"慕课"视频资源的开发与建设》 | 赵寰宇 | 《现代交际》 | 2014年 |
| 6 | 19 | 《面向孔子学院慕课建设的研究》 | 梁琳 | 东北师范大学博士学位论文 | 2016年 |
| 7 | 18 | 《基于"中级汉语语法"慕课的思考》 | 徐晶凝 | 《中国大学教学》 | 2016年 |
| 8 | 17 | 《慕课时代中华文化传播的机遇、挑战与对策》 | 方芳 | 《江苏高教》 | 2015年 |
| 9 | 17 | 《汉语教学慕课探索》 | 孙祥倩 | 中央民族大学硕士学位论文 | 2015年 |
| 10 | 16 | 《全球突发公共卫生事件背景下的汉语教学》 | 崔希亮 | 《世界汉语教学》 | 2020年 |

资料来源：中国知网。

上表10篇文献中7篇涉及慕课形式在汉语教学、中华文化传播与孔子学院建设上的应用，3篇与汉语慕课中的教师、视频资源与个案分析有关。从被引次数最高的前10篇文献来看，当下学界比较关注汉语慕课宏观层面的研究，如汉语慕课的发展现状、面临的困境与挑战、解决的方案等，对微观层面的教师、学习者、视频资源等方面也略有涉及。这或许与汉语慕课的发展建设时间尚短，学界对汉语慕课相关的研究从长远来看尚处于起步发展阶段的状况有关，故学界多关注宏观的发展问题，而尚未就微观具体的实际建设环节与问题展开大规模讨论与研究。

## （三）汉语慕课的研究内容

笔者基于检索所得文献的标题名，通过 NoteExpress 软件统计标题词语的出现频次，以示其中的研究热点。

**图 1-7　检索所得文献标题词频云图**

资料来源：NoteExpress。

根据词频云图，我们可以发现，汉语慕课研究的热点主要在教学，其次为模式、平台、孔子学院应用、慕课课程建设等方面的分析和探索，角度多样。本书参考申灵灵等（2014）的慕课研究分类模式，① 将检索所得文献按照介绍评述类、课程教学类、资源技术类及其小类分类，并统计各类文献数量之占比。部分小类之间可能有所重叠，笔者根据文献最为凸显的特点将其归入更为契合的小类。

---

① 申灵灵等：《"后 MOOC 时代"终极回归开放在线教育——2008—2014 年国际文献研究特点分析与趋势思考》，《现代远程教育研究》2014 年第 3 期。

**表 1-6　汉语慕课研究分类表**

| 类别 | 主题 | 数量（篇） | 占总文献数量比 |
|---|---|---|---|
| 评述类 | 总体评述 | 35 | 37.23% |
|  | 慕课与孔子学院建设 | 3 | 3.19% |
|  | 慕课与中华文化传播 | 2 | 2.13% |
| 课程教学类 | 慕课课程概述与个案分析 | 7 | 7.45% |
|  | 慕课与商务汉语 | 5 | 5.32% |
|  | 慕课与中华文化教学 | 6 | 6.38% |
|  | 教师 | 4 | 4.26% |
|  | 学习者 | 5 | 5.32% |
|  | 混合式慕课教学模式 | 7 | 7.45% |
|  | 慕课具体课型/环节/内容设计 | 12 | 12.77% |
| 资源技术类 | 慕课平台 | 3 | 3.19% |
|  | 慕课教学资源 | 3 | 3.19% |
|  | 慕课技术 | 2 | 2.13% |

资料来源：申灵灵等：《"后 MOOC 时代"终极回归开放在线教育——2008—2014 年国际文献研究特点分析与趋势思考》，《现代远程教育研究》2014 年第 3 期。

由表 1-6 可知，汉语慕课相关研究主要为评述类与课程教学类文献，评述类文献内各小类分布差异大，总体评述小类占绝大多数；课程教学类的内部小类分布则较为均衡，相互之间差异不大。结合图 1-8 可知，总体述评类的研究远领先于其他小类，其次为有关慕课具体课型/环节/内容设计，慕课课程概述与个案分析、混合式慕课教学模式、慕课与中华文化教学等方面的研究文献也较多，最少的为慕课与中华文化传播和慕课技术方面的研究。

1. 评述类文献

此类文献多集中于慕课教学形式为国际汉语教学带来的变革、机遇与挑战，也围绕汉语慕课教学的发展现状、特点、价值、问题与改进建议、慕课与孔子学院建设、慕课与中华文化传播等方面展开论述。具体表现如下：

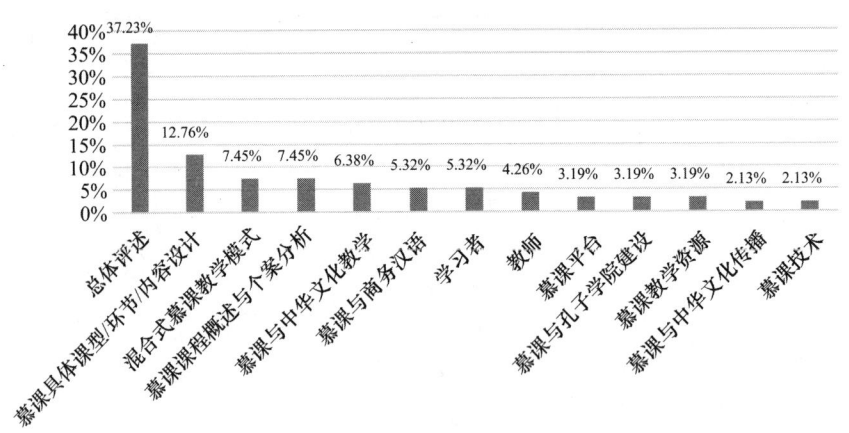

**图 1-8 汉语慕课研究小类占比图**

资料来源：申灵灵等：《"后 MOOC 时代"终极回归开放在线教育——2008—2014 年国际文献研究特点分析与趋势思考》，《现代远程教育研究》2014 年第 3 期。

（1）慕课为国际汉语教学带来的变革、机遇与挑战方面

王海峰（2016）认为慕课对国际汉语推广事业带来如下机遇和挑战：机遇上，一是可以满足大规模的汉语学习群体的需求；二是适应汉语教学的特点，为实施个性化教育，提升汉语教学质量提供了一定的条件。挑战上，一是慕课要求教师具有综合技能，要求教师不再是一个简单的教书匠，他（她）还要具备现代媒体的操作技能、媒体软件的编制技能、多媒体组合教学的设计技能；二是慕课突破了基本的教学形式，以全新的教学理念，打破传统的"一方讲台一块板，一支粉笔一本书"的课堂教学模式，为汉语教学提供了全新的平台和方法；三是慕课对传统的教学管理模式带来挑战，慕课具有开放性，学习者只要有兴趣就可以注册进来学，但是正是由于慕课没有强制性、不用付费，学生很容易放弃或中断学习，产生注册人多、完成学业少的现象，因此给教学模式带来巨大的挑战。①

---

① 王海峰：《机遇与挑战：慕课和汉语教学》，《汉字文化》2016 年第 5 期。

（2）汉语慕课教学的发展现状、特点、价值、问题与改进建议方面

王帅、康可意（2019）指出：当前汉语慕课的规模持续扩大，并初步探索出多元化的课程建设格局，汉语慕课在教学模式和评估体系方面逐步体现出独特性，对建设用户友好型学习支持服务体系进行了探索。汉语慕课建设中存在的矛盾主要包括：规模的扩大与实际完成率低的问题，支持体系的不完善与学习者追求更好用户体验之间的矛盾，需求多元性与供给单一性的矛盾和慕课形式与语言习得之间所隐含的理论矛盾。针对上述问题，他们提出以需求分析为基础，明确汉语慕课的发展方向；以技术创新为导向，提高学习者的学习体验；以个性化发展为目标，依据语言教学具体特征探索慕课发展新模式；以制度建设为保障，推进学习成果认证和学分积累、转换等改进措施。[1] 赵寰宇（2014）表示：汉语慕课教学的价值在于解决汉语教师资源短缺问题，为汉语学习者提供全新的学习体验，提升国内外汉语教师教学水平，推动国内外汉语教育专业发展等四个方面。[2] 崔希亮（2020）指出：与传统的课堂教学相比，远程汉语教学所面临的困难主要有课堂互动性减弱、汉字教学困难、成绩考核困难、学生的学习动机和学习策略不同导致学习者分化、网络环境的不稳定影响教学进程等方面。[3] 曹儒、刘思远（2017）从对外汉语教学慕课的发展现状入手，分析了当前对外汉语教学慕课的发展特征，然后从国家、高校和教师三个层面，提出今后加强对外汉语教学慕课建设的三点建议：国家应加大政策支持力度；高校应着力推进对外汉语慕课建设；慕课主讲教师应努力提高业务能力，以促进对外汉语教学慕课的健康可持续发展。[4]

（3）慕课与孔子学院方面

慕课与孔子学院方面的研究一般是通过分析当下孔子学院发展所遇

---

[1] 王帅、康可意：《汉语教学慕课发展现状研究》，《海外华文教育》2019年第6期。
[2] 赵寰宇：《慕课（MOOCs）在汉语教学中的应用与实践》，《数字化汉语教学》2014年第5期。
[3] 崔希亮：《全球突发公共卫生事件背景下的汉语教学》，《世界汉语教学》2020年第3期。
[4] 曹儒、刘思远：《对外汉语教学慕课的发展现状及思考》，《辽宁师范大学学报（社会科学版）》2017年第6期。

瓶颈与慕课形式所具优势来阐述慕课与孔子学院课程建设相结合的重要性，并进一步提出孔子学院慕课建设的构想。如雷莉（2014）指出：慕课教学模式运用于孔子学院的意义及价值主要表现在缓解目前孔子学院资金、场地和教学资源的不足，扩大孔子学院的影响力，科学规划全球汉语的远程教育，缓解教师匮乏的现状等。① 再如，徐蓉等（2019）认为：孔子学院作为汉语教育和推广的平台，为中国文化的传播起到积极的作用，慕课是网络在线的开放课程，具有开放、易获取和资源共享等优势，孔子学院与慕课课堂相结合，将能有效解决孔子学院发展中存在的教育资源不均衡、内容不统一的现象，更好地促进孔子学院的发展。②

（4）慕课与中华文化传播方面

慕课与中华文化传播方面的研究则主要针对慕课形式对中华文化传播的积极与消极影响，进而探讨可能的应对策略。如方芳（2015）指出：中华文化以其独特的文化魅力和丰富的文化内涵正逐渐成为应对国际政治、经济、道德危机的精神寄托。在慕课兴起的大背景下，慕课在拓宽传播渠道，创新传播方式，及时提供信息反馈等方面给中华文化的传播带来前所未有的机遇。基于此，他提出建立面向国外及高校受众的中英文文化慕课平台，从而拓宽文化传播途径，推进中华文化的传播。③ 梁晓波、武啸剑（2019）表示：慕课近年获得极大发展，已成为国家传授科技文化知识、展示教育实力、传播民族文化和拓展文化软实力的重要平台。我国慕课的建设需要从全局谋划慕课发展步骤、构建世界水平课程体系、统筹高校优质资源、加大平台建设力度、建构中国学术话语、拓展国内外多语课程等方面做出努力。④

（5）慕课与国别化教学方面

值得注意的是，该类文献中还有针对拉美、中亚、泰国等地区和国

---

① 雷莉：《孔子学院发展的新思路——慕课（MOOCs）教学模式的应用》，《西南民族大学学报（人文社会科学版）》2014年第12期。
② 徐蓉等：《慕课建设与孔子学院结合的研究》，《宁波大学学报（教育科学版）》2019年第1期。
③ 方芳：《慕课时代中华文化传播的机遇、挑战与对策》，《江苏高教》2015年第3期。
④ 梁晓波、武啸剑：《慕课教育模式下的文化传播战略研究》，《外语教育研究》2019年第2期。

家的国别化汉语慕课教学研究。如夏晓娟（2017）指出：为了使汉语在拉美国家的推广能"真正飞入寻常百姓家"，在教学辅助手段方面慕课与微课相结合，可能是较好的途径。[①] 冯原（2018）也表示：慕课平台的建设可以缓解中亚孔子学院场地和教学资源上不足的问题，节约人力资源成本，也可以加强对各类师资的培训，尤其是对中亚本土汉语教师的培训。在整合中亚汉语教学与文化资源方面，加强了文化传播创新，有针对性根据学生需求设置课程，加快了教学体系的本土化建设。在激发中亚民众对于汉语学习热情的同时，也能够扩大孔子学院在当地的影响力，对于汉语教学和汉语的国际推广都发挥着极其重要的作用，为中华文化的传播起到积极的作用。[②] 由此可见，随着汉语教学在世界范围内的普及，国别化的汉语慕课教学研究的重要性不言而喻，将成为未来可能的研究热点之一。

2. 课程教学类文献

此类文献中，关于具体课型/环节/内容的最多，其次为对现有汉语慕课课程的概述或个案分析以及对混合式汉语慕课教学模式的探讨；从教师与学习者角度出发的汉语慕课研究，以及与商务汉语慕课建设相关的研究较少。同时，此类文献多为具体的实证研究，即基于对某一课程数据或某一教学模式课堂的调研和考查所做的讨论。具体表现如下：

（1）汉语慕课课程概述及个案分析类文献

此类文献研究对象多有重合，出现频率较高的为"中级汉语语法""汉语入门""你好，中文"三门汉语慕课，分析多从教学内容、教学目标、互动模式、教学语言、课程评价展开，也会涉及课程分类、慕课界面、教学过程等角度。如王添淼、裴伯杰（2016）指出：通过探讨汉语慕课教学形式、目标、内容、方法和效果等发现其如下特点：课程影响力和学习者规模具有很大提升空间，教学内容和方法应以学生汉语

---

① 夏晓娟：《中国在拉美地区推广汉语教育的不足与对策》，《许昌学院学报》2017 年第 1 期。

② 冯原：《中亚对外汉语慕课建设必要性研究》，《文学教育（下）》2018 年第 8 期。

水平和交际需求为中心，同伴互评和分享学习成果是提高学习效果的有效途径，教学须循序渐进，教育理念、知识、技能和自我效能感等促进了国际汉语教师的专业发展。同时，作者基于汉语慕课现存问题提出如下应对策略：一是进一步提高交际性和互动性；二是教师应更为有效、及时地给予学生反馈；三是根据学习者水平调整主客观练习题的比重等。① 再如辛平（2019）从教学理念的视角分析了具有代表性的四门初级汉语教学慕课的教学内容、教学目标及互动模式，提出了汉语教学慕课主要属于知识性课程，与语言教学目的匹配度不高，互动模式也应该进一步丰富等问题，并在分析的基础上提出未来的汉语教学慕课在教学目标上应该凸显语言能力的培养，增加有意义的互动，特别是在社会性互动方面，可以借鉴其他慕课的做法，借助新技术的支持，在教学内容展示、练习、测验等环节增加互动性设计等应对措施。②

（2）慕课与商务汉语方面文献

该类研究多为理论探讨，实证研究尚且较少。慕课与商务汉语的结合点多为以慕课平台或网站为媒介辅助商务汉语教学，如周红（2017）基于汉语、商务与文化三位一体的商务汉语定位及调研分析提出，国际商务汉语师资培训应包括商务汉语语言知识及教学法、中外商务跨文化交际、商务外语、商务知识和中国国情5个板块。同时，通过将案例教学法引入国际商务汉语师资培训，设定提高商务沟通与语言表达能力的双重目标，遵循商务交际功能优先原则，研发师资培训用的国际商务汉语案例库慕课平台，配合线下微格教学实训，进而全面提升教师的理论与实践知识。③ 再如王晓华（2016）指出：模拟"一带一路"真实条件，做好基于慕课的文化传播。如教师可以利用网络建立慕课学习网站，随时向学生提供其所需要的信息和专业知识，尤其是"一带一路"拓展进程中的前沿信息和最新知识，以便于学生使用和查找；也可针对随时发生的经贸热点问题进行讨论或案

---

① 王添淼、裴伯杰：《汉语慕课课程个案研究》，《民族教育研究》2016年第2期。
② 辛平：《教学理念视域下的对外汉语教学慕课分析》，《高教学刊》2019年第16期。
③ 周红：《基于案例教学法的国际商务汉语师资培训模式探究》，《国际汉语教育（中英文）》2017年第2期。

例分析，弥补教学重理论轻实践的不足。① 再如丁晓菲（2019）提出：在使用慕课辅助商务汉语教学时，应注重所选取教学材料或资源的真实性与典型性。② 最后，冯传强、张琪（2020）在实证研究方面，创建了慕课应用于商务汉语综合课的混合式慕课教学模式，并通过应用实践进行详细阐释，其调查问卷结果也表明该教学模式在多数学习者身上起到积极作用。③

（3）慕课与中华文化教学方面的文献

此类研究主要分为两类。一类为理论探讨，研究者在总结中华文化教学现状与问题的基础上引入慕课教学，探讨相应的文化慕课教学新模式。如许香婷、王松岩（2019）指出：在"一带一路"倡议的背景下，中国与沿线国家交往愈加密切，其他国家对中国文化的交流和了解也变得更加迫切。传统孔子学院的教学模式显现出的不足之处更是提醒我们应利用当下流行的慕课，结合当代中国国情系列慕课课程，将中国国情文化和慕课相结合，通过孔子学院这一文化传播平台，使孔子学院的外国学生对中国国情文化有更正确的理解，有利于世界其他国家及时更新对当代中国国情的认知，进而促进中国国情和优秀的中国文化在世界的传播。④ 另一类为中华文化慕课的设计实践，研究者以某一文化角度为落脚点或以某一教材为依据，详细设计相应文化慕课的内容并阐释制作过程，如包梦妃（2016）将慕课教学模式下的中国文化教学作为研究内容，在深入分析慕课新教学模式的产生发展、构成特点及目前国内外慕课平台的建设情况的基础上，结合国内外中国文化教学情况和中国文化教学存在的问题，讨论了慕课教学模式为中国文化教学带来的有利的影响。同时，通过调查分析，包梦妃进一步将慕课教学模式运用于中国文化教学中，能够有效地促进中

---

① 王晓华：《基于"一带一路"思路的商务汉语国际生培养》，《西安电子科技大学学报（社会科学版）》2016年第3期。

② 丁晓菲：《多媒体技术在商务汉语教学中的运用》，《汉字文化》2019年第16期。

③ 冯传强、张琪：《基于慕课的混合式教学模式在商务汉语教学中的应用》，《中国石油大学胜利学院学报》2020年第3期。

④ 许香婷、王松岩：《面向"一带一路"的当代中国国情系列慕课的设计与制作》，《文化创新比较研究》2019年第26期。

国文化的对外传播。①

（4）从教师角度出发探讨汉语教学慕课

该类慕课是极其重要的一个方面，有关研究着重于汉语慕课教学中教师角色的转换以及教师教育技术的应用情况，并在上述基础上分别提出相应的建议。如王添淼、张越（2017）以叙事研究的方式呈现了慕课教室角色转换中的知识结构完善、信念重构与重整、反思与实践、向慕课专家型教师转变等特征，并提出建立具有针对性与实效性的慕课教师教学技能培养体系，提供完善的在职教师慕课培训，教师树立终生学习理念并善于反思与实践等建议来提高汉语慕课教师的综合能力。②再如，任洁（2020）分析了实习期、新手型、熟手型及专家型汉语教师的教育技术应用现状，发现优化汉语国际教育专业研究生培养方案、规范新教师入职教育技术培训、开发应用云端教学系统的必要性。③

（5）从学习者出发探讨汉语慕课建设

该类的研究是多方面，有的基于学习者特征，如徐晶凝（2016）指出：慕课学习者在年龄、受教育程度、国别以及学习动机等个体特征方面，都与传统语言教学课堂有所不同，而这些不同在很大程度上对语言慕课的课程设计、教学方法提出更大的挑战。同时，慕课自身所能提供的教学与测试手段，即使语言慕课实现语言教学的目标遇到困难，也为语言教学利用翻转课堂加强交互性提供了可能。④有的基于学习者的评价文本，如周汶霏、宁继鸣（2020）从学习者视角出发，采集了中国大学慕课平台815门国家精品课程的学习者评价文本，基于词向量模型（word2vec）进行文本挖掘，并结合质性解读的方法，挖掘和分析学习者对慕课的共性认识。比较分析后，对当前国际中文慕课建设提出在

---

① 包梦妃：《MOOC（慕课）模式下的中国文化教学研究》，广东外语外贸大学硕士学位论文，2016年。
② 王添淼、张越：《慕课教学中教师角色转换的叙事研究》，《课程·教材·教法》2017年第3期。
③ 任洁：《国际汉语教师教育技术应用情况调查》，上海外国语大学硕士学位论文，2020年。
④ 徐晶凝：《基于"中级汉语语法"慕课的思考》，《中国大学教学》2016年第4期。

课程设置方面应着力实现用户界面、学习内容与教学模式的"三个友好",国际中文教师需致力于成为在线上与线下教学场域之间灵活切换的多面手,通过系统设置与环节把控确保课程互动的充分实现,建设更多类似于中文联盟的中国语言与文化数字化国际传播平台,打造优质国际中文慕课群,形成集群效应等措施。① 有的基于学习者的自我调节,如陈晨(2021)提出:在认知调节方面,慕课缺乏对主观题的反馈是学习者面临的主要问题;在情感调节方面,慕课内容和真实生活中语言应用的联结是维持学习者学习动机的重要力量。为进一步提升慕课价值,教师应在提高反馈质量、增加交际应用、发挥学习共同体作用方面为学习者提供更多支持。② 其中,前两者对学习者多采用量性研究,第三者则为质性研究。

(6)混合式慕课教学模式研究

该模式指线上(一般为课前)的慕课视频学习、线下的传统课堂教学(一般为课中)结合课后教师的反思总结和教学评价所组成的教学模式。该部分的探讨多从模式介绍、必要性与可行性分析、设计与实施三个方面展开。如刘霞、侯海荣(2018)指出:基于微信公共平台的对外汉语教学模式展开设计主要包括以下几个步骤:制作教学视频,进行快速小测,布置课程作业,上传补充讲义,进行课程考试,学生参与构建。慕课时代将对外汉语教学与微信公共平台进行结合,有利于丰富对外汉语教学模式,提高对外汉语教学效果。③ 也有部分研究以智利、丹麦等某一具体的国家或地区为对象,如侯睿(2020)通过汉语国际志愿者项目而前往丹麦汉语教学,选择适合约灵市哈沃斯米德中学学生的慕课平台——中国大学慕课,选取适合该校学生学习的慕课内容"初级汉语口语",实施了慕课与汉语课堂教学结合的模式。该模式在实施后取得一些成效,不但提升了学生的汉语水平,而且增强了学习汉

---

① 周汶霏、宁继鸣:《学习者视角下的国际中文慕课建设:一种比较的路径》,《国际汉语教学研究》2020年第3期。
② 陈晨:《汉语慕课学习者的自我调节研究》,《国际汉语教学研究》2021年第1期。
③ 刘霞、侯海荣:《慕课视域下基于微信公共平台的对外汉语教学设计研究》,《湖北广播电视大学学报》2018年第1期。

语的兴趣。① 还有一部分研究以汉语水平考试课程、文化类课程等某一具体课型为例，如杨紫娟、王强（2019）以汉语水平考试课程为例，探讨了对外汉语课程教学中实施混合式教学模式的必要性和可行性，并尝试从前端分析、活动与资源设计和教学评价设计阶段进行模式构建。② 综上所述，混合式慕课教学是慕课这一新形式与传统课堂形式相结合的模式，于汉语教学有诸多裨益，或将成为日后汉语教学的一大趋势；然而现今就此展开的研究尚不足够，需要更多的实证研究与理论总结来深入探索该模式的适用情况。

（7）针对慕课具体课型/环节/内容设计的研究

此类研究以学位论文为主，入手角度也颇为不同。部分研究从语言要素出发探讨汉字教学，如杨依然（2017）探索了将慕课平台引入对外汉语汉字书写教学的途径，进而将慕课与汉字书写课结合起来，探索更有效的教学方式，为促进汉字书写教学提出一些意见和建议。③ 部分研究探讨语法教学，其中以补语和"把"字句教学为多，如陈良飞（2018）在阅读和梳理相关研究文献的基础上，选取某大学知名汉语教学慕课"中级汉语语法"的趋向补语部分作为研究对象，主要采用观察分析法，从基本形式、教学过程、教学内容、教学方法、互动状况、教学辅助手段几个方面对其教学模式进行考查分析，发现该课程的特点，并采用对比分析法总结出其相较于传统课堂教学的优势与局限性，探讨慕课在翻转课堂中的运用，以期对国际汉语慕课进一步发展提出建议与思考。④ 部分研究从汉语课型出发，讨论初级汉语综合课和口语课的慕课教学设计，如张隽（2016）根据对外汉语慕课课程的设计模式，运用相应的模板，从学习平台、学习需求、学习者、教学目标、教学内容5个方面对"基础汉语"这门课程进行前期分析，然后选取第一个

---

① 侯睿：《对外汉语中慕课与课堂教学结合模式探究》，湖南师范大学硕士学位论文，2020年。
② 杨紫娟、王强：《基于混合学习的对外汉语教学模式探索——以HSK课程为例》，《广西广播电视大学学报》2019年第2期。
③ 杨依然：《慕课模式下对外汉语汉字书写教学探索》，广西大学硕士学位论文，2017年。
④ 陈良飞：《某〈中级汉语语法〉慕课考察分析——以趋向补语为例》，《2018年对外汉语博士生论坛暨第十一届对外汉语教学研究生学术论坛论文集》，2018年，第18页。

学习主题的教学内容作为案例,从学习资源、教学活动、学习评价、学习支持4个方面设计出具体的对外汉语慕课设计方案。同时,通过对慕课课程的设计以及大量对外汉语慕课的调查发现对外汉语慕课教学可能遇到课程完成率低、建设成本高、交互缺乏等问题,并对对外汉语慕课教学可能遇到的问题提出些许参考建议。[1] 另有部分研究就汉语慕课教学中的互动探讨特定机制,如张江慧(2020)采用文献调研法对小规模限制性在线课程(SPOC)教学模式的特点、研究现状及相关应用案例进行总结;采用分析法对小规模限制性在线课程模式下对外汉语教学的线上教学阶段、线下教学阶段及两者之间的互动机制进行分析;最后,从对外汉语教学中的语音、词汇、语法、文化四个角度,分别选取声母与韵母、趋向动词、"把"字句、茶文化进行教学设计并在已有的研究成果的基础上进行教学效果预估。同时,得出如下结论,小规模限制性在线课程混合教学模式可以有效改善慕课模式存在的问题,促进慕课的可持续发展,是未来在线教育发展的主要方向;"线上教学—线下操练—线上巩固"的闭合式互动机制,能有效促进线上教学与线下教学的互联互通,加强线上与线下、教师与学生、学生与媒体之间的多向互动,增强学生学习的自觉与主动性,有利于因材施教;小规模限制性在线课程模式在对外汉语教学中具有很强的可行性与操作性,为改善目前汉语教学现状提供了新的教学范式。[2] 也有研究从慕课讨论区出发,讨论基于问题的慕课写作学习模式。其余研究则对教材编写与综合汉语慕课的练习测试进行考查和研究,如唐慧容(2020)以三门对外汉语初级综合慕课的练习和测试部分作为研究对象,按是否计入成绩分为练习与成绩测试,再按练习出现的位置分为视频内练习和视频外练习,分别对题量、题型和内容进行统计分析,然后对学习者进行问卷调查,最后总结了对外汉语初级综合慕课练习与测试的如下特点:就题量而言,设置适量、功能稳定且分布均衡的视频内练习;提供充足的视频外练习;

---

[1] 张隽:《对外汉语慕课教学设计研究》,广东外语外贸大学硕士学位论文,2016年。
[2] 张江慧:《SPOC 模式下对外汉语线上教学与线下教学互动机制研究》,兰州大学硕士学位论文,2020年。

就题型和内容而言，在视频外练习中设置适量的与教学视频相应的汉字临摹练习；综合采用多种评价主体以平衡主客观题的比重和确保听、说、读、写言语技能的全面涉及；其他方面，建议在对外汉语初级综合慕课的成绩构成中形成性测试的比重高于终结性测试的比重。① 该部分文献较其他小类的文献来说数量更多，其研究角度多样细致，且实证研究多于理论概括。

3. 资源技术类文献

目前该类文献数量较少，并非当下汉语教学界的研究热点，然而无论是汉语慕课平台的建设，还是视频教学资源的开发设计，都直接关系到学习者体验与课程质量，与慕课相关的资源技术是慕课质量提升和成功运行的重要保障，故对汉语慕课资源与技术类的相关研究不容忽视。

有关慕课平台的研究主要为对汉语慕课平台建设的理论和实践探讨。如甄刚（2019）分析了慕课教学以及学习的优势，然后就当前汉语国际教育慕课平台建设过程中存在的突出问题进行了论述，在此基础上，从国家重视支持、高校建设推动、教师的慕课教学能力三个层面提出相应的解决措施。② 再如，张以峰（2018）分析了从2012年慕课元年到2017年慕课发展的情况，不仅对学术研究，还对用户画像、未来发展趋势等做出分析。同时，在研究国内外慕课平台汉语课程的基础上探讨了汉语教学中引入慕课的必要性以及优势，提出建设一个专业的汉语教学慕课平台，并在借鉴国内外已有的慕课平台优点的基础上，根据汉语教学慕课的特点尝试设计了一个专业的汉语教学慕课平台——汉语慕课学院。③

现有的慕课教学资源相关研究集中于视频资源的开发，如赵寰宇（2014）提出：汉语教学慕课视频资源的开发和建设具有提升汉语教师教学水平，促进汉语教学法创新；提供汉语学习者全新的学习体验，促

---

① 唐慧容：《对外汉语初级综合慕课练习与测试的考察研究》，河北大学硕士学位论文，2020年。

② 甄刚：《汉语国际教育慕课平台建设现状及策略探究》，《教育教学论坛》2019年第46期。

③ 张以峰：《专业的汉语教学慕课平台建设》，西安外国语大学硕士学位论文，2018年。

进教学模式改革；确立视频资源建设规范，为慕课汉语教学模式提供保障等意义和价值。① 教学资源平台的构建方面，如白璐（2015）充分运用汉语作为第二语言习得理论、中华文化传播理论、远程教育心理学理论等，从课程微视频设计、网站模式、人机交互、人员配置等方面，对建设汉语教学慕课平台进行了初步的探索与尝试，辩证地研究了慕课学习的特点，以及将它应用于汉语教学的必要性。② 慕课视频的呈现方式，如李敏（2020）选取慕课"初级汉语语法"为研究对象，对其微视频呈现形式进行两个层面的分析，提出"呈现需求"作为教学活动与呈现形式的中介，即教学对呈现形式的功能需求，与教学内容和教学过程密切相关。同时，根据慕课"初级汉语语法"的教学过程、教学内容归纳出四个呈现需求：语法知识描述、情境创设、提供（准）交际练习、语用展示；依据视听觉要素差异，将慕课微视频呈现形式分为：教师讲解式、交际式讲解、可汗式（可汗学院）、真人情景剧、动画式、实景外拍式、虚拟仿真式七类。③ 有关慕课技术的研究也尚少，如雷莉（2015）针对数据挖掘技术指出，数据挖掘技术能发现海量教育数据中潜在的规律和模式，将这一技术应用于孔子学院慕课微视频教学将极大丰富教学视频资源，创设逼真的语言环境，提升教学质量；满足不同地区学生的学习背景、需要，实现个性化教学，提高学生自主学习能力；缓解教师匮乏现状，实现汉语教学资源的均衡共享。④ 再有张畅（2016）提出：弹幕技术在慕课课程中的应用能有效增强师生互动，提升学习者积极性。⑤

（四）汉语慕课的研究特点

结合上述分析可知，汉语慕课研究呈现出总体增加、局部波动，理

---

① 赵寰宇：《汉语教学"慕课"视频资源的开发与建设》，《现代交际》2014年第1期。
② 白璐：《大数据时代下汉语慕课教学资源平台构建初探》，辽宁大学硕士学位论文，2015年。
③ 李敏：《初级汉语语法慕课微视频呈现形式研究》，暨南大学硕士学位论文，2020年。
④ 雷莉：《数据挖掘技术在孔子学院慕课微视频教学中的应用与意义》，《宜宾学院学报》2015年第3期。
⑤ 张畅：《弹幕技术在对外汉语教学中的应用研究》，《亚太教育》2016年第24期。

论探讨与实证研究并重，角度多样但分布不匀、缺乏深度，实证研究重教学设计而轻资源、技术等特点。

1. 总体增加，局部波动

从长远来看，2014—2021年（截至2021年5月11日）的汉语慕课研究其实尚处开始阶段，其文献数量在总体上呈增加趋势；但若从该期间内部来看又可分为三个小阶段，即快速增长（2014—2016年）、有所回落（2016—2017年）与回升稳定（2017年—2021年5月11日）期。根据国内的汉语教学发展状况，慕课作为线上教学的主要形式之一，将会成为今后汉语教学网络化发展趋势中的有生力量，相关研究也可能相应增加。

2. 理论探讨和实证研究并重

从大类来看，汉语慕课研究在理论探讨和实证研究方面皆有所深入，理论探讨注重汉语慕课教学的变革、现状、价值、问题及解决措施等方面的评述，实证研究则集中于具体某一课型/环节/内容的设计、混合式慕课教学模式等方面。从小类来看，总体评述类的文献数量远超其他小类的文献，反映出汉语慕课研究尚处于起始探索阶段，从上而下的理论探讨能为后期的实证研究提供了建议与指导，而随着汉语慕课建设与研究的进一步发展，实证研究或将成为该领域的主体，为相关理论研究提供增补删改的调整建议。

3. 角度多样但分布不均、缺乏深度

以上汉语慕课相关研究的角度多种多样，既有对汉语慕课的总体述评与规划，也有就具体课型/环节所展开的详细设计；既有对教学内容、教学主体的探讨，也有对教学资源与技术的研究等。然而，学界对各研究角度与方向的关注度却不甚均衡，大量文献集中于总体评述，对其他小类的关注却有所不足，导致多数研究角度与方向缺乏深度探讨，一为文献数量较少，二为研究方法单一，这也是汉语慕课研究今后需要补足之处。

4. 实证研究重教学设计而轻资源、技术

本次检索所得的文献中除了述评类属理论研究之外，其余类别的文献多为实证研究；在该部分实证研究中，有关教学设计的研究远多于资源技术类。前者的研究分类有按教学内容如商务汉语和中华文化慕课教学的，也有按教学主体分教师与学生角度的，还有的按教学模式与具体课型/环节/内容的。然而，后者的研究则分为慕课平台、视频资源与相关技术三方面，在种类和数量上皆比前者少，反映出学界在汉语慕课实证研究方面重教学设计而轻资源技术的特点。这或许与汉语教学界多为汉语教师或社会科学类教育背景出身，而涉及资源技术类的研究往往需要更多的网络信息技术专业知识有关。

### （五）汉语慕课的潜在研究方向

当前汉语慕课研究的重点在于对汉语慕课发展状况的理论评述与课程教学类的实证研究。从小类来看，侧重于总体评述与慕课具体设计方面。然而，汉语慕课研究的发展不只需要这两类研究，其他各类的研究同样需要持续而稳定的关注度才能促进汉语慕课研究的整体发展。本节基于上文的分析，提出以下五个亟须关注的重点研究方向。

#### 1. 专门用途汉语慕课建设与研究

现有研究中涉及专门用途汉语的，多为慕课在商务汉语教学中的应用。由于中国国际贸易的快速发展与国际经济联系的不断加强，商务汉语的学习需求量巨大，在所有专门用途汉语中最为突出，其教学也最为紧迫，反映在慕课教学层面则体现为，商务汉语慕课及其教学研究的出现与增加。商务汉语慕课建设与研究作为专门用途汉语慕课的领路人与佼佼者已取得一定成就，但还需在各方面进一步深入；而旅游汉语、医用汉语、科技汉语等其他专门用途汉语慕课的建设与研究也需跟上，这也符合近期"汉语+"的国际中文教育发展趋势。

#### 2. 混合式汉语慕课教学模式研究

汉语慕课既可作为单独课程使用，也可与传统课堂结合以混合式教学模式使用。2020年新冠疫情的暴发使多数汉语课堂转至线上，汉语慕课因其短而精炼的特点成为不少汉语教师线上教学的有效辅助。目前，多数汉语教师采用的"课前预习慕课教学视频，课堂精练教学内容"的混合式教学模式，受疫情的推动得到大量实践，日趋成熟。从现有的研究成果来看，混合式汉语慕课教学模式利大于弊，对汉语教学有所成效，故而在疫情结束之后，此种混合式教学模式仍可能为部分汉语教师采用，占据汉语教学的"一片江山"，该方面的研究则可得到进一步扩展和深入。

3. 教师、学习者及师生互动研究

现有从教师和学习者角度出发的汉语慕课研究尚少，但作为教与学的主体，教师和学习者及两者之间的互动至关重要。教师在慕课教学中的角色转变、自身教育技术运用能力的加强、专业综合素质的提高等方面直接关系到慕课的质量；学习者的各方面特征如学习动机、学习策略、学习行为等皆与慕课学习的效果有关；两者间的课堂与课下互动也是提高慕课教学效率的重要方面。故而，教师、学习者及两者间的互动研究也应成为今后汉语慕课研究的一个主要方向。

4. 慕课区域/国别化研究

中外语言交流合作中心的建制改革与《国际中文教育中文水平等级标准》的实施将汉语教学与国际传播带入新时期，在新的阶段，汉语教学持续向世界各地延伸拓展，区域/国别化研究的重要性日益凸显。慕课作为大规模开放性的课程，本身便是面向世界各地学习者的，但目前的汉语慕课建设绝大部分仍以英语母语者为教学对象，仅有少数面向西班牙语、俄语、法语、日语等母语背景的学习者，且后者的开设单位多为本国的高等院校。除语言之外，各个国家和地区的文化背景、语言教学理念与状况皆会影响该国或该地区的学习者学习效率与汉语慕课教学成效。诚然，由中国高等院校与机构制作开发相应语言的汉语慕课为极佳的选择，但作为国际中文教育的大本营，国内教学界相关学者也应在汉语慕课的国别化研究上投入一定的精力，助力各国汉语慕课教学的发展，如此相得益彰，共同推动汉语及汉语教学的国际化进程。

5. 教学资源与教育技术研究

汉语慕课依托慕课平台，平台搭建的背后是教育技术的发展与应用。在信息化时代，对教育技术的运用和教学资源的开发与建设对汉语慕课教学来说是关键的一环。该部分是汉语慕课质量与运行的重要保障，慕课平台的设置布局影响学习者的使用体验和慕课教学内容的传达效率；教学资源能为学习者提供课前、课中与课后的知识补充；部分如数据挖掘技术、弹幕等具体教育技术应用于汉语慕课教学与研究，为之带来不一样的研究方法与角度。现有相关研究多集中于汉语慕课平台与教学资源的开发建设，说明这方面的研究尚处于开端，还需深入；慕课平台与教学资源的使用体验、使用方式以及教育技术在汉语慕课教学中的应用研究尚且浅显。而且，随着信息技术的进一步发展及其在语言教学上的应用扩展，新的应用方式与研究方向也会逐渐出现，故该方面的研究也应成为今后汉语慕课研究的一个主要方向。

# 第二章　汉语慕课概述

慕课凭借其大规模、共享性、开放性的特质和跨越时空、高效整合教学资源的优势风靡全球，是现代教学技术发展背景下一种极具特色的教学形式。汉语慕课作为互联网迅速发展时代"互联网＋教育"的产物，是汉语教学的新形式。需要注意的是，此处的汉语并非传统意义上的面向中国中小学生的语文概念，而是一种与英语、法语等语言并列且作为第二语言被非汉语母语者习得的语言。故而，本书所论汉语慕课是指汉语作为第二语言教学的慕课，且必须遵循汉语作为第二语言的习得规律和第二语言教学方法，与其他非第二语言教学的慕课有着根本的区别。

## 第一节　汉语慕课发展概况

### 一、汉语慕课的名称界定

要对汉语慕课下定义，我们首先应对慕课有一个基本的了解。本书第一章已经详尽介绍慕课产生的背景、慕课类型、慕课的理论基础与未来发展，此处不再赘述，仅对汉语慕课的名称做简要界定。

汉语慕课从属于汉语国际教育领域，主流慕课平台上的各门汉语慕课名称五花八门、不尽相同。本书对中国知网中截取的词段进行统计，如表 2-1 所示,"中文慕课"出现频率最高,约占 1/4;以某个具体课程命名的慕课次之,约占 1/5;此外是"对外汉语教学慕课""对外汉语慕课""汉语慕课"和"汉语教学慕课";仅出现 1 次的是"汉语国际教育慕课""汉语作为第二语言教学慕课"和"国际中文慕课"。

表 2-1　基于中国知网的慕课名称统计

| 名称 | 出现次数（次） |
| --- | --- |
| 中文慕课 | 7 |
| "＊＊"慕课 | 5 |
| 对外汉语教学慕课 | 4 |
| 对外汉语慕课 | 4 |
| 汉语慕课 | 3 |
| 汉语教学慕课 | 2 |
| 汉语国际教育慕课 | 1 |
| 汉语作为第二语言教学慕课 | 1 |
| 国际中文慕课 | 1 |
| 总计 | 28 |

资料来源：中国知网。

由统计数据可知,汉语慕课的名称并无一个学术界统一规定的标准,课程制作单位大都根据学科名称而定。而且,汉语国际教育作为一门学科相对于英语作为第二语言教学的学科在国内起步更晚,故该学科本身的名称在国内外学界中尚有不少争论,更遑论汉语慕课领域的名称标准。现在学界针对汉语国际教育学科使用较多的名称有"对外汉语教学""汉语国际教育"和"国际中文教育"等,但从学术角度出发,较能精确反映这一学科内涵和性质的应该是"汉语作为第二语言教学"。

综上,本书根据普适性和经济性原则,采用汉语慕课作为"汉语作为第二语言教学慕课"的简称,以避免与汉语作为第一语言教学的语文慕课相混淆。同时,从表 2-1 的统计来看,汉语慕课在学界为广大研究者所接受,故本书采用该名称。

## 二、汉语慕课的主流平台

在国际中文教育领域，慕课的价值与影响伴随着中国语言与文化国际传播数字化进程的加快而不断彰显，汉语慕课的产生更是离不开数字化平台的支持。目前，众多具备大规模、共享性和开放性特点的汉语慕课已在多个主流慕课平台上线，其中中国国内的主流慕课平台有中国大学慕课、学堂在线、华文慕课、好大学在线、慕课中国、中文联盟等；国外主流慕课平台有大规模开放在线课堂平台（edX）、Coursera、Udacity、未来学习（FutureLearn）等。其中，edX、Coursera、Udacity为国外慕课界三大巨头，Coursera平台发展最大，拥有2500多门来自世界各地大学的课程，门类丰富；edX与全球顶级高校结盟，课程更贴近真实的大学课程；Udacity课程数量不多，以计算机类课程为主，制作精良。本节选取提供汉语慕课最具代表性的四大国内外平台——中国大学慕课、学堂在线、edX和Coursera进行简要介绍，在梳理平台发展脉络的基础上探讨汉语慕课的产生背景。

### （一）中国大学慕课

中国大学慕课是由网易和高等教育出版社携手推出的在线教育平台，承接教育部国家精品开放课程项目，提供中国知名大学的慕课课程，有意愿提升自己的广大学习者皆可由此免费获得优质的高等教育。该平台课程皆由各校教务处统一管理运作，高校创建课程并指定负责教师，制作发布课程的教师皆须在高等教育出版社爱课程网实名认证。在制作慕课课程的过程中（如图2-1），课程团队需首先确定课程选题并规划课程，再通过知识点设计、课程拍摄、录制剪辑等环节完成课程的前期制作并于慕课平台上线；课程发布后，教师参与论坛答疑解惑并批改作业给予学习者反馈，直至课程结束颁发证书。

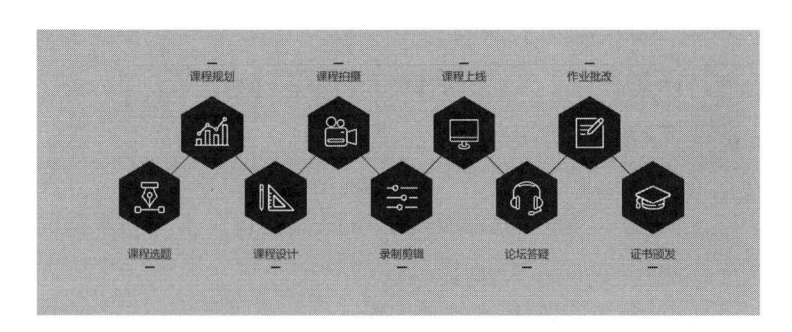

**图 2-1　慕课课程制作过程示意图**

资料来源：中国大学慕课官网。

中国大学慕课上的每门课程皆由课程团队设置考核标准，学习者最终成绩达到考核分数标准即可免费获取由课程学校颁发、主讲教师签署的合格/优秀证书（电子版）（如图 2-2），学习者也可付费申请纸质版认证证书（2019 年后均需付费申请）。课程证书是学习者达到课程学习要求的重要标志，意味着其对该课程内容的理解和掌握达到对应大学的要求。

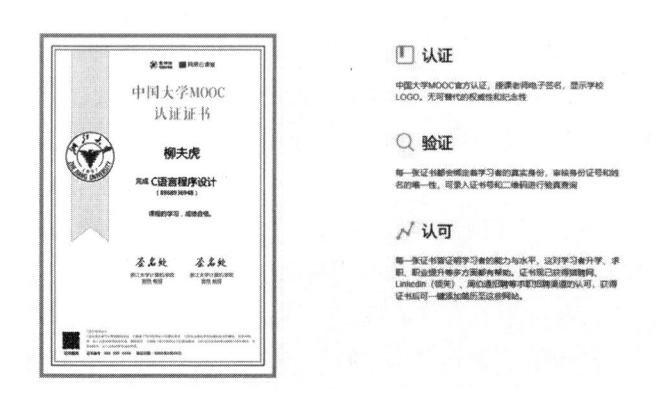

**图 2-2　慕课课程认证证书示例**

资料来源：中国大学慕课官网。

中国大学慕课作为国内率先启动建设的慕课项目与平台，在一定程度上展现了国内慕课发展的历史。教育部于 2003 年启动"国家精品课程"项目，铸造第一批一流示范性课程以促进现代信息技术在教学中的应用。2012 年启动"精品视频公开课"项目，关注提高文化素质的普及课程，塑造了一批教学"名嘴"，充分展示了国内各高校讲课的风采。2013 年启动"国家级精品资源共享课"建设，推动国家精品课程转型升级并提升其功能，以提供更好的教学体验。2014 年中国大学慕课平台开始运行，以完善的在线教学模式支持高等学校在线开放课程的建设，并实现社会广大学习者的个性化学习。中国大学慕课平台运行 9 年来取得长足发展，其以突破时空限制的优势为教师制作开发课程，为世界各地学习者学习汉语带来诸多便利，已成为各汉语慕课信赖和依托的平台。

### （二）学堂在线

学堂在线平台是中国探索慕课教育的先行者。2013 年 5 月 21 日，清华大学正式加盟由美国麻省理工学院和哈佛大学合作共建的在线教育平台 edX，成为其首批亚洲高校成员之一。2013 年 10 月 10 日，学堂在线慕课平台正式向全球发布。2014 年 4 月 29 日，教育部在线教育研究中心成立，学堂在线获得 edX 平台课程在中国大陆的唯一官方授权。2014 年 7 月 14 日，学堂在线推出学堂云，为合作机构提供定制化的教育云平台服务。2015 年 11 月 28 日，中国慕课大学先修课程理事会在清华大学成立，首批中国慕课大学先修课程在学堂在线平台推出。2016 年 4 月 1 日，学堂在线推出新型教学工具——雨课堂。2016 年 5 月 12 日，学堂在线入选首批国家双创示范基地项目。2016 年 6 月 6 日，联合国教科文组织国际工程教育中心成立，学堂在线成为其在线教育平台之一，并在同年发布的"全球慕课排行"中被评为"拥有最多精品好课"的三甲平台之一。2017 年 7 月 23 日，由学堂在线主办的首届全国高校在线教育可持续发展研讨会在青岛举办。2018 年 9 月 21 日，学堂在线荣获"亚洲教育贡献奖"。2020 年 4 月 20 日，学堂在线国际版正式发布。

截至 2019 年 9 月，学堂在线平台注册用户数超过 2753 万。目前，学堂在线运行着来自清华大学、北京大学、复旦大学、中国科技大学、麻省理工学院、斯坦福大学、加州大学伯克利分校等国内外一流大学超过 3000 门的优质课程，覆盖十三大学科门类。该平台分为在线学习系统和课程管理系统，学习者注册登录后可自由选课、听课并参与社区讨论，在完成一定量的学习任务后完成相应练习并获得评分。同时，教师可通过系统上传上课视频，添加教学资料及练习，并能通过大数据分析平台及时查看教学反馈情况。

### （三）edX

edX 平台为麻省理工学院和哈佛大学于 2012 年 4 月联手创建的大规模开放在线教学课堂平台，免费向社会大众提供大学教育水平的在线课堂。该平台的建设基于麻省理工公开课（MITx）计划和哈佛大学网络在线教学计划，主要目的是配合校内教学以提高教学质量并推广网络在线教育。

### （四）Coursera

Coursera 是美国的大型公开在线课程平台，由斯坦福大学两名计算机科学教授创办，旨在通过与世界顶尖大学的合作在线提供网络公开课程，其首批合作院校包括斯坦福大学、密歇根大学、普林斯顿大学、宾夕法尼亚大学等。该平台成立运行后，全球共有 68 万多名学习者注册课程，其中 2/3 来自美国海外。海外学习者中，来自中国的占有相当大的比重。随着中国市场的吸引力日益增强，Coursera 于 2013 年 10 月进驻中国，北京大学、南京大学、上海交通大学、复旦大学等高校纷纷加入。2013 年 12 月 10 日，其 iOS 版本上线苹果手机应用商店。2014 年 3 月 30 日，安卓版在谷歌应用商店上线。然而，对非英语专业学习者而言，Coursera 平台在某些方面尚存诸多限制，如教学视频字幕无法实现双语同时播放、全屏时字幕过小、iPad 版本字幕不能调出等，在非英语母语国家的体系设置尚需调整与改进。

本节将以上主流慕课平台的发展历程绘制如图 2-3，管中窥豹，以此探讨中文课程转为线上和走向世界的时间脉络和过程发展。

**2003**
- 中国教育部启动"国家精品课程"项目，以促进现代信息技术在教学中的应用

**2011**
- 斯坦福大学试探性地将三门课程免费放到网上，意外发现报名人数竟超过10万，学员来自世界各地

**2012**
- 教育部启动"精品视频公开课"项目，关注提高文化素质的普及课程
- 麻省理工学院学院和哈佛大学5月联合创建的慕课平台edX正式启动

**2013**
- 清华大学于5月21日正式加盟edX，成为其首批亚洲高校成员之一
- 学堂在线于10月10日正式启动，面向全球提供在线课程
- Coursera10月进驻中国；12月10日，iOS版本上线苹果手机应用商店

**2014**
- 中国大学慕课平台上线
- 3月30日，Coursera安卓版应用在谷歌应用商店上线
- 4月29日，教育部在线教育研究中心成立，学堂在线获得edX平台课程的中国大陆唯一官方授权
- 7月14日，学堂在线推出学堂云，为合作机构提供定制化的教育云平台服务学堂在线

**2015**
- 11月28日，中国慕课大学先修课理事会在清华大学成立，首批中国慕课大学先修课程在学堂在线推出

**2016**
- 4月1日，学堂在线推出新型教学工具——雨课堂
- 5月12日，学堂在线入选首批国家双创示范基地项目
- 6月6日，联合国教科文组织国际工程教育中心成立，学堂在线成为其在线教育平台

**2017**
- 7月23日，由学堂在线主办的首届全国高校在线教育可持续发展研讨会在青岛举办

**2018**
- 9月21日，学堂在线荣获亚洲教育贡献奖

**2019**
- 3月6日，中国大学慕课正式发布慕课堂智慧教学

**2020**
- 4月20日，学堂在线国际版正式发布

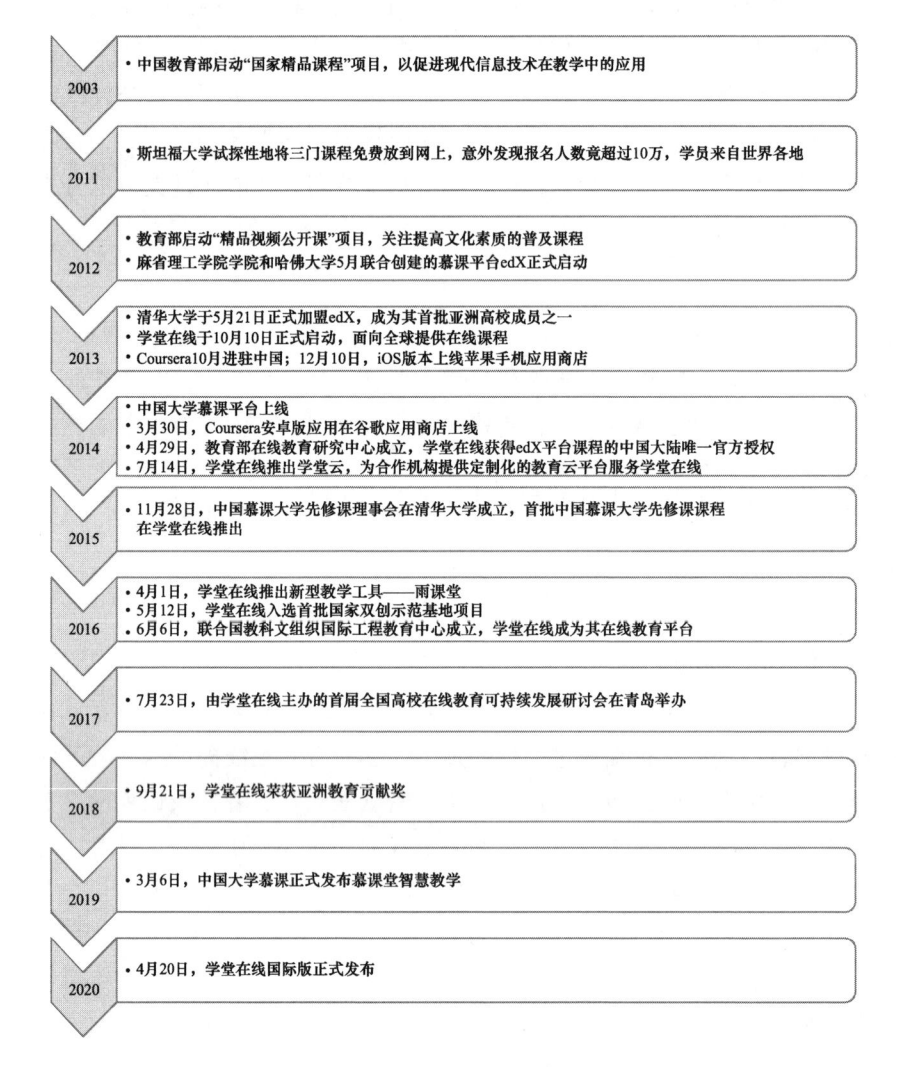

图 2-3 主流慕课平台发展阶段

从图 2-3 我们可以看出，随着科技的进步和发展，线上教学顺应时代潮流，国内外学界于 21 世纪初便开始有意识地关注线上教学课程和平台的研发。从国内外慕课平台的不同发展阶段来看，国内要稍晚于国外。

在慕课萌芽阶段（2008—2014 年），斯坦福大学率先于 2011 年试探性地将三门课程免费发布于网络，意外发现来自世界各地的注册学员人数超过 10 万；edX 平台紧随其后，于 2012 年在 MITx 启动。中国两大慕课平台陆续于 2013 年和 2014 年上线运营。中国大学慕课和学堂在线虽起步较晚，但是二者均呈后来者居上之势，发展迅猛，优势显著。2016 年，学堂在线推出新型教学工具——雨课堂。2019 年中国大学慕课正式发布慕课堂智慧教学。2020 年，为了应对新冠疫情给线下教育带来的挑战，学堂在线再度完善并正式发布国际版。

### 三、汉语慕课的发展阶段

"以慕课为代表的在线教育在'互联网＋'时代已经成为一种主流，将中文课程由线下迁移至线上，不仅是中文走向世界的快捷通道，更是为全球教育做出中国贡献的必选项。"① 本节主要通过量化统计和调查，对汉语慕课课程建设现状、发展情况等进行深入调查与分析。研究发现，汉语慕课的发展规模持续扩大并逐渐呈现出多元化的发展趋势和建设格局。

本节依据慕课主流平台的发展阶段和对汉语慕课的统计结果进行归纳和总结，将汉语慕课的发展分为如下三个阶段：第一阶段为 2008—2014 年，是汉语慕课初创阶段；第二阶段为 2014—2018 年，是汉语慕课快速发展阶段；第三阶段为 2018 年以后，是汉语慕课大规模增长阶段。

#### （一）汉语慕课的初创阶段（2008—2014 年）

2008 年，慕课概念产生，大规模、开放性的慕课平台和慕课课程开始逐步创建；2012 年被称为"慕课元年"。② 2014 年，"中文入门"

---

① 周汶霏、宁继鸣：《学习者视角下的国际中文慕课建设：一种比较的路径》，《国际汉语教学研究》2020 年第 3 期。

② 辛平：《教学理念视域下的对外汉语教学慕课分析》，《高教学刊》2019 年第 16 期。

由北京大学制作并发布在 Coursera 平台，标志着第一门汉语慕课的诞生，为汉语在线教学探索出新道路，标志着汉语国际教育紧跟时代发展的步伐，乘上"互联网+"的快车。

2013 年 12 月，第八届全球孔子学院大会召开，提出要将慕课模式引入孔子学院，进一步推广汉语和中华文化的主张，为汉语教学慕课的快速发展提供了契机。[①] 随后，汉语慕课制作规模不断扩大，主要表现为开设汉语课程的平台以及汉语课程门数的不断增加。2014 年，北京大学与 Coursera、edX 等主流慕课平台合作推出"汉语入门"和"中级汉语语法"课程，是汉语教学以线上慕课形式进行的最初尝试。此后，清华大学、上海交通大学和亚利桑那州立大学等十多所国内外高校相继加入汉语在线课程的研发与推广。

（二）汉语慕课的快速发展阶段（2014—2018 年）

2014 年，中国大学慕课、学堂在线、edX 和 Coursera 慕课平台均已推出且取得不错的效果和反响，使传统的教学模式逐渐出现变化，为汉语慕课的快速发展提供了坚实的基础和有力的支持。北京大学于 2014 年在 Coursera 平台上线的"中文入门"课程，至 2020 年 4 月已有超过 75 万学习者注册，这些学习者遍布 200 多个国家和地区。

2016 年，汉语慕课呈现爆炸性增长，[②] 汉语慕课的海外平台数量快速增加。除了上文所提的四个老牌、主流的汉语慕课平台之外，德国的"多样宇宙"（Iversity）、英国的 FutureLearn、澳大利亚的"开放学习"（Openstudy）、日本的"日本慕课"（JMOOC）、法国的"开放教室"（Open Classroom）等也陆续建立并运行。用户规模和课程数量的稳定增长态势，反映出把汉语作为第二语言的学习者数量不断上升，市场对汉语慕课的需求亦是逐年增加，未来的汉语教学市场发展潜力巨大。因此

---

[①] 赵寰宇：《慕课（MOOCs）在汉语教学中的应用与实践》，《数字化汉语教学》2014 年第 5 期。

[②] 王帅、康可意：《汉语教学慕课发展现状研究》，《海外华文教育》2019 年第 6 期。

在该时期，汉语慕课的快速发展得益于平台的不断完善和注册学习者数的不断增加。

### （三）汉语慕课的大规模增长阶段（2018年以后）

2018年，以北京语言大学为首的汉语国际教育重点大学与机构纷纷跟随汉语慕课发展的潮流，推出多种类型的慕课。以中国大学慕课为例，截至2020年11月的短短3年时间内，已上线30门汉语慕课（如表2-2），制作院校包括北京语言大学、北京师范大学、上海交通大学、上海外国语大学、武汉大学、南京大学、郑州大学等10所高校，该平台的30门汉语慕课约占目前汉语慕课总数的1/2。从课程内容来看，汉语慕课涵盖初级汉语、中级汉语和高级汉语三个等级，以及语言技能、语言综合课、文化课、汉语国际教育专业课程等不同的课型。大规模增长的汉语慕课不断弥补之前汉语慕课在设计范围、供求关系方面的不足，也在一定程度上反映了汉语国际教育从业者孜孜不倦探索汉语慕课发展新路径、新未来的高远追求。

表2-2 2018—2020年中国大学慕课平台汉语慕课统计表（截至2020年11月）

| 制作时间 | 汉语慕课名称 | 制作院校 |
| --- | --- | --- |
| 2018年 | 速成汉语语法课堂 | 北京语言大学 |
| | 初级汉语语法 | 北京语言大学 |
| | 功能汉语速成 | 北京语言大学 |
| | 汉语国际概论 | 北京语言大学 |
| | 初级汉语口语 | 北京师范大学 |
| | 你好，中文（中级） | 上海交通大学 |
| | 汉语 UP UP | 武汉大学 |
| | 商务汉语（中国经济聚焦） | 北京语言大学 |
| | 商务汉语（中国商务概览） | 北京语言大学 |

续表

| 制作时间 | 汉语慕课名称 | 制作院校 |
| --- | --- | --- |
| 2019 年 | 初级综合汉语 | 北京语言大学 |
| | 初级汉语综合 | 浙江科技学院 |
| | 汉语初级入门 | 上海外国语大学 |
| | 初级汉语语法 | 上海外国语大学 |
| | 初级汉语语法进阶 | 北京语言大学 |
| | 初级汉语口语入门 | 北京语言大学 |
| | 中国概况 | 北京语言大学 |
| | 汉语水平考试四级强化课程 | 北京语言大学 |
| | 汉语精读 | 上海外国语大学 |
| | 初级汉语综合课教学法 | 北京语言大学 |
| | 国际汉语初级课堂教学 | 南京大学 |
| | 中级汉语视听说 | 北京第二外国语学院 |
| | 走进中国 | 郑州大学 |
| 2020 年 | 汉语国际教育专题 | 北京语言大学 |
| | 初级汉语听和说 | 北京语言大学 |
| | 古代汉语入门 | 北京语言大学 |
| | 汉语——直通汉语水平考试 | 山东大学 |
| | 汉语词汇学习指导 | 北京语言大学 |
| | 汉语语音与语音教学 | 北京语言大学 |
| | 汉语语法与语法教学 | 北京语言大学 |
| | 汉语第二语言教学法（一） | 北京语言大学 |
| 总计 | 30 门课程 | 10 所大学 |

综上可知，在社会环境和国际环境发生剧烈变化的今天，汉语学习者对汉语慕课的需求呈现不断上升趋势，社会大众对网络教学的观念也在发生剧烈变化。尤其是 2020 年以来，全球新冠疫情的肆虐让人们看到网络教学在此次全球突发公共卫生事件中的重要作用。在该形势下，成为优势选项的网络教学因其超时空性的特点在世界各地得到大规模应用，作为网络教学形式之一的汉语慕课教学也不例外。各大主流慕课平

台的汉语课程提供了多等级、多课型、多门类的汉语教学资源，其注册学习者数量也在持续增加。然而，从社会需求与现实情况来看，汉语慕课的整体数量仍偏少，运行成熟、拥有一定规模稳定学习者群体与影响力的汉语慕课平台更是屈指可数，汉语慕课建设任重道远。

**四、汉语慕课的现状及问题**

汉语慕课作为新生事物，在创建初期克服了系统不完善、平台不支持等问题，充分利用视频教学，帮助汉语学习者克服时空差异、随时随地加入感兴趣的慕课学习汉语，为新冠疫情下的"停课不停学"作出巨大贡献。同时，汉语慕课平台自带的数据支持能够很好地收集教师与学习者的教学数据并进行分析反馈，便于教师改进和完善课程，以及学习者自主调整学习方法与时间安排。例如，中国大学慕课平台可与校内其他慕课教学资源共享，帮助教师防止出现过多同质课程，进而优化教学体系和汉语慕课课程体系，极大地拓宽了汉语学习者学习的渠道。

然而，在此次全球突发性公共卫生事件中，汉语慕课及其平台也暴露出一些问题。崔希亮（2020）指出：在全球突发公共卫生事件的大背景下，慕课资源的重要性和关键性是不言而喻的，现在各种网络教学平台推出不少慕课课程，有些慕课资源可以作为汉语第二语言教学的重要资源加以利用。对于教学管理者来说，慕课平台已经成为不可或缺的教学平台。但是，把慕课平台建设好、管理好、运用好，仍然是需要下大力气的工作。首先是慕课课程资源的建设需要大量的前期投入，教师要做大量的准备工作去编写脚本、录制慕课；其次，对慕课平台来说，要做资源整合和技术支持的工作，并且要进一步改善用户体验；再次，对学习者来说，要适应在慕课平台上选课、学习、测试；最后，对管理者来说，教学质量的评估和教学成绩的考核也是需要研究的问题。[①] 另外，很多汉语慕课数据显示，只有少部分学习者能坚持学完所注册课

---

[①] 崔希亮：《全球突发公共卫生事件背景下的汉语教学》，《世界汉语教学》2020年第3期。

程，由于慕课的形式、平台对学习者的督促作用不足或学习者自制能力弱等问题，汉语慕课"辍学"现象时有发生。

研究表明，汉语慕课在平台建设、课程资源建设、教师储备、资源技术、学习者体验、评估测试、教学管理等方面依然有很大的改进空间，这也是我们未来汉语慕课建设的重中之重。

## 第二节  汉语慕课的类型及特点

自2012年慕课元年至今，汉语慕课经历了初创、快速发展和大规模增长三个阶段。初创阶段，慕课平台不断建成，数量不断增加；快速发展阶段，慕课平台等网络资源逐步完备，越来越多的大学参与进汉语慕课的建设中，汉语慕课在总体上呈现数量、类型、覆盖范围皆逐年增加的趋势；大规模增长阶段，各大主流慕课平台上线的80门（见表2-3）汉语慕课按照课程内容可分为汉语慕课和汉语教学专业慕课。其中，汉语慕课包括初级、中级、高级汉语听说读写分技能课、综合课、中华文化课等类别，也可分为面向汉语学习者的一般汉语课和专门用途汉语课，如商务汉语等；汉语教学专业慕课则为面向汉语国际教育从业者或学生开设的专业课程。

表2-3  汉语慕课统计表（截至2020年11月）

| 级别 \ 分类 | 综合课程 | 语音课程 | 语法课程 | 口语课程 | 汉字课程 | 文化课程 | 总计 |
| --- | --- | --- | --- | --- | --- | --- | --- |
| 初级（门） | 22 | 1 | 6 | 5 | 5 | 1 | 39 |
| 中级（门） | 3 | — | — | — | — | — | 3 |
| 高级（门） | 1 | — | — | — | — | 7 | 8 |
| 汉语水平考试（门） | 11 | — | — | — | — | — | 11 |
| 商务汉语（门） | 11 | — | — | — | — | — | 11 |
| 汉教专业课（门） | 8 | — | — | — | — | — | 8 |
| 总计（门） | 56 | 1 | 6 | 5 | 5 | 8 | 80 |

结合上述相关研究，本书主要基于面向汉语学习者和面向汉语教学专业两个方面探讨汉语慕课的类型及特点。

## 一、面向汉语学习者的汉语慕课类型及特点

面向汉语学习者的汉语慕课包括初级、中级和高级三个级别，分综合课、语音课、语法课、口语课、汉字课、文化课等课型，另有以汉语水平考试为主要教学目的的汉语慕课。从表2-3可知，80门汉语慕课中有56门课程属汉语综合课，占比最大。汉语综合课注重学习者听说读写各项技能的综合培养，覆盖面广，想要接触汉语或进一步提高汉语水平的学习者一般首选综合课学习，而学习者只有在自觉某一项技能尚有不足或兴趣较强时，才会选择特定语音、语法、汉字、口语或汉字课程进行专项学习与突破。在汉语综合慕课中，占主体的是初级汉语综合课，共22门，约占汉语慕课总数的1/4；另结合表2-3中初级课程占总课程近一半比例的情况来看，各主流慕课平台的汉语慕课尚处于入门或初级的介绍性与普及性阶段，各制作高校与机构对中级和高级水平的汉语慕课关注度尚低。

在分技能汉语慕课中，语法课和口语课占比较高，只有1门是针对汉语语音的慕课；以中国文化为核心教学内容的汉语慕课有8门，2020年新增加多门中国文化课，证明学界对中国文化慕课建设的关注度提高，也从侧面反映出对中国文化感兴趣的潜在汉语学习者数量在不断增加，但其课程总量尚少，故文化慕课的开发与制作还有待补充和完善。

此外，商务汉语作为专门用途汉语强调其专业性与实践性，此类慕课有助于汉语学习者今后的职业发展，并能进一步拓展"汉语+"的功能。但是，由于目前商务汉语专业在我国来华留学本科学历教育中还隶属于一级学科中国语言文学下二级学科汉语言专业的一个方向，没有形成二级学科商务汉语专业，汉语教学界对其关注尚不足，反映在慕课建设上则表现为数量较少。此外，商务汉语作为应用型课程，如何最大程度地体现实践教学理念是慕课制作设计团队需要考虑

的问题。

表2-3高低不一的数据反映出汉语慕课教学中的不平衡性,即各类型汉语慕课的数量分布不均衡,初级汉语水平的汉语慕课与综合汉语慕课占主体,而中级、高级水平与各类分技能慕课、汉语水平考试慕课、商务汉语慕课数量颇少;在分技能慕课内部之间,语音和汉字的慕课数量也较少。此外,汉语慕课在课程内容上仍有可探索的空间,现今以汉语本体知识、汉语交际技能和中华文化传播为内容的慕课资源总体上仍较少,又如专门用途汉语慕课资源极度匮乏,除了商务汉语之外,尚未有旅游汉语、医学汉语等其他类型慕课出现。辛平(2019)通过分析其中占比最大的初级汉语慕课的教学内容、教学目标及互动模式,发现目前汉语慕课主要属于知识性课程,与语言教学目的匹配度不高,互动模式也有赖进一步丰富。[①] 此外,国别化汉语慕课课程的开发也需要关注,从最基本的教学视频字幕来看,大部分汉语慕课只配有中英双语字幕,只适用于有一定英语基础的第二语言学习者,这可能会为部分学习者带来理解上的不便与困难。另外,中华文化课也是同质课程比较多,缺少阶梯性和系统性的开发,没有文化大纲指导下的文化课程设计容易出现主题杂乱无章法、覆盖不全面、缺乏多样性等问题,难以突出与展示中国文化的多样性和民族性。

## 二、面向汉语教学专业的汉语慕课类型及特点

汉语教学专业课慕课,即为培养汉语作为第二语言教学从业者所开设的专业课程,既教授汉语学习技巧,也教授汉语本体知识等汉语教师所需的专业知识和技能指导。目前各培养机构对汉语国际教育专业课程大纲有不同的认识和设置,尚未形成统一的教学规划和安排,只能根据培养机构现有的资源加以整合,为学习者提供汉语国际教育专业的课程。

统计发现,在各大主流平台上线的汉语教学专业课慕课中,较为突

---

[①] 辛平:《教学理念视域下的对外汉语教学慕课分析》,《高教学刊》2019年第16期。

出的是北京语言大学相关课程团队设计制作的一系列课程和一些汉语国际教育领域的著名专家学者带领中青年教师创建的汉语教学专业课慕课，授课内容包括汉语国际教学的理论基础和汉语听说读写各个技能课的要素。除此之外，南京大学王天星教授也开设了"国际汉语初级课堂教学"的汉语教学专业课慕课。

**表2-4　北京语言大学汉语国际教育专业课慕课建设成果**

| 创建时间 | 慕课名称 | 授课教师 |
| --- | --- | --- |
| 2018年 | 汉语国际教育概论 | 刘珣 |
| 2019年 | 初级汉语综合课教学法 | 姜丽萍、张辉、王鸿滨等 |
| 2020年 | 汉语国际教育专题 | 崔永华 |
|  | 汉语语音与语音教学 | 曹文 |
|  | 汉语词汇学习指导 | 苏英霞、莫丹、蔡楠 |
|  | 汉语语法与语法教学 | 刘谦功 |
|  | 汉语第二语言教学法（一） | 施家炜、杨玉玲、冯惟钢 |

表2-4统计数据表明，汉语国际教育专业课慕课类型创建较晚、数量较少、类型相对比较单一，但可喜的是自2018年创建以来获得较快的发展。在此，我们希望在不久的未来能有更多、更丰富、更系统的汉语国际教育专业课慕课出现。

## 第三节　汉语慕课的混合式教学

近年来，汉语慕课暴露出来的问题、学习者个性化需求的增强以及新时代背景下信息技术与传统教学的融合等因素共同催生了汉语慕课混合式教学，汉语慕课的混合式教学在一定程度上增强了课程的互动性、实时性和共享性，实现了"1+1>2"的效果。

## 一、汉语慕课混合式教学的界定

什么是汉语慕课的混合式教学呢？首先，从狭义的角度来看，它就是一种传统的课堂教学结合远程教学或线上教学的混合教学模式，常常通过互联网和移动终端（如电脑、手机和平板电脑等）来实现。其次，从广义的角度来看，混合式教学模式体现了教学方式的创新，它运用高科技媒体技术实现了师生对学习概念的一次新的理念认识。余胜泉等（2005）指出："混合式教学并不是一种全新的教学方法或理论，而是随着教育信息化的深入，它逐渐得到普遍的关注，它主张把传统教学的优势和数字化教学的优势结合起来，二者优势互补，从而获得更佳的教学效果。"[①] 最后，汉语慕课的混合式教学模式体现了新的学习理念，学习者的认知方式和学习效率、教师的教学策略和角色都将在这种新兴的学习模式中发生改变，两者的有机结合能极大满足大规模、共享性汉语慕课平台下的个性化学习需求。

## 二、汉语慕课混合式教学的特点

汉语慕课的混合式教学具有如下几个特点：学习者可对线上课程反复学习以巩固重要知识点，通过平台加强与教师的课后互动与讨论；教师可充分利用网络平台优势，给学习者提供更丰富的拓展学习资源，如与课程相关的学科前沿进展文献与资源等，在提升学习者专业知识的同时，进一步加深其对知识点的理解记忆，形成知识链条的概念；通过视频学习次数自动统计，实时了解在线作业、习题的完成等方式，教师能够加强教学监督，形成有效的教学过程闭环，该教学闭环过程充分体现了师生的强互动性、课程的实时性和信息的共享性；教师可以利用混合式教学平台的信息化功能，通过签到统计、随堂抢答、线上习题、教学互动等环节的设计，

---

[①] 于胜泉等：《网络环境下的混合式教学》，《中国大学教学》2005 年第 10 期。

采取平台自动计分和教师考核的学习评价，迅速获取学习者的收获/投入比，有效跟踪、监督学习者的学习情况，相比传统线下汉语课堂和单纯的汉语慕课具有更强的交互性；利用现代教育技术，基于开放式教学软件或平台，在线上线下混合式教学中，学习者可在一定程度内自主选择知识呈现的方式并规划学习内容和学习节奏，教师则以协助指导的角色来帮助学习者完成个性化学习，加强对课程知识内容的理解和掌握，提升教学效果，也兼具线下教学的实时性。

### 三、汉语慕课混合式教学的发展

#### （一）汉语慕课混合式教学的平台建设

随着混合式教学理念不断深入人心，汉语慕课教学平台也在不断改进。以中国大学慕课和学堂在线平台为例，两者皆推出直播、录播相混合的慕课教学模式。这里仅以中国大学慕课平台的智慧教学（简称慕课堂）为例做详细介绍。

慕课堂是中国大学慕课在慕课平台的基础上研发的线上线下混合式智慧教学工具，于2019年3月6日正式发布。教师可以应用慕课堂创建关联的线上课堂和线下课堂，完成线上线下混合式授课，并可在线上查看汇总（线上学习+线下课堂）数据，提高教学效率。

慕课堂具有一体化的教学管理、更智能的课堂互动、多样的教学活动和触手可及的交互体验等优点。比如，教师可以通过慕课堂的课程管理后台进行在线课程的设计和课堂的教学设计。在课前，教师可于线上备课并提前发布教学视频让学习者观看学习；在课中，教师也能运用课程管理后台所设置的教学内容（练习、讨论等），并在慕课堂发起教学活动；课后，教师可在线上布置课后作业或发布测验，帮助学习者巩固课堂所学。同时，慕课堂也可全面记录学习者的线上学习数据和线下课堂数据，帮助教师以直观的方式了解教学情况。"学校云+慕课堂"的形式也提供了课程评定所需的课程应用、数据统计等支持，帮助有需求的教师进行精品课程评定，可视化查看每位学习者的学习情况，有助于教师进行针对性的教学。此外，慕课堂作为课堂教学辅助工具，可提供以下七类教学活动：

1. 签到：GPS 定位限时签到，高效完成课堂签到；
2. 练习：边讲边练，提高授课效率；
3. 点名：大班小班即时点名，提升课堂专注度；
4. 问卷：快速收集学习者反馈，完成教学闭环；
5. 讨论：活跃课堂氛围，让学习者喜欢上课堂；
6. 公告：课前课后通知到位，链接学习者；
7. 分组：灵活组织管理，实现分组教学。

上述教学活动能充分发挥数据化课堂管理的优势，便捷有效地让整个教学过程可视化，不仅能有效增强课堂中师生、学生之间的互动，而且能维持学习者的注意力，还能帮助老师提升课堂的教学效率。

综上所述，慕课堂使用步骤简洁，认证教师可直接创建课堂，高校管理员可随时对教学情况进行查看和管理，还可在课堂和课程后台对教学进行控制和管理，配套的慕课堂微信小程序以及中国大学慕课手机应用程序也皆可一键登录管理，对教师、学生与高校管理者来说都是极为便捷的操作形式。

### （二）汉语慕课多种混合式教学模式的出现

面对 2020 年新冠疫情冲击，世界各地的汉语教师通过大规模的在线教学活动，尤其是汉语慕课混合式教学方法，成功地为汉语学习者提供了丰富多彩、形式多样的混合型在线汉语课程。除了利用慕课堂的混合式教学外，部分教师也会运用"慕课+答疑"的形式来克服汉语教学中的时差问题，有机结合在线直播回放和远程辅导式教学。此类混合式教学还有"慕课+SPOC+线上翻转课堂""慕课+线上课堂+答疑指导""自建慕课+线上指导与翻转课堂""自建小规模限制性在线课程+直播+线上指导""异步/同步小规模限制性在线课程教学+录播教学""在线教学平台/工具+在线直播教学""虚拟仿真实验平台+直播实验教学""在线会议平台+远程指导""录播+短时直播+线上指导""广播式远程直播+线上互动教学""数字教材/讲义演示文稿+远程异步指导"等形式。多种混合式汉语慕课教学形式的出现，给汉语慕课混合式教学带来新的发展路径和空间。

### 四、汉语慕课混合式教学的评价及反馈

相较于传统课堂模式的教学评价，线上课堂的开展在丰富教学内容和手段的同时，也使得教学效果评价内容有所增加，评价方式需进一步变革以适应混合式教学自身的特点。混合式教学效果的好坏，关键在于能否建立有效的线上课程学习监督及评价机制。混合式教学的有效应用部分依托于学习者的学习自主性，因此教学过程的顺利开展离不开过程评价及反馈，该评价反馈应贯穿于"课前—课中—课后"的教学全过程，包括对各阶段的学习投入、学习效果进行的综合评定，比如如何基于在线教学资源的使用情况有效判定每位学习者的真实学习投入等。

根据中国大学慕课平台提供的功能，结合汉语慕课混合式教学的目标，本节参照郭建东（2020）所归纳之主要教学活动和能力对照表，分线上、线下两部分进行对照，对混合式教学给出相关评价和反馈。

表2-5 主要教学活动和能力对照表

| | 教学活动 | 活动说明 | 能力目标 |
| --- | --- | --- | --- |
| 线上 | 阅读数字化学习资源 | 查阅教学视频、看演示文稿或电子文档等 | 自主学习、知识技能 |
| | 单元作业 | 在规定时间内按时提交单元作业 | 知识技能、习惯养成 |
| | 作业互评 | 在规定时间内按时评价同学作业 | 交流协作 |
| | 单元测试 | 在规定时间内按时完成单元测试 | 知识技能、习惯养成 |

续表

|  | 教学活动 | 活动说明 | 能力目标 |
|---|---|---|---|
| 线上 | 期末测试 | 在规定时间内线上完成期末理论测试 | 知识技能 |
|  | 视频中小测试、随堂测试 | 视频中的小测试、小节知识点中的小测试 | 知识技能 |
|  | 论坛回答、提出话题 | 回答论坛问题或提出问题 | 交流互动、分析思考 |
|  | 资料搜索整理分析 | 学生按教师要求进行资源搜索与分析 | 信息素养、分析思考 |
| 线下 | 随堂小测 | 小组任务前教师进行本次任务的小测验 | 检验自主学习能力 |
|  | 小组任务 | 学生按教师要求完成小组项目任务 | 操作技能、协作能力 |
|  | 自评与互评 | 小组成员自评表现，组内成员互评表现 | 交流协作、自我认识 |
|  | 项目仿真 | 仿真项目任务 | 创新能力 |
|  | 总结与反思 | 课程学习、总结与反思 | 自我认识 |
|  | 期末综合项目 | 学生按要求完成期末综合项目测试 | 创新能力、操作技能 |
|  | 项目作品展示等 | 学生展示自己的作品 | 交流互动 |

资料来源：郭建东：《混合式教学评价指标体系的构建与应用研究》，《成人教育》2020年第12期。

根据考核指标的可量化评价和可执行性等原则，我们可以在总结以往传统教学经验的基础上，结合传统教学中的评估、反馈经验和线上教学特色进行整合和改进。如小组任务的考核评价课采用小组间投票评优、组内成员互评的方式进行，以使评价结果更真实客观，极大地提升小组任务执行的活跃度；又如，每节课可增加随堂小测，使教师和学习者都能及时了解线上自主学习情况；再如，增加学习者互评的比例，学习者在线下完成作业后，在线上提交并进行互评，每位学习者评价的单元作业由系统推送（如至少评价3位以上同学的单元作业），以增加作业评价的客观性，降低教师评价的权重比例，整体上增加课程成绩总评的透明度，最大限度保证混合式教学评价的公平性和合理性，同时也能利用线上教学的优势保证教师和学习者反馈的及时性和互动沟通的实时性。

## 第四节　汉语慕课的教学评价

目前国内学界针对汉语慕课的教学评价开展的研究尚少，本节主要从慕课评价的角度出发，整理归纳文献中的各类评价体系与指标，以期为汉语慕课教学评价体系的构建提供一些思路。

### 一、慕课的评价体系与指标

有关慕课评价指标的分类，研究者的角度多有不同，有的以教学主体为中心进行总结，有的从慕课建设的组成部分与环节出发归类，各类研究的评价指标相互交叉，个别也有包含。两类评价指标具体表现如下：

#### （一）以教学主体为中心的慕课评价指标

邱均平等（2015）就慕课质量评价体系构建了包括慕课教学队伍、教学内容、教学资源、教学效果、教学技术五个方面在内的评价体系，涉及教师、学习者、课程三方面的各类要素。[①] 原昉（2015）认为，外语慕课教学评价主要包括教师与学习者两方面，其教学评价从结果评价转向过程评价，慕课平台可实时记录教师与学习者的各类教学活动。[②] 傅康（2018）从慕课虚拟社群教学的特点出发将影响其教学的因素总结为教师教法、学生学法、学习环境、课程质量四个方面。其中，教师教法包括教学素质和教学设计；学生学法分为学习策略和学习动能；学

---

[①] 邱均平、欧玉芳：《慕课质量评价指标体系构建及应用研究》，《高教发展与评估》2015年第5期。

[②] 原昉：《大数据背景下的外语慕课教学》，《中国成人教育》2015年第5期。

习环境为物理和心理环境；课程质量则体现为课程内容和学习交互两方面。① 武家辉（2019）构建了以教师表现、学生表现和教学视频三个维度为主的教学评价体系，在教师与学生方面的指标与前人相比无大不同，而在教学视频一类则显得更为具体。② 殷晓三等（2019）运用模糊关系合成原理，有机结合定性与定量研究，将该评价体系量化。③

### （二）以慕课建设的组成部分与环节为中心的慕课评价指标

黄芳等（2020）以"英汉互译"这一具体慕课类型探讨慕课教学质量的评价及其影响因素，调查分析以课程内容、教学过程和导航设计为指标的教学评价体系及其应用。④ 侯湖平等（2020）着眼于慕课课程建设和教学效果探究其具体评价指标，分别从课程内容设计与导航设计评价课程质量，从教学过程和教学总体评价教学效果。⑤ 王俊杰等（2021）把慕课在线教学评价指标体系分为课程建设、课程运行和课程评价三个模块进行，并进一步设立 8 个二级指标，即基本信息建设、课程题库建设、课程平台建设、课程运行质量、课程教学质量、平台反馈数据、学生评价反馈及教务评价反馈。⑥

## 二、汉语慕课的评价体系与指标

汉语慕课作为一门语言教学慕课，与一般慕课的不同之处在于对学

---

① 傅康：《慕课环境下虚拟社群教学评价模型的理论基础及因子分析》，《教育观察》2018 年第 8 期。
② 武家辉：《慕课教学评价体系的研究》，《教育现代化》2019 年第 1 期。
③ 殷晓三等：《慕课视域下的教学质量模糊数学评价探讨》，《中国教育信息化》2019 年第 19 期。
④ 黄芳、何晴霞：《"英汉互译"课程中慕课教学质量评价与影响因素分析》，《教育教学论坛》2020 年第 8 期。
⑤ 侯湖平：《基于移动学习模式的慕课课程建设与教学效果评价研究》，《高教学刊》2020 年第 21 期。
⑥ 王俊杰、田刘璁：《慕课在线教学评价指标体系及其动态评价研究》，《教育教学论坛》2021 年第 1 期。

习者语言操练和运用的重视。慕课的教师与学习者并非同步在线进行互动，该形式在一定程度上减弱了语言教学慕课对语言点的操练与应用效果，使得慕课团队在设计与建设时格外注重教学设计以减少该环节的缺失程度。故在构建汉语慕课教学评价体系时，教学设计应为其重点环节之一。本节参考邱均平等研究者（2015）设计的慕课质量评价指标体系[1]，结合其他学者的部分指标，构建了如下汉语慕课教学评价体系。

**表2-6 汉语慕课教学评价指标体系**

| 一级指标 | 二级指标 | 三级指标 |
| --- | --- | --- |
| 慕课教学队伍 | 慕课建设团队 | 慕课制作机构的综合水平（如学术专业水平、科研水平等） |
| | | 慕课建设团队的综合水平（如组成人员的研究方向、职称结构等） |
| | 慕课主讲教师 | 教师综合素质（如教学经验、信息技术素养等） |
| | | 教师授课行为（如教学语言运用、教学姿态等） |
| 慕课教学设计 | 教学内容设计 | 相应语言水平下的语言知识是否有所包括与侧重；文化知识是否得当；是否根据学习者的实际交际需求设计等 |
| | | 是否包括慕课视频之外的辅助性文本或多媒体材料，是否全面；练习与测验的题量、题型是否得当等 |
| | 教学环节设计 | 是否皆包括语言教学的各个环节，是否有所侧重；相互之间衔接是否自然；语言操练与运用是否有所落实等 |
| | 教学方法运用 | 慕课教学过程中所采用的或秉承的教学方法是否有利于学习者语言交际能力的提升；是否综合运用各类教学方法且运用方式是否得当等 |
| | 教学互动设计 | 慕课视频中是否含适当互动；其形式是否得当；是否充分利用讨论区等版块设置互动活动等 |

---

[1] 邱均平、欧玉芳：《慕课质量评价指标体系构建及应用研究》，《高教发展与评估》2015年第5期。

续表

| 一级指标 | 二级指标 | 三级指标 |
| --- | --- | --- |
| 慕课教学效果 | 学习目标达成度 | 慕课主讲教师是否根据进度落实教学目标、完成教学任务等 |
| | 学习成绩与效果 | 慕课学习者的课程总成绩、参与度、持续性、认证率等 |
| | 教学评价 | 主讲教师是否及时有效给予学习者教学反馈,学习者的同伴评价是否得当等 |
| 慕课教学技术 | 慕课平台界面布局 | 慕课平台界面分块是否清晰,学习进度记录是否及时,慕课平台操作是否简易等 |
| | 慕课视频制作质量 | 慕课视频的画面、声音、字幕等是否清晰可观,视频播放是否流畅等 |
| | 慕课技术支持 | 慕课系统问题反馈渠道是否开放,是否得到及时解决等 |

资料来源:邱均平、欧玉芳:《慕课质量评价指标体系构建及应用研究》,《高教发展与评估》2015年第5期。

表2-6由教学队伍、教学设计、教学效果和教学技术四部分组成,其中各类指标的重要度又有所不同。教学设计与教学效果指标当为重中之重,教学设计直接影响教学效果,教学效果反映教学设计是否合理,两者相辅相成。教学设计部分包括慕课教学内容的选取与安排、教学环节的组织与衔接、教学方法的运用;教学互动单立为一类,不仅是因为其有利于学习社群的建设,更是由于语言教学慕课中的互动关涉学习者对所学语言知识的操练与运用,而其最终的教学目的即为培养与提高学习者的语言综合运用能力。

需要注意的是,本节所归纳的汉语慕课教学评价体系尚存不足之处:一是该指标体系虽尽可能全面考虑并包括了各类评价指标,但难免有遗漏之处;二是该指标体系尚未应用于具体汉语慕课的评价之中,需得到实践的检验;三是该指标体系的构建为定性式,若能加以量化,则其可视性及操作性将更强、更客观。

# 第三章 汉语慕课教学设计研究

本书第二章已对汉语慕课的发展概况、主流平台、分类、现状、问题内容等进行了简要的梳理和总结。本章将在第二章的基础上，以语音、语法、汉字、汉语水平考试、商务汉语等语言要素为主要标准，分别对汉语语音慕课、汉语语法慕课、汉字慕课、汉语水平考试慕课、商务汉语慕课等教学内容进行梳理和总结。

## 第一节 汉语语音慕课教学

### 一、汉语语音慕课概况

调查显示，现今在各大慕课平台上开课的汉语语音慕课只有一门，即上海外国语大学上线于 FutureLearn 平台的"汉语语音语调入门"，该课程为上海外国语大学汉语系列慕课"汉语入门"中的一门。课程学习周期为三周，课程教师由张艳莉、朱璇担任，两位教师均具有多年汉语教学经验，课程还配备两名指导教师，由李惠、李亚梦担任，以维护课程的日常运营。截至 2021 年 5 月，共有 8000 余名学习者参与学习这门慕课，有 36 名学习者对其进行了评价打分，分数为 4.8 星（满分 5 星）。学习者主要的评价涉及教师发音方便跟读、教学模式容易跟上、解释清晰容易理解、清晰的图标和视频插图对理解发音很有帮助、视频太快时可以使用0.5倍速播放学习，除了学习发音之外还学习到基本对话等内容。

"汉语语音语调入门"面向想要学习汉语正确发音且提高汉语口语技能的学习者，其教学目标也意在此，即指导学习者掌握普通话正确的语音语调并提高汉语口语能力。具体来讲，学习者在完成课程后，能对汉语语音系统的构成和结构有全面了解并掌握准确的汉语普通话发音，同时能运用若干日常交流所需的基本语句。对有意愿进行后续课程的学习者来讲，对汉语拼音的掌握也能帮助其进一步学习汉语。作为一门入门的语音课程，课程使用英文作为其教学语言，并采用教师与课件笔记同时出现、教师单独出现两种录制形式。

## 二、汉语语音慕课典型案例分析

目前汉语语音慕课只有上海外国语大学的"汉语语音语调入门"，所以本节将以此为例进行汉语语音慕课的具体分析，相关内容如下：

### （一）主要教学内容

该课程包括三周的教学内容，涉及四个方面：汉语语音的主要元素（声母、韵母和声调）；拼写和标声调的核心规则；区分相似发音；简单日常的语言技巧，例如问候，自我介绍，表达感谢、爱和道歉。第一周的视频总长约25分钟，包括14个声母，6个单韵母以及a、o、e开头的复韵母；除了视频，还有两个听力小测验（区分声母和韵母）、1个讨论以及6篇阅读文章。第二周的视频总长接近27分钟，包括7个声母，韵母为i、u、ü开头的复韵母、er和儿化音，声调基本规则，1个讨论；1个听力测验和9篇阅读文章，阅读文章里有简短句子的训练（纯拼音）以及发音难点强调（介音的发音、儿化音、三声等）、衍生词（家庭成员、评论词）。第三周的视频总长接近21分钟，包括区分送气音和非送气音、前后鼻音以及几个相似发音等；3个讨论，包括如何自我介绍和文化衍生（数字的含义）；5篇阅读文章，包括讨价还价、声调练习、短句型练习、生日歌等；2 个小测验（填空和区分音节）以及期末测验（需要付费）。具体内容如下：

1. 教学视频内容

课程教学视频一般由教师和一名外籍学习者组成，依次进行开篇介绍（2 人）、语音发音举例朗读（教师）与学习者反馈等环节。

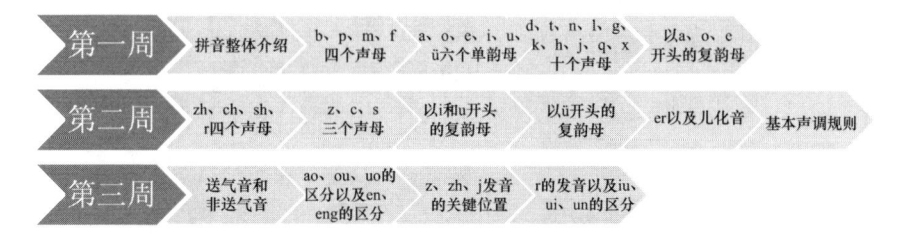

| | | | | | |
|---|---|---|---|---|---|
| 第一周 | 拼音整体介绍 | b、p、m、f 四个声母 | a、o、e、i、u、ü六个单韵母 | d、t、n、l、g、k、h、j、q、x 十个声母 | 以a、o、e 开头的复韵母 |
| 第二周 | zh、ch、sh、r四个声母 | z、c、s 三个声母 | 以i和u开头的复韵母 | 以ü开头的复韵母 | er以及儿化音 | 基本声调规则 |
| 第三周 | 送气音和非送气音 | ao、ou、uo的区分以及en、eng的区分 | z、zh、j发音的关键位置 | r的发音以及iu、ui、un的区分 | | |

**图 3 - 1　"汉语语音语调入门"教学顺序**

由图 3 - 1 可知，该慕课将拼音表进行了简单划分，声母从较简单的 b、p、m、f 到相对最难的 z、c、s 逐步讲解，且每一节难度发音不集中，避免了因难度过大而可能出现的学习者放弃学习的情况。对韵母的教学则由最简单的 6 个单韵母开始，到以 a、o、e 开头的复韵母，再到较难的 i、u 开头的复韵母和更难的以 ü 开头的复韵母，最后到最难的 er 及儿化音，每一节一个小难点，安排得当，循序渐进。除了声母和韵母，音节三要素之一的声调被放到最后进行教学，在前面的声韵母拼读教学中未具体说明，而只是进行潜移默化的输入，如此安排或许是为了降低难度，防止声调对声韵母及拼合教学造成干扰。

前两周为声韵母、拼合及声调教学。在第三周中，教师将纠正发音设为主要教学内容，通过区分相似音，强调难发音的发音位置来调整学习者的发音，解除一些学习者对汉语语音的迷惑，并对之前学习的声韵母发音进行了巩固和强化。

2. 学习辅助内容

除了教学视频，慕课中的文本模块也对语音学习进行了一定的辅助和内容补充。如表 3 - 1 所示，在 1.3 整体介绍了拼音之后，1.4 提供了声母和韵母表的文本材料,学习者可按需下载(如图3-2);1.5的文本材料则给学习者讲解了学好拼音的技巧,以增加其学习自信;在学习了6个单韵母以后,文本材料还介绍了怎样在键盘上打出韵母ü。

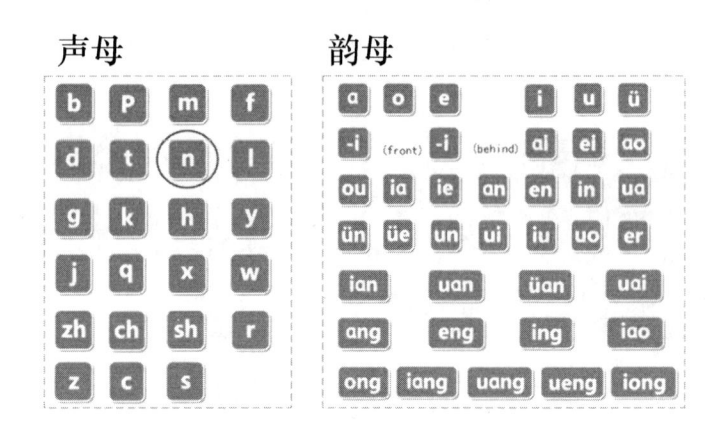

**图3-2 "汉语语音语调入门"声母和韵母表**

为清晰视图,我们将教学内容和辅助文章整理为表3-1,以凸显材料之间的连贯性。

**表3-1 "汉语语音语调入门"教学内容和辅助文章**

| 视频学习内容 | 文本补充内容 |
| --- | --- |
| 1.3 介绍拼音 | 1.4 拼音表<br>1.5 如何学好拼音 |
| 1.7 六个单韵母 | 1.9 如何打出ü |
| 2.5 & 2.6 以i、u、ü开头的复韵母 | 2.7 如何书写以i、u、ü开头的音节(补充说明y、w的用法) |
| 2.11 er和儿化音 | 2.12 在韵母后的er如何发音 |
| 2.14 声调基本规则 | 2.15 特殊的三声(补充三声变调)<br>3.4 声调练习 |

此外,文本材料中也包含一些语音音频的附件,方便学习者跟读练习,例如课程在声调练习中提供了4个声调和轻声生词的朗读音频,学

习者可以跟读并进行自我纠音。

除了文本模块的辅助学习内容之外，听力测验模块也起类似作用。听力测验包括区分声母、韵母和音节以及填空的练习，帮助学习者辨别语音，对汉语语音有更正确的认识。听力的辨析也参照循序渐进的模式，每次测验的最后一题在学习者能完成的范围内加大难度；测验成绩不计入课程成绩，故不会给学习者造成学习压力。

3. 日常表达训练内容

文本模块的另一个功能为日常语言表达训练，其中涉及的语言表达有：如何说"不"、如何表达爱、如何表达"这是……"、询问想吃/喝什么、表达感谢与道歉、家庭成员称谓、如何表示评论与判断、如何用汉语讨价还价、如何表达"我想……"、如何传递祝福（生日歌）。此外，讨论模块还有"用汉语进行自我介绍"的练习。这些模块皆为简单句型表达的训练，鼓励学习者在所学拼音知识的基础上将其运用于日常表达练习中，以提高其学习过程中的成就感。另外，为了让学习者能够更好地学习句型表达且贴合语音慕课的课型要求，课程在文本材料中还提供若干句型语音音频，辅助学习者练习。同时，文本材料中的拼音歌和生日歌音频将语音规则和知识生动化，一方面有利于学习者的理解和记忆，另一方面也增强了课程的趣味性。

4. 文化教学内容

整个慕课中并未特别进行文化教学，但在教学过程中会穿插一些日常与语音相关的文化知识。例如讲到 u 的拼读时，举例 fú，所用汉字为"福"，图片为门上贴着福字，教师顺势讲解了中国在门上贴福字的文化传统。另外，文本模块中在介绍日常句型时也会穿插一些文化内容，其中便包括一篇专门讲解数字文化含义的文章。这些融于各教学环节中的文化知识教学为学习者初步感知和理解中国文化起到很好地促进帮助作用。

（二）主要教学模块

该课程整体分为教学视频、讨论、阅读文本、测验四个模块，每周课程由 15—17 个小节组成。若按照学习者一周七天的学习时间计算，则平均每天需学习 2—3 个小节才能完成一周的整体任务;按照每小节学习时间为 10 分钟推算,则学习者平均每天需学习 20—30 分钟,一周则为 2 小时 30 分钟到 3 小时(网站上预计学习时间为每周 2 小时)。对学习者来说,每天 20—30 分钟的学习时间尚可,不会给其造成沉重的学习压力,且经过三周的学习即可初步掌握汉语语音的成果预期也颇具吸引力。

课程每周视频数量在 4—6 个之间,总时长均为 20 多分钟,具体数值见图 3-3(注:表中的分钟数为近似值而不是精确值),在进一步统计后可得,第一周平均每个视频在 4 分钟以上,第二周在 4 分 30 秒左右,第三周为 5 分钟以上;除掉慕课介绍视频,教学视频中时间最短的为 2 分 34 秒,最长的为 6 分 37 秒,大部分视频长度在 4—5 分钟;课程的视频时长设置得当且相互之间较均衡,易于学习者利用零碎时间学习,也有利于其在视频观看期间集中注意力。

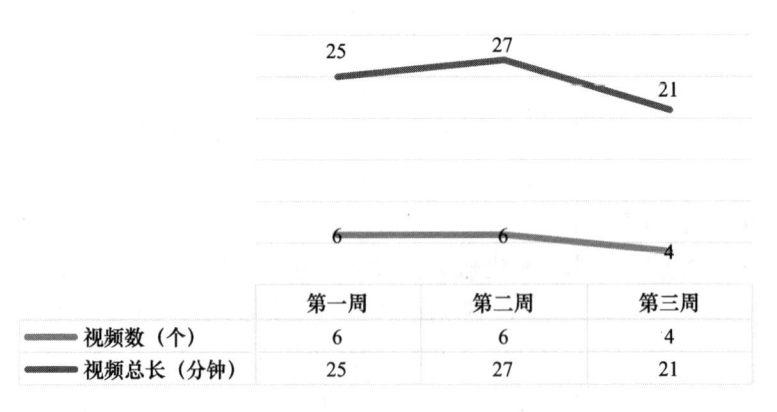

| | 第一周 | 第二周 | 第三周 |
| --- | --- | --- | --- |
| 视频数(个) | 6 | 6 | 4 |
| 视频总长(分钟) | 25 | 27 | 21 |

图 3-3 "汉语语音语调入门"语音慕课视频数量与时长统计

教学视频、讨论、阅读文本、测验四个模块在每周课时中的小节分布有所不同,其中视频及文本模块占主体,讨论及测验模块则较少。教学视频作为慕课课程的核心,起着传递知识内容的教学作用,是建立教师与学习者之间远程教学关系的重要条件。在该课程中,学习者主要通过教学视频学习汉语语音知识,并根据其教学内容进行后续的练习、测验与互动。课程的文本模块主要为两个部分：其一为语音学习的加强，含朗读训练和发音难点教学，并配有音频；其二为日常语言交流内容，通过补充日常表达将学习者带入有意义的汉语语言环境，提高学习者对汉语日常表达的运用能力，同时增强学习者对汉语的学习兴趣。以上两部分共同承担着课程的教学任务，是该课程的重中之重。讨论模块一部分与每周内容紧密结合，引导学习者回顾并进一步运用当周所学内容；另一部分联系学习者实际，鼓励学习者分享自己的学习感想与成果，如为什么学汉语、用汉语进行自我介绍等。讨论模块在课程中主要起巩固所学和增加互动的辅助作用，因此所占小节数量较少。测验模块分为两种，即随堂测验和期末测验。前者为听力测验题，分为听音频选择正确答案和听音频填空两种题型；后者出现于第三周之后，以检测学习者的三周学习总效果，需要学习者付费参与。

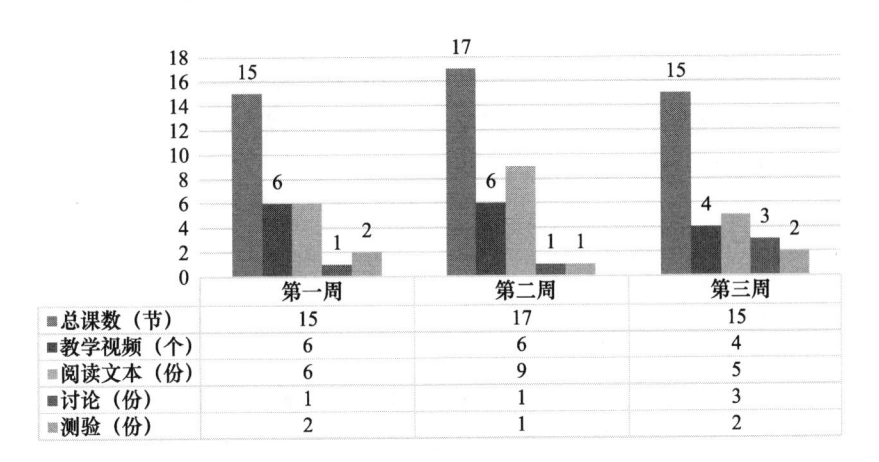

|  | 第一周 | 第二周 | 第三周 |
|---|---|---|---|
| 总课数（节） | 15 | 17 | 15 |
| 教学视频（个） | 6 | 6 | 4 |
| 阅读文本（份） | 6 | 9 | 5 |
| 讨论（份） | 1 | 1 | 3 |
| 测验（份） | 2 | 1 | 2 |

图3-4 "汉语语音语调入门"每周各模块所占小节数量统计

课程的讨论模块在每个教学小节皆有设置，由指导教师维护运行，学习者根据指定话题或学习过程中的疑问、建议、感想等发帖，与指导教师或其他学习者进行互动。由各周讨论区发帖数量统计数据可以看出，学习者的发帖数量急剧下降，反映出其讨论兴趣逐步减弱的趋势，尤其到第三周，很多学习者放弃了讨论或已中断学习。

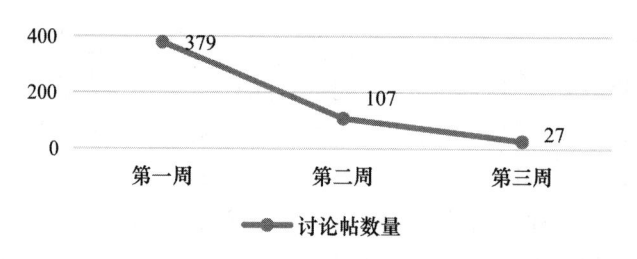

图 3-5 "汉语语音语调入门"各周讨论帖数量（单位：个）

从每一周各小节的讨论帖分布情况来看，第一周绝大部分小节的讨论帖数量皆多于第二、第三周相应小节。第一周中讨论帖数最多的两个话题是"为什么学汉语"以及"如何表达爱"，学习者对这两个话题表现出很大的兴趣和讨论热情；第二周的讨论帖数整体下降，讨论帖数最多的话题是"你喜欢吃/喝什么"；第三周讨论帖数整体偏低，大部分是 2 个讨论帖，讨论帖数最多的话题是"用汉语介绍自己"，但也仅有 5 个讨论帖。各小节讨论帖数量的分布与变化直接反映出学习者讨论兴趣下降、讨论区互动性减弱的现象，也从侧面表现出可能存在的慕课课程完成度低与中断率高的问题。

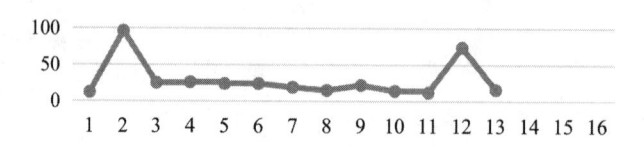

图 3-6 "汉语语音语调入门"第一周各小节讨论帖分布图（单位：个）

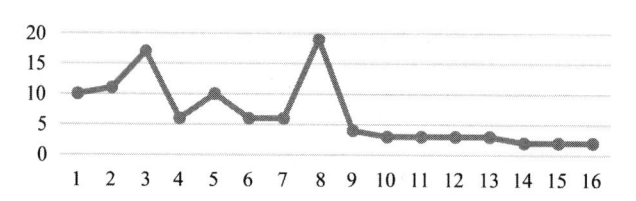

图 3-7 "汉语语音语调入门"第二周各小节讨论帖分布图（单位：个）

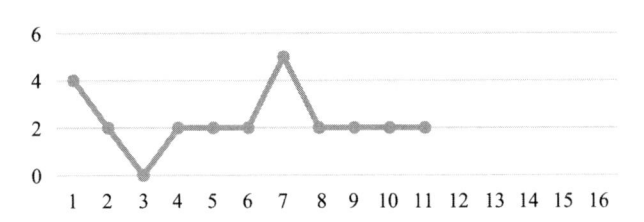

图3-8 "汉语语音语调入门"第三周各小节讨论帖分布图（单位：个）

（三）主要教学流程

1. 基本教学流程分析

该课程的语音教学遵循"导入—讲解—练习—总结"的基本流程。导入阶段主要通过与外籍学生之间的谈话实现，重点在于简单复习上节课所学，并引出当课内容。讲解阶段由教师对目标声韵母分组进行讲授：教师先朗读一组声韵母，再依次针对单个声韵母进行发音方法的说明，包括发音部位的图片与标注、教师手势法的演示、发音气流与部位的简单介绍、组内不同声韵母之间发音的对比与辨析。在练习阶段，教师先领读，外籍学生再跟读以及独立朗读，以练习目标声韵母的发音，然后教师结合前课所学声韵母，将之与当课所学结合进行拼读练习，所选音节配有相应汉字、图片与英文释义。在总结阶段，教师领读当课所学的所有声韵母，外籍学生再跟读或独立朗读。各小节的教学视频基本遵循上述流程，有部分视频会根据具体的教学内容对教学环节与顺序进行调整。

2. 示范教学视频分析：单韵母a、o、e、i、u、ü的教学视频（5分钟）

单韵母语音知识为第一周第二小节的教学内容，a、o、e、i、u、ü作为汉语拼音中最基本的六个单韵母，其重要性不言而喻。这六个单韵母中有较容易发音的，如a、i；也有易受母语影响而发音不准确的u、ü等单韵母，故发音方法的讲解和演示极其重要。另外，在教学过程中若单纯讲授和操练各个单韵母的发音，则不免有些枯燥，与有意义的词语或汉字、图片结合等能让学习者真实感知韵母在拼音中的发音，也能借助拼音增加学习者的词汇量。本书将单韵母教学视频的流程详细描述如下表所示,以探讨教学过程中值得学习与仍需改进之处。

表3-2 "汉语语音语调入门"单韵母教学与视频流程

| 教学环节 | 教学行为 | |
|---|---|---|
| 简单介绍<br>(20秒) | 教师讲解:韵母在声母之后,比声母发音更加有力<br>本节课介绍6个拼音中的单韵母 | |
| 领读(6秒) | 教师逐个领读一遍韵母 | |
| 具体讲解<br>(3分35秒) | a | 教师说明发音方法(张大嘴,舌头自然放平)并领读三遍,展示正面与侧面发音口型<br>教师将韵母a与之前学过的声母进行带声调的拼读练习并详细讲解拼读的技巧,如bà、pá,配汉字、英文释义和图片<br>在讲解后,教师鼓励学习者尝试发音,并强调声韵拼并不复杂 |
| | o | 教师说明发音方法(嘴呈圆形,稍微张大,将舌头轻微向后)并领读三遍<br>举例mò、fó(配图、汉字与英文释义)进行声韵拼合练习 |
| | e | 教师说明发音方法(类似于英式英语的bird中ir的发音,但是嘴形不那么宽,嘴只进行细微的动作)并领读三遍<br>教师强调:并非所有的母和韵母都可拼合,如e不能和b、p、m、f拼读,但可作为一个单独的音节出现,举例é(鹅)、è(饿)并用è进行简单句型扩展——"我饿了""你饿了吗";教师在举例中用英语解释,不强调汉字 |
| | i | 教师说明发音方法(把嘴张得更大一些,牙中间形成一条线)并领读三遍<br>举例bǐ、mǐ(配图、汉字与英文释义)进行声韵拼合练习 |
| | u | 教师说明发音方法(将嘴撅起,形成一个圈)并领读三遍<br>举例bù、fú("福",图片为门上贴的福字,介绍中国贴福字文化知识点)进行声韵拼合练习 |
| | ü | 教师说明发音方法和步骤(首先发i的音;然后舌头不动,将嘴形变为发u的圆形)并领读三遍<br>举例yǔ、yú(配图、汉字与英文释义)进行声韵拼合练习 |
| 总结复习<br>(50秒) | 教师要求学习者朗读所学6个单韵母<br>复习所学过的4个声母和6个韵母,增强学习者的成就感和信心 | |

从上述描述中可看出，该课程遵循"导入—讲解—练习—总结"的教学流程，在讲解部分所采取的教学活动首先为说明发音方法，再领读，然后结合有意义的汉字进行声韵拼合练习，注重学习者的发音练习与音字联结；且教师所拼合的声母为前课所学，实现了旧知识的复现巩固与新旧知识结合的螺旋渐进式教学，此点在视频最后的总结复习环节也有体现。此外，教师以拼音汉字为媒介有机融入文化知识的教学，增加学习者对中国文化的了解，同时也在一定程度上增强了教学视频的趣味性。

（四）教学方法

该课程在语音教学过程中所采用的教学方法有教具演示、手势摹拟、以旧带新、对比听辨和夸张发音。教师在讲解声韵母发音时采用正面和侧面发音部位图，向学习者展示准确的发音部位；同时用手势摹拟舌位，辅助发音部位图，将二维图片立体化，有助于学习者理解和掌握发音部位和方法；在讲解韵母 ü 时，教师结合韵母 i 和 u 的舌位与唇形引出韵母 ü 的发音方法，带领学习者在复习 i、u 发音方法的同时，逐步过渡到 ü 的发音，以旧带新，从而降低 ü 的发音难度。在讲解完每个声韵母之后，教师通过声韵调组合的音节引导学习者朗读相应有意义的汉字。在课程的最后几节，教师通过区分几组发音相近的声韵母进行对比听辨，引导学习者注意其中的不同，增强学习者的听辨能力。在声韵母教学的全过程中，教师有意识地将发音夸张化，尤其是针对发音较难或有所混淆的声韵母，帮助学习者更加准确、清晰地了解发音方法，从而提高其发音能力。

（五）课程评价

"汉语语音语调入门"整个课程由易到难、循序渐进，且课程开头和结尾皆包含对上节课和下节课的衔接，自然顺畅。在教学过程中，教师强调声韵母发音的口型与舌位，并通过正面与侧面示范使学习者能更好地观察并模仿发音。学习完一个韵母之后，教师会通过音节举例来强化发音，所举音节例子为汉语中使用率较高的汉字，教师以"拼音＋汉字+释义+图片"的方式加强学习者的发音记忆，同时拓展学习者的汉语词汇和文化知识储备。在首次拼读时，教师讲解具体的拼读方法，强调部分声韵母无法拼合的规则，之后通过后续的声韵母拼读反复加强学习者的发音训练，提高发音准确度。此教学方式巧妙结合了单个声韵母、声韵拼读、汉字和文化四个要素，形成一个有机整体，一方面避免了单纯发音教学可能导致的枯燥感，另一方面也拓宽了学习者对汉语字词和文化知识的了解。

另外，课程以文本补充阅读、测验等形式适时地对学习者进行日常句型练习与中国文化教学，犹如拼音教学中的润滑剂，为整个教学过程添加趣味，让学习者感觉学有所成，增强其学习信心与动机。教学视频中教师与外籍学生进行的即时发音朗读与教学互动有效拉近了课程与学习者的距离，促使学习者将自己带入视频中外籍学生的位置，模拟与教师之间的互动，更好地融入课程学习中。

然而，课程教学视频在练习中尚有不足之处。语音学习需要大量的针对性练习，但整个视频基本为教师的发音讲解与领读，缺少学习者的发音训练；在课下设置的与学习者发音训练之间的互动也较少，学习者只能跟读或通过听力测验进行语音训练，无法得到纠错反馈，这容易造成学习者发音不够准确、洋腔洋调的现象。课程外设置部分要求学习者朗读指定音节并上传音频进行学习者互评或教师反馈的练习形式，以帮助学习者训练与纠正发音。

### 三、汉语语音慕课小结

综上，作为汉语慕课的一部分，汉语语音慕课获得一定的发展，但是与线下的课堂教学课程相比，语音慕课在数量、内容、练习设计等方面依然存在较大的局限性。

#### （一）汉语语音慕课数量不足，语音教学时长不够

如上文所提，专门的汉语语音慕课数量过少，到 2020 年底仅有一

门开课运行。第二语言学习中的入门语音阶段是语言学习的"敲门砖",若不重视语音训练,则很容易出现学习者发音错误或洋腔洋调,无法让母语者听懂等问题,因此汉语二语学习者及慕课平台亟须专门的汉语语音慕课。同时,现有综合汉语慕课包含的内容过多,加之课程体量较大,很难给语音模块足够的教学时间和注意力,这就导致语音慕课教学时长的不足。譬如,一门初级综合慕课运行周期一般为6—8期,其中可能只有一周时间对汉语语音进行简单介绍,后续课时则会直接从生词进行讲解而省略语音部分的练习;即使有专门的语音模块,其教学时长也仅限于每周五分钟之内,讲解语音的时长往往被压缩在极短时间内;而上海外国语大学开设的语音慕课"汉语语音语调入门"的总视频时长在一个小时左右。再如,《新实用汉语课本》第一册中包含两课语音预备课,每课包含四个部分,预计课时为8—10学时,是慕课中语音教学时长的多倍长度。虽然慕课一般抽取教学内容中的精华而对教学视频时长可适当缩减,但语音教学贯穿二语教学的始终,一提即过的方法易使学习者忽略这部分教学内容的重要性,也容易使学习者学成哑巴汉语,会认会写但不会说。

(二) 汉语语音慕课内容不够全面

上海外国语大学开设的语音慕课仅仅是汉语语音概论,其和线下课堂语音教学内容相比稍有欠缺。为进一步说明教学内容中存在的问题,现将"汉语语音语调入门"与《新实用汉语课本》中的语音预备课进行对比。

表3-3 "汉语语音语调入门"与《新实用汉语课本》语音预备课对比

| 汉语语音语调入门 | 新实用汉语课本 |
| --- | --- |
| 拼音整体介绍 | 汉语语音基本介绍 |
| 声母:b、p、m、f | 声母:b、p、m、f、d、t、n、l |
| 单韵母:a、o、e、i、u、ü | 单韵母:a、o、e、i、u、ü |
| 声母:d、t、n、l、g、k、h、j、q、x | 声调:四声 |

续表

| 汉语语音语调入门 | 新实用汉语课本 |
|---|---|
| 以 a、o、e 开头的复韵母 | 轻声 |
| 声母：zh、ch、sh、r | 声母：g、k、h |
| 声母：z、c、s | 开口呼韵母：ai、ei、ao、ou |
| 以 i 和 u 开头的复韵母 | 鼻韵母：an、en、ang、eng、ong |
| 以 ü 开头的复韵母 | 三声变调 |
| er 及儿化音 | 声母：zh、ch、sh、r |
| 基本声调规则 | 韵母：-i [ʅ] |
| 送气音和非送气音 | 合口呼韵母：ua、uo、uai、uei、uan、uen、uang、ueng |
| ao、ou、uo 的区分以及 en、eng 的区分 | "一"的变调 |
| z、zh、j 发音的关键位置 | 拼写规则（1）——隔音规则 |
| r 的发音以及 iu、ui、un 的区分 | 声母：j、q、x |
|  | 齐齿呼韵母、撮口呼韵母 |
|  | 声母：z、c、s |
|  | 韵母：-i [ʅ] |
|  | 韵母：er |
|  | 儿化 |
|  | "不"的变调 |
|  | 拼写规则（2）——省略规则 |

从表 3-3 可以看到，"汉语语音语调入门"（简称"汉"）将汉语语音知识切分成 15 部分进行教学，《新实用汉语课本》（简称"新"）则将语音教学内容切分成 22 部分。在声调部分的教学中，"汉"将其放在第二周，且仅仅进行简单介绍；而"新"将声调作为教学难点，分成五个部分教学，除了四声和轻声的教学以外，还着重对三声变调、"一"的变调以及"不"的变调进行讲解。在声母教学顺序的编排中，"汉"与"新"的最大差别在于 j、q、x 的教学，"汉"将此三声母放于第一周教学，而"新"则在声母教学接近尾声时才进行；但"汉"

用一小节专门对比 zh、z 和 j 的发音部位。在韵母教学方面，"汉"的单韵母讲解只包括 6 个单韵母及 er，而"新"还专门讲解了特殊的单韵母 -i [ɿ] 和 -i [ʅ]；"汉"对复韵母的划分以复韵母开头字母为标准，"新"则将复韵母分成开口呼、合口呼、齐齿呼以及撮口呼四种类型，并单独设置一小节讲解鼻韵母。除去拼音音节必备的三要素声调、声母、韵母的教学以外，"汉"在第三周对一些易混淆的发音进行讲解和区分，而"新"则专门讲解拼写的两个规则——隔音规则和省略规则。

通过以上对比，我们可以发现"汉"在教学内容上缺乏对声调尤其是变调部分的详细讲解；部分声母的教学也未考虑其发音难度而只是按照汉语拼音字母表的顺序进行。在韵母教学方面，"汉"缺少对特殊单韵母的教学，复韵母教学速度较快，也缺少细分。另外，虽然"汉"整体上通过第三周的区分发音弥补了一些缺点，但还是很难解决一些学习者的具体发音问题，如变调、清辅音浊辅音区分等。

（三）汉语语音慕课欠缺充分练习

与课堂教学一样，汉语语音慕课中的教学也分为课堂练习与课下练习两种。如何利用好课堂的教学时间，使学习者充分了解拼音字母的发音及拼读特点，是慕课制作者需要考虑的难题。本节在示范视频教学分析评价中已提到，"汉"的视频中主要以教师的发音与领读为主，学习者只能进行跟读，而提供给学习者练习和互动的机会较少。同样，语音慕课的课下语音互动练习也较少，学习者因得不到有效的语音纠正反馈而很难巩固准确的语音知识与发音方法。

上述语音慕课教学中存在的问题给未来的汉语语音慕课研究和发展提供了一定的思路和方向。我们希望，随着现代教育技术的发展和汉语慕课教学的日趋完善，汉语语音慕课能突破局限，在数量、内容、教学时长、练习等方面都得到更长远的发展。

## 第二节　汉语语法慕课教学

语法教学贯穿于汉语教学的始终，汉语中的语法项目多且繁杂，因此汉语语法方面的慕课周期一般较长，内容也较一般汉语慕课更多。本节主要从汉语语法慕课概况、教学案例分析、小结三个方面对汉语语法慕课教学进行总结和梳理。

### 一、汉语语法慕课概况

**（一）汉语语法慕课总体概况**

据统计，现今在各大慕课平台上开课的汉语语法慕课共有六门，分别是北京语言大学的"速成汉语语法课堂""初级汉语语法""初级汉语语法进阶"，上海外国语大学的"初级汉语语法"，以及北京大学的"现代汉语核心语法""中级汉语语法"。这六门慕课分别于中国大学慕课、学堂在线、慕课中国、Coursera、edX 和 FutureLearn 等主流平台上线开课。

本节将各门语法慕课的基本信息列表 3-4，排序方式以国内、国外慕课平台为依据，平台相同的以课程名称排序；课程若上线于不同平台，则根据课程学习人数的多寡排序。

表 3-4　各门语法慕课基本信息

| 序号 | 课程名称 | 主讲教师 | 制作单位 | 章节 | 上线平台 |
| --- | --- | --- | --- | --- | --- |
| 1 | 速成汉语语法课堂 | 种一凡 | 北京语言大学 | 21 讲 | 中国大学慕课、学堂在线 |
| 2 | 初级汉语语法 | 王瑞烽 | 北京语言大学 | 21 讲 | 中国大学慕课、慕课中国、学堂在线 |
| 3 | 初级汉语语法进阶 | 牟世荣 | 北京语言大学 | 30 讲 | 中国大学慕课 |

续表

| 序号 | 课程名称 | 主讲教师 | 制作单位 | 章节 | 上线平台 |
|---|---|---|---|---|---|
| 4 | 初级汉语语法 | 李黔萍 | 上海外国语大学 | 8单元（16课） | 中国大学慕课、FutureLearn |
| 5 | 中级汉语语法 | 徐晶凝 | 北京大学 | 13章 | 华文慕课、edX |
| 6 | 现代汉语核心语法 | 杨德峰 | 北京大学 | 12讲 | Coursera |

以上各门语法课程主要集中于初级水平，涉及中级和高级的则较少；课程所含章节差别较大，可能与其汉语水平及语言点选取的不同标准有关。各门课程涉及的语法点不完全一致，其具体的语法点将在下文对课程的介绍中详细列出，本部分先统计出其中五门课程重复三次及三次以上的语法点，以探讨其共同的重点语法教学内容。

表3-5 重复三次及三次以上的语法点

| 语法点 | 重复次数（次） |
|---|---|
| 疑问代词 | 4 |
| "把"字句 | 5 |
| "被"字句 | 3 |
| 存现句 | 3 |
| 比较句 | 4 |
| 动态助词 | 5 |
| 补语 | 5 |

五门课程中相对更重视的语法点中句式占主体，就单个语法点来说，"把"字句、动态助词与补语名列前茅，可见此三者相对来说难度更高，在语法体系中的重要性也更大。

另外，五门汉语语法慕课所适用的授课对象有所不同，"速成汉语语法课堂"适合想要快速学习初级阶段重点语法的学者；"中级汉语语法"针对中级汉语水平的学习者；"初级汉语语法"与"初级汉语语法进阶"

则基本按照难易程度将初级汉语中涵盖的语法点一一进行讲解，适合希望专业系统学习汉语语法知识的初级汉语学习者；而北京大学的"现代汉语核心语法"则更讲究对汉语语法的全面覆盖，但不需要深入了解并能使用每个小语法点，适合想对汉语语法进行全面了解的学习者。

（二）各门汉语语法慕课概况

为详细了解现存的几门汉语语法慕课，本节将选取其中的五门进行深入分析，以期熟练掌握汉语语法慕课的主要教学内容、基本流程等。值得注意的是，由北京语言大学进修学院制作开发的"初级汉语语法"和"初级汉语语法进阶"是同系列课程，故本节将二者作为同一门语法慕课进行总结和分析。

1. "初级汉语语法"和"初级汉语语法进阶"

"初级汉语语法"和"初级汉语语法进阶"是同系列课程，后者为前者的后续课程，同为北京语言大学进修学院制作开发。其中，"初级汉语语法"为国家精品课程，发布于中国大学慕课、学堂在线和慕课中国三个慕课平台。截至2021年5月，课程已在中国大学慕课平台上开课七次（首次开课时间为2018年3月），选课人数达36000多名；在学堂在线平台上已开课四次（首次开课时间为2019年秋季学期），选课人数为6600多名。由于慕课中国平台只显示查看次数，作课程导引之用，即无法直接在网站上参加课程，而是在点击相关链接后转到其他课程平台注册学习，故该平台的课程查看人数不计入。综合三个平台，该课程的注册学习人数累计已有43000多名。"初级汉语语法进阶"目前在中国大学慕课平台上开课，其首次上线时间为2019年10月，截至2021年5月，已开课四次，总注册学习者达8400余人次。两门课程的主讲教师团队相同，由北京语言大学进修学院教师王瑞烽、于淼、沈红丹、王瑞、丁险峰、牟世荣、王芳、雷朔、张军、李琳、杨楠组成，各位皆为一线汉语教师，具有丰富的汉语教学经验。在授课对象上，第一门课程要求学习者具有汉语水平考试一级或同等初级汉语水平，第二门课程则面向具有汉语水平考试二级或同等汉语水平的汉语学习者，两者目标皆在于引导学习者掌握初级汉语的主要语法点，提高其汉语运用能力。

另外，该系列课程也面向汉语国际教育专业的汉语教师，旨在为其提供语法教学的参考，促进汉语教师之间的经验交流。两门课程的教学语言皆为中文且配有中英文字幕辅助理解；录制形式多样，包括教师与课件笔记同时出现，动画与课件笔记同时出现和情景短剧实景录制三种。

在教学内容方面，"初级汉语语法"共21课，包括的语法点涵盖词、结构和句式。其中，词类主要有代词、助词、副词等，具体如图3-9所示。

| 用疑问代词的问句 | "要……了" | 结果补语 | 副词"反而" | 副词"果然" |
| --- | --- | --- | --- | --- |
| 日期表达法 | 比较句"A比B+adj.+模糊量" | 动态助词"过" | "被"字句 | |
| 时间表达法 | 动态助词"了" | "是……的"句 | 状态补语 | |
| 方位表达法 | 表变化的句尾"了" | 动态助词"着" | "把……V在/到" | |
| 表存现的"有"字句 | 表动作进行的"在……呢" | 表存现的"处所+动词+着+宾语" | "V着V着……" | |

**图3-9　"初级汉语语法"的主要语法点**

"初级汉语语法进阶"共30课，部分语法点含多课；较之"初级汉语语法"，"初级汉语语法进阶"的语法教学内容有所增多，难度也有所加强，涵盖词、句子成分、结构和句式，但其重点在于句式教学，具体如图3-10所示。

从结构设计上看，"初级汉语语法"每课包括一个教学视频、一份语法点详解文本、一份情景对话文本和一份自测题；教学视频时长大部分在5分钟上下；每课的文本材料包括对语法点的详细解释、例句与情景短片的对话，供学习者在课前预习或课后复习巩固所用；课后自测题所含题量3—10道不等，根据具体教学内容有所调整，题型主要有判断句子表达正误、看图选择正确表达、为语法点选择正确的句中位置等。

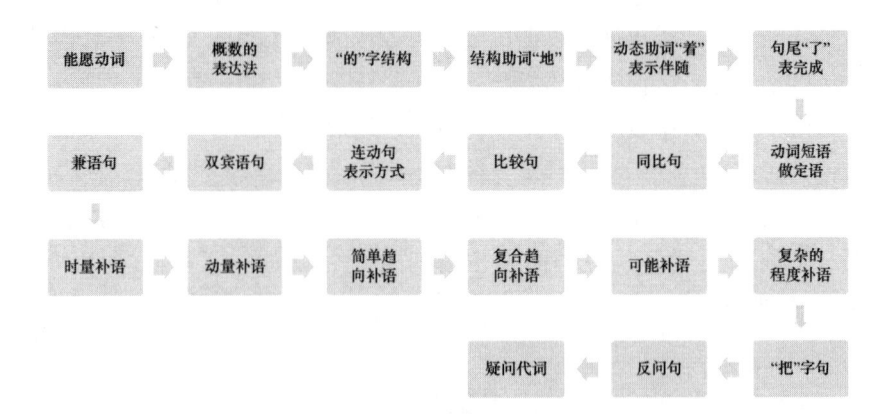

```
能愿动词 → 概数的表达法 → "的"字结构 → 结构助词"地" → 动态助词"着"表示伴随 → 句尾"了"表完成

兼语句 ← 双宾语句 ← 连动句表示方式 ← 比较句 ← 同比句 ← 动词短语做定语

时量补语 → 动量补语 → 简单趋向补语 → 复合趋向补语 → 可能补语 → 复杂的程度补语

疑问代词 ← 反问句 ← "把"字句
```

**图 3-10　"初级汉语语法进阶"的主要语法点**

"初级汉语语法进阶"每课包括一个教学视频和一份自测题，教学视频时长为 4—12 分钟不等，视具体教学内容有所不同；课后自测题 10 道，题型有为语法点选择正确的句中位置、根据提示用语法点补全句子、选择正确回答完成对话、给结构配对（单选或多选）、判断句子结构正误、选词填空完成句子、为画线部分选择相同意义的句子等，较之"初级汉语语法"更为丰富，也更注重对句式理解的考查。

两门课程的教学流程相似，基本遵循"导入—讲解—练习—情景短片"的流程，具体为："教师直接点明语法点名称—结合动画创造情境，提出以目标语法点为答案的问题—结合两段动画及相应情境展示例句，页面标注语法点结构—教师列明语法点结构，讲解用法—播放视频初始动画并回答留下的疑问—结合动画情境进行语法练习—播放生活情景短片"，其中语法练习部分的题型有为语法点选择正确的句中位置、选词填空完成对话、填空完成句子等，生活情景短片中人物之间的对话用到了当课所学语法点。

在整个过程中，该系列课程主要体现的教学方法是归纳法，视频开头两段动画演示引出两组例句，然后教师讲解归纳结构公式，再通过若干动画演示引导学习者运用结构公式进行练习，清晰明了，讲练结合。此外，大量动画演示与教师旁白讲解创设了真实的交际情境，准确且多方面展示了语法点的语用情境及相应用法，同时增强了课程的趣味性，营造了生动形象的学习氛围。在讨论互动方面，中国大学慕课平台为课程设置了老师答疑区、课堂交流区和综合讨论区供学习者询问疑惑、交流想法，教师为另外设置指定话题的讨论区任务。就往期讨论区发言情况来看，教师与学习者、学习者与学习者之间有所往来，互动较为有效。

综合来讲，该系列课程教学视频动画情境生动有趣，语法结构公式精炼，例句经典，有利于学习者理解和掌握语法点在句法、语义和语用上的基本特点，同时通过教师巧妙的引导和启发，使学习者充分、有效地进行语法点的操练和活用，课后的自测题也能帮助学习者检测和巩固当课语法点的学习，这是一套完整的体系。同时，课程注重语法点与句子和会话的结合，语法点练习也多置于句子和会话中进行，视频最后的生活情景短片更是将语法点在会话中的应用诠释得淋漓尽致。

2. "速成汉语语法课堂"

"速成汉语语法课堂"为国家精品课程，由北京语言大学制作并上线于中国大学慕课和学堂在线慕课平台。截至2021年5月，课程已于中国大学慕课平台开课七次（首次开课时间为2018年3月），注册学习人数已有21000多人；于学堂在线平台已开课四次（首次开课时间为2019年秋季），选课人数达4700人，故该课程累计学习者已有25000余人。北京语言大学速成学院教师种一凡、张倩、蔡楠、蔡建永一同组成该课程的教学团队，从常用汉语语法项目的结构形式、语法意义和语用功能入手，意在帮助学习者提高汉语知识和技能，加深其对中华文化的认识与理解，增强其语言综合运用能力，同时培养自学能力，并为对外汉语教学专业的中国学生提供教学法方面的参考。课程要求选课的汉语学习者具备最少300学时的汉语水平，也将对外汉语教学专业的中国学生纳入授课对象之中。课程使用中文作为教学语言，并配有中英文字幕；录制形式为教师与课堂笔记同时出现的形式。

该课程包括21讲教学内容，涉及语法点有"过"的用法、"过"与"了"的区别、"着"的用法、"把"字句、"被"字句、可能补语、可能补语和程度补语的区别七个部分，每个语法点包括若干讲。从课程结构上看，每一讲包括教学视频、补充文本、讨论题和自测题四部分。

教学视频数量视每讲具体教学内容而定，大部分包括一个教学视频，个别包括两个或三个教学视频，且视频时长不太均衡，多则16分钟上下，少则3分钟上下，这可能与一个语法点包括前后内容有联系的若干讲而使得各讲的教学活动不同有关。补充文本分语法笔记、文化聚焦、会话课文三种，三种文本材料在每一讲中的分布都不同，大部分包括语法笔记和会话课文，但文化聚焦则只出现于部分讲解中。讨论题的设置对象有汉语学习者和汉语教师两类，每一讲或针对汉语学习者，或针对汉语教师，或针对两者设置讨论题。

在教学流程方面，课程视频所遵循的基本流程为"提问导入—观看情景短剧—教师简要介绍短剧人物和内容—教师点明语法点，归纳语法结构—结合短剧会话中的例句依次演绎讲解—展示语法笔记（包括结构和例句）进行总结"，部分视频因教学内容不同而对以上流程有所删减。在教学过程中，该课程一个很明显的特点是对动画、情景短剧、电影视频等多媒体资源的充分利用，语言点例句的讲解通常穿插于动画或视频中，为学习者创建了准确且真实的情景。

在讨论题的设置上，课程团队设定了汉语学习者和汉语教师两类授课对象。对汉语学习者，课程从语法点的功用、意义、纠错和综合运用出发设置讨论题，如第四讲讨论题"'她穿着裙子'和'她正在穿裙子'有什么区别"考查学习者对语法点的意义理解与辨析，第十五讲讨论题"你能用'被'简单地介绍一个人的故事（经历/成绩……）吗"则注重学习者对语法点的综合运用。对汉语教师，课程讨论题的角度有语法点的编排顺序、任务情境设计、教学活动设计，如第五讲讨论题要求汉语教师针对语法点"Place + 着 + Sth."设计教学活动，第十四讲讨论题要求汉语教师选择适合编排在"被"字句之前的语法点并说明原因，第七讲讨论题要求汉语教师就语法点"着"设计情境。该课程在讨论题设置上的新颖之处在于，讨论题不仅包括对语法点的综合运用考查，还包括对语法点语义区分、功用探讨及纠错等能力的训练；而且针对汉语教师的讨论题也充分考虑到为寻求教学参考而选课的汉语教师群体，这是其他语法慕课中不常见的。课程的讨论区也以教师发布的讨论题为主，有个别讨论帖是学习者关于课程内容或证书的疑问。总体来说，学习者对教师的讨论题反应较热烈，每个讨论题下皆有若干回复，学习者之间和与教师之间的互动较为有效和频繁。

  课程的练习和测验部分包括每课的自测题与期中、期末考试。每讲自测题一般包括 10 道题，题型有为语法点寻找正确的句中位置、判断语法点表达结构的正误、选择答句完成对话、读句子选择理解正确的表达、句子改写、选词填空完成句子/段落、根据句子选择对应图片、根据图片选择句子/判断句子正误等，考查范围涉及词语、句子和语段三个层次，较为全面。期中测验和期末测验皆含 35 道题，有选择结构完成句子、选择回答完成对话、根据图片给词语排序组成句子和判断句子表达结构的正误等题型。课程练习和测验在题型上前后呼应，集中考查语法点结构的理解和运用，同时结合图片考查学习者在理解图片意义基础上的句子输出能力。此外，在成绩构成上，课程采用形成性评价体系，章节练习占比 45%，期中考试和期末考试各占比 25%，课程讨论占比 5%，多角度的成绩评估有利于激发学习者的学习动力，提高学习者的课程参与度。

  综合来讲，该课程以常用的汉语语法项目为主要线索，集中于某一语法点并讲授其在不同教学层级所呈现的各种形式，同时结合视频资源横向展开详细讲解，结合结构、功能和文化三个要素，讲求学习者对语法项目的综合运用。其次，该课程的中国社会和文化教学内容也为亮点之一，课程将语法项目的使用和学习融入典型真实的文化语境中，丰富教学内容的文化含量，以此增强课程的趣味性，提高学习者的学习兴趣。此外，课程对动画、情景短剧和电影片段等多媒体资源的使用体现了视听法的教学思想，课程充分调动学习者的视觉和听觉感官，以促进目的语的双向输入，增强理解；在句型层面的充分操练也体现了听说法的教学思想，课程将语法点带入句子中进行大量练习，通过句子所带的语境使学习者明确语法点的具体用法，提高运用能力。

  3."现代汉语核心语法"

  "现代汉语核心语法"由北京大学制作并发布于 Coursera 慕课平台，截至 2021 年 5 月，已有 6100 多人注册学习，课程评分 4.6（51 个评分），颇受好评。课程主讲教师杨德峰为北京大学对外汉语教育学院教授，主要研究方向为汉语语法和汉语与文化等，编著教材与专著多部，发表论文多篇，并承担汉语教师师资培训工作。该课程的授课对象为具有一定汉语水平的汉语学习者，以及想了解汉语语法体系的汉语母语者和汉语教师。课程旨在通过系统性语法知识教学与重难点讲解，帮助汉语学习者掌握和运用汉语的主要语法，提高其汉语水平；也意在增强汉语母语者和汉语教师的语法知识系统性，提供语法教学参考。课程采用中文作为教学语言，录制形式主要为教师于课件前讲解。

在教学内容方面，课程包括 12 周，涵盖词类、句子成分、单句、复句、篇章和表达方法几大类，具体如图所示。

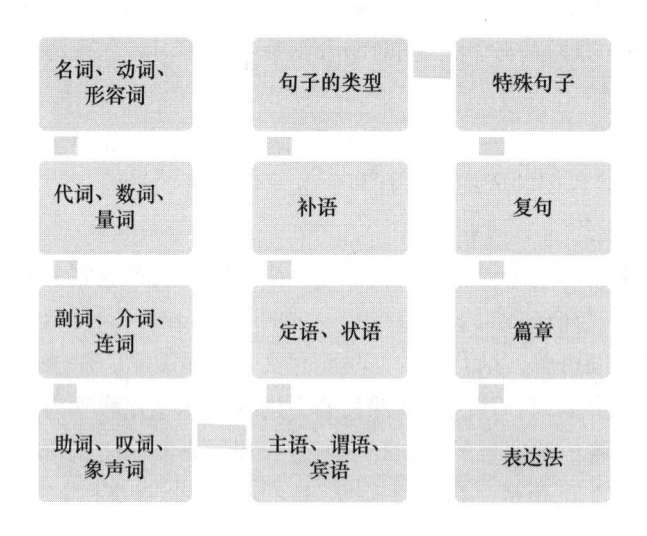

| 名词、动词、形容词 | 句子的类型 | 特殊句子 |
| --- | --- | --- |
| 代词、数词、量词 | 补语 | 复句 |
| 副词、介词、连词 | 定语、状语 | 篇章 |
| 助词、叹词、象声词 | 主语、谓语、宾语 | 表达法 |

图 3-11 "现代汉语核心语法"的教学课程

在课程结构上，"现代汉语核心语法"每周包括 3—7 个课时，大部分教学周包括 5—7 个课时，个别则只含 3—4 个课时；课程每课时含一个教学视频与一份随堂练习。教学视频时长在 4—14 分钟之间上下波动，大部分时长为 8—11 分钟，个别视频时长在 4—5 分钟之间；随堂练习有 5—6 道题，题型根据教学内容的不同而不同，有对句子中画线部分提问、判断正误、选词填空、为语法点选择正确的句中位置、填空完成句子、给句子排序形成段落等类型。在教学流程方面，教师基本遵循"语法点定义—语法点例句"的流程依次讲解语法点,该教学流程较偏向于面向汉语母语者的现代汉语课,若其课程设定汉语学习者为授课目标之一,则其所指汉语学习者需具备较高级的汉语水平。课程的期中考试含35道题,包括按要求填空、选词填空、判断正误三种题型;期末考试含29道考试题,包括按要求填空、为语法点选择正确的句中位置、改写句子、给句子排序形成段落等题型;两份考试题的类型皆与每课时随堂练习题型相吻合,前后呼应,考查学习者及汉语母语者对相应汉语语法知识的理解和运用。在讨论区板块,课程学习者一般就相应教学周内容提出问题、疑惑、意见与建议,学习者与学习者之间的交流多于学习者与教师之间的互动,充分发挥了讨论区对学习者之间互帮互助的促进作用,但在教师反馈方面仍需做到更好。

综合来说,该课程更倾向于为汉语母语者或汉语教师增强汉语语法知识及其系统性所用,汉语学习者需具备较高的汉语水平才能充分理解教学内容,参与到课程中;若是将汉语学习者设为主要授课目标,则还需在教学视频中增加语法点的练习。课程的系统性极强,入手角度也涵盖词、短语、句子和篇章四个层面,全面细致,各个语法点中所含的大量例句也为增强学习者理解所用。然而,部分学习者在讨论区提出课程在练习题设置方面的疏漏,如题目重复、答案错误等,需要课程在材料准确度方面再做努力。

4."中级汉语语法"

"中级汉语语法"由北京大学制作并发布于华文慕课与edX平台上,截至2021年5月,课程在华文慕课平台上有600多名学习者,在edX平台上因课程已被存档而无法查看选课学习人数。该课程的主讲教师是北京大学对外汉语教育学院徐晶凝教授,其研究方向为语言学理论与汉语语法教学,已发表多篇学术论文,出版多部教材与著作,且具有近20年的汉语教学经验。课程的授课对象为中级汉语水平的学习者,旨在通过最易发生偏误的12个汉语基本语法项目教学,帮助学习者进一步理解、掌握这些语法项目在句法、语义及语用上的特点,提高读、说、写、译等各种技能及在语境中准确运用语法知识进行表达的能力,从而提高汉语表达准确度和流利度,进一步提高汉语水平。该课程的教学语言为纯中文，录制形式为教师于课件前讲解和课件单独出现的录屏形式。

在教学内容上，"中级汉语语法"有 13 讲教学内容，其中如补语、定语、状语的句子成分教学占主体，其次为一些固定表达、句式与词类。

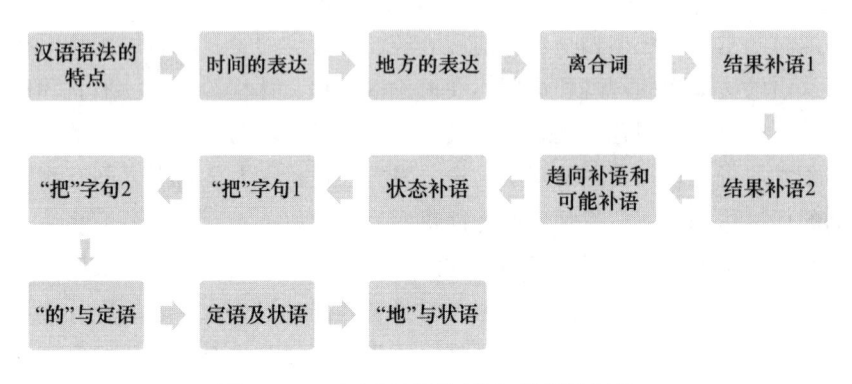

**图 3-12　"中级汉语语法"的教学课程**

在课程结构上，"中级汉语语法"包括 13 章，每章含 3—9 小节，大部分章节含 4—5 小节，个别则分别含 3 小节与 9 小节；每小节中含一个教学视频与一个供学习者记笔记的讨论区，教学视频大部分在 10 分钟左右。另外，华文慕课平台上尚无随堂练习或期中、期末测验。在教学视频中，教师基本遵循"语法点讲解—语法点例句—语法点练习"的流程，其中练习环节的题型有选择填空、组词成句、改错、翻译、判断对错等。课程在教学过程中采用演绎法的教学方法，即教师首先点明语法点的结构公式，然后通过大量例句进行详细解释，从抽象到具体，再通过多种练习进行加强和巩固。在互动方面，该课程在每个教学视频下都设有随堂笔记区，学习者可在观看视频的同时记录笔记分享在讨论区里，也可以促进学习者之间的经验交流与分享。另外，学习者也可就学习过程中产生的疑问在讨论区发表帖子寻求解答与帮助，但在目前所发表的帖子中，教师方一直未回复，且讨论区帖子寥寥无几，故该课程在互动方面尚有不足。

总体来说，该课程偏向于较传统的语法教学，即先给出结构，再结合例句讲解，最后通过练习巩固。此方式开门见山，讲解直接，逻辑清晰明了，但缺乏对语法点运用的情景创设与语用意义的讲解，导致学习者了解该语法点却无法得体使用，该课程在趣味性方面尚有不足，需要进一步改进。

## 二、汉语语法慕课典型案例分析

本节将以上海外国语大学制作并发布于中国大学慕课与FutureLearn平台上的"初级汉语语法"慕课为例对汉语语法慕课进行案例分析。截至2021年5月，该课程于中国大学慕课平台已开课四次（首次开课时间为2019年11月），选课总人数达3300余人；于FutureLearn平台则有6900余名注册学习者，故该课程现有学习者共10000余人。该课程由上海外国语大学国际文化交流学院教师李黔萍担任主讲教师；课程采用全英文授课，录制形式包括教师与课堂笔记同时出现、教师与学生出镜以及课件单独出现三种；课程的授课对象为具有零起点或初级水平的对汉语感兴趣的学习者；教学目标在于引导学习者掌握汉语基本语法和基本句子结构的用法，进行准确而流利的读写，并能在日常和学术生活中运用汉语进行基本交流。现主要从教学内容、教学模块、教学流程等方面展开如下分析：

### （一）主要教学内容

该课程在中国大学慕课与FutureLearn平台上的课节划分有所不同，前者为八个单元，后者则分为四周进行，每周分成四个小节。课程以汉语水平考试一级、二级的语法大纲和话题任务大纲为基础设计教学，包括常用表达法、常用句式、词语的用法、补语及特殊句式四个模块，同时包括简单的日常交流技巧（如自我介绍和描述日常活动）教学和中国传统文化知识的教学。课程所讲授的具体语法点有时间表达法、日期表达法、表达个人基本信息、用疑问代词提问、形容词谓语句、存现句、连动句、强调句、比较句、"了"的用法、"也"和"都"的用法、"才"和"就"的用法、结果补语、时量补语、趋向补语、"把"字句。下文通过 FutureLearn 平台上的四周教学内容划分描述其详细分布：

第一周包括"怎样用汉语表达时间""怎样用汉语表达日期""怎样表达基本个人信息""怎样用疑问代词提问"四个部分，视频总长约为 15 分钟，共有四个视频、六篇文章、三篇讨论以及四个小测验十七个小节。

第二周包括"介绍形容词谓语句""表达存现句""表达连动句"以及"强调句'是……的'"四个部分，视频总长约为 14 分钟，共有四个视频、六篇文章、四篇讨论以及两个小测验十六个小节。

第三周包括"怎样表达比较句""'了'的用法""副词'也'和'都'的用法""副词'才'和'就'的用法"四个部分，视频总长约为 12 分钟，共有四个视频、六篇文章、三篇讨论以及四个小测验十七个小节。

第四周包括"结果补语""时量补语""简单趋向补语"以及"'把'字句"四个部分，视频总长约为 15 分钟，共有四个视频、六篇文章、四篇讨论、三个小测验和一个期末测验共十八个小节。

1. 教学视频内容分析

教学视频的内容分为几个部分，首先由相关视频引入话题，继而由教师提出语法点的句式，与学习者进行练习讨论，最后由对话将语法点引入真实场景。

如果按照"初级汉语语法"在中国大学慕课平台上的八个单元将语法点进行划分，则第一周为有用表达，第二周为基本句型，第三周为有用的词汇，第四周为补语和"把"字句。而所涉及的语法点均为表 3 – 5 中重复三次及三次以上的大多数语法慕课都包含的语法，如"疑问代词""特殊句式"、动态助词、补语等。同时，该慕课将语法点按照由易到难的顺序进行排列，时间日期等表达法放在最前面引起学习者兴趣，而补语、"把"字句等难点放到最后，循序渐进，逐步加大难度。

2. 语法教学辅助内容分析

除了教学视频，慕课中的文章、讨论、测验模块也均对语法学习进行了一定的辅助和内容的补充。例如在 1.10 的教学视频讲解完如何表达个人基本信息后，1.11 的讨论模块让学习者对自己的姓名、国籍和工作进行描述，1.12 的文章模块介绍了姚明和成龙的基本信息，1.13 的测验模块则要求用拼音填空，强化判断句的使用。

3. 日常语言表达训练内容分析

每一周都有三到四篇讨论模块，对学习者的语言表达进行了一定的训练。

**表 3-6　"初级汉语语法"教学中的日常语言表达训练内容**

| 周末 | 讨论模块 |
| --- | --- |
| 第一周 | 介绍你自己并谈谈为什么学汉语<br>你的生日是什么时候；可以分享给我们吗<br>简单介绍自己的名字、国籍和职业 |
| 第二周 | 你喜欢什么；分享你的想法<br>简单介绍你的教室、宿舍或卧室<br>和我们分享你的日常活动<br>告诉我们一些你学汉语的经验 |
| 第三周 | 比较你和你的兄弟或姐妹<br>你知道十二生肖吗；你是属什么的<br>描述一些你的汉语学习经验 |
| 第四周 | 你上周末怎么度过的<br>你的校园生活怎么样<br>安娜要过生日了，她的同学要为她准备生日聚会，用"把"字句描述如何装饰教室 |

4. 中国文化教学分析

"初级汉语语法"课程中对中国文化的教学十分重视，每一周都有文化小贴士描述与语法相关的文化，并在一些文章后附带关于该文化的视频，以便学习者进一步了解。

表3-7 "初级汉语语法"教学中的中国文化教学分析

| 周目 | 文化内容 |
| --- | --- |
| 第一周 | 春晚<br>农历<br>姚明和成龙<br>广场舞 |
| 第二周 | 熊猫<br>中国学习者宿舍<br>长城、东方明珠和西湖<br>外滩和地铁 |
| 第三周 | 上海的天气<br>中餐<br>筷子<br>义务教育 |
| 第四周 | 剪纸艺术<br>京剧<br>共享单车<br>春联 |

### (二) 主要教学模块

该课程整体分为视频、讨论、文章、测验几个模块，每周课程由16—18个小节组成，若按照学习者一天学七节计算，平均每天需学习2—3个小节才能完成一周的整体任务；按照每小节学习时间为10—15分钟推算，学习者平均每天需学习30—40分钟，一周整体学习时间为3小时30分到4小时40分（网站上预计学习时间为每周4小时）。对语法学习者来说，每天30—40分钟的学习时间并不算长，而且在四周以后即可以掌握一些基本的汉语语法点，也是很有吸引力的。此外，整个慕课以英语为教学语言，对母语为英语的学习者来说，理解起来较为轻松。

从每周课程各类型模块的小节个数分布来看，教学视频和文章模块不变。其中，文章则是除了每个部分的文化类文章以外，在每周的开始和结束还会有一篇文章对本周的内容进行概括和总结。讨论及测验模块所占小节数则不甚稳定，每周从 2 个到 4 个不等。

教学视频是慕课发展和丰富的基础，教师从每个视频出发引出语法点和对话，并对语法点进行练习，与其他模块皆有联系，形成语法学习的网络。每周教学视频总长在 12—15 分钟，均含四个教学视频，则视频平均时长在 3—3.75 分钟，且平均每个视频时长之间差异不大，所有视频的长度在 2.5—4.5 分钟，比较均衡。如此的视频长度对于学习者来说很容易集中注意力，且其可以反复播放跟读句型和对话，对于汉语语法点的学习来说非常合适。文章模块将与语法点相关的文化知识展现在学习者面前，并在每周始末进行概括和总结，使学习者了解所学内容，并对所掌握到的内容产生成就感。讨论模块是除了视频模块之外的又一个核心，每一个讨论的主题都与语法点紧密相连且与每周小标题切合，学习者可以进行实操，继而促进自身对语法点的掌握。测验模块分为两种，分别是练习和测验。测验作为期末测验，只有第四周结束时才有，且不向免费学习的学习者公开。练习分为三种类型，即听力选择、填空和选择，听力选择练习为选择听到的词，填空练习有根据提示填空和填写指定的词两种，选择练习则为选择给定的词到合适位置的题型。

在讨论区设置方面，每一小节均设有讨论区（测验小节后没有讨论区），学习者可以提问和互动，练习语法点，增加学习兴趣。图 3 - 13、图 3 - 14、图 3 - 15、图 3 - 16 为四周每小节讨论的数量统计，从中我们可以看到学习者的讨论兴趣主要在讨论模块上，而对文化模块则不太感兴趣。如第一周讨论最多的是第二小节"介绍自己并说说为什么学汉语"（79 个评论），其次是第八小节"你的生日分享"（32 个评论），第十一小节"简单介绍自己"（22 个评论）；第二周讨论最多的是第三小节"你喜欢什么"（17 个评论），其次是第七小节"介绍教室、宿舍或卧室"（9 个评论）。之后两周的讨论数都在 10 个以下。此外，四周的数据逐步下降，反映出学习者对课程兴趣逐步下降的情况，有一定会中断学习的可能。

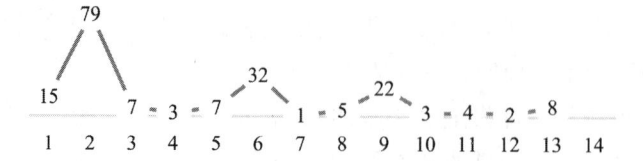

图 3-13 "初级汉语语法"第一周各小节讨论帖数量统计（单位：个）

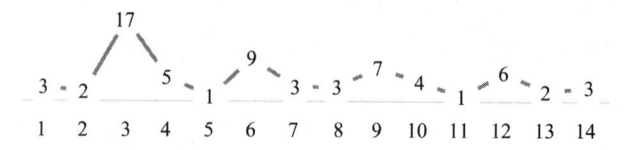

图 3-14 "初级汉语语法"第二周各小节讨论帖数量统计（单位：个）

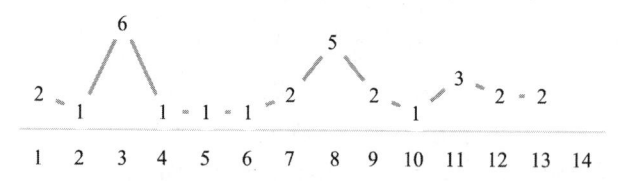

图 3-15 "初级汉语语法"第三周各小节讨论帖数量统计（单位：个）

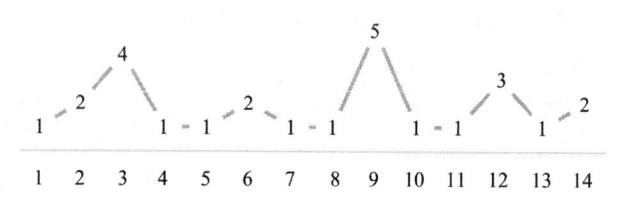

图 3-16 "初级汉语语法"第四周各小节讨论帖数量统计（单位：个）

（三）主要教学流程

1. 基本教学流程

该课程的基本教学流程为"导入—结合例句，教师点明语言点—简要解释语义并列明结构—语法练习—情景短剧—总结"，其中，导入部分通过结合视频资料、情景短剧或图片进行，第二步中的例句一般来自导入部分涉及的句子，也有教师直接列出的；语法练习环节的主要形式包括选词填空、看图说话等类型；情景短剧中的会话则会对当堂课所学有所应用，最后总结形式为课件展示。

2. 示范视频教学分析：时间表达法（3分钟）

关于时间表达法的教学视频为第一课第一节，其教学流程在众视频中具有代表性，本小节将详细分析。

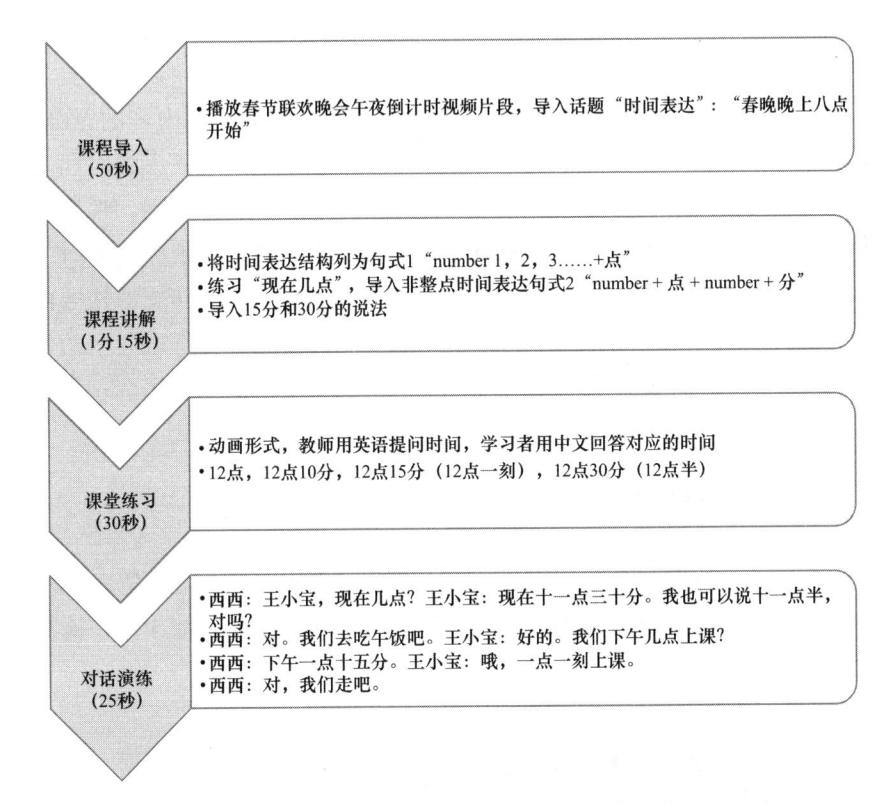

**课程导入（50秒）**
- 播放春节联欢晚会午夜倒计时视频片段，导入话题"时间表达"："春晚晚上八点开始"

**课程讲解（1分15秒）**
- 将时间表达结构列为句式1 "number 1，2，3……+点"
- 练习"现在几点"，导入非整点时间表达句式2 "number + 点 + number + 分"
- 导入15分和30分的说法

**课堂练习（30秒）**
- 动画形式，教师用英语提问时间，学习者用中文回答对应的时间
- 12点，12点10分，12点15分（12点一刻），12点30分（12点半）

**对话演练（25秒）**
- 西西：王小宝，现在几点？王小宝：现在十一点三十分。我也可以说十一点半，对吗？
- 西西：对。我们去吃午饭吧。王小宝：好的。我们下午几点上课？
- 西西：下午一点十五分。王小宝：哦，一点一刻上课。
- 西西：对，我们走吧。

图3-17 "初级汉语语法"关于时间表达法的教学流程

以上教学流程以视频导入目标语法点，既准确表明了语法点，又增加了课程的趣味性；之后时间表达结构句式的列明为学习者提供了一个明确的使用对象，使之在后续练习中能有所凭据；随后课堂练习中的动画形式同样起到增加趣味性与点名语法点运用语境的作用，教师与学生之间的互动也能使学习者将自身代入其中，模拟真实的互动

与课堂学习氛围；最后的对话演练一方面对前部分所学语法点进行总结，另一方面也展示了语法点的运用语境，增强了学习者理解与进一步运用的能力。

### （四）课程评价

课程由导入、讲解、练习、对话四部分组成，在较短的时间内完成语法点的句式学习以及练习的内容，完成度较高，视频模块后的测验模块对本课学习的内容进行了强化。但是，课程缺少对本课内容的总结，部分内容在视频内未曾体现，如在视频后的文字中出现了一天的时间表达"早上、上午、中午、下午、晚上"，但在课程中没有提到，学习者如果不注意文字则很容易忽略这部分的教学内容。此外，视频整体时间较短，导入占用的时间较多，讲解时间较少，强调语法点句式结构的内容不够，练习也较少；对话部分速度过快，学习者很容易忽略其中的语法应用，建议将对话中的重点句子列出并重复学习，加强记忆。

## 三、汉语语法慕课小结

综上，与汉语语音慕课相比，汉语语法慕课比较完善，在数量、内容、时长等方面也有所改善。但是，与传统的汉语语法教学相比，依然存在如下几个问题：

### （一）汉语语法慕课的内容设置方面

数据表明，现存的五门汉语语法慕课中有三门为初级语法或初级语法进阶，有一门为速成语法，其内容基本被初级汉语语法涵盖，只有一门"现代汉语核心语法"包含超出初级汉语语法的内容。因此，从汉语语法慕课的教学内容来看，现在语法慕课的目标人群仍然是汉语初级学习者，对汉语初学者而言，慕课的大纲安排需要一目了然，使之能清晰地知道每一讲在讲什么，并且需逐渐由简单向困难的语法点过渡。五门慕课大纲语法的侧重点均有不同，教学的细节与顺序也各有不同，对于学习者来说，仅从课程简介和课程大纲入手，很难选择较为适合自己的慕课。

针对表3-8所示课程大纲，汉语教师或许可以通过每讲的题目大概了解课程讲解的语法点，但对学习者来说，仅看到题目很难抓住学习

表3-8 "速成汉语语法课堂"的课程大纲

| | |
|---|---|
| 第一讲<br>你去过后海吗 | 第十二讲<br>"被"先生练功夫，被打伤了 |
| 第二讲<br>我还想过开一个串儿店呢 | 第十三讲<br>他被称为"流行音乐之王" |
| 第三讲<br>"过"和"了"有什么不一样呢 | 第十四讲<br>《哈利·波特》被翻译成很多种语言 |
| 第四讲<br>门开着 | 第十五讲<br>"被"先生访谈录 |
| 第五讲<br>门上贴着大红"囍"字儿 | 第十六讲<br>青岛人说青岛话，你听得懂吗 |
| 第六讲<br>喝着啤酒看世界杯 | 第十七讲<br>泰山，你爬得上去吗 |
| 第七讲<br>新郎喝着喝着就醉了 | 第十八讲<br>那儿的啤酒最新鲜，喝一次就忘不了 |
| 第八讲<br>老师把茶几放在沙发的前边了 | 第十九讲<br>买火车票可等不得 |
| 第九讲<br>老师把房间打扫得很干净 | 第二十讲<br>可能补语的特点 |
| 第十讲<br>奶奶把盐当成了糖 | 第二十一讲<br>区分可能补语和程度补语（可能补语综合练习：《憨豆先生的可爱假期》） |
| 第十一讲<br>中国人常常把食物和祝福联系在一起 | |

重点。此外，这门慕课名为"速成汉语语法课堂"，然而仅"把"字句就有四讲的内容，"被"字句也有四讲的内容，总共二十一讲的课程，其中超过三分之一都是"把"字句和"被"字句的讲解。同样，一到七讲为动态助词"着""了""过"，十五讲之后则全部是补语的讲解。若学习者学习语法是为了掌握这几个语法点的话，那么这门课程非常合适，能详细讲解语法点的结构形式、语法意义和语用功能，且课上练习类型易于掌握。但对于想快速了解汉语语法的初级汉语学习者来说，学习一个学期的语法之后只能掌握这四个部分的语法点，而对其他基础汉语语法却基本没有学习。

## （二）语法慕课的时间设置方面

汉语语法慕课的教学内容普遍较多，时间周期也较长，这就要求慕课制作者充分考虑慕课内容趣味性与实用性的结合，使学习者在长时间的学习中不会因枯燥而中途停止学习。以上语法慕课一般采用与中国文化相结合，或与情景对话相结合的方式，增加课程的趣味性。此外，一些课程内容较少，运行周期却较长，如上海外国语大学的"初级汉语语法"，在 FutureLearn 平台上运行周期仅为四周，但是在中国大学慕课平台上运行周期为十九周，过长的周期加上过少的内容，很容易使学习者放弃学习。

上述汉语语法慕课存在的问题提醒我们，汉语语法慕课制作应注重平衡每周的学习量，使学习者不至于负担太重而跟不上进度，也不至于内容太少而觉得没有学到东西，这也是未来汉语语法慕课需要继续努力的一个方向。

## 第三节 汉语汉字慕课

汉字学习对于第二语言学习者，尤其是母语为拼音文字的第二语言学习者来说是一大难题，一些初级汉语教学课程为了降低学习难度会减少或者去除汉字部分,而通过拼音进行教学。汉字对只注重听说而对读写无要求或无须深入学习汉语的学习者来说或许可有可无,但对有读写能力要求且需要达到中高级汉语水平的学习者来说,汉字是不可或缺的一部分。因此,汉语汉字慕课教学也是汉语慕课教学的重要组成部分,本节主要从汉字慕课概况、汉字慕课案例分析、汉字慕课小结三方面对汉字慕课进行梳理和总结。

## 一、汉字慕课概况

### (一) 汉字慕课总体概况

统计数据表明,现今正式开课的汉字慕课只有 Coursera 平台上的两个系列共四门,分别是"汉字(1)"和"汉字(2)",以及"汉字书写基础(1)"和"汉字书写基础(2)",前一系列由北京大学制作,后一系列则由圣彼得堡国立大学制作,两个系列四门慕课的具体数据如表 3–9 所示。

表 3–9　汉字慕课课程

| 慕课名称 | 主讲教师 | 课程评分<br>(截至 2021 年 3 月) | 课程周期 |
| --- | --- | --- | --- |
| 汉字(1) | 施正宇 | 4.7(560 个评分) | 十周,约需 25 小时完成 |
| 汉字(2) | 施正宇 | 4.7(88 个评分) | 十周,约需 35 小时完成 |
| 汉字书写基础(1) | 斯托罗祖克·亚历山大<br>弗拉索娃·娜塔莉娅·尼古拉耶芙娜<br>索姆金娜·纳德日达 | 3.9(16 个评分) | 六周,约需 12 个小时完成 |

续表

| 慕课名称 | 主讲教师 | 课程评分（截至2021年3月） | 课程周期 |
|---|---|---|---|
| 汉字书写基础（2） | 斯托罗祖克·亚历山大<br>弗拉索娃·娜塔莉娅·尼古拉耶芙娜<br>索姆金娜·纳德日达 | 暂无数据 | 六周，约需16个小时完成 |

"汉字"系列的两门课程由北京大学对外汉语教育学院教授施正宇担任主讲教师；课程采用汉语作为主要教学语言，录制形式为课件单独出现的录屏形式。截至2021年3月，已有46000多名学员注册学习第一门课程"汉字（1）"，第二门课程"汉字（2）"的注册学员则已达到7100多名。在课程评价方面，两门课程皆广受学习者的好评，绝大多数学习者对课程的教学非常满意。"汉字（1）"和"汉字（2）"面向对汉字感兴趣的学习者，其中，前者适合具有初级汉语水平的学习者，后者适合具有中级汉语水平的学习者。此外，两门课程旨在引导学习者学习并掌握常用汉字及由其组成的基础汉语词汇，增强学习者对汉字的理解和运用能力，提高其阅读和书写技能。

"汉字书写基础"系列课程由圣彼得堡国立大学斯托罗祖克·亚历山大、弗拉索娃·娜塔莉娅·尼古拉耶芙娜、索姆金娜·纳德日达担任主讲教师；课程使用英语作为教学语言，录制形式有教师单独出镜讲解、教师与课件笔记同时出现两种。截至2021年3月，该系列的第一门"汉字书写基础（1）"已有3300多名学员注册学习，第二门课程"汉字书写基础（2）"的注册学员人数尚不明确。在教学对象上，该系列课程同样面向对汉字感兴趣的汉语学习者，教学目标在于增强学习者对汉字历史、演变、字体等基本知识和汉字笔画、部件等书写知识的理解，进一步加强学习者的汉字书写能力，并促进学习者深入了解中国汉字文化。

第三章 汉语慕课教学设计研究

## （二）"汉字书写基础"系列课程概况

"汉字书写基础"为非汉语母语者制作，课程介绍中国书法的基本知识，包括汉字演变的主要阶段、杰出的书法家、汉语字体等内容；解释说明214个偏旁部首，并通过动态和静态的笔顺演示引导学习者练习汉字书写。由此可知，该系列课程的学习内容主要是汉字字体和部首，以及汉字的书写方法，而对字义以及发音等内容则基本不涉及。相关概况具体体现如下：

1. 具体内容方面，"汉字书写基础"系列课程的教学分为五个部分：（1）部件教学，课程制作者将汉字部件编号分为214种，并划分于24小节中单独教学或与汉字历史一同教学；（2）汉字书写历史教学；（3）著名书法家介绍；（4）汉字书写工具介绍（笔、纸等）；（5）提供字帖帮助学习者练习汉字书写。

2. 课程结构方面，该系列课程分为第一部分和第二部分，各包括六周教学内容，每周包括4个教学视频（除第一周的8个视频和第二周的7个视频外）、2份阅读材料和1份练习题。其中每周的4个教学视频中有2个是部首教学视频，时长在1—3分钟之间；其余教学视频则涉及汉字历史、演变、字体、书写工具等汉字基本知识，时长在8—13分钟之间。部首教学视频的基本流程为"展示部首，介绍名称—逐笔画说明笔画名称—提出书写注意点"，部分部首若无需注意之处就省去了书写注意点这一步骤；汉字基本知识教学视频没有固定的教学流程，而是随着具体的内容有所调整，教师的基本教学行为为教师用英语叙述相关的汉语知识。在练习方面，该系列课程每课的练习大部分包括15—16题，部分课节较特殊，如第一节导入课的练习题只含5个题目；练习题题型主要有表明笔顺、根据名称选择部首、根据部首选择名称、根据所给部首选择含有该部首的汉字等，考查笔顺、部首形体与名称及构字能力方面的知识。该系列课程未设置给定话题的讨论题，讨论区的帖子多为学习者在学习过程中所产生的疑惑、问题，以及所体会到的感想，所想到的意见或建议等。

总体来说，学习者能够通过该课程了解大量关于汉字历史、演变过程、字体、书法家、书写工具等的相关知识，同时也能学习重要的部首，为进一步深入的汉字学习奠定基础。该系列课程并不侧重特定汉字的记忆和书写，也未涉及汉字构词方面的内容，这可能与其课程定位有关。另外，在部件教学的过程中，课程只简单给出部件的名称、笔画名称与笔顺，未在教学视频中对含有该部件的汉字展开讲解，只是在练习中要求学习者自行找出含有特定部首的汉字，这可能在一定程度上导致教学内容与课后练习之间的脱节，不利于学习者对部首构字的掌握。

## 二、汉语汉字慕课典型案例分析

本书已经对"汉字书写基础"系列课程做了简要概述，因此选择另一系列的"汉字"系列课程进行案例分析。具体如下：

### （一）主要教学内容

"汉字"系列为汉语非母语的学习者而制作，侧重汉字的笔画和部件教学，引导学习者进一步认识汉字的结构并提高汉字读写能力。具体而言，该系列课程教学从"汉字（1）"中笔画这一汉字基本元素开始，并逐步过渡到由 240 个常用汉字组成的 1200 个基础汉语词汇；"汉字（2）"从汉字"耳"开始，继续进行 240 个常用汉字及相应 1200 个基础汉语词汇的教学。汉字学习则包括其发音、字形和意义。

"汉字"慕课系列共二十周课，课程主要内容如表所示。

表 3-10　"汉字"系列课程内容

| 汉字（1） | | 汉字（2） | |
| --- | --- | --- | --- |
| 第一周 | 基本笔画、派生笔画、数字 | 第一周 | 耳、月亮、云、雨 |
| 第二周 | 派生笔画、亻、女、父母、孩子 | 第二周 | 风、四季、水 |

续表

| 汉字（1） | | 汉字（2） | |
|---|---|---|---|
| 第三周 | 师生、反义词 | 第三周 | 冰、火、灬、木 |
| 第四周 | 反义词、方位词、语法字 | 第四周 | 木、食品 |
| 第五周 | 语法字、头 | 第五周 | 食品、艹、竹、土地 |
| 第六周 | 口、言 | 第六周 | 金、王和主、隹、贝 |
| 第七周 | 言、右字头、又 | 第七周 | 页、力、山和田、石 |
| 第八周 | 见、心、足 | 第八周 | 辶、车、彳 |
| 第九周 | 走、马和羊、牛、犭和鸟 | 第九周 | 宀、门、户 |
| 第十周 | 鱼和虫、身体、太阳 | 第十周 | 穴、厂、广、尸 |

由表3-10可以看到，该慕课前四周以笔画和简单的词为主；到第五周后，通过独体字的字义及其衍生的汉字部件，讲授更多的汉字及词汇。对母语为拼音文字的二语学习者来说，汉字的笔画和部件看起来都毫无道理，无法理解，但该慕课将汉字拆解为汉字部件，引导学习者学习部件的具体意义，加深学习者对部件的理解，进而理解汉字整体的意思，增强其对汉字的学习兴趣，并扩大汉字识字量和汉语词汇，提高学习效率。

（二）主要教学模块

"汉字"系列课程主要的教学模块有视频、练习及每周的测验，此外还设有讨论区供学习者进行互动讨论。学习者在看完每一课视频后都需完成该课的练习，在完成一周的学习内容后，可以通过周测验检测自己的学习效果，并进入下一周的学习。

1. 视频教学模块

该系列课程每周含有四个教学视频、四份随堂练习及一份周测验。本书统计了"汉字（1）"和"汉字（2）"的每周教学视频时长可以看出，"汉字（2）"的每周教学视频时长皆比"汉字（1）"的长，从单个教学视频来讲，"汉字（1）"的教学视频一般在4—7分钟之间，"汉字（2）"的则在7—12分钟之间。如此设置与相应课程要求的学习者水平也比较吻合，"汉字（1）"适合初级水平的汉语学习者，平均4—5分钟的教学视频对初级学习者来说不会太长，难度也适中。"汉字（2）"则面向中级水平的汉语学习者，平均9—10分钟的教学视频给予教师充分的时间对汉字部件及其含义进行讲解，并通过部件学习扩充学习者的识字量，加强学习者对汉字部件意义及相关一系列汉字、词汇的理解，增强其学习成就感。此外，学习者在观看教学视频时可自行调节、随时暂停或重复播放，给自己时间来消化知识。

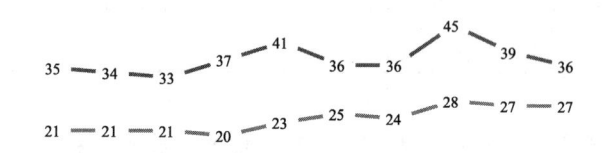

|   | 第一周 | 第二周 | 第三周 | 第四周 | 第五周 | 第六周 | 第七周 | 第八周 | 第九周 | 第十周 |
|---|---|---|---|---|---|---|---|---|---|---|
| 汉字（1） | 21 | 21 | 21 | 20 | 23 | 25 | 24 | 28 | 27 | 27 |
| 汉字（2） | 35 | 34 | 33 | 37 | 41 | 36 | 36 | 45 | 39 | 36 |

单位：分钟

**图 3-18　"汉字"系列课程各周视频时长**

2. 练习测验模块

该系列课程的练习模块基本为选择题，具体题型有为多个字选择共同的偏旁部首（如"爸""爷""妈""姐"），根据图片选择汉语词，选择合适的字填空组词［如"（　）个人"，选项为"母""几"］等。这些题型考查了学习者对偏旁、汉字及词语的理解和运用，涉及汉字结构及构成和词语意思等内容，有利于学习者课后巩固。

另外，课程每课的练习题数目有所差别，具体统计如图 3-19 所示。"汉字（1）"平均每周题量为50.9 道（除测验），平均每次练习的题数为12.73 道；"汉字（2）"平均每周题量为80 道（除测验），平均每次练习的题数为20 道。由此可知，"汉字（2）"的题量整体多于"汉字（1）"，同时难度也有所增加。

在周测验部分，经统计，"汉字（2）"的题量普遍多于"汉字

第三章 汉语慕课教学设计研究

|  | 第一周 | 第二周 | 第三周 | 第四周 | 第五周 | 第六周 | 第七周 | 第八周 | 第九周 | 第十周 |
|---|---|---|---|---|---|---|---|---|---|---|
| —— 汉字（1） | 65 | 39 | 48 | 50 | 54 | 51 | 49 | 54 | 48 | 60 |
| —— 汉字（2） | 81 | 75 | 78 | 72 | 90 | 75 | 91 | 86 | 86 | 80 |

单位：分钟

图 3-19 "汉字"系列课程每周练习题数量

（1）",前者每周测验题量为 34.4 道,后者则为 25.2 道,这与汉字教学内容与难度的增多和提升有关。另外,在每份周测验题量差异上,"汉字（1）"的较大,最低 20 道,最高 30 道;而"汉字（2）"的则较均衡,前四周在 33—35 道之间波动,后六周则皆为 35 道。本书认为,周测验题量较均衡有助于平衡学习者的测试期望值,不会给学习者造成过大负担。

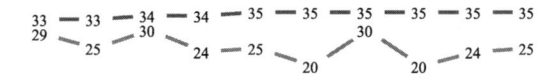

|  | 第一周 | 第二周 | 第三周 | 第四周 | 第五周 | 第六周 | 第七周 | 第八周 | 第九周 | 第十周 |
|---|---|---|---|---|---|---|---|---|---|---|
| —— 汉字（1） | 29 | 25 | 30 | 24 | 25 | 20 | 30 | 20 | 24 | 25 |
| —— 汉字（2） | 33 | 33 | 34 | 34 | 35 | 35 | 35 | 35 | 35 | 35 |

单位：分钟

图 3-20 "汉字"系列课程周测验题量统计

3. 讨论区模块

讨论区模块给学习者提供了讨论学习内容互相交流的区域,本书统计两门课程的具体讨论帖数量如图 3-21,以考查两门课程的互动情况。"汉字（1）"的讨论数远高于"汉字（2）",这一部分是两门课程注册学习总人数的不同导致的;另外,"汉字（1）"前五周的讨论帖数均达 50 个以上,前两周的则达 100 个以上,可以看到其互动讨论呈减弱趋势,"汉字（2）"的讨论帖数有所波动,但总体也呈下降趋势。从讨论区的整体数据来看，学习者在课程开始时人数最多，讨论也最积极，之后逐渐减少。究其原因，其一可能为正常流失，有很多学习者在看了第一周课程后就放弃学习，后续教学周也有陆续中断学习的学习者；其二可能是讨论区缺少维护和管理，讨论区中只有学习者在发帖，与学习者互动的也只有学习者，几乎看不到教师方的维护，学习者的疑问若得不到解答，其中断学习的可能性也很大。

| | 第一周 | 第二周 | 第三周 | 第四周 | 第五周 | 第六周 | 第七周 | 第八周 | 第九周 | 第十周 |
|---|---|---|---|---|---|---|---|---|---|---|
| 慕课第一部分 | 406 | 109 | 62 | 79 | 57 | 50 | 41 | 40 | 21 | 42 |
| 慕课第二部分 | 24 | 15 | 10 | 12 | 8 | 2 | 2 | 9 | 5 | 5 |

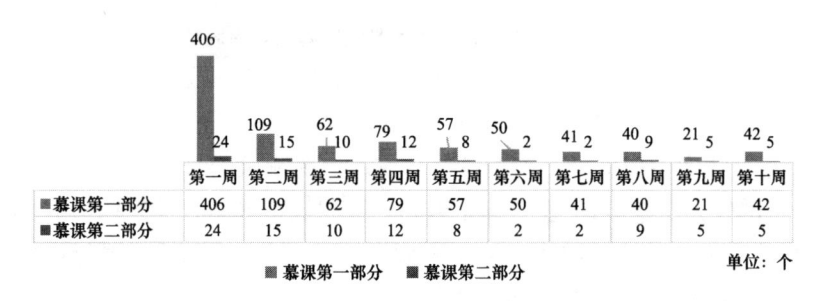

单位：个

图 3-21　"汉字"系列课程每周讨论帖数统计

## （三）主要教学流程

### 1. 基本教学流程分析

"汉字"系列课程的汉字教学逐字进行，每个汉字的教学基本遵循"书写—字源字义—组词"的流程，部分汉字会省去字源字义或/和组词环节，而集中于书写环节。在书写环节，教师一般先朗读，再随汉字书写动画逐笔画说明笔画名称，在第二次播放时，教师不再重复说明，而是让学习者自行观看，从整体感知目标汉字的书写。在解释字源字义环节，教师会结合相关图片及目标汉字的甲骨文形体，以段落的形式简要介绍汉字的来源、意义及其作为偏旁部件时在汉字中的位置，段落标有拼音与英文释义，方便学习者拼读和理解。在组词环节，教师会直接展示目标词语，在直接朗读之后给予学习者几秒钟时间，供其认读拼音、甲骨文形体并理解意义。

### 2. 示范教学视频分析："汉字（1）"第七课"父母"（5分30秒）

第七课"父母"的教学内容为汉字"父""亲""爸""爷""母"

第三章 汉语慕课教学设计研究

"我"及词语"父亲""爸爸""爷爷""母亲""父母""我们"。这些字词在意义上皆有所联系，在汉字结构和构词上也有相似之处，如此设置有助于学习者构成汉字思维网络，加强理解与记忆。

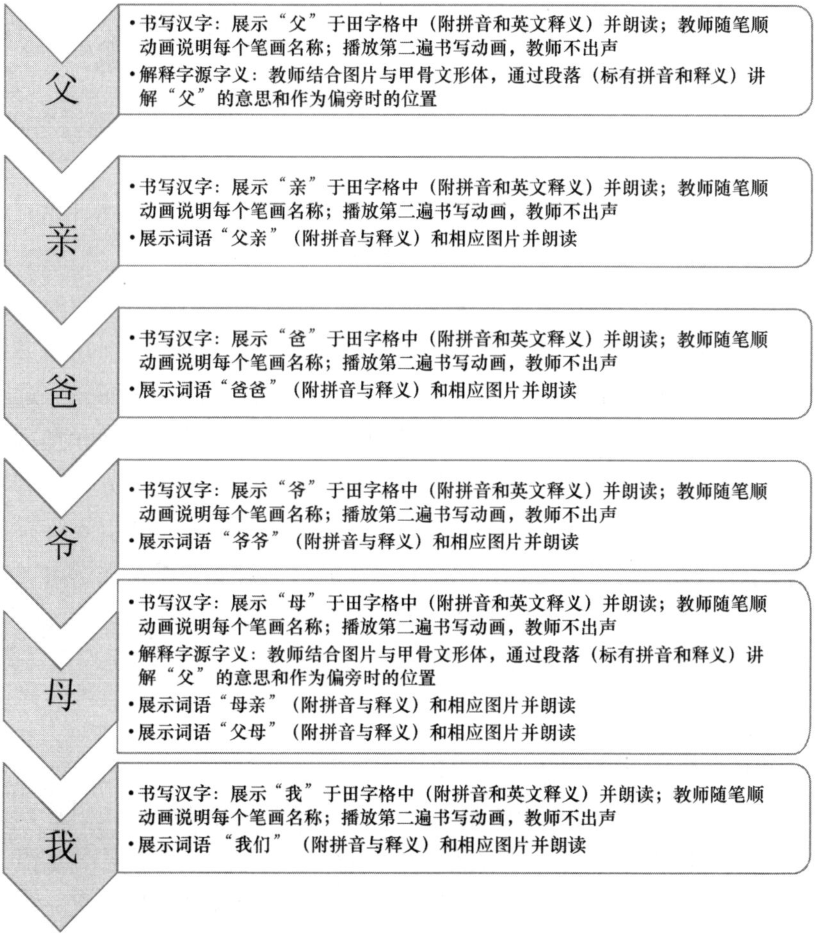

父
- 书写汉字：展示"父"于田字格中（附拼音和英文释义）并朗读；教师随笔顺动画说明每个笔画名称；播放第二遍书写动画，教师不出声
- 解释字源字义：教师结合图片与甲骨文形体，通过段落（标有拼音和释义）讲解"父"的意思和作为偏旁时的位置

亲
- 书写汉字：展示"亲"于田字格中（附拼音和英文释义）并朗读；教师随笔顺动画说明每个笔画名称；播放第二遍书写动画，教师不出声
- 展示词语"父亲"（附拼音与释义）和相应图片并朗读

爸
- 书写汉字：展示"爸"于田字格中（附拼音和英文释义）并朗读；教师随笔顺动画说明每个笔画名称；播放第二遍书写动画，教师不出声
- 展示词语"爸爸"（附拼音与释义）和相应图片并朗读

爷
- 书写汉字：展示"爷"于田字格中（附拼音和英文释义）并朗读；教师随笔顺动画说明每个笔画名称；播放第二遍书写动画，教师不出声
- 展示词语"爷爷"（附拼音与释义）和相应图片并朗读

母
- 书写汉字：展示"母"于田字格中（附拼音和英文释义）并朗读；教师随笔顺动画说明每个笔画名称；播放第二遍书写动画，教师不出声
- 解释字源字义：教师结合图片与甲骨文形体，通过段落（标有拼音和释义）讲解"父"的意思和作为偏旁时的位置
- 展示词语"母亲"（附拼音与释义）和相应图片并朗读
- 展示词语"父母"（附拼音与释义）和相应图片并朗读

我
- 书写汉字：展示"我"于田字格中（附拼音和英文释义）并朗读；教师随笔顺动画说明每个笔画名称；播放第二遍书写动画，教师不出声
- 展示词语"我们"（附拼音与释义）和相应图片并朗读

图3-22 "汉字（1）"第七课"父母"教学视频流程

从以上教学内容和流程可得，该系列课程的教学思路为组块式的汉字教学，即将在意义和结构上有联系的汉字结合在一起讲解，一方面有

助于偏旁与汉字的延伸应用，另一方面也辅助构建了汉字思维导图，以具体化的图像式学习方式加强学习者的记忆。在单字的教学中，该系列课程基本遵循"朗读—书写—朗读—相关词语"的流程，部分重点汉字还会解释字源、字义及其作为偏旁时在汉字中的位置；此流程全面涉及笔顺、笔画、字义、发音、来源、构词等与汉字相关的要素，满足学习者对汉字的整体感知需求。

（四）教学原则与方法

该系列课程在汉字教学的过程中充分贯彻实行了字词教学相结合，把握汉字构成规律，按笔画、部件、整字三个层次结合笔画、笔顺、部件和间架结构的原则与方法。课程从基本汉字着手，结合书写动画与教师说明，强调笔画和笔顺在构字方面的重要作用，之后通过图片和甲骨文形体，介绍汉字的来源、原义与现在义，突出汉字的形体演变与意义演变，对可成部首或偏旁的汉字，教师还强调其在构字时所处的位置。以上教学设计充分结合了笔画、笔顺、部件和间架结构四个方面，引导学习者把握汉字的构成规律。此外，在汉字讲解后，教师会引入含有该汉字的词语进行拓展延伸，利用字词之间的双向意义关系增强学习者对两者的理解和掌握，培养学习者"以字解词"和"看词析字"的能力，进一步把握字组成词的规律。

（五）课程评价

"汉字"系列课程将重点集中于汉字的书写，并从字源入手解释字义延伸到汉字部件，再通过汉字部件扩大汉字量，通过组词扩大汉语词汇量，前后联系，环环相扣，学习者能沿着教学思路自然地从上一环节过渡到下一环节，从容流畅。此外，教师的教学语言也简短意赅，思路清晰；课程视频配有古筝纯音乐，曲风幽雅，营造出一种颇具中国风的轻松氛围，将学习者带入汉字学习环境并沉浸其中。但是，在汉字课堂活动和练习题设置方面，该系列课程尚有些许不足。课程整体较为单调，缺乏导入、练习等活动，学习者易因感到乏味而中断学习；练习题中的图片不够明晰，可能会导致学习者理解错误而选择错误选项，填空组词的前后题均为同一个词容易给学习者造成困惑，在讨论区中也有部分学习者提到若干错误和重复的练习题。

**三、汉语汉字慕课小结**

综上，汉语汉字慕课基本会从汉字笔画和汉字部件开始，使学习者认识到汉字的结构，消除学习者尤其是以拼音字母为母语的汉语学习者对汉字的一些刻板印象。从现有的汉字慕课来看，其在内容和练习设置方面还存在如下问题。

（一）内容设置方面

中外汉字教学视角差别极大，母语者制作的汉字慕课以拆解、联想、解义、组词为主要内容，非母语者制作的汉字慕课则以汉字的书法为主。从后者的视角我们可以发现，非母语者对汉字的关注焦点不在于汉字的意义，而在于汉字是怎样书写的，即更注重汉字的艺术性而非汉字作为文字的实用性。

汉字慕课的内容过于单调。非母语者制作的汉字慕课主要介绍汉字书法及相关文化历史，母语者制作的汉字慕课则围绕汉字的字源及联想。课程内容连续性不强，实用情景较少，教学体系过于单调零碎，虽适合学习者进行碎片化学习，但很容易使其中断学习。

汉字教学量整体较小。以北京大学的汉字慕课为例，"汉字（1）"和"汉字（2）"两门课程的周期为20周，但教学内容仅240个常用汉字及1200个相关词汇。根据《国际汉语教学通用课程大纲》中的"汉字常用等级字表"，一级常用汉字共150个，二级常用汉字共300个，也就是说，如果仅跟随汉字慕课学习汉字，在20周（或者两个学期左右）之后所学到的汉字量还达不到二级常用汉字的标准量。当然，该系列课程中涉及的汉字教学并未完全依照大纲等级设置，很多同部件的汉字已超出二级水平。例如，"汉字（1）"第七课中的汉字"爸""我"

和组词中"我们"的"们"为一级汉字,"爷"为三级汉字,"父""亲"及"母"则均为四级汉字。

(二)练习设置方面

现有汉字慕课数据显示:练习有主要两种类型,一种是认字,一种是写字,即识、写两种练习。认字练习的目的是让学习者巩固对字义及其部件含义的理解;写字练习的目的则是让学习者理解汉字的书写过程并熟悉书写汉字,所谓"眼过千遍不如手过一遍",写字练习能有效加深学习者对汉字的记忆。但这两种练习均有较大的限制。如学习者识字量较少导致能够练习的范围也较小,这就使得出题的范围也较小,课程方只能在小范围内重复出题,一方面会导致练习内容重复,另一方面也会给学习者带来混乱感。而写字练习基本只能在线下进行,从这一点来说,教师无法了解学习者实际的汉字书写水平,也无法对学习者的书写笔顺和方式进行调整。对汉字圈之外的第二语言学习者来说,缺乏教师的指导很难正确书写汉字,也很难认识和掌握汉字的结构。

上述汉字慕课在内容和练习设置方面存在的问题提醒我们,未来的汉字慕课发展需注重教学视角的统一性、教学内容的丰富性、汉字数量的标准性等问题。

## 第四节 汉语水平考试慕课

杨紫娟、王强(2019)指出:"随着'汉语热''中国热'在世界范围内的持续增温,汉语水平考试越来越受到世界广大留学生的青睐,其地位之重要不言而喻。汉语水平考试课程主要涉及词汇和语言规则的讲解,是一门实际操作性强的课程,但是很多大学都把这门课作为辅导课程,采用传统的课堂教学模式,集中时间进行训练,不能因材施教,达到预期的教学效果。"① 近年来，汉语水平考试教学积极变革教学模式，顺应慕课发展潮流开发设计汉语水平考试慕课，以期克服传统课堂教学中的弊端。汉语水平考试慕课相关情况如下：

## 一、汉语水平考试慕课概况

### （一）汉语水平考试慕课总体概况

截至 2021 年 5 月，在好大学在线、华文慕课、慕课中国、中国大学慕课、Coursera、edX 等国内外主流慕课平台上共上线 12 门汉语水平考试慕课，制作单位皆为国内高等院校，其中北京大学的汉语水平考试慕课占主体，涵盖了汉语水平考试一级至六级的课程，其余三家院校分别为北京语言大学、山东大学与湖北理工学院。本书将该 12 门初级综合汉语慕课及其相关数据列表如下：

表 3-11　汉语水平专试慕课的基本情况

| 序号 | 课程名称 | 发布单位 | 主讲教师 | 发布平台 |
| --- | --- | --- | --- | --- |
| 1 | 汉语水平考试（一）(Chinese for HSK 1) | 北京大学 | 於斌 | Coursera、慕课中国、华文慕课 |
| 2 | 汉语水平考试（二）(Chinese for HSK 2) | 北京大学 | 刘立新 | Coursera、慕课中国、华文慕课 |
| 3 | 汉语水平考试（三）（第一部分）(Chinese for HSK 3 Part I) | 北京大学 | 陈莉、路云 | Coursera、慕课中国、华文慕课 |
| 4 | 汉语水平考试（三）（第二部分）(Chinese for HSK 3 Part II) | 北京大学 | 陈莉、路云 | Coursera、慕课中国、华文慕课 |

---

① 杨紫娟、王强：《基于混合学习的对外汉语教学模式探索——以 HSK 课程为例》，《广西广播电视大学学报》2019 年第 2 期。

续表

| 序号 | 课程名称 | 发布单位 | 主讲教师 | 发布平台 |
| --- | --- | --- | --- | --- |
| 5 | 汉语水平考试（四）(Chinese for HSK 4) | 北京大学 | 陈莉、路云 | Coursera、慕课中国 |
| 6 | 汉语水平考试（五）(Chinese for HSK 5) | 北京大学 | 刘超英、金舒年、蔡云凌、王玉 | Coursera、慕课中国 |
| 7 | 汉语水平考试（六）(Chinese for HSK 6) | 北京大学 | 刘超英、金舒年、蔡云凌、王玉 | Coursera、慕课中国 |
| 8 | 汉语水平考试四级实训 | 湖北理工学院 | 缪杉莎、问铃、陈明、胡茜 | 学堂在线 |
| 9 | 汉语水平考试五级强化课程 | 北京语言大学 | 管延增、张娣、王静、郝佳璐、韩梅 | 中国高校外语慕课平台 |
| 10 | 汉语水平考试五级词语解析 | 北京语言大学 | 杨楠、雷朔、王磊、于萍、沈红丹 | 中国高校外语慕课平台 |
| 11 | 汉语水平考试四级强化课程 | 北京语言大学 | 管延增 | 中国大学慕课 |
| 12 | 汉语——直通汉语水平考试 | 山东大学 | 王尧美、陈蒙、李昊天、甄珍 | 中国大学慕课、学堂在线 |

基于汉语水平考试的要求，汉语水平考试慕课有明确的水平划分。表3-11所列12门课程中，涉及汉语水平考试一级至三级的课程共有5门，即北京大学的4门汉语水平考试一级至三级课程（在Coursera上，该4门课程还组合成一门专项课程），以及山东大学零基础至汉语水平考试三级的课程《汉语——直通汉语水平考试》；涉及汉语水平考试四级的课程占3门；汉语水平考试五级课程为3门，六级课程只有1门。

（二）各门汉语水平考试慕课概况

下文对汉语水平考试慕课概况的介绍参考了各门课程的简介，包括课程的基本信息，如制作单位、学习人数、主讲教师或团队等；教学信息，如教学对象、教学目标、教学内容、教学环节等；课程设计信息，如练习与测验、课程互动度与参与度、课程评价等。典型案例的慕课情况将在下一节详细阐述。

1. 专项课程"学习汉语：汉语水平考试准备"

"汉语水平考试"系列课程由北京大学对外汉语教育学院制作并发布于平台 Coursera 和华文慕课，Coursera 平台还将这四门课程组合成专项课程"学习汉语：汉语水平考试准备"。下文将分别对四门课程进行概况介绍。

（1）"汉语水平考试（一）"

"汉语水平考试（一）"由北京大学对外汉语教育学院於斌主讲，於斌具有20多年的汉语教学经验，并在 GCSE（英国普通初级中学毕业文凭）和 A–Level（英国中学阶段课程）领域出版多部著作。截至 2021 年 5 月，该课程已有注册学员 56000 名，上线时间较长，受众广泛。课程面向中文零基础并对汉字和中华文化感兴趣的学习者，包括 150 个常用词语、50 个重点语法、70 个基本汉字（非必修）和中国文化相关内容（非必修）的教学，涵盖汉语水平考试一级大纲中的要求内容，学习者在完成课程后能理解和使用一些简单的汉语词汇，满足基本的沟通需求。课程教学语言以英文为主，中文为辅，录制形式为教师与课件同时出现的复合讲授，并附有情景短剧的播放。

课程包括七周的教学内容，前六周为话题引导的新知识学习，第七周为汉语水平考试一级考试的简介和期末测试卷。前六周教学话题依次为问候和数字、家庭和学校、时间和天气、工作和爱好、购物和饮食、交通和方向，涵盖日常沟通的方方面面。从课程结构来看，前六周每周包括五节课和一个周测验，每节课包括教学视频、配有音频的生词与课文文本、汉字练习和文化阅读；其中第一周的前三节课分别附有声母、韵母、声韵拼合的阅读材料和练习。

从以上教学材料的先后排序可知，课程的教学总体以"生词、语法和课文教学—汉字教学—文化教学"的步骤进行，前两者的教学主要通过教学视频实现，文化教学则以文本形式呈现。生词、语法和课文教学视频的基本流程为"生词教学（附拼音和英文释义，部分带有例句）—课文教学（阅读课文相关问题—观看课文情景短剧—回答课文问题—主句朗读和解释文本）—语法教学（展示结构—讲解例句—语法练习）—综合练习（听音频选择正确答案等）"，由于具体教学内容的不同，部分视频会对上述流程进行讲解，如将语法教学置于课文教学前或省去某些练习环节等。汉字教学视频的基本流程为"汉字知识讲授（如笔顺等）—重点汉字展示（包括拼音、笔画数、意义和部首）—教师手写视频展示"。

  课程的练习体现为教学视频中的综合练习、拼音练习、非必修的汉字抄写练习和论坛式同伴互评练习；测验则由课测验、周测验和期末测验组成。教学视频中的综合练习形式多样，如听音频选择正确选项、根据词语和图片判断正误、连线配对问题和回答、连线配对中英文、看图说话等，大部分练习题型与汉语水平考试一级考试题型相符，教师也会随堂介绍题型的基本情况。拼音练习考查学习者对拼音的掌握程度，主要有听音频选择正确声母/韵母/拼音。在测验部分，课测验由十个小题组成，题型主要有看图回答问题、根据英文选择正确拼音或汉字、根据图片和音频判断正误、听音频选择正确释义或汉语表达等。周测验也由十道题组成，题型涉及根据音频/所示词语判断图片是否相符，根据音频（词语或句子）选择正确图片，根据问题选择正确答句，根据问答选择正确词语填空等，上述题型与汉语水平考试一级考试题目一致。

  在课程互动方面，不同平台设有不同的互动任务。在 Coursera 上，学习者需要在一些讨论帖中发表有关介绍自己、学习目标、学习进度、学习感受的内容或与课程内容相关的帖子；在华文慕课上则设有答疑提问、课堂互动、综合讨论三个互动板块。

  综上，课程"汉语水平考试（一）"的特色在于比较全面覆盖了日常沟通话题及相应词汇和语法，同时也注重汉语听说读写四项技能的综合训练。另外，练习形式与汉语水平一级考试题目紧密结合，使学习者提前适应汉语水平考试题目，实用性高；情景短剧的辅助增加了课程的趣味性，也有助于学习者了解词汇和语言结构在相应语境下的运用，注重教学的交际性。

  (2)"汉语水平考试（二）"

  "汉语水平考试（二）"由北京大学对外汉语教育学院刘立新主讲，

刘立新具有将近 30 年的汉语教学经验，主要研究汉语教材及视听教学法。截至 2021 年 3 月，该课程的注册学员已达到 18000 名，在 Coursera 平台上尤其受欢迎。该课程的教学对象为具备一定中文基础或已完成"汉语水平考试（一）"课程的学习者，课程涵盖汉语水平考试二级大纲所要求的教学内容，学习者在完成课程后能在一些日常话题上获得更深入的语言知识和理解能力。课程以中英文结合的形式进行教学，录制形式与"汉语水平考试（一）"课程相同，即教师在课件前讲授，并以课文情景短剧为辅助材料。

课程包括七周的教学内容，共二十四节课、六个周测验和一个期末测验；前六周为语言功能项目引导的新知识学习，第七周为教师总结和期末测试卷。前六周的语言功能项目依次为谈论日常生活（1）、谈论日常生活（2）、帮助和求助、邀请和答复、询问观点、评论和建议、讨论个人经历和感受。与"汉语水平考试（二）"相比，该课程以语言的功能项目为纲展开深入教学。从课程结构来看，前六周每周包括四节课和一个周测验，每节课包括教学视频、生词与课文的文本和音频、教学课件、汉字练习帖和讨论区，部分课节无讨论区。

"汉语水平考试（二）"课程的基本教学流程由每课的教学视频体现，教学视频遵循"观看课文情景短剧—看课文文本听音频—生词教学（逐词朗读—结合例句讲解重点词语—再次朗读生词复习）—语法教学（结合例句讲解）—再次观看课文情景短剧—综合练习"的顺序，本课程并未要求学习者必须掌握汉字书写，也未如"汉语水平考试（一）"另外设置汉字书写视频，而是直接以汉字练习帖的形式供感兴趣的学习者使用。

课程的练习体现于教学视频综合练习、汉字书写练习和论坛式同伴互评练习；测验则由周测验和期末测验组成。教学视频中的综合练习形式多样，如根据语句选择正确词语填空、听音频选择对应图片、匹配词语和图片、用所给词语改写句子、选词填空、听音频选择问句的正确答案、为问题选择相应答句等，以上题型大多数与"汉语水平考试（一）"综合练习题型相同，也有部分与汉语水平二级考试题型相符。在测验部分，周测验由二十道题组成，包括听力和阅读两部分：听力部分的题型涉及根据音频判断图片是否相符、根据音频（词语或句子）选择相应图片/词语等；阅读题型则有根据语句选择对应图片、选词填空、根据语句判断推测的正误等。这些题型皆与汉语水平二级考试接轨，针对性与实用性极强。论坛式练习与相应课节的教学内容有关，要求学习者运用所学新知识回答问题表达语段，如讲述自己的每日规划、最喜欢的运动、饮食习惯、中国有名的地方等，学习者还需要阅读和评论同伴的回答。

该课程互动方面的设置与"汉语水平考试（一）"相同。在 Coursera 上，学习者需要在一些讨论帖中发表有关介绍自己、学习目标、学习进度、学习感受的内容或与课程内容相关的帖子。前者如分享学习中文的感受、讲述自己认为学习中文最困难的部分、分享中文学习过程中的照片等；后者如上文所述，实质上为带有互动性质的课后综合练习。在华文慕课上，该课程的互动形式为答疑提问、课堂互动、综合讨论三个互动板块的帖子，不指定讨论的话题，自由度较高。

综上，课程"汉语水平考试（二）"相较于"汉语水平考试（一）"更深入；教学环节明确清晰，前后呼应，课节之间无明显变动与不同；在练习设计上，课程的应试目的性和实用性更强；课文情景短剧的辅助使课程更形象生动，使学习者能将语言结构的运用代入真实生活情景中，加深理解；在教学方法方面，课程综合运用了视听法、情景法、交际法等教学思想，充分运用视听资源，创造情景，在进行词汇、语法和课文教学时直接用中文朗读而不读课件上的英文注释，以此增加学习者的目的语输入，提升听力技能。

（3）"汉语水平考试（三）（第一部分）"

"汉语水平考试（三）（第一部分）"由北京大学对外汉语教育学院的陈莉与路云担任主讲教师，截至 2021 年 3 月，已有超过 18000 名学员注册学习该课程。课程面向已完成前两门汉语水平考试慕课或具有同等汉语水平的学习者，包括汉语水平考试一级和二级基础上的 300 个新增词汇和 60 个新语法点的教学，如重点结构"对……来说"、"越来越……"、"把"字句、"被"字句、比较句、反问句等。学习者在完成该课程之后能达到汉语水平三级，并能在日常、学术和专业领域进行基本的沟通交流。由于学习者已具备一定的汉语基础，主讲教师的教学语言以中文为主并辅以英文，既保证学习者获得足够的目的语输入，又能增强学习者对语言知识的理解。课程的录制形式与前两门汉语水平考试课程相同，即教师于课件前讲授与情景短剧相结合。

"汉语水平考试（三）（第一部分）"包括七周的教学内容，前六周为以话题、语言功能项目或结构为中心展开的新知识教学，第七周则为对汉语水平三级考试的介绍和期末测验。前六周的话题分别为爱好和兴趣、请假和祝福、安排和计划、校园生活和天气、相貌和环境、常用句子结构学习，本课程教学内容设定的特点在于兼顾了话题、语言功能和语言结构，多角度开展教学。在课程结构方面，每周包括五节课和周测验，共三十节课、六份周测验；每节课依次由教学视频、生词与课文文本、两份随堂练习和一个讨论话题组成，与前两门课程相比，本课程增加了每节课的随堂练习和讨论话题，注重学习者对当课所学的即时运用，同时讨论区的形式设置也加强了课程的互动性。其中，每节课的教学视频遵循"导入—生词教学（逐词朗读，并结合例句讲解部分重点生词）—观看课文情景短剧—回答课文相关问题（阅读问题—朗读文本—给出回答）—语法教学（结合例句）—生词和语法复习（逐词朗读）—综合练习"的流程。教学过程充分运用录音、图片与情景短剧等视听资源，创设了语言结构运用的真实生活场景，辅助学习者理解教学内容，主要体现了视听法和情景法的教学思想。

该课程在练习和测验部分针对性强，体现在组成部分和题型从始至终不变。练习由教学视频综合练习、随堂练习和随堂讨论组成：教学视频中的综合练习主要有根据问句选择词语填空/答句和提出开放性问题两种形式，后者即为随堂讨论区的话题。随堂练习分两部分，第一部分为五道选词填空的题目，第二部分为五道词语排序组成句子的题目，充分体现了汉语水平三级考试的特点。随堂讨论的话题与当课所学密切相关，教师在教学视频最后提出该问题，并要求学习者在随堂讨论区运用所学发表观点。该课程的练习已不再包括汉字练习帖，默认学习者课下练习和记忆，从讨论区的发言情况看，学习者大多采用汉字发帖，故该水平的大部分学习者会随堂巩固当课汉字。课程的周测验与随堂练习有所呼应，分为阅读和听力两部分。阅读部分为五道选词填空完成句子题和两道词语排序组成句子题，题型与随堂练习的相同；听力部分为三道听音频判断推测正误的题目，音频一般是由多个句子组成的较短语段，该题型与汉语水平三级考试听力第二部分的题型相吻合。期末测验的结构和题型与汉语水平三级试卷完全相同，分为听力、阅读和书写三部分：听力部分依次为十道听对话选择相符图片题、十道听独白判断推测正误题、十道听短对话回答问题题、十道听长对话回答问题题，阅读部分为十道匹配前后句题、十道选词填空完成句子/对话题、阅读小段落推测信息题，书写部分为五道词语排序组成句子题和五道看拼音写汉字题。从练习和测验的题目设置来看，该课程的应试目的性和针对性极强，如此设置能让学习者感知和熟悉汉语水平三级考试结构，对以考取汉语水平三级证书为目的学习者的汉语学习颇有利好。课程的互动设置主要由每课的随堂讨论组成。此外，华文慕课平台还设置了常规的答疑提问、课堂互动、综合讨论三个互动版块以供学习者讨论和交流各方面的学习内容与心得。

从"汉语水平考试（三）（第一部分）"的课程设置来看，教授汉语水平三级考试大纲所列内容为其首要任务，课程结合日常生活话题、语言功能项目和重点语言结构展开，又辅以与汉语水平三级考试相符的题型供学生练习，实用性和目的性很强，有利于以考取水平证书为目的的中文学习者。此外，图片、情景短剧等的应用充分体现出视听法和情景法的教学思想，重点词汇和语法结构所配的丰富例句也体现出听说法以大量句型操练为中心的特点。该课程为后续课程"汉语水平考试（三）（第二部分）"中大量的汉语水平三级考试真题训练做铺垫，学习者在完成该课程后即可继续后续课程的学习。

（4）"汉语水平考试（三）（第二部分）"

"汉语水平考试（三）（第二部分）"是专项课程"学习汉语：汉语水平考试准备"的收尾课程，该专项课程旨在帮助学习者在学习汉语知识和技能的基础上准备汉语水平一级、二级、三级考试，故"汉语水平考试（三）（第二部分）"聚集汉语水平三级考试真题的训练和讲解，截至 2021 年 3 月已有超过 10000 名学员注册学习。该课程继续由北京大学对外汉语教育学院的陈莉和路云担任主讲教师，面向已经完成前序课程或具有同等汉语水平三级汉语水平的学习者，教学目的在于引导学习者通过真题的训练学习有效的考试策略和方法。课程的教学语言以中文为主，以英文为辅。录制形式分为两种：一为教师于课件前讲授，二为课件配备音频或视频单独播放。

　　课程包括五周的教学内容，即四周真题训练和一周期末测验；前四周每周练习一张汉语水平三级的真题试卷，分三块（听力、阅读、书写）五部分进行，依次为听力第一部分和第二部分、听力第三部分和第四部分、阅读第一部分和第二部分、阅读第三部分、书写；每部分包括教学视频和相应题型的随堂练习；每周最末附有周测验和针对某一考试部分的讨论区。在教学视频中，教师遵循"教师介绍题目概况—做试题—教师逐题讲解—概括考试方法—试题回顾"的基本流程。该课程由于应试的特殊目的性，由汉语水平三级考试真题、相应的随堂练习、周测验和期末测验组成。随堂练习的题型与部分讲解的考试题型一样，即听力第一部分和第二部分的随堂练习包括三道听句子选择相符的图片或听对话判断推测正误的题目；听力第三部分和第四部分的随堂练习包括三道听长/短对话选择问句回答的题目；阅读第一部分和第二部分的随堂练习包括五道匹配前后句题和五道选词填空题；阅读第三部分的随堂练习包括三道阅读小段落进行推测的题目；书写部分的随堂练习包括三道词语排序组成句子题。周测验包括三道听力题、七道阅读题和两道书写题，题型与上相符。前四周的讨论区分别是针对听力部分、阅读第一部分和第二部分、阅读第三部分和书写部分的话题讨论，这也是该课程讨论互动的主要版块。期末测验的结构、题型和题量都与汉语水平考试三级真题完全相同。

　　本课程是专门针对汉语水平三级考试的应试课程，每周教学讲练结合，通过真题实践、考试策略归纳总结和回顾试题体会方法的过程让学习者初步感知，再配以相应题型的随堂练习，使学习者能将所学考试方法运用于实战中，随后通过周测验对考试题型和方法进行再熟悉、再巩固的过程，层层递进，训练学习者的应试方法和技巧，层次分明，目的性和实用性强。

## 2. "汉语水平考试（四）"

"汉语水平考试（四）"由北京大学对外汉语教育学院的陈莉和路云担任主讲教师，截至 2021 年 5 月，已有 26000 多名学员在 Coursera 慕课平台上注册学习。该课程的学习者需具有初级汉语水平，课程教授汉语水平四级考试大纲所涵盖的内容，包括 424 个汉语水平考试四级词汇和 96 个重点词语和语言点，如"甚至""千万要/不要/别""无论……都……""既然……就……""在……下""即使……也"等词汇与句型；同时课程也进行汉语水平四级考试真题的实训。学习者在完成课程后能在多个话题上流利地与中文母语者交谈，也能具备参与汉语水平四级考试的中文水平。该课程的录制形式以教师和课件同时出现为主，教学语言主要为中文。

课程包括十周的教学内容，前六周以每周五课的进度教授新语言知识，后四周讲授两套汉语水平考试真题，每两周一套，包括听力 1—4 部分、阅读 1—3 部分及写作部分。前六周的话题分别为交通出行、工作与经济、性格与情感、健康与娱乐、交往与生活、教育与成功，较之前四门汉语水平考试一级至三级的课程，该课程涵盖的话题更加广泛，同时探讨的内容也更加深入，不再限于某一具体的生活场景，而会谈及机会、教育、成功、专业、性格等更抽象的概念。前六周的课程每周包含五课，每课有一个教学视频、一份生词列表、两份延伸阅读材料、一份听力理解材料、一份随堂练习及一个讨论区话题；后四周每周四课，每课讲解汉语水平考试四级真题中对应的题型，包括一个教学视频和一个相同题型的随堂练习。如此设计，兼顾汉语水平考试四级语言知识学习和真题训练，能让学习者在学完新知识后直接进入适应汉语水平四级考试题型的训练中，衔接顺畅，具有极高的实用性，符合其汉语水平考试课程的定位。

"汉语水平考试（四）"的教学从观看教学视频，学习新知开始，学习者也可事先预习生词列表，或在观看完教学视频后再次阅读巩固理解，之后阅读当课延伸知识文本，训练听力理解能力，完成随堂练习，并就教学视频末教师提出的开放性问题在讨论专区发表意见。当然，学习者可根据自身学习需求调整以上材料的学习顺序。在教学视频中，教师遵循"导入—生词—教学（逐词朗读并结合例句讲解部分重点词语）—课文—教学（分别以慢速和常速朗读课文，逐句解释意思—讲解课文中部分语言结构—回答课文相关问题）—生词二教学—课文二教学—听力练习（听对话选择问句回答—讲解重点语句—看着听力文本再听音频—回答问题）—生词复习—提出开放性问题"的流程，其中比较突出的特色为听力练习模块的增加，学习者跟随每课教学视频练习听力理解，为后四周汉语水平考试四级真题的听力部分做好铺垫。在教学过程中，教师注重词语之间的搭配以及大量的例句讲解，并以汉语水平考试四级真题中的阅读段落为基础讲解重要语言点，同时训练学习者的阅读理解能力，一石二鸟。

该课程无周测验和期中、期末测验，其练习部分主要由教学视频中的阅读和听力练习和每课随堂练习组成，教学视频中的阅读练习以汉语水平考试四级真题中选取的段落为基础，学习者在教师的指导下回答问题，听力练习也是汉语水平考试四级听力真题。每课随堂练习包括五道题目，以选词填空完成句子为主，考查学习者对重点词语和语言点的理解和运用。后四周的随堂练习随当课讲解的真题题型而变，听力部分包括判断对错和选择正确答案两大题型；阅读部分包括排列顺序和选择正确答案；写作部分则为排列顺序。从这样的练习安排我们可以看出，该课程将汉语水平考试四级训练贯穿课程首尾，前后呼应，练习题型真实，具有高度应试性。

课程的互动板块除了常规的答疑和技术支持互动区外，也包括每一课的话题讨论，为课程互动的主体。每课讨论区话题与当课所学密切联系，要求学习者根据自身实际运用当课所学回答问题，如"你的专业是什么""什么事情让你觉得烦恼""你有丰富的工作经验吗""如果遇到竞争带来的压力，你怎么办"等，此类问题贴近学习者的生活实际，也鼓励学习者从自己的角度出发思考问题、发表观点，并能与其他学习者交流想法和经验，对学习者了解世界各地的文化和思维方式也有益处。

3. "汉语水平考试（五）"和"汉语水平考试（六）"

"汉语水平考试（五）"和"汉语水平考试（六）"皆由北京大学

对外汉语教育学院教师刘超英、金舒年、蔡云凌、王玉组成的课程团队开发制作，上线于 Coursera 慕课平台。截至 2021 年 5 月，前者报名注册学员达到 17000 多人，后者则有超过 9000 名学员注册学习。这两门课程的教学对象为具有中级汉语水平且想继续提高汉语水平或要考取汉语水平考试五级/六级证书的学习者，教学目的则为在提高学习者汉语水平的基础上进行汉语水平考试五级/六级真题训练，提升其考试技能，帮助其在考试中获得好成绩。该课程的教学语言为中文，教学视频的录制形式为教师和课件同时出现和课件单独出现两种。

两门课程的结构相同，皆为十四周，分为四部分：汉语知识与技能课、汉语水平考试指导课、汉语水平考试五级/六级模拟考试和汉语水平考试五级/六级新增词汇表，课程重点在前两个部分。第一部分侧重教授汉语语言知识，训练学习者的表达技能，以汉语水平考试真题和有关课堂练习为材料，分别从听力理解、语法词汇、阅读理解和写作四个方面展开教学，共八周，一周讲解一个方面，四周为一轮，共进行两轮。每周包括五课和一份周测验，每课含一个教学视频和一个随堂练习。第二部分侧重于提高学习者适应汉语水平考试的能力，围绕听力、阅读和写作三个方面进行教学，共四周，每周包括五课内容，每课含一个教学视频和一份随堂练习；第三部分为汉语水平考试五级/六级的模拟考试；第四部分为汉语水平考试五级/六级新增词汇表。汉语知识和技能课中的听力和阅读部分以主题为纲分成不同课节，语法词汇部分则以语言结构项目为依据分课节，写作部分根据语言现象（如感情色彩、标点符号等）、修辞手法、文体等分为不同课节。

汉语知识与技能课部分的教学流程根据听力、词汇语法、阅读和写作有所不同，听力部分的教学遵循"导入（引用图片等）—听对话——生词教学（逐个朗读—讲解搭配）—阅读选项再次听音频—阅读、讲解听力文本并作适当拓展—对话二教学（步骤如上）—当课话题词汇延伸讲解"的基本流程；词汇语法部分的教学视频会涉及多个词汇与语法点，每个词语或语言点的教学遵循"导入—简要介绍词汇或语言点用法—讲解例句—总结搭配或结构"的流程；阅读理解部分的为"导入—分析话题内容—分析话题特点—生词教学（逐词朗读并结合搭配解释意义）—阅读问题—阅读课文—逐个分析问题并回答（注重关键词的解析）—文章二教学（步骤同上）"；写作部分的教学流程为"导入—阅读病句、保留问题—讲解语言知识（概念、范围、重要性、注意点等）—分析病句"。汉语水平五级考试指导课部分的教学流程以各题型的应试策略和技巧为中心分别讲解例题，向学习者展示如何将具体的策略或技巧应用于题目训练中，最后会以整个题目的训练综合运用当课涉及的考试策略和技巧并对其进行总结。汉语水平六级考试指导课部分则根据题型特点、考点难点、答题策略或解题技巧展开教学，并注重与考试实例的紧密结合。

两门课程皆以考试训练与指导为导向，所以练习贯穿课程始终，即教学视频中的练习讲解、每课的随堂练习、每周的测验与最后的汉语水平五级/六级考试模拟题，练习和测验的题型与汉语水平五级/六级考试各个部分的题型相吻合，针对性与实用性极强。两门课程的互动主要体现在教学视频中教师带领学生进行考题训练时的提问和部分练习讨论区的同伴互评任务。"汉语水平考试（五）"和"汉语水平考试（六）"课程侧重于考试指导和训练，故对语言知识的讲解并未占主体，对汉语水平五级考试题型的训练是主要任务，与前几门汉语水平考试课程相比应试性的特点更加突出。

4. "汉语水平考试四级实训"

"汉语水平考试四级实训"由湖北理工学院制作并于2021年2月首次在学堂在线慕课平台开课，截至2021年5月已有60名学习者注册学习；该课程由缪杉莎、问铃、陈明、胡茜四位教师主讲。"汉语水平考试四级实训"将准备参加汉语水平四级考试的汉语学习者定位为其授课对象，课程以模块式展开教学，旨在帮助学习者了解汉语水平考试四级教学大纲的要求、目标和知识点，提高学习者的汉语水平与应试能力。课程采用中文为教学语言，授课方式包括教师单独出镜及教师与课件同时出现。

课程共为四章，第一章为概论，介绍汉语水平四级考试的考试对象、具体考试内容及考试分数；后三章按照听力、阅读、书写三个模块讲解，其中听力11讲，阅读8讲，书写10讲。听力模块分三个部分，即判断对错、长短对话与短文，判断对错与短文题侧重主旨题和其中的人物关系；长短对话题则分为时间、数字、地点、职业、行为动作、询问某个事实、询问原因或者理由以及简单的推理和判断题型。主讲教师根据大纲归纳出常考知识点，讲授听力策略与答题技巧，并结合例题分析与练习，帮助学生提升听力技巧和解题能力。阅读部分重点讲解阅读选词填空、句子排序及短文理解的答题解题方法。主讲教师根据汉语水平考试四级教学大纲统计出来的重难点部分，讲解词性、关联词语等语法知识点并教授阅读策略与答题技巧，提高学生根据语法知识点解决阅读问题的能力。书写部分在汉语水平四级考试中考查汉语语序和一些特殊句型语序，主讲教师根据大纲里强调的"把"字句、"被"字句、"是……的"及存现句等重难点句型，讲解其基本结构，并按照结构排序，结合题目进行解释分析，在解析过程中融入解题技巧、难点分析和应试策略的讲授。总体来说，每个模板中不同题型的讲解以考点、难点和题目为纲，讲练结合，同步练习。每种题型的教学视频遵循相对一致的课程流程，包括常见错误归纳、真题演练（分析题干和文本）、解题步骤与技巧讲解、常考语法知识点分析等不同部分。

  在练习方面，"汉语水平四级实训"未设置期中和期末测验，也未在每小节后都设置练习题，而是有所选择；听力部分的小节未设置练习题；阅读部分则分别针对名词、动词、形容词、副词、关联词以及短文阅读的主旨题和细节题设置了练习，题型与汉语水平四级考试所对应的部分的相同；书写部分的练习设置较多，除了个别句式外，其余都设有随堂练习。

  作为一门专门针对汉语水平四级考试而设计的应试课程，"汉语水平考试四级实训"在题型分析与讲解方面思路清晰，一目了然，与同类汉语水平考试慕课相比，对题型的分类更细致，相应的解题和答题技巧也更详细。另外，课程视频的制作非常新颖精致，重点突出，能在一定程度上增强学习者的学习兴趣与动机。其中不足的一点为，或许限于慕课平台的技术设置，课程并未针对听力部分的题型设置练习题，同样，部分阅读和写作题型也无相应练习题，学习者无法得到即时有效的运用以巩固解题策略和技巧。此外，如若在课程末了能设有一套真题的训练，或许能为学习者提供模拟考试训练与整体感知考试题型的机会。

5. "汉语水平考试五级强化课程"

"汉语水平考试五级强化课程"由北京语言大学制作，并于2021年4月在中国高校外语慕课平台首次开课，截至2021年5月，已有注册学习者24人。课程的主讲教师团队由管延增、张娣、王静、郝佳璐、韩梅组成，其教学对象为汉语水平考试五级备考学生、孔子学院高水平学生、其他汉语学习者及汉语国际教育专业学生。针对汉语学习者，课程设定的教学目标为了解汉语水平考试五级备考方法和要点，巩固和提高汉语语法基础，掌握汉语水平考试五级及相当水平的汉语，并能顺利通过汉语水平五级考试。

课程的教学内容依照考试板块编排，共分30课时，即总则、听力部分、阅读部分和写作部分。其中，总则部分是对汉语水平考试的题型、考试方法等的简单介绍；听力部分以历年真题为依托，以内容主题和问题类型为基础，总结、分析真题中出现的听力题目的类型和特点；阅读部分根据考试特点与考查目的，以汉语水平考试五级高频虚词、关联词和语法为基础，针对不同题型训练学生的答题技巧与应试策略，以提高学生的阅读理解水平；写作部分包括题型解析和考查目标、汉语基本句子结构、重要语法结构和句式、写作学习策略与技巧等内容，帮助学生提高写作表达能力。从教学内容中可看出，课程通过对汉语水平考试五级真题的题型分析，兼顾答题技巧和应试策略，对学习者进行考前的集中训练，帮助其通过汉语水平五级考试，具有明确的目标性。在课程结构上，除了概述、听力、阅读、写作四个章节外，在阅读部分和写作部分之后还分别附有期中考试和期末考试两个章节。听力章节包含11小节，包含2节听力作业和1节教学效果反馈讨论，其余皆为教学小节；阅读部分含18小节，包含4节阅读作业和1节教学效果反馈讨论，其余13节为教学小节；写作部分含12小节，其中3节为写作部分的作业，1节为教学效果讨论；上述三个部分的教学小节皆为教学视频。教学视频以汉语为教学语言，录制形式为教师单独出镜讲解、课件单独展示知识要点和教师与知识要点同时出现三种，视频中的动画制作新颖，视觉效果较好。教师的讲解流程分两种：一为考题类型讲解，基本遵循

"列出当节知识点—解释考题类型—真题示例—题目特点及解题技巧—各类型例题练习与讲解"的步骤；一为纯语法知识讲授，基本遵循"列出当节知识点—依次讲解各知识点的定义、类型、特点、例句等内容—知识点辨析"的步骤。

课程的作业和测验分为两类，即章节作业和期中、期末考试。章节作业的题量与题型根据不同考题类型而有所不同；期中考试含 30 道选择题，题型包括汉语水平五级考试的听力和部分阅读题型；期末考试含 21 道选择题与填空题，题型包括汉语水平五级考试的写作与部分阅读题型。此外，课程还在每个部分设置了教学效果反馈的讨论题，邀请学习者结合自己的学习情况对课程的教学提出意见和建议，以及学习者认为有用的应试技巧和策略，这一方面能改善课程的教学质量与效果，另一方面也能促进教师与学习者、学习者与学习者之间的互动。这在课程的评分标准中也有所体现，即作业占 20%，期中/期末考试占 30%，课堂讨论占 10%，视频课时占 40%，如此设置较为全面地评价了学习者课程学习的方方面面。

总体来说，"汉语水平考试五级强化课程"定位明确，基于汉语水平考试五级真题统计选取高频考点，引导学习者进行针对性的讲解和练习，帮助其把握考试思路，提升备考效率；应试策略和答题技巧的点拨也能帮助学习者提高做题速度与准确率；课程中语法专项的讲解和训练能帮助学习者查漏补缺，完善自身知识系统，是一门兼具实用性、针对性的汉语水平考试备考课程。

6. "汉语水平五级词语解析"

"汉语水平五级词语解析"由北京语言大学制作，于 2021 年 4 月在中国高校外语慕课平台首次开课，截至 2021 年 5 月，已有注册学习者 44 人。课程由杨楠、雷朔、王磊、于萍、沈红丹担任主讲教师，面向备考汉语水平五级考试或想要达到同等水平的汉语学习者开设，教学目标为引导学习者辨析近义词，扩大其词汇量，同时了解汉语水平考试试题，掌握相关解题技巧并攻克考试难点。课程的教学内容包括 30 组易混淆词语，分 10 单元 30 讲，除授课视频外，还包括授课讲义、测试题、单元作业、单元讨论及期末考试。

课程每个单元含3讲、1份作业和1道讨论题，每讲包括1个教学视频与1份词语辨析测试题。授课视频以汉语为教学语言，录制形式为教师单独出镜讲解、课件单独展示知识点和教师与知识要点同时出现三种，视频动画制作精美，视觉效果优良。视频的教学流程遵循"导入—词义辨析—真题解析—辨析练习—实战操练—小节"六个步骤，其中词义辨析环节通过动画对话情景引入辨析词语，之后教师讲解辨析词语的词义与搭配。从教学流程中可得，课程紧密结合真题，极其注重易混淆词语的练习。授课视频之后的测试题包括10道选择题，每单元的作业则以电子文件下载的形式获得，学习者需将单元所学词语及其搭配填入表格中并进行记忆和巩固。每单元的讨论题中，教师针对一组未学习的易混淆词语设置问题，引导学习者自主思考，也可运用所学的辨析技巧分析其异同，同时拓展了词汇。期末考试共包括30道选择题，分为两部分，各15道，第一部分为词语辨析的单选题，第二部分则以完形填空、阅读理解等形式考查学习者的词汇理解和掌握情况。课程的评分标准将期中/期末考试（30%）、平时测试（30%）、视频课时（30%）与课堂讨论（10%）纳入其中，注重学习者的学习过程与课程参与情况。

整体来看，"汉语水平考试五级词语解析"着重于易混淆词语，将汉语水平五级考试中常见的近义词语及具有相同词性且意义上有联系的同类词语作为主要教学内容，针对性强；其课程结构与教学流程的设置结合语言知识讲解、试题解析与汉语能力提升三方面，突出其应试性与实用性，能有效增强学习者的词语辨析能力，帮助其备考汉语水平五级考试，并提高汉语水平。

7. "汉语——直通汉语水平考试"

"汉语——直通汉语水平考试"是一门由山东大学制作并发布于中国大学慕课和学堂在线慕课平台的汉语水平考试慕课，首次开课时间为2020年9月，于2021年6月结束，截至2021年3月已有1800多名学习者注册学习。课程主讲教师团队由王尧美、陈蒙、李昊天和甄珍组成。课程负责人王尧美教授主要研究对外汉语教学理论与方法，在学术著作领域建树颇丰，教师陈蒙、李昊天和甄珍则多年致力于汉语教学工作，经验丰富。该课程面向汉语零基础学习者，同时适用于想参加汉语水平三级考试的学习者。完成本课程后，学习者能掌握汉语水平三级考试大纲要求的生词、语法和功能项目并达到相应的汉语水平，同时课程将语言结构、功能的学习与中国文化的介绍相结合，使"学、考、用"融为一体，旨在全面提升学习者的汉语能力。课程采用中文作为其教学语言，另配有中英文字幕帮助学习者理解；课程的录制形式有教师单独出镜、教师与课件笔记同时出现两种。

课程参考"预科汉语强化教程"系列综合课本两册，设计了两课汉语语音和汉字预备课，以及28课语言知识课（第一册12课，第二册16课）；除语音及汉字知识外，包含806个生词和85个基本语法，全部覆盖汉语水平考试三级考试大纲。教学内容由浅入深，涵盖问候、家庭、公共场所、购物、运动、天气、健康、公共交通等多个汉语水平考试一级至三级主题。在课程结构上，"汉语——直通汉语水平考试"包括两节语音和汉字预备课、28节教学课和两节测验课，每节教学课含两个教学视频。

语音预备课，依次讲解拼音组成、声母、韵母、轻声、变调、隔音符号、儿化等内容，课程将韵母和声母以从易到难的顺序分为四部分，穿插讲授并进行声韵母拼合，同时在声韵母教学后期，课程将之与有意义的词语拼音结合并标注英文释义，避免单学习拼音知识可能导致的枯燥感。汉字预备课，教师结合大量图片和例子依次讲解汉字起源和演变等汉字发展历史、独体字和合体字、汉字笔画、书写顺序四个部分，在结尾还附有一首以汉字基本知识为歌词的说唱歌曲帮助学习者理解和记忆，提高了课程的趣味性。每个教学视频节包括导入、生词、语法、课文和小结环节：导入环节以演员表演情景剧的形式表现中外朋友在中国学习和生活的情景；生词环节中，教师以图片、视频等多种形式讲解生词的语义和用法；语法环节中，教师详细讲解汉语基本语法的意义、结构和用法；课文环节则配以漫画播放一遍课文录音，学习者可以反复跟读以学会标准的发音，并可以通过教师的提问巩固理解，通过课后练习进行自我检测；小结环节用学习者喜欢的说唱形式对课文的重点词汇、重点语法和核心句进行总结，学习者可以跟着说唱轻松地复习所学内容。

该课程体现的教学法思想有直接法、情景法、视听法和交际法。首先，课程的教学视频在导入、讲解、练习等各个环节皆以中文授课，增加学习者的目的语输入，视频底端的中英文字幕能辅助学习者理解，两者结合促进学习者的可理解性输入。其次，课程的课节按真实生活中的场景为依据划分，辅以视频中反复播放的情景短剧成功构建语言学习的情景，学习者在模拟真实场景的情景中学习，一能增强学习者对语言知识运用场景的理解，二能提高课程的实用性。再次，教学视频运用了情景短剧和大量的图片与漫画，课件中的字体也根据不同用途以不同颜色和大小显示，生动形象，充分调动了学生的视觉和听觉感官，提高了学习过程的趣味性。最后，交际法注重以交际功能为纲展开语言讲授和操练，课程的不同场景皆体现了对应的功能项目，如第一册第六课"苹果多少钱"中涉及询问与确认价格的交际功能项目，第二册第十课"我想给她一个惊喜"中包括询问原因、询问建议与提供建议的交际功能项目。

在练习和测验方面，"汉语——直通汉语水平考试"设置了课测验和期末测验两种。课测验包括15道选择题，题型有选词填空、选择正确回答完成对话、为词语选择合适的句中位置、阅读段落判断推测正误等，上述题型大多与汉语水平三级考试相吻合，有助于学习者熟悉考试题型。课测验考查的是重点词语和语言点的运用以及阅读理解能力。期末测验虽在课程大纲上有所要求，但目前在中国大学慕课和学堂在线平台上均未发布。

该课程的互动板块由教师发布的每节课讨论题和慕课平台默认设置的讨论区组成。教师在互动区发布的每节课讨论题针对当课的话题提出，对学习者来说是一个综合运用并巩固所学内容的好机会，同时也能认识和了解其他学习者，有利于课程学习归属感的形成，从一定程度上增强了学习者之间的共鸣与学习动机。

总体而言，"汉语——直通汉语水平考试"作为新近制作完成并发布的课程，视频课件制作精良，教学主题涵盖面广，综合运用图片、动画、情景剧等多种视听资源，注重语言学习与操练情景的构建，同时注重教师与学习者、学习者与学习者之间的互动，对零基础且希望学习汉语水平三级考试所要求语言知识的学习者来说十分实用。

## 二、汉语水平考试慕课的主要教学环节

汉语水平考试慕课与其他类型慕课最大的不同在于其应试性，该特点随着汉语水平考试水平的递增而渐趋明显，尤其是在汉语水平考试五级和六级的慕课中，语言知识和技能的讲解与训练已不是重点，取而代之的是考题特点、考点难点和解题技巧与策略等考试技能的训练，这在一定程度上也影响了汉语水平考试慕课教学的环节设置。该类慕课的教学环节设置分为两大类：一类集中于初级和中级水平的汉语水平考试慕课中，环节与综合汉语慕课相似，包含导入、生词讲解与练习、语法点讲解与操练和课文理解等基本环节；一类集中于高级水平的汉语水平考试慕课，其环节无明确的生词、语法、课文讲解，而往往以某一考试真题文本为依据划分教学环节，在该真题文本中细分词汇、语言结构或课文理解的部分，其中还会加入大量考试技巧与策略的讲解和练习，在考试指导部分的教学环节则直接以各题型相应的解题策略或考点难点为依据划分，并与真题实例结合讲解。

## 三、汉语水平考试慕课的课堂活动设计

受课程应试性的影响，汉语水平考试慕课的课堂活动主要有连线、判断正误等机械性练习和考试真题的实操，尤其是在高级水平的汉语水平考试慕课中，课堂活动并非围绕某一语言点设计，而是根据汉语水平考试所要求的听力、阅读与书写部分的题型来设计，因此也包括其他慕课课堂活动中较少涉及的听力练习活动。初级和中级水平的汉语水平考试慕课注重学习者基本语言知识和技能的培养，课堂活动设计中的应试性较弱，故其课堂活动与初级综合汉语慕课相似，课堂活动围绕语言点或课文理解展开，除了理解例句、判断正误、连线等机械性练习之外，也有观看情景短剧、回答开放性问题等偏交际性的练习。到了高级阶段

的汉语水平考试慕课，其应试性与针对性增强，课堂活动则集中于试卷真题的练习，听音频回答问题、阅读文本回答问题、根据讲解改正病句等形式，学习者自由发散练习其交际能力的课堂活动所占比例较少，甚至没有。

### 四、汉语水平考试慕课的典型案例分析

本节以"汉语水平考试四级强化课程"为例，对汉语水平考试慕课相关内容进行分析。该课程由北京语言大学开发制作，于2019年9月首次在中国大学慕课平台上线，截至2021年3月已开设四期，学员总数达到8300名。课程主讲教师为管延增、王静、韩梅，三位教师皆具有丰富的海内外教学经验，并对汉语水平考试教学有所研究。课程针对准备参加汉语水平四级考试的学习者设计，学习过至少500小时汉语课程、掌握1000个左右汉字、具备1200个左右词汇量的学习者也可参与。课程采用面向考试，集中进行考前训练的设计思路，依照考试编排了30讲内容，旨在帮助学习者获得汉语水平四级考试技巧与做题经验，并在汉语水平四级考试中取得好成绩。该课程的教学语言为中文，教学视频配有中英文字幕辅助理解；录制形式为教师与课件同时出现、课件单独出镜两种。

#### （一）教学内容

"汉语水平四级强化课程"包括十周的教学内容，涵盖汉语水平四级考试的题型与考试方法介绍、重点语言点和重点词汇等方面的内容，皆为课程开发团队对十多年来汉语水平考试四级真题的整理和统计所提取出来的常考语法点和高频易错词汇，针对性和实用性强。此外，课程也针对汉语水平考试四级真题的各个题型进行了分析与总结，从主题、场景、功能、核心词汇与重点语法等不同维度展开课程讲解；每种题型的讲解也遵循相对一致的编课体例与授课流程，包括答题技巧、大纲词汇学习列表、常考语法点学习列表、试题练习及精讲、阶段测等不同部分。

表 3-12 "汉语水平考试四级强化课程"教学内容

| 教学周 | 教学内容 | 教学周 | 教学内容 |
| --- | --- | --- | --- |
| 第一周 | 动态助词"着"<br>动态助词"了1"<br>判断"着"或者"了"的位置 | 第六周 | 关联词：只要……，就便……<br>重点词汇：一定 VS 肯定，经验 VS 经历<br>重点词汇：也许 VS 可能，获得 VS 得到 |
| 第二周 | 动态助词"了2"<br>动态助词"过"<br>比较句 | 第七周 | 重点词汇：看法 VS 意见，效果 VS 结果<br>重点词汇：可是 VS 但是 VS 不过<br>重点词汇：理解 VS 明白，时间 VS 时候 |
| 第三周 | "是……的"句<br>"把"字句<br>"被"字句 | 第八周 | 重点词汇：所有 VS 全部 VS 一切，一般 VS 平时<br>重点词汇：特别 VS 尤其，于是 VS 因此<br>重点词汇：本来 VS 原来 |
| 第四周 | 关联词：首先……其次……最后……<br>关联词：不仅……而且还……；不是……而是……<br>关联词：……不过……；尽管……可是/但是…… | 第九周 | 重点词汇：次 VS 趟，简单 VS 容易<br>重点词汇：刚 VS 刚才，解释 VS 说明<br>重点词汇：举行 VS 举办，认为 VS 以为 |
| 第五周 | 关联词：要是……的话就……否则……<br>关联词：不管/无论……，也都……<br>关联词：由于……，(因此)…… | 第十周 | 重点词汇：适合 VS 合适，商量 VS 讨论<br>重点词汇：及时 VS 按时<br>重点词汇：打算 VS 计划 VS 安排 |

　　由表 3-12 可以看出，"汉语水平考试四级强化课程"的教学重点在于"着""了""过""把"字句等重点语法和句式、重点关联词和

易错的词语辨析，主体为易混淆词语之间的辨析；整个教学内容的构建以词汇和语言结构为纲，充分体现了该课程的考前集中进行精细训练的设计思路。来源于真题整理与统计的教学内容也能有效预测学习者在考试中可能出现的知识短板并对症下药，弥补词汇和语言点漏洞，从而帮助学习者提高汉语水平和考试成绩。

（二）课程结构

"汉语水平考试四级强化课程"由十周教学内容、期中考试和期末考试构成，每周包括三个教学视频和一份周测验，形成"教学视频—周测验—期中考试—期末考试"逐层递进的学习结构。此外，互动板块的设置实现了教师与学习者、学习者与学习者之间的互动，是该课程结构中不可或缺的一部分。

1. 教学视频

该课程教学视频时长皆在10分钟上下，符合慕课短小精微的特点，不会对学习者造成过大的学习压力。教学视频分为语言点和句式视频、关联词视频和词语辨析视频三种。

在语言点教学视频中，教师依次围绕考点分析、历年真题、重点串讲和优化练习四大板块展开教学。教师首先简单介绍每课语法词汇最常见的考点，并结合两个选自汉语水平四级考试真题的例句逐个分析其用法，总结出不同的语法意义及每种语法意义对应的结构形式；之后，针对同一语言点的不同用法和结构讲解相应的真题例句进行重点串讲；最后过渡到练习环节，练习形式主要有判断句子对错、词语排序组成句子、为语言点寻找句中合适的位置、改写句子等类型，教师会对练习题逐一进行讲解，以加深学习者对该语言点用法的理解。

在关联词视频中，教师遵循"复习—讲解—例句分析—真题练习"的基本流程讲解每组关联词，具体为"简要复习上节课关联词—简要讲解本课关联词—讲解真题例句具体分析用法与意义—真题练习（阅读小段落选择正确答案、排列顺序组成句子）"。

近义词辨析教学视频中一般含有两组近义词，每组近义词辨析的教学流程为：首先，结合真题引出要辨析的近义词，并具体讲解词语的词性、意义重点、区别与常用搭配，之后结合大量例句讲解两者的区别；随后进行练习，题型主要有选词填空完成句子、听音频选择正确答案、排序组句等。

三类教学视频基本遵循先讲解再练习的教学流程，主要特点在于对真题的重视和充分利用，真题贯穿导入、讲解和练习环节，且涉及听力、阅读和写作三大部分，一方面通过真题加深对目标内容用法和意义的理解，另一方面有助于熟悉汉语水平四级考试的题型。

2. 作业与测验

该课程每周都设有测验，部分章节还设有作业，周测验包括十道题，题型主要为将语法词放在合适的位置上、判断对错和选词填空。第五周结束后是期中考试，第十周结束之后是期末考试，两者满分皆为100分，分主观题和客观题，客观题占60分，含30道题，题型与汉语水平四级考试接轨，有阅读小段落选择正确答案、选词填空、排序组句三种；主观题占40分，有10道小题，题型为词语排序组成句子，与汉语水平考试四级书写部分的题型相吻合。该课程的作业与测验设置充分体现了其应试性，学习者在观看教学视频后完成课后测验以巩固所学，应用并促进汉语水平四级考试技巧和解题能力的提升。

（三）课程特色

"汉语水平考试四级强化课程"作为一门考前集中训练的慕课，在诸多方面体现出鲜明的特点。首先，"精讲多练"的教学原则贯穿整个课程。练习紧跟讲解之后，且例句和练习题皆选自汉语水平考试四级真题，帮助学生熟悉试题风格；另外，教师有意识地规定学生的解题时间，训练并培养学习者的考试意识，有助于更好地适应真实的考试环境。其次，教师在讲解过程中逻辑清晰、语言简洁，学习者能很快适应其讲课方式和风格，融入课堂之中；表格的充分使用也帮助学习者厘清近义词之间的差和语法点的不同用法，化繁为简，事半功倍。再次，课程组统计整理了十多年的汉语水平四级考试真题，从中抽取高频语言点和易错近义词，真题贯穿教学过程的始终，保证了例句和练习的质量，同时促进学习者对目标内容的理解。最后，该课程多语种文本阅读材料

(英语、韩语、日语、印尼语、泰国语、西班牙语、法语、阿拉伯语和意大利语）和日语、韩语、英语视频字幕充分考虑到学习者的多国别性，此类高度人性化的设置对学习者的知识理解和掌握起到积极促进作用。

（四）课程评价

在课程的评价方面，本书主要从课程的吸引力、学生的参与度、学生互动情况和课程的考核巩固四个方面进行探讨。

一门慕课课程对学生吸引力的大小是评价这门慕课质量好坏的关键因素，它不仅决定着学生是否会选择这门慕课，还决定着学生是否会坚持学习完这门慕课。"汉语水平四级强化课程"内容实用、讲解清晰，选取内容均是汉语水平四级考试的难点和重点。从实际的角度来说，对学生是有一定吸引力的；但从课堂内容的趣味性角度来看，趣味性尚不够。课程的讲解方式以教师从头到尾讲解为主，即给出考点和真题例句，再总结，并反复巩固强化，课堂形式单一、缺少变化，趣味性不足，很容易使学生对课程失去兴趣，放弃学习。因此，在课程吸引力方面，这门慕课还需要做进一步调整。

此课程的交际性和互动性有待提高。慕课课程由于自身条件的限制，制约了教师与学生之间的互动，且该课程应试性的设计导向也使教师集中于考试真题的训练，教学视频中以教师单向讲解为主，未设置互动性问题，导致与学生互动不足。课后的讨论区模块包括三部分：老师答疑区、课堂交流区和综合讨论区。到目前为止，各个板块中学生的参与度都不高，如在综合讨论区，老师发布了课后学习资料，但鲜有学习者回复，浏览量也多为个位数。虽然教师积极回复学习者，但参与互动的学生依然非常少。对汉语水平考试系列课程来说，及时了解学生的困惑才能有针对性地开展教学并提高课堂效率，因此如何提高课程的互动性和学习者的参与度是亟待解决的问题。

在课程考核方面，学生的最终成绩并不是由期中和期末成绩决定的，而是由章节练习、期中考试、期末考试及作业等共同决定，其中章节练习占比45%、期中与期末各占比25%，作业及其他占比5%。课程按百分制计分，60—85 分为合格，≥85 分为优秀。另外，对于积极参与课程各项讨论，注重参与质量，对课程有特殊贡献的学生，可以有 3—5 分的加分。通过课程最终成绩的构成我们可以看出，其结构十分合理，能有效而全面地检测学生对课程的学习掌握情况，避免出现学生发挥不好导致成绩与学生水平不符的情况。为了调动学生的学习积极性，课程还特意设置了 3—5 分的奖励分，可见课程团队有意识培养学生的主动性，以期为课程营造良好的氛围。故在考核与巩固方面，该慕课有可取之处，周测验帮助学生及时巩固所学知识，第一周和第六周的练习作业也可查漏补缺。另外，期中和期末考试则阶段性且全方位地考查学生对知识点的学习掌握情况，促进学习者提高学习效率。

### 五、汉语水平考试慕课小结

综上所述，自第一门汉语水平考试慕课上线以来，整体上获得较大发展。但是，现有的汉语水平考试慕课数量整体上较少，且大多集中在一级至三级课程上，六级课程只有 1 门。同时，由于汉语水平考试课程的应试性和慕课课程自身的局限性，现有的汉语水平考试慕课在师生互动、课程内容的趣味性等方面还存在一定的缺憾。这提醒我们未来的汉语水平考试慕课设计应在数量、高级别课程、互动、趣味性等方面做出更大努力，以促进汉语水平考试慕课、汉语水平考试教学的深度发展。

## 第五节　商务汉语慕课

21 世纪以来，中国的经济持续增长，吸引多家国际企业和个人来中国发展，对外汉语教学也逐渐呈现出多元化和专业化的趋势，经常来华从事贸易活动的国际人士、商人等开始学习汉语且更加侧重于实用的商务汉语。渐渐地，商务汉语教学成为对外汉语教学的一个特殊领域，并逐渐成为世界各地商务人士的热门选择。近年来，商务汉语慕课逐渐兴起并发展起来，与传统的商务汉语教学相得益彰，共同促进商务汉语教学的长远可持续发展。这里，我们将商务汉语慕课的相关情况总结如下。

## 一、商务汉语慕课概况

### （一）商务汉语慕课总体概况

截至 2021 年 5 月，在中国大学慕课、学堂在线、华文慕课、慕课中国、好大学在线等国内外主要慕课平台上共有 11 门商务汉语慕课，本书以国内、Coursera、edX、外慕课平台名称为序列表 3-13 如下，同时登陆两个平台的慕课则采用学习人数多者为排序标准（成系列的课程除外）。

表 3-13 商务汉语慕课总体概述

| 序号 | 课程名称 | 发布单位 | 主讲教师 | 发布平台 |
| --- | --- | --- | --- | --- |
| 1 | 中级汉语（一）<br>商务汉语（一）<br>中级汉语（上） | 上海交通大学 | 顾颖 | 好大学在线、Coursera |
| 2 | 中级汉语（二） | 上海交通大学 | 顾颖 | 好大学在线 |
| 3 | 中级汉语（三） | 上海交通大学 | 李白璐 | 好大学在线 |
| 4 | 商务汉语（中国经济聚焦） | 北京语言大学 | 冯传强 | 中国大学慕课 |
| 5 | 商务汉语（中国商务概览） | 北京语言大学 | 朱世芳 | 中国大学慕课、学堂在线 |
| 6 | 汉语基础：商务社交礼仪 | 亚利桑那州立大学 | 艾米莉亚·格拉西亚金·张伯伦 | Coursera |
| 7 | 汉语基础：商务旅行 | 亚利桑那州立大学 | 艾米莉亚·格拉西亚金·张伯伦 | Coursera |

续表

| 序号 | 课程名称 | 发布单位 | 主讲教师 | 发布平台 |
|---|---|---|---|---|
| 8 | 顶点课程：基础汉语——语言与商业文化 | 亚利桑那州立大学 | 艾米莉亚·格拉西亚金·张伯伦 | Coursera |
| 9 | 中级商务汉语——商务活动篇 | 北京大学 | 蔡云凌 | Coursera、华文慕课、慕课中国 |
| 10 | 中级商务汉语——入职与营销篇 | 北京大学 | 蔡云凌 | Coursera、华文慕课、慕课中国 |
| 11 | 商务汉语 | 中文客 | 埃斯特拉·陈 | edX、慕课中国 |

由于专门用途汉语的特殊性，商务汉语课程要求学习者有一定的汉语基础，故现有的商务汉语慕课课程一般从中级水平开始教授，且具有特定的商务主题限定，如表3-13中北京语言大学和北京大学的两门商务汉语慕课，其他虽未明确范围，但其课程内容也是围绕特定商务活动展开的，如中文客的"商务汉语"。另外，较低汉语水平起步的商务汉语慕课一般与日常所用汉语教学有所交叉，其专门性和针对性不显著，如上海交通大学的"中级汉语"系列，但随着课程要求汉语水平的提高，其专业性与针对性愈发凸显，所教授的内容也是关于某一特定主题的。

（二）各门商务汉语慕课概况

下文对各门商务汉语慕课概况的介绍包括课程的基本信息，如制作单位、学习人数、主讲教师或团队等；教学信息，如教学对象、教学目标、教学内容、教学环节等；课程设计信息，如练习与测验、课程互动度与参与度、课程评价等。典型案例的慕课情况将在下一节详细阐述，不在此节中概述。

1."中级汉语"系列课程："中级汉语（一）""商务汉语（一）"

"中级汉语（上）""中级汉语（二）""中级汉语（三）"

"中级汉语"系列课程由上海交通大学制作，包括三门课程："中级汉语（一）""中级汉语（二）""中级汉语（三）"，其中第一门课程上线于 Coursera 和好大学在线慕课平台，截至 2021 年 5 月，已有 5600 余名注册学习者。"中级汉语（二）"和"中级汉语（三）"则上线于好大学在线慕课平台，前者首次开课时间为 2019 年春，截至 2021 年 5 月，已开课 5 次，注册学习者 150 多名；后者于 2020 年春首次开课，截至 2021 年 5 月，已开课 2 次，注册学习者有 40 余名。该系列课程的主讲教师团队由上海交通大学人文学院国际汉语教育中心教师顾颖、李白璐、吴剑锋组成；其中"中级汉语（一）"和"中级汉语（二）"由顾颖主讲，"中级汉语（三）"由李白璐主讲。课程为已达到汉语水平考试三级水平且对商务汉语感兴趣的外国留学生设计，以培养其在一般工作情景和真实商务情境中运用汉语进行交际的能力，满足留学生日常生活、学习和工作的需求；学习者在完成课程后能达到汉语水平考试四五级的水平，并兼具生活和基本商务交际语言技能。课程的教学语言以英文为主，中文为辅；录制形式多样，有教师单独出镜讲解、教师与课件笔记同时出现、课件单独显示和师生对话的实景录制四种。本节对系列课程中"中级汉语（一）"的介绍以 Coursera 平台上的课程设置为准，对"中级汉语（二）"和"中级汉语（三）"的介绍则以好大学在线平台上的为准。

在教学内容方面，该系列课程以留学生贝洁乘坐飞机到达上海及其在上海的学习生活经历为线索，涵盖办理交通卡、乘坐公共交通、办理宾馆入住手续、讨论周末安排、银行办卡、预订晚餐、购物支付、讨论工作、租房、网购、求职应聘等话题，教授了询问怎么做一件事、求助、约定、确认、介绍、表达距离、提建议等真实具体的功能项目及所用的词汇和语言结构。

就课程结构来说，该系列课程共包括 15 课，每门子课程 5 课，每课材料分为相关文本材料（本课导航、关键句、生词和对话）、教学视频、讨论题、复习和拓展阅读材料、练习和测验五个部分。本课导航列明当课的目标功能项目、语法学习项目和拓展阅读主题；关键句、生词和对话文本材料为当课的重点内容,附有拼音和英文释义,生词还附有词性和补充用法。教学视频分为三个,两个讲解视频和一个师生讨论课视频。第一个包括课堂导入和情景短剧,时长在两分钟左右;第二个为课文详解视频,时长在八分钟左右;第三个讨论课视频以师生讨论的实景拍摄形式涉及对课文内容与部分延伸问题的讨论,时长在三分钟左右;在教学视频后还附有语法点文本,详细解释其意义、用法和例句。讨论题针对当课话题,要求学习者在讨论区根据所学知识发表观点,分为两个小话题,以描述和叙说任务为主,如叙述依次旅行的经历、比较各自国家与中国公共交通的不同等,话题都贴合学习者的生活实际,与当课所学语言知识匹配,鼓励学习者对所学内容进行综合运用。复习和拓展阅读材料皆以文本形式呈现,本课回顾包括两个练习(关键句填空与选词填空),拓展阅读材料包括补充生词列表、一则笑话和拓展课文三类。

课程的练习和测验部分在两个慕课平台上有所不同。Coursera 上的"中级汉语(一)"含六道课文选择题、十道语法选择题或判断题、七道看图选词填空题、一道选词填空完成段落题、两道口语练习题和一道回顾本课内容题;其中比较特别的是口语练习题和回顾本课内容题,前者引入平台浏览(Flip),要求学习者输入课程代码后在 Flip 平台发布自己的口语作业,并对其他学习者的作业给出评价与反馈。该平台的引入与同学互评的形式新颖有趣,易激发学习者的参与兴趣,也能促进学习者之间进行学习成果交流。后者的回顾本课内容题询问学习者对当课内容的感受,如有意思或者困难的部分,注重学习者的课程体验感。好大学在线上的练习和测验则相对较少,分为两类:一类从文本形式呈现,通常为词语或关键句填空、回答课文问题等题型;另一类为系统测验,学习者进入测验页面回答,提交后即能得知正误,多为选择、判断正误、英译汉等题型。

在课程教学视频中,教师遵循的教学流程为"结合图片导入话题—带着问题观看情景短剧—教师逐句解释意思—回顾情景短剧复习",在逐句解释过程中,教师注重对重点词语与语言结构的意思和用法,结合大量例句分析目标词语或语言点的结构和用法,部分还包括近义词辨析，讲解后的练习常为将英文翻译成中文。如此教学流程讲求整体性和连贯性，以情景短剧开头和结尾，前后呼应，教师随课文讲解词汇和语法的教学方法也能使学习者在课文语境下充分理解语言知识的意义和用法，避免了单独讲解可能导致的零碎感与剥离感。教学过程中体现的教学法思想主要有情景法、交际法、视听法和语法翻译法，课程的线索就是贝洁抵达上海开始学习生活的全过程，课程通过情景短剧的视频资源创建了一个真实的大情景，学习者在该情景下依次学习询问、求助、约定、提建议等功能项目及语言知识，将前三种教学方法巧妙融于一处，相辅相成，课程的语法翻译法就主要体现在对语法点的练习上，以翻译句子为主要任务的练习能直接明确地考查与促进学习者对语法点的理解与掌握。

整体来说，"中级汉语"系列课程特色鲜明，重点突出，主要体现在：真实的情景创设和实用的语言表达教学，课程以留学生到达上海开始学习生活的各个环节为出发点设计课程，在情景短剧的辅助下构建真实情景，教授实用的词汇和语言结构，学习者在掌握后能直接用于生活中，实用性极高，也能在一定程度上增强学习者的成就感，提升学习动力；随文讲解的教学方式，不同于其他部分课程单独讲解词汇与语法点的教学方式，该课程随文讲解，在课文的语境下理解和练习语法点，突出讲解的整体性；注重学习者的课程体验感，课程在每课末尾皆设有回顾本课的任务，供学习者就当课有意思的或比较苦难的部分等谈论自己的学习体验，同时也作为课程反馈的一部分，推动课程设计方与教授方和学习者之间的互动。但该课程一个明显的不足之处在于，虽然课程定位为中级水平的商务汉语课程，但就笔者观察来看，课程内容极少涉及商务相关的内容，从中级汉语教学内容整体及商务汉语的课程定位来看，涵盖面过于狭窄，商务特点不够突出，内容也偏简单。

2."商务汉语（中国经济聚焦）"

"商务汉语（中国经济聚焦）"由北京语言大学制作，于 2018 年 9 月首次上线于中国大学慕课平台，截至 2021 年 5 月已开设课程 6 期，注册学员已达 3800 多名。课程主讲教师为北京语言大学汉语学院冯传强，其主要研究商务汉语教学，已在国内外相关学术期刊发表论文数篇并拥有丰富的海内外汉语教学经验。该课程面向汉语言专业经贸方向四年级上或具备相应水平的留学生或外籍人士，以及对商务汉语教学感兴趣的学生或在职教师，要求学习者具备高级汉语水平，最好掌握 3000 个左右的汉语基本词汇。完成该课程后，学习者能深入了解中国现阶段的经济现象和产业发展情况，运用所学商务知识分析解决实际问题，并掌握大量商务汉语领域使用的正式书面语体的表达句式，提高运用商务汉语进行交际和书面表达的能力。该课程的教学重点与难点在于对重点商务词语、句式及语法内容的掌握和运用，以及商务写作的基本方法和技巧。课程采用中文作为教学语言，录制形式为课件单独出镜、教师与课件笔记同时出镜以及教师与学生代表同时出现的实景录制三种。

课程的教学内容紧扣中国经济的主题，融合汉语语言知识和商务专业与文化知识，依次涉及中国的文化产业、宏观经济、股票市场和房地产市场四大板块，涵盖中国的文化产业、股票市场、房地产市场、跨国企业营销策略、汇率、经济危机等话题。中国的文化产业从热门动画片《喜羊羊和灰太狼》入手，分析其成功意义、影响及原因；宏观经济从中国经济的三次大萧条出发，探讨其特点、原因、影响及解决办法；股票市场通过介绍中国证券市场的现状、中西方股市的对比，详细阐述中国早期股市的发展历史、现象与问题；房地产市场则介绍了发展现状、攀升原因及影响三方面的内容。

在课程结构方面，该课程包括 4 个单元、1 份期中测验和 1 份期末测验，每单元含 5—6 小节及 1 份单元测试，每小节包括 1 个教学视频和 1 份重点小结文本，部分小结还有 1—2 个讨论题。教学视频依次包括导入、生词讲解、课文讲解和复习四个环节。导入环节中，教师一般简要谈论当课话题，或介绍当课主要概念。在生词环节，教师领读、学生跟读是第一步；其后教师讲解词语的搭配、句式及用法，或开门见山，或利用影视材料，教师在给出例句前创设一个语境，再引导学习者给出例句；最后教师通过选词填空的练习复习生词。在课文环节，学习者首先阅读课文，回答教师提出的问题，从整体感知段落主要意思；随后教师细致讲解课文中提炼出来的表达结构和成语并给出例句，进行相应的造句练习；之后，教师回顾课文，回到段落层面，概括段意，分析课文结构及写作特色，并鼓励学生尝试运用这种写法进行写作；最后，学习者通过补全段落内容的方式复习当课主要内容。以上教学流程表明，该课程注重语境的创设及词语、结构在句中的运用，课文方面遵循"段落—句式结构—段落—写作特色"的教学顺序，粗中有细，细致全面。

  课程的测验有两种：单元测验与期中、期末测验。单元测验含5道选词填空完成段落题，段落皆与当课所学的课文及主题密切相关，考查学习者对重点词语的理解和掌握情况。期中和期末测验结构题型相同，包括10道选词填空完成句子题、5道排序组成句子题、10道课文内容判断正误题和4道选词填空完成段落题，全面考查学习者对重点词语、结构以及课文的理解和运用能力。该课程的小结作业为每小节课后讨论题，与讨论区互动相结合，课后的讨论题与当课所学有所联系，为当节话题的深入或拓展讨论，如第一单元小节讨论题"电影成功原因大讨论"、第二单元"倒卖现象的产生及危害"、第三单元"中国早期股市的问题"等为当节话题的回顾与深入；第一单元"我最喜欢的卡通类型"、第二单元"1997年亚洲金融风暴之我见"、第三单元"载入史册的股市崩盘"、第四单元"各地房价与收入的讨论"则为对当节话题的扩展延伸。以上讨论题的设计意在考查学习者对所学语言知识的综合运用，对学习者的语段表达能力提升有积极作用。然而，从互动层面讲，系统显示在讨论区回答的学习者屈指可数，完成率不尽如人意，教师对已发表的回答有所提问与评论，但鲜少收到学习者的回复，教师与学习者之间的互动尚不充分。

  从课程特色方面来讲，首先，"商务汉语（中国经济聚焦）"创设了真实的课堂教学环境，即教学视频模拟现实课堂教学情况，选取留学生戴逸文作为代表与教师进行教学互动，两人共同探讨当代中国经济的种种现象和规律。其次，该课程积极为学习者创设最真实的商务汉语使用情境，注重特定词语或句式所使用的语境构建，促使学习者学以致用。此外，该课程还为学习者量身设计了大量的随堂练习，让学习者可以即时操练、强化、巩固学习效果。最后，该课程还结合具体课文为学习者讲解了商务汉语写作，尤其是学术论文写作的方法和技巧，与教学目标有所呼应。

3. "汉语基础：商务社交礼仪""汉语基础：商务旅行""顶点课程：基础汉语——语言与商业文化"

"汉语基础：商务社交礼仪"（简称"商务社交礼仪"）；"汉语基础：商务旅行"（简称"商务旅行"）；"顶点课程：基础汉语——语言与商业文化"（简称"顶点课程"）三门课程是 Coursera 慕课平台专项课程"基础汉语：语言与商业文化"）的后三门子课程。该专项课程包括四门子课程，其第一门子课程为"汉语基础：如何给人留下积极的第一印象"，因该课程的主要内容偏向于初级综合，故将其归入初级综合汉语慕课一类，详见第四章；而"顶点课程"是对前三门子课程的复习与总结。本节就"商务社交礼仪""商务旅行"与"顶点课程"进行介绍。

该三门课程皆由亚利桑那州立大学制作并发布于 Coursera 慕课平台，其主讲教师为艾米莉亚·格拉西亚和金·张伯伦。截至 2021 年 5 月，"商务社交礼仪"已有注册学习者 5200 余人，"商务旅行"有 5000 名左右的学习者，"顶点课程"无法单独注册，需完成前三门子课程才可学习，其学习人数未公开。从教学对象上说，该三门课程皆面向具初级汉语水平的西班牙语母语学习者；从教学目标上看，则为在提高学习者汉语水平的同时，使其熟悉汉语商务文化，培养其在商务环境下运用汉语进行交际的综合能力。"商务社交礼仪"围绕在职业环境中可能使用的汉语语言知识，涵盖有关大学学位、工作、专业头衔、工作职责、打电话约会等主题的教学内容；"商务旅行"则就在中国旅行所用汉语语言知识，围绕如何在餐厅点菜、给出租车司机指路、在酒店登记等方面展开教学；"顶点课程"的教学内容则为对前三门子课程的复习与学生的学习任务考核。在教学语言方面，课程皆以西班牙语为主，汉语为辅；录制形式分两类，一为教师单独出镜讲解，一为课件展示知识要点并配有同步的教师讲解音频。

在课程结构方面，"商务社交礼仪"与"商务旅行"类似。前者含八个教学周，其中，第一周为课程总体介绍，第二周为对第一门子课程的复习周，第七和第八周分别为期末测验和总结，其余四周为新知教学周，依次讲授工作描述、大学学位和工作职责、时间与约定、主客社交用语四个方面的知识。后者含七个教学周，其中，第一周为课程介绍，第六周为总复习，第七周为总结和期末测验，其余四周进行新知教学，依次讲授了机场用语、酒店用语、餐厅点餐、超市购物四个方面的内容。每个新知教学周包含词汇、短语与句子、对话和总结四类教学视频，部分教学周略去词汇教学视频而直接进入短语和句子的教学。词汇视频的讲解流程为"结合图片反复朗读词语—组合图片要求学习者说出相应词语—再次朗读复习所学词语"；短语和句子视频结合其西班牙语释义反复朗读汉语句子；对话视频则首先结合西班牙语释义朗读对话句子，再通过两名中国学生的实景对话视频演绎。在练习和测验方面，课程在每个教学视频后皆附有相应练习，练习题量不等，少则 4 题左右，多则 16 题上下，题型为选择题，要求学习者根据拼音选西班牙语释义或根据西班牙语释义选拼音；部分教学视频前后还附有阅读材料介绍当周主题的相关文化知识。除此之外，每个教学周配有一份周测验，题量不等，多数为 23—25 题，题型与随堂练习相同；两门课程的期末测验皆含 40 道题，题型也与随堂练习相同。

"顶点课程"的结构设计与上述两门课程不同。该课程包含五个教学周，第一周为介绍，第二至四周分别为对前三门子课程的文本复习材料，第五周为总结与学习任务递交。学习者需写下前三门子课程中的某一段对话，进行朗读背诵并录制视频，同时提供所用对话的语音记录；所录制视频将通过同伴学习者评审进行评估，每位学习者必须评估另一为学习者的最终项目，才能为自己的项目获得学分。此学习任务有利于学习者整理和回顾所学词汇、短语与会话，并展示自己所获得和提升的汉语知识与表达能力，增强学习者的自信心与成就感。

该三门课程的教学主要体现了语法翻译法、视听法与听说法三种教学方法。教学视频在汉语词汇和句子后皆附有西班牙语注释和解释音频，练习题也通过西班牙语和汉语互译的方式巩固所学知识，充分体现出课程注重学习者语言基础的特点。此外，教学视频中图片的大量运用和对话的实景视频演绎也发挥了视觉和听觉相结合的作用，给语言学习带来的利好；课程以句子为主的反复朗读和讲解体现了听说法以句子为中心强调反复操练的主张。此三种教学方法的结合能有效提高学习者的语言学习成效。

总体来说，该三门课程作为初中级水平的商务汉语课程主题鲜明，思路清晰，能为西班牙语母语的汉语学习者提供商务汉语及中国商务文化的相关知识。课程注重学习者语言基础知识的掌握，"顶点课程"的学习任务则以视频与同伴互评的形式锻炼了学习者的口语表达能力，同时增强了学习者之间的互动与交流，使其能互相学习与促进。然而，在教学中，只重句型操练而轻语法知识容易使学习者感到迷惑与混淆，若教学内容较为简单则无大碍，但随着学习水平的提高，汉语的语法知识是必不可少的，因其能为学习者提供清晰的语言框架，提高其组句能力，理清句子结构。另外，课程可适当增加词汇与语法点的例句和有意义练习，基于西班牙语和汉语互译的词语与句子机械操练无法有效培养学习者自主组词组句的能力，从而可能限制其汉语水平的进一步提高。

4. "中级商务汉语——入职与营销篇""中级商务汉语——商务活动篇"

"中级商务汉语——入职与营销篇"和"中级商务汉语——商务活动篇"为姊妹课程，均由北京大学制作并发布于 Coursera 和华文慕课两大平台上，截至 2021 年 5 月，前者的注册学员总计已有 6700 多名，后者则为 4000 多名。两门课程均由北京大学对外汉语教育学院副教授蔡云凌担任主讲教师，其研究方向涉及课堂教学研究、教师培训与教材编写，已发表与出版相关论文和教材多篇，并赴海外多国进行汉语教学和汉语教学师资的培训工作。

"中级商务汉语——入职与营销篇"和"中级商务汉语——商务活动篇"的授课对象皆为具有中级汉语水平（最好已掌握 800—1000 个汉语基本词汇）且对商务汉语感兴趣或有需求的外国学习者，教学目标在于进一步提高以汉语作为第二语言学习者在汉语听、说、读三个方面的技能，学习并掌握常用的商务汉语词汇及句式表达，了解中国特有的商务礼仪和商务文化。两门课程采用中文作为教学语言，录制形式以教师于课件前讲解和课件单独显示为主。

"中级商务汉语——入职与营销篇"和"中级商务汉语——商务活

动篇"的教学内容皆为七周，前六周为教学内容，第七周为总测验，考查学习者的总体掌握情况。"中级商务汉语——入职与营销篇"分为两篇六课，两篇为公司入职篇和市场营销篇，其中公司入职篇包括招聘广告、应聘面试、入职第一天，产品营销篇包括产品介绍、市场营销、售后服务。入职篇包括招聘广告中职位、薪水、工作地点、入职条件等主要信息，面试中如何礼貌得体地与面试官交流，新员工入职第一天如何与同事进行简单的交流三部分内容。营销篇包括如何向客户介绍产品的形状、大小、颜色等属性；如何推销产品与了解中国特有的影像文化，如何投诉及处理投诉三方面内容。"中级商务汉语——商务活动篇"前六周以不同的商务活动为依据，分为联系客户、安排酒会、市场调查、商务考查、参加展会、商务谈判六个主题。联系客户涉及通过发传真、电邮、打电话等方式与客户建立联系，安排酒会与如何对酒会提出要求以及应对措施有关；市场调查涉及调查市场时的常用口语表达以及对简单调查报告的理解；商务考查部分包括考查活动中的词句和一些中国知名企业；参加展会部分涉及展会的介绍方式、广交会与外国知名企业的中文名称；商务谈判部分涉及谈判过程中的常用表达及中国人的"面子"观念和待人接客的方式。

就课程结构而言，两门课程包含六周教学内容和一周总测验，前六周每周一课，每课包含五个教学视频、五份随堂练习和一份单元测验，单元测验包括客观题和同伴互评任务。"中级商务汉语——入职与营销篇"教学视频分为三部分，第一部分为三个词汇教学视频，第二部分为课文教学视频，第三部分为相关表达的扩展教学视频。词汇教学视频中前两个注重词语之间的意义联系，教师将具有相关意义的词语结合在一起讲解，每个词语的讲解由结合图片与提问的导入开始，之后教师会在解释字义的基础上讲解词义，并结合图片在课文主题范围内对词语进行扩展讲解，包括搭配、同类相关词语或例句，如第一课中对"学历"的讲解包括对"大学本科生""研究生""博士生"的解释；第三个词汇教学视频侧重于一些句式结构，教师会提供大量与课文内容或商务环境有关的例句或短对话来解释目标结构的意义和用法，并追加提问以强化学习者的理解。课文教学视频首先根据课文思路将前3个词汇视频涉及的词语以不同的小话题串联在一起进行系统复习，然后教师带领学习者阅读文本，详细解释并即时进行段落大意归纳，整理课文写作思路，随后提出相关问题进行课文细节的发掘，加深理解。扩展教学视频为与当课话题相关的语言表达及其代表的中国商务文化，教师运用大量图片帮助阐释表达的意义与背后的商务文化知识，这一类的相关表达注重意义与文化现象的传达，而非表达结构本身的用法。

"中级商务汉语——商务活动篇"对教学视频的安排则较灵活，且除了上述词汇、课文和相关表达教学视频外，还增加了常用句式教学视频。这四种教学视频并非全部出现在每一课中，而是根据教学内容有所调整。有的课节按词汇、课文和相关表达的结构安排，如第一课联系客户；有的以词汇、常用句和课文的结构安排，如第三课市场调查；有的则根据商务活动的过程安排，如第六课商务谈判按谈判开始、谈判中、谈判结束及相关的"面子"观念和迎客礼节来安排。词汇、课文和相关表达视频的教学流程与"中级商务汉语——入职与营销篇"中的相同。在句式教学视频中，教师首先用图片或问题导入话题，再以词语或整句为基点讲解常用句式的意义与结构，并引入多个例句解释用法，然后进行造句练习，最后将所学句式整合在一起，回顾总结各句式的用法。

在练习和测验方面，"中级商务汉语——入职与营销篇"每课的随堂练习每份包括3道选择题，"中级商务汉语——商务活动篇"则只包括2道；两者题型涉及选词填空、选择同义句/词、回答问题、根据情景选择话语、选择词语的适当搭配等，考查范围包括词语和句子的理解与运用。单元测验的客观题部分，前者含10道客观选择题，后者含6道，有选词填空、判断句子正误、选择回答等题型；主观题部分包括3道简答题，学习者应用固定的句式结构回答，并在完成后根据课程所给评判标准对任意3位同学的回答进行评分。两门课程的总测验均含34道选择题，题型与单元测验客观题部分类似，检测内容涉及词语的意义与发音、句式结构的用法、句子的意义等。

两门课程的互动区除了每节课的讨论题与同伴互评之外，还包括综合讨论区，学习者在该讨论区多发布寻求同伴互评请求的帖子。此外，

Coursera 课程平台还设有计入成绩的学习任务列表，供学习者查看与跟进，有利于学习者的课程安排，颇具人性化。

在教学过程中，这两门课程主要体现了联结法的思想。课程以商务环境下的不同主题为依据划分各个课节，如推销产品、处理顾客的投诉、市场调查、商务谈判等；在每课主题的引导下，教师给予词语之间的意义联系将词汇分为不同的小模块进行结构化呈现和讲解，以帮助构建词汇学习网络，将词语之间的练习显性化，方便并增强学习者的理解与记忆；课文讲解的模块化也是基于语句之间的意义联结，教师在逐段讲解课文时即时归纳该部分大意，承上启下，逻辑清晰。

综上，这两门姊妹课程作为中级商务汉语的综合课程，紧扣其设定的主题展开教学，结构清晰明了，讲解粗细结合，虽然在教学课堂趣味性上尚有不足，但胜在内容的精准与完整，对想要了解入职和产品营销方面汉语商务知识的学习者来说不失为一个可靠选择。

5."商务汉语"

"商务汉语"由中文客机构制作并发布于 edX 慕课平台上，截至 2021 年 5 月，14000 名学员已注册学习该课程。与中文客的其他慕课相同（可见第四章综合汉语慕课部分），埃斯特拉·陈担任主讲教师。作为中文客的创建者与首席执行官，其致力于高质量汉语教学线上课程的研究与开发。该课程的教学对象为意在与中国人构建、发展或维持商务伙伴关系的个人或公司人员，且学习者最好已完成中文客的三门初级汉语慕课课程或具备初中级汉语水平；课程的教学目标在于学习者对商务汉语词汇、语言结构和中国商务文化的了解和掌握，在完成课程后，学习者能理解和运用在中国进行商务活动时所需的日常与商务词汇以完成目标商务活动。课程以英文为主要教学语言，录制形式为教师单独出镜或与课件笔记同时出现。

该课程含有六节课的教学内容，主题包括寻找合作伙伴、参加展会、饭局、谈判、签合同和维护合作关系；每节课由导入视频、词汇教学视频、语法教学视频、对话教学视频与文化点教学视频、课测验和关键句笔记组成，其中每课的词汇教学视频 4—5 个不等，语法教学视频

1—2个不等，其他视频与文本资料皆为每课1份。不同教学视频遵循不同的教学流程：导入视频时长2分钟左右，教师首先简要概括上节课主要内容，然后过渡到当课主题和教学内容的介绍；词汇教学视频时长6分钟左右，教师依次讲解对话中包含的生词，对每一个生词，教师首先朗读生词，再详细解释字义与词义，同时强调声调，在每课最后一个视频中，教师会搭配一些生词组成特定的短语来讲解对话中的一些重要概念，并解释这些概念在对话中的意思；语法教学视频时长也在6分钟左右，教师首先朗读语法点的结构，再结合对话中的例子解释，之后给出更多其他例子进一步讲解意义和用法；对话教学视频时长5分钟左右，教师首先播放情景短剧，再简要说明情景剧的内容，然后重复播放情景短剧，随剧逐句解释意思；文化点视频时长在2分钟左右，以跟教师与外国朋友聊天的形式讲述相关商务文化点，同时视频会标注出一些重点概念与词语。该课程在教学过程中主要体现了语法翻译法和情景法的教学思想。课程全程采用英文作为教学语言，讲解词汇、语言点和课文，有益于学习者对教学内容的充分理解。另外，通过情景短剧，课程构建了不同的商务场景，强调在模拟真实情景下的语言学习，一方面能增强学习者对词汇、语法和课文的理解和运用能力，另一方面提高课程的趣味性。

"商务汉语"设置了6份课测验，每份包括听力和阅读两部分，听力包括听音频写出声调、听音频选择正确的英文释义、听句子选择正确回答、听音频打拼音/汉字四种题型；阅读包括选词填空完成句子、选择回答完成对话、选择句子的正确翻译三种题型。课测验的成绩为每份10份，计入最终成绩。课程的期末测验同样包括听力和阅读两部分，题型与课测验的题型相似。另外，课程每课的关键句笔记列出关键句的汉字、拼音、英文释义，并附有音频供学习者跟读。

"商务汉语"是一门中级水平商务汉语课，其所设置的主题涵盖了主要商务活动，也涉及商务专业知识和中国特有的商务文化知识，学习者在完成课程后能在真实商务环境下运用所学，针对性和实用性极强。然而，该课程全程使用英语开展教学活动的方式尚有改进空间。诚然，以英语作为教学语言能促进学习者对教学内容的理解，但对初中级汉语水平的课程学习者来说，部分基础的汉语表达已能被理解，故适当使用汉语作为教学语言一方面能增加学习者的目的语输入，在潜移默化中提高其听力理解能力；另一方面能在一定程度上实现教学内容的复现，加强学习效果。此外，课程可针对生词和语法点教学环节中的重点部分适当多结合例句讲解，不给例句或仅限于课文例句可能导致学习者理解片面，带有不同语境的例句能促进学习者准确理解其用法。

## 二、商务汉语慕课的主要教学环节

商务汉语慕课一般包括汉语语言知识、商务专业知识和商务文化知识三方面的内容，故虽然商务汉语慕课作为专门用途汉语有其特殊性，但由于汉语语言知识仍为其落脚点之一，商务汉语慕课的主要教学则仍主要围绕生词、语法和课文展开，故其主要教学环节从大体上说与综合汉语慕课基本相同，只是更侧重于某些教学环节。通过笔者的研究，上述商务汉语慕课所包含的主要教学环节为导入、生词讲解、语言点讲解与课文讲解，各门慕课在各环节具体做法方面略有不同。

在导入环节，各门慕课多以图片、提问或简要介绍等经典方式引出当课话题，比较新颖的则有"商务汉语（中国商务概览）"中的学生访谈、观看新闻视频、展示实物教具和情景短剧等方式。前后两类方式各有千秋，经典的导入方式言简意赅，开门见山，有其优势；后者较为新颖的方式则相对更能增加课程的趣味性，使学习者眼前一亮。生词讲解环节基本以结合例句解释意义和用法为主，部分慕课如"商务汉语（中国经济聚焦）"则附加选词填空的词语练习进行再次巩固；也如"中级商务汉语——入职与营销篇"在进行课文讲解前会带领学习者根据词语之间的意义联系成块复习所学词汇；同时也有部分慕课如"商务汉语"为大部分词汇省去例句讲解的环节，而更集中于其在课文中的特定语义。语法讲解环节在各门慕课中的重要性不同，如"中级商务汉语（上）"般汉语水平较低的慕课比较注重语法结构的讲解和练习，而水平较高的商务汉语慕课由于其语言结构以一些较难的词汇为主，故会更注重此类词汇的讲解与练习，如"中级商务汉语——商务活动篇"中涉及固定语法点的内容较少，而多侧重于对较难的词汇与相应概念的讲解。在课文环节，由于各门慕课的课文体裁与难度不同，故讲解和练习方式也稍有不同。"商务汉语"和"中级商务汉语（上）"的课文为对话，难度较低，故在讲解完课文意思之后除了针对课文内容提问之外不再有其余有关课文的练习；其余四门慕课的课文为非对话文本，故主讲教师对课文的讲解和练习相对会更加深入，如"商务汉语（中国商务概览）"中在提取完课文要素之后会进行课文复述。

此外，由于商务汉语慕课还包括商务专业知识和文化的教学，部分慕课如"商务汉语"将之作为一个独立教学环节呈现，部分慕课则将这部分内容融合于课文讲解的环节中。

### 三、商务汉语慕课的课堂活动设计

课堂活动一般指教师在教学课堂上开展的服务于教学目的的活动，贯穿于教学课堂的始末。本书从导入、讲解、操练、总结 4 个环节入手讨论各环节教师开展的课堂活动，其中以词汇、语法和课文内容操练环节的课堂活动为重点。各门商务汉语慕课在导入环节的课堂活动多为教师发问，引导学习者思考目标答案，也有"商务汉语（中国商务概览）"开展学生访谈、观看新闻视频、引用实物教学用具和观看情景短剧等更生动的课堂活动。讲解环节的课堂活动多为教师领读、学习者跟读和教师发问、学习者根据提示思考答案两种形式。操练环节的课堂活动可分为机械性、半机械性与交际性三类。机械性课堂活动多为选词填空；半机械性课堂活动多为教师创设情景，学习者根据给定语言结构造句或补充句子，或根据关键词和结构复述课文；交际性的课堂活动囿于慕课非即时课堂的形式而甚少出现，一般会以讨论题的形式作为课后练习任务出现，学习者根据特定提问与语言结构回答，并与其他学习者进行交际互动，也有慕课布置了学习者录制相互访谈视频的课下交际性任务。总结阶段的课堂活动在各门慕课中并不明显，教师一般以总结性的话语归纳概括当课所学，以结束课节。

## 四、商务汉语慕课的典型案例分析

本书以"商务汉语（中国商务概览）"为例进行商务汉语慕课的典型案例分析。该课程由北京语言大学制作并于 2018 年 6 月在中国大学慕课平台首次上线，截至 2021 年 3 月，已开设 4 期，后于 2019 年 9 月在学堂在线平台上线，到目前为止也已开设 4 期。两个平台累计注册学习者累计已将近 14000 名。该课程的主讲教师为朱世芳，主要研究商务汉语教学，具有丰富的海内外汉语教学经验。课程面向汉语言专业经贸方向本科三年级或具备相应水平的汉语学习者开设，学习者最好已掌握 1500—2000 个汉语基本词语；同时，汉语国际教育专业学生以及相关课程汉语教师也可将之作为教学参考观看。该课程的教学目标设定为基本商务领域常用词语的掌握和汉语商务文化的了解学习者，学习者在完成此课程后可以在商务场合用汉语与客户进行基本的交流，也可以运用所学经济知识对经济生活的各个方面进行简要的介绍和分析，同时其表达和分析能力也能有所提升，多元发展和培养复合应用型人才是其教学目标之一。

### （一）教学内容

该课程参考朱旗、刘文丽所编《商务汉语综合课高级教程（三年级上册）》，包括语言知识和商务专业知识、言语技能训练、商务文化知识等教学内容，分外国人在中国、电子商务、产品差异化竞争和谈判策略四个板块，重难点在于生词和语法点的讲解和运用，以及对汉语商务活动中一些经济概念和商务文化的理解与运用。课程初始从老外在中国的真实案例入手，再过渡到当下中国的热门产业电子商务，然后介绍商务活动中的商品分析和竞争优势分析这两个重要方面，最后以商务谈判策略结尾。课程的教学内容围绕中国商务概览的主题，跨度大，授课内容也很精炼。通过该课程，学习者能快速准确地理解和掌握现下中国在商务方面的发展状况及其中所需的汉语知识与技能。课程具体教学内容如表 3-14：

表 3-14 "商务汉语（中国商务概览）"课程主要内容

| 课目 | 教学内容 |
| --- | --- |
| 第一课（1） | 老外在中国（真实案例与生词） |
| 第一课（2） | 老外在中国（课文与访谈） |
| 第二课（1） | 跨国的 C2C 生意（C2C 定义） |
| 第二课（2） | 跨国的 C2C 生意（C2C 举例及优点分析） |
| 第三课（1） | 产品差异化竞争战略（商品分析） |
| 第三课（2） | 产品差异化竞争战略（竞争优势分析） |
| 第四课（1） | 学会说"不"（让步原则） |
| 第四课（2） | 学会说"不"（让步原则具体做法分析） |

该课程的教学内容划分以不同的主题为依据，层次分明；每一课主题彼此不同，分别为商务人士案例、热门商务现象、商务活动战略及商务原则；以主题为纲，教师设计相应的课文、生词与语言结构，将语言知识和商务知识与文化相结合，在培养学习者语言技能的基础上扩充其商务知识与文化，以培养复合型的专业商务人才。从慕课短小精微的课程特点来看，该课程教学内容相当精简，不会给学习者造成过大的学习压力，在一定程度上避免教学内容冗长而导致的学习者兴趣不高、压力过大的情况；但从另一角度来看，四节课的内容和体量可能无法满足想要更详细了解中国商务发展情况的学习者的需求，4 个主题虽涉及不同的商务方面，但对于复杂的商务活动来说，仍可能会遗漏其他的重要方面。

（二）课程结构

"商务汉语（中国商务概览）"共 3 个月，4 课，每课分 2 课时完成，总计 8 课时，学时安排为每周 1—2 小时；在第二课时、第四课时之后为期中考试，第四课时、第八课时之后为期末考试；每一课时包括一个教学视频、一个讨论题、一份重点内容文档，每一课的第二课时还包括课测验,部分课时还附有课外阅读材料。

1. 教学视频

该课程包含 8 个教学视频,时长根据教学内容的不同从 8 分钟至 15 分钟不等,教学视频的录制形式分三种,一为教师与课件笔记同时出现,一为课件笔记单独出现,一为教师与嘉宾进行访谈的实景拍摄,其中前两种占主体。教师在讲解过程中使用中文作为教学语言,视频也配有中文字幕,辅助学习者理解讲授内容。课程的教学视频分两类,即每一课的第一课时教学视频和第二课时教学视频。下文将分别阐述其教学环节与流程。

第一课时教学视频的教学环节依次为导入和生词讲解。

导入在四个教学视频中有着不同的方式:

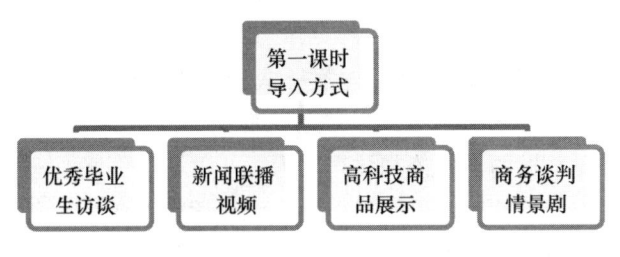

```
                第一课时
                导入方式
    ┌──────────┬──────────┬──────────┬──────────┐
 优秀毕业    新闻联播    高科技商    商务谈判
  生访谈       视频      品展示      情景剧
```

**图 3-23　"商务汉语(中国商务概览)"教学视频方式**

(1) 第一次课的课堂导入为教师对往届优秀毕业生的访谈,接受采访的优秀毕业生与当课课文人物有类似的经历,访谈内容紧扣课文主题,且会用到课文中出现的生词。之后,教师从被访学生的经历中引出课文人物的经历,如此自然过渡到课文内容。此种课堂导入方式优点颇多:其一,被访的优秀毕业生以一口流利的汉语讲述自己成功就业的经历,这对课程学习者起到一种激励作用;其二,由被访学生的经历过渡到课文内容,衔接非常自然,且学习者能初步感知访谈内容中涉及的课文词汇与语言结构的意义与用法;其三,这样的导入形式也可以让课堂变得更加生动有趣,增加课堂的趣味性。

(2) 第二次课的导入为观看新闻联播视频,该视频与当课主题电子商务密切相关,讲述外国人在中国开服装店的故事,店主在线上和线下都开设了店铺，且在接受采访时，全程使用汉语，这对课程学习者来说具有正面的导向和激励作用。在观看视频的过程中，屏幕会自动弹出关于视频的单选题，学习者必须完成随堂题目；在选择后，学习者能即时看到系统的正误反馈。在视频结束后，教师就电子商务平台淘宝提问学习者，进而引出课文中电子商务的概念。该课堂导入方式的优点是：通过短视频简单明了地向学习者介绍一个比较难以理解的概念，而且视频的选取比较契合汉语学习者的实际情况，贴近日常生活，为后面课文内容的学习做了很好的铺垫。

（3）第三次课的导入为实物教具。教师以化妆镜移动电源、茶叶盒夜灯等实物作为教具展示，这些教具都是将高科技元素融入生活的商品，与主题"产品差异化竞争战略"紧密相连，教师以商品实物为媒介，讲解"产品差异化竞争战略"的抽象概念，将之直观化与形象化，化抽象为具体，帮助学习者理解，是一个不错的课堂导入形式。

（4）第四次课的导入形式为贸易谈判情景剧，由三位留学生分别扮演谈判甲方、乙方和秘书，非常完整地呈现了商务谈判的过程，包括谈判双方需要掌握的一些谈判技巧。为了使学习者更好地理解和把握商务谈判的重点，教师穿插着提出问题，引导学生思考相关内容。该导入形式新颖，逻辑线索清晰，有利于学生理解和掌握学习内容，同时也能够激发学生的学习兴趣，增强慕课的趣味性。

生词讲解环节的教学流程基本固定，即教师逐词领读两遍，之后细致讲解其词义、常见搭配和例句，随后即时复习，最后预告下一课时的主要内容。具体过程如下：

该课程在导入和生词讲解环节皆具有创新性。访谈、视频、实物与情景剧的导入，一方面与当课主题紧密结合，有效增强学习者的理解；一方面增强了课程的趣味性。生词讲解环节，教师精心设计的词义解释顺序使学习者能根据某一线索将生词串联在一起，提供语段性的记忆方式，有助于构建学习者的词汇网络，帮助其理解和记忆，之后的即时复习环节也充分体现了提高词汇复现率以加深学习者记忆和理解的教学思想。

课程每课第二课时的课堂环节主要为词语复习和课文讲解。在复习

第三章 汉语慕课教学设计研究

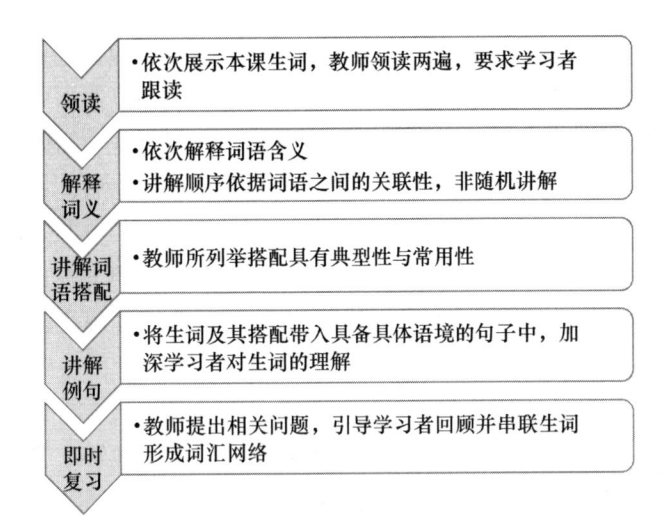

```
领读 · 依次展示本课生词，教师领读两遍，要求学习者跟读

解释词义 · 依次解释词语含义
         · 讲解顺序依据词语之间的关联性，非随机讲解

讲解词语搭配 · 教师所列举搭配具有典型性与常用性

讲解例句 · 将生词及其搭配带入具备具体语境的句子中，加深学习者对生词的理解

即时复习 · 教师提出相关问题，引导学习者回顾并串联生词形成词汇网络
```

**图 3-24** "商务汉语（中国商务概览）"生词讲解环节教学流程

环节，教师引导学习者完成选词填空的练习；在课文讲解环节，教师依次展示课文段落并提出相关问题，同时提炼、总结与练习重点句式，最后以与课文内容相关的问题结束教学。流程如图。

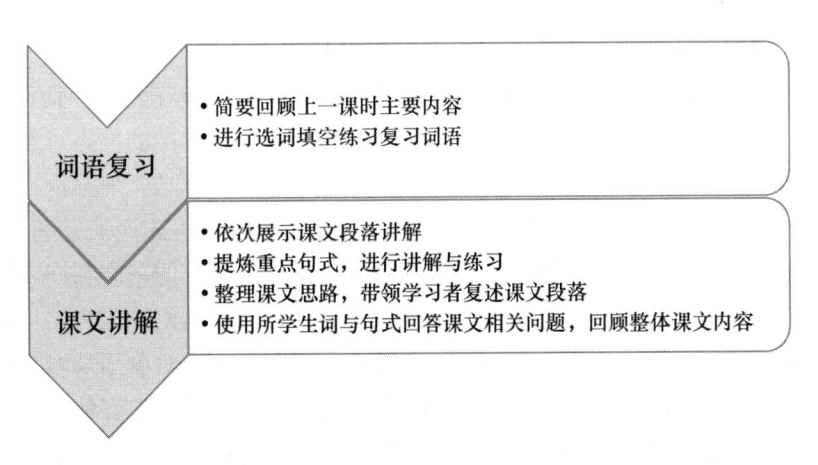

```
词语复习 · 简要回顾上一课时主要内容
         · 进行选词填空练习复习词语

课文讲解 · 依次展示课文段落讲解
         · 提炼重点句式，进行讲解与练习
         · 整理课文思路，带领学习者复述课文段落
         · 使用所学生词与句式回答课文相关问题，回顾整体课文内容
```

**图 3-25** "商务汉语（中国商务概览）"词语复习与课文讲解教学流程

在课文讲解阶段，教师以处于课文段落不同位置的生词（标注为黄色字体）为线索逐句展示并朗读段落；之后，教师提出问题，引导学习者思考和理解段落。重点句式的讲解随文进行，教师以课文中的例句为导提炼句式结构，结合其他例句进一步讲解，并提出若干问题，引导学习者运用目标句式回答。在完成课文段落的意思理解之后，教师带领学习者整理段落思路，归纳段落要素，并据此复述课文，帮助学习者训练归纳内容的逻辑思维能力。以上流程为每一课文段落的讲解环节，部分段落会根据具体情况有所调整。另外，在该过程中，系统会自动出现有关课文内容的单项选择题，学习者只有做出选择后，才能继续学习后面的内容。系统会评定回答是否正确并显示正确答案。此类随堂练习有助于学习者集中注意力，并有效检测学生对课文内容的理解。课文讲解完成后，教师提出若干课文内容问题，学习者运用所学生词和重点句式回答，趁热打铁，复习当课内容，检测掌握情况，也可作为归纳总结。

该课程在课文讲解过程中独具特色的一点为依据课文逻辑和要素进行的课文复述，教师在复述之前整理课文的框架，找出人物、时间、起因、地点、经过和结果六要素，带领学习者进行整体感知并归纳，进行学习技巧与逻辑思维能力的训练。

2. 测验与评价方式

该课程的测验分为课测验、期中测验和期末测验。课测验共 4 份，每份含 1—2 道题目，题型为以课文内容和重点生词为基础的选词填空，有利于学习者在课文语境中巩固理解重点生词并掌握课文的整体意思和逻辑。

期中和期末测试设置相同，均为客观题，含 20 道选词填空题、4 道句子排序题和 7 道基于课文理解的判断正误题。课程的期中和期末测试分别作为阶段性和总结性的学习成果检测，囊括对词语、语言结构和课文内容三个重点要素的考查，较全面且具有针对性，对巩固学习者的语言知识和提高其汉语阅读理解能力有所裨益。由于课文内容涉及商务专业知识和文化知识，故课程的期中期末测试同时检测并巩固了学习者的汉语商务专业知识和商务文化知识。

课程的最终成绩由讨论、单元测试和期中测试、期末测试构成，具体为：课程讨论占 10%，单元测试占 10%，期中、期末考试各占 40%；成绩按百分制计分，60 分至 79 分为合格，80 分至 100 分为优秀。完成所有的课程并通过期中、期末测试的学习者，可以付费申请证书。

3. 课后讨论题与互动讨论区

课程在每一课皆设有与当课内容相关的课后讨论题，要求学习者在观看完教学视频后在讨论区发表自己的观点与看法，讨论区话题多为对教学内容的延伸拓展，具体如下表所示：

**表 3 – 15　"商务汉语（中国商务概览）"课后讨论题**

| 课目及主题 | 讨论题 |
| --- | --- |
| 第一课　老外在中国 | 对外国留学生：请回想自己来中国的经历，总结收获，思考未来是否想在中国发展并说明原因 |
| | 对汉语教师：对自己的学生进行访谈，询问他们来中国的经历，思考如何在教学中加强针对性，激发他们对商务汉语的学习兴趣 |
| 第二课　电子商务 | 各国分别有什么 C2C 网站；C2C 交易方式的优缺点 |
| 第三课　产品竞争战略 | 产品差异化如何形成竞争优势以及它对企业发展的意义 |
| 第四课　商务谈判原则 | 商务谈判中还需要遵循的原则以及具体做法 |

课后讨论题的设置意在考查学习者对课程内容的理解以及对汉语语言知识和技能的综合运用，同时拓展对当课主题的讨论，拓宽学习者的知识面；开放性的答案设置鼓励学习者在课下进行自主的探索与学习，培养学习者在主题引领下的自主学习能力。教师及时的反馈一方面能纠正学习者的语句错误，提高其汉语言水平；另一方面可与学习者进行观点和经验交流，达到师生之间的有效良性互动，对学习者的学习兴趣和动机有积极导向作用。

此外，课程另设有老师答疑区、课堂交流区和综合讨论区供学习者询问事宜、发表观点与交流经验想法，教师则通过给予反馈或发布公告的方式与学习者互动交流。慕课作为以教师所录制视频为教学主体的课程缺乏课堂上的互动交流，故课后的互动区是实现师生互动、生生互动的重要途径，有效而良性的互动能维持乃至增强学习者的学习兴趣和动机，学习者在互动中能了解同伴的学习感想和经验，能获得教师的学习建议，形成一种课程团体感与归属感，从而提高学习效率与质量。

### （三）教学活动及课下任务

该课程在课堂上的教学活动分为三种：一为机械性的选择填空、用目标结构完成句子等机械性练习活动；二为基于课文内容或重点句式的半机械性提问、回答与复述；三为较新颖的留学生访谈、情景短剧拍摄等由课程方事先设计好展示给学生的教学活动。访谈先后选取一位已毕业的杰出校友和一名在校韩国留学生，教师围绕课文内容提问，受访者则多使用课上所学词汇回答问题，将平面的语言知识立体化，有助于加深对生词含义及用法的理解和记忆。情景短剧的呈现同样使教学内容情景化和立体化，使学习者身临其境地感知词汇和语言结构的运用方式与情境，在增强理解的同时也使课程更具趣味性。

除了课堂上的教学活动外，课程也布置了两项课下任务：一为以小组形式设计仿照慕课中的师生访谈并拍摄访谈过程，上传至平台；二为学习者分组报告，介绍本国的电子商务网站和在该网站的购物经历。上述课下任务的设计是对课堂教学的有效补充以及对学习者语言技能的综合训练，但囿于慕课教学的形式，未能得到充分实施，不失为一种遗憾。

### （四）教学方法

"商务汉语（中国商务概览）"主要体现的教学方法和思想是情景法和视听法。情景法强调真实生活场景下的语言操练。该课程作为以商务为导向的专门用途汉语课程，具有高度实用性和针对性，情景法的运用充分体现了这两大属性。课程中所采用的访谈、新闻视频、实物教具和情景短剧创建了与教学主题相符的真实商务情景，后续的生词、句式和课文学习都在对应商务情景下展开，学习者能准确理解语言知识以何种方式在何种情景下使用能达到何种交际效果。视听法强调在教学过程中对图片、音频与视频等多媒体资源的使用，该课程教师主要使用视频这一形式，构成语言的图像和音频的双重输入途径，调动学习者的视觉和听觉感知，强化语言输入，为学习者的语言产出奠定基础。

此外，在具体教学技巧层面，教师采用搭配法与联结法。搭配法体现为词汇讲解中的常用和典型搭配，以语块形式呈现给学习者，帮助学习者理解和运用。联结法体现为结构化的词汇讲解顺序和要素化的课文复述形式，将相互之间有意义联系的词汇归在一起讲解有助于构建学习者的词汇网络进行联想记忆，要素化的课文复述形式也训练了学习者的前后逻辑联结能力，学习者能将之运用到课外的汉语学习中，是一项极其重要的学习技能。

（五）课程评价

本书对"商务汉语（中国商务概览）"的评价主要从教学环节、课程吸引力和学习者参与度三方面展开。

1. 教学环节设计方面

该课程思路清晰，具体环节的讲解也比较细致，在注重培养学生语言能力的同时，也侧重有关商务实践能力的培养。如导入环节形式新颖多样，生词讲解环节注重生词的串联，课文讲解环节对重点句式和语法的讲解也清晰明了。整体来看，此慕课为我们很好地呈现了"学以致用"的教学原则。

2. 课程吸引力方面

课程做了颇多努力。课程吸引力指吸引和激发学习者兴趣的能力和程度，与视频质量、趣味性等诸多因素有关。课程吸引力对慕课来说至关重要，因为相对线下教学，慕课的松散度更高，一旦学习者发现所选慕课枯燥无趣，慕课质量达不到自己的期望水平，就很可能停止学习。在此慕课的课程导入环节，设计团队尽可能多地变换形式，增加新意，如在讲解谈判原则时，选取三位留学生进行角色扮演，丰富了课堂形式，增强了慕课的趣味性。但同时此慕课也存在一些不足。首先在生词讲解方面，课程基本按照朗读、讲解词义、复习等步骤进行，缺乏新意，尤其是对生词的复习，自始至终只有选词填空这一种方式，比较枯燥，且提供的语言环境过于单一，于课堂的趣味度无所增益，可能导致学生兴趣减弱。其次，在课文段落的讲解上，视听资源引用较少，以教师逐段讲解为主，易导致学习者接收信息有限，学习兴趣降低，建议多穿插一些影视资料，让课堂更加丰富有趣。

3. 学习者参与度方面

课程在同类商务汉语课程中具有较大影响力，然而学习者的互动讨论尚不充分。课程提高参与度的重点是如何鼓励学习者参与教学活动，与课程内容互动，这包括两方面内容，一为参与课程的学习者规模，一为学习者参与各类教学活动的程度。就前者而言，慕课课程突破了传统线下课程的时空限制，拓宽了课程教学对象的地理范围，学习课程的人数越多，则课程的影响力越大，侧面反映了课程质量越高，越受欢迎。当然，课程学习者规模也受上线平台普及度的影响。该课程在中国大学慕课和学堂在线两大主流慕课平台同时上线，截至 2021 年 3 月，总计已有 14000 名学习者参加课程，这在同类商务汉语慕课中排于前列，学习者参与度较高。后者的参与度主要体现在课程的互动讨论区。受慕课自身性质限制，学习者不能直接参与课堂互动，故其主要的互动形式为在讨论区与教师和其他学习者进行的讨论。截至 2021 年 3 月，系统显示在中国大学慕课平台所设置的讨论区中共有 7 条讨论话题。其中 1 条为学生关于课堂作业的疑问，老师已给出反馈；其余 6 条均为教师布置的课后讨论题。其中 2 条话题有一名越南同学参与讨论。在这 7 条话题中，浏览量最高的有 155，最低为 33。在学堂在线平台的讨论区，教师也发布了 3 条讨论话题，但是互动数为零。综合以上情况，我们可知学习者未充分参与互动讨论，这或许学习者自身原因导致，或许也有课程设计方的因素。

## 五、商务汉语慕课小结

综上所述，和汉语水平考试慕课相似，商务汉语慕课也存在数量、教学内容缺乏趣味性等问题，如截至 2021 年 5 月，仅有 11 门商务汉语慕课上线。同时，部分商务汉语慕课教学内容过于简单，没有特别突出其商务性特点，如前文所述"中级汉语"系列课程，虽然课程定位为中级水平的商务汉语课程，但就相关资料来看，课程内容极少涉及商务相关的内容，从中级汉语教学内容整体及商务汉语的课程定位来看涵盖面过于狭窄，商务特点不够突出，内容也偏简单。因此，未来的商务汉语慕课设计和研究应注重突出课程的商务性和趣味性，同时结合商务汉语特点设计开发出更多的商务汉语慕课。

# 第四章 汉语慕课教学模式研究

本书第三章以语音、语法、汉字、汉语水平考试、商务汉语等语言要素为主要标准，分别对汉语语音慕课、汉语语法慕课、汉字慕课、汉语水平考试慕课、商务汉语慕课等慕课类型进行梳理和总结。本章将以语言的技能要素为标准，继续对初级综合汉语慕课、中高级综合汉语慕课、汉语口语慕课、汉语文化慕课等慕课教学概况进行概括和总结。

## 第一节 初级综合汉语慕课教学

在汉语作为第二语言教学中，综合课在各种课型中都处于核心地位，并且是大多数高校最常使用的课型，其重点是培养学习者的语言运用能力和言语交际能力。因此，初级综合汉语慕课教学在系列汉语慕课中备受各高校和教师们的关注，且近年来还随着慕课的发展获得较快发展，本节将其相关概况梳理如下：

### 一、初级综合汉语慕课概况

（一）初级综合汉语慕课总体概况

截至2021年4月，在国内外慕课平台上，初级综合汉语慕课共有

22门，制作单位的主力为国内各大学或学术机构，少部分为国外大学或学术机构。本书将该22门初级综合汉语慕课及其相关数据列表如下（按国内外慕课平台及慕课名称首拼排列）：

表4-1 初级综合汉语慕课概览

| 序号 | 课程名称 | 发布单位 | 主讲教师 | 发布平台 |
| --- | --- | --- | --- | --- |
| 1 | 新实用汉语初级课程（一） | 海德堡大学孔子学院 | 翟宜疆等 | 好大学在线 |
| 2 | 新实用汉语初级课程（二） | 海德堡大学孔子学院 | 翟宜疆等 | 好大学在线 |
| 3 | 初级汉语综合 | 浙江科技学院 | 陈海芳 | 中国大学慕课 |
| 4 | 初级综合汉语 | 北京语言大学 | 张浩、朱世芳、刘畅等 | 中国大学慕课 |
| 5 | 汉语初级入门 | 上海外国语大学 | 张艳莉 | 中国大学慕课 |
| 6 | 中文入门 | 北京大学 | 刘晓雨 | Coursera |
| 7 | 初级汉语 | 圣彼得堡国立大学 | 曹鹏 | Coursera |
| 8 | 汉语基础：如何给人留下积极的第一印象 | 亚利桑那州立大学 | 艾米莉亚·格拉西亚 金·张伯伦 | Coursera 中国大学慕课 |
| 9 | 初级汉语进阶课程 | 北京大学 | 刘晓雨 | Coursera |
| 10 | 你好，中文1 | 上海交通大学 | 王骏、安娜 | Coursera |
| 11 | 你好，中文2 | 上海交通大学 | 王骏、安娜 | Coursera |
| 12 | 你好，中文3 | 上海交通大学 | 王军、安娜 | Coursera |
| 13 | 顶点课程 | 上海交通大学 | 王军、安娜 | Coursera |
| 14 | 清华中文：与13亿人开启畅聊 | 清华大学 | 丁夏、王晓宁、李璐、李媛等 | Coursera 学堂在线 |
| 15 | 普通话要领 | 中文客 | 埃斯特拉·陈 | edX |
| 16 | 普通话一级 | 中文客 | 埃斯特拉·陈 | edX |
| 17 | 普通话二级 | 中文客 | 埃斯特拉·陈 | edX |
| 18 | 汉语语言文化一级 | 麻省理工学院 | 廖浩翔 | edX |

续表

| 序号 | 课程名称 | 发布单位 | 主讲教师 | 发布平台 |
| --- | --- | --- | --- | --- |
| 19 | 汉语语言文化二级 | 麻省理工学院 | 廖浩翔 | edX |
| 20 | 东方语言联结工具：中文 | 法国国立东方语言与文明学院 | 白乐桑、王珏 | 乐趣（FUN，法国） |
| 21 | 爱上中文 | 台湾阳明交通大学 | 文茹梅 | FutureLearn |

从表中可知，初级汉语慕课中有单独一门的，也有成系列的，后者如海德堡大学孔子学院的"新实用汉语初级课程"系列、北京大学的"中文入门"和"中文入门进阶课程"、上海交通大学的"你好，中文"系列、中文客的"普通话"系列。从课程水平要求来看，这22门慕课可分为零基础入门课程和有基础初级课程，入门课程占14门，分别为"新实用汉语初级课程（一）""初级综合汉语""汉语初级入门""中文入门""初级汉语""汉语基础：如何给人留下积极的第一印象""你好，中文1""对外汉语""普通话要领""普通话一级""东方语言联结工具：中文""汉语语言文化一级"和"爱上中文"，其余的则要求学习者具备一定的初级汉语水平。从教学内容来看，有的初级汉语慕课只要求掌握拼音而不涵盖汉字教学，如"中文入门"；有的涉及初步的汉字知识及部分基本汉字，如"汉语初级入门""东方语言联结工具：中文""初级综合汉语""对外汉语"等；还有的未涉及汉字教学但是默认学习者应随文识字，如"初级汉语综合"。从课程呈现方式来看，以上慕课可分为有故事背景和无故事背景两种，前者如"对外汉语""初级综合汉语""汉语普通话"，两者皆以留学生来到中国学习汉语为背景展开课程，后者则无统一的背景，而是以各主题分散教学的方式展开课程。从教学语言看，绝大多数采用学习者母语进行教学，如英语、德语、西班牙语、俄语、法语等，但也有以汉语为主，辅以英语的课程，如"初级综合汉语"。初级汉语慕课众多，我们可从多种角度出发，以多种标准对其进行划分。

(二) 各门初级汉语慕课概况

1. "新实用汉语初级课程（一）"、"新实用汉语初级课程（二）"

"新实用汉语初级课程（一）"（简称"课程一"）和"新实用汉语初级课程（二）"（简称"课程二"）由海德堡大学孔子学院和上海交通大学合作开发并发布于慕课平台好大学在线上，于2020年10月首次开课。主讲教师为由海德堡大学孔子学院的中外方教师共同组成的团队，由余建波、叶翰识等7位老师授课。该课程以《新实用汉语课本》为依据，面向以德语为母语的零基础汉语水平学习者，旨在让学习者通过汉语辩论基本知识和汉语句子结构的学习，初步了解中国人的日常生活，并帮助其理解与欧洲有着不同文化潮流和传统的当代中国与中国人民，减少偏见，并希望本课程内容能对学习者的职业生涯有所裨益。

课程采用德语为教学语言，录制形式主要为以课件为背景的教师单独讲授、教师与课件同时出现的综合讲授和课件单独展示三种。"课程一"包括十二讲内容，前四讲为语音教学；中六讲教授三课内容，每课两讲，标题分别为"你最近怎么样""你是哪国人""你家有几口人"；后两讲为该课程的复习；课程每一讲都由教学视频和练习题两部分组成。"课程二"包括十讲内容，前八讲教授八课内容，每课两讲，标题分别为"你明天几点有课""祝你生日快乐""图书馆在食堂北边""苹果多少钱一斤"；后两讲为总复习。从各讲标题来看，该课程涵盖家庭、季节、购物、交通、学习和中国节日等主题。

该课程的语音教学视频基本流程为"问候—课件展示本课内容—讲解并练习声韵调等语音内容—讲解拼音课文"，语音教学包括声母、韵母、声调、变调、儿化音、拼音书写等内容，并与有意义的拼音课文讲授相结合，增强学习者的成就感。各讲教学视频基本流程为"问候—课件展示本课内容—依次结合例子讲解语言项目用法—播放情景视频"，教学视频的项目以具体语言点和某一功能项目为主，如"课程一"第九讲"你家有几口人1"教学视频的语言项目有："有"字句、数量短语、疑问代词"几"、表领属关系"的"、疑问代词"谁"、询问某人的职业；第十讲"你家有几口人2"教学视频的语言项目有：副词"还"、副词"真"、招待客人用语、询问年龄。该课程教学视频流程的另一特点为词汇讲解直接融入语言项目和功能项目教学中，各项目使用的例子也紧密结合课文对话，教学直接从语言项目和功能项目过渡到课文对话的情景展示，这一方面能增加学习者对生词的理解，但另一方面可能限制学习者的词汇学习，因为各项目的例句不可能包括所有生词。该课程以《新实用汉语课本》为授课依据，故学习者也可能需要自主翻阅该教材的生词部分。除了语言和功能项目的讲解和课文对话展示之外，部分视频还包括语言文化知识的讲解，如"课程一"第二讲的普通话知识、第四讲的汉语拼音知识、第六讲的汉字知识、第八讲的饮食文化和第十讲的亲属关系文化。课程后两讲的复习视频分别总结了拼音知识和本课程所学实用表达，帮助学习者归纳整理所学，也可增强其学习课程的成就感。该课程的教学结合语言结构和功能项目，采用演绎法、视听法、图片法等辅助教学，特色明显。

练习题的题型为单选题。拼音练习题主要有听音频选择音节、根据变调规律选择拼音、选择句子完成对话；主题教学的练习题主要有选择句子完成对话、根据词语/句子选择意思、根据意思选择词语/句子、听词语选择意思。该课程的讨论区板块分为规则须知区、章节讨论区、课程内容纠错区和技术提问区，分工明确。

2. "初级汉语综合"

"初级汉语综合"由浙江科技学院制作，在中国大学慕课平台于2019年10月初首次开课，到2020年10月已是第三次开课。该课程主讲教师为陈海芳，其有十余年的海内外一线教学经验，在初级汉语教学方面颇有研究。该课程的教学对象是有志于学习汉语的留学生或华裔人士，且需具有基本语音知识，学过《汉语教程（第一册）》或已掌握350个基本词汇量，故其并非零起点汉语初级综合课程。在教学目标方面，学习者在完成所有课程视频及配套作业之后将达到汉语水平考试三级水平，具有600个左右的词汇量，能与中国人无障碍地进行日常交流，同时可具备更为成熟的汉语自学能力。

该课程采用中英文相结合的教学语言，录制形式有两种：一为教师出镜，在课件前讲解；二为教师在电脑上展示课件并录制其讲课声音而自身不出镜。课程的基本框架由教学视频、测验与作业、考试、讨论区四部分组成。教学内容由20节课组成，每节课都包括2—11小节不等，教学视频时长3—19分钟不等，同时在文档区配有每个教学视频的相应课件，内容非常丰富，其小节的划分以该课中所出现的重要语言点为依据，现将课程所涉主要语言点列表如下：

表4-2 "初级汉语综合"课程主要语言点

| 课目 | 语言点 | 课目 | 语言点 |
| --- | --- | --- | --- |
| 1. 汉字 | 1.1 拼音<br>1.2 汉字概览<br>1.3 汉字易学<br>1.4 汉字怎么写 | 11. 我们明天七点一刻出发 | 11.1 以后、以前、然后<br>11.2 去我那儿 |
| 2. 部首(1) | 2.1 氵木艹口扌钅亻女虫<br>2.2 氵冫火木<br>2.3 艹钅土<br>2.4 日月夕阝雨<br>2.5 纟山石玉 | 12. 我打算请老师教我京剧 | 12.1 对……感兴趣<br>12.2 兼语句 |
| 3. 部首(2) | 3.1 亻疒口欠彳讠<br>3.2 女子心月衤<br>3.3 目扌又攵页耳<br>3.4 彳辶止走足<br>3.5 虫鱼犭马鸟隹羽牛门<br>3.6 刂戈贝弓矢斤衣巾革<br>3.7 车广覀宀皿舟口穴<br>3.8 禾米礻力田瓦 | 13. 学校里边有银行吗 | 13.1 书在上边<br>13.2 上边有书<br>13.3 上边是书<br>13.4 离<br>13.5 从/到<br>13.6 从……到……<br>13.7 多远/高/长<br>13.8 往前走<br>13.9 往银行走 |

续表

| 课目 | 语言点 | 课目 | 语言点 |
|---|---|---|---|
| 4. 语序 | 4.1 语序［动词］<br>4.2 语序［形容词］<br>4.3 语序［疑问句］<br>4.4 也、都、还［1］<br>4.5 也、都、还［2］ | 14. 我想学太极拳 | 14.1 次 vs 遍<br>14.2 "了"表变化<br>14.3 离合词<br>14.4 能愿动词"会"<br>14.5 能愿动词"可以"<br>14.6 能愿动词"能［1］"<br>14.7 能愿动词"能［2］"<br>14.8 能愿动词"能［3］"<br>14.9 能愿动词"想""要"<br>14.10 能愿动词"愿意""得"<br>14.11 总练习 |
| 5. 名量词 | 5.1 可数名量词<br>5.2 其他可数名量词<br>5.3 不可数名量词 | 15. 她学得很好 | 15.1 状态补语［1］<br>15.2 状态补语［2］<br>15.3 为了/这么/那么 |
| 6. 你常常去图书馆吗 | 6.1 或者 vs 还是<br>6.2 有的……有的……<br>6.3 有时候……有时候…… | 16. 玛丽去哪儿了 | 16.1 再 vs 又<br>16.2 "了"表过去时<br>16.3 不是……吗<br>16.4 不是……吧 |
| 7. 他在做什么呢 | 7.1 正在［1］<br>7.2 正在［2］<br>7.3 ……的时候<br>7.4 没有 vs 不<br>7.5 双宾语句"教、给、问、回答" | 17. 玛丽哭了 | 17.1 动词+了［1］<br>17.2 动词+了［2］<br>17.3 动词+了［3］<br>17.4 因为……所以…… |
| 8. 我去超市买东西 | 8.1 顺便<br>8.2 帮、替、给<br>8.3 连动句 | 18. 我吃了早饭就来了 | 18.1 要是……就……<br>18.2 虽然……但是……<br>18.3 对……满意<br>18.4 对……<br>18.5 就 vs 才［1］<br>18.6 就 vs 才［2］ |

第四章 汉语慕课教学模式研究

续表

| 课目 | 语言点 | 课目 | 语言点 |
|---|---|---|---|
| 9. 我可以试试吗 | 9.1 又……又……<br>9.2 一点儿 vs 有点儿<br>9.3 动词重叠 | 19. 我都做对了 | 19.1 结果补语"完、对、早"<br>19.2 结果补语"懂、好、给"<br>19.3 结果补语"到[1]"<br>19.4 结果补语"到[2]"<br>19.5 结果补语"成"<br>19.6 结果补语"上、开"<br>19.7 结果补语"往"<br>19.8 总练习 |
| 10. 祝你生日快乐 | 10.1 年龄<br>10.2 日期与时间<br>10.3 你属什么<br>10.4 正好<br>10.5 一定<br>10.6 名词谓语句 | 20. 我来了两个多月了 | 20.1 时量补语[1]<br>20.2 时量补语[2]<br>20.3 时量补语[3]<br>20.4 时量补语[4] |

从表中可知，该课程的教学内容以语言点为主，前五节分别集中介绍了拼音、汉字和语法的基本特征和相关知识，涵盖面广泛。但是各小节的语言点数量，即教学视频数量分布极不均衡，且在后面章节中出现录制形式完全不一样的若干视频，如此设置容易给学习者造成有的课过于轻松但是有的课负担过重的学习感受，也易导致学习者学习节奏混乱，无法及时适应另一种讲课风格，极易导致学习者产生消极心理。

从教学流程上看，每一小节教学视频遵循"简单导入语言点—讲解语言点用法—结合例子讲解用法—操练—总结"的步骤。在教学过程中，教师所采用的教学方法有语法翻译法、情景法、图片演示法等。该课程测验与作业的主要题型为填空完成句子、选择词语完成对话、看句子的英文释义选择正确句子、根据实际情况回答问题、看图回答问题、回答课文问题并手写答案等，其中每一节课的最后一小节作业中都会要求学生看拼音写汉字生词,以复习本节课所学。该课程提供与教学视频相匹配的课件,未设置期中或期末考试,在讨论区板块则针对不同的互动需求分别设置了老师答疑区、课堂交流区和综合讨论区。

3. "初级综合汉语"

"初级综合汉语"由北京语言大学制作,于2019年12月上线中国大学慕课平台并首次开课,主讲为张浩、朱世芳、高蕊、刘畅、彭坤、杨琦等北京语言大学一线教师组成的团队。该课程专为零起点汉语学习者设计,旨在为学习者在目的语国家生活和学习提供语言基础,提高学习者使用中文进行日常交际和工作交流的积极性。

该课程的教学语言形式为中英文相结合,在教授新词语、句式和对话时均采用汉语作为教学语言,增加学习者目的语输入,但在介绍语音和汉字知识性内容时采用英语作为教学语言,以便学生理解。课程的录制形式为教师出镜并位于课件屏幕的右方,屏幕左方为教学内容,其中还穿插有使用所学内容进行对话的情景短剧。

课程的基本框架由教学视频、测验与作业、考试、讨论区四部分组成。教学内容由6个章节组成,涵盖问候、家庭、日期与时间、日常生活和购物5个话题,本书将其具体内容列表4-3如下:

表4-3 "初级综合汉语"具体内容

| 章节 | 标题 | 章节 | 标题 |
| --- | --- | --- | --- |
| 1. 课程介绍 | 1.1 课程导入<br>1.2 汉字<br>1.3 汉语语音<br>1.4 语法 | 4. 日期和时间 | 4.1 几月几号期中考试<br>4.2 几点开始上课<br>4.3 一起过生日怎么样<br>4.4 语音<br>4.5 汉字 |
| 2. 问候 | 2.1 你好<br>2.2 你是哪国人<br>2.3 喝咖啡<br>2.4 他是外星人<br>2.5 语音<br>2.6 汉字 | 5. 日常生活 | 5.1 你去哪儿<br>5.2 我在五楼等你<br>5.3 我的一天<br>5.4 语音<br>5.5 汉字 |

续表

| 章节 | 标题 | 章节 | 标题 |
|---|---|---|---|
| 3. 家庭 | 3.1 我有一个妹妹<br>3.2 你们家有几口人<br>3.3 您家真漂亮<br>3.4 语音<br>3.5 汉字 | 6. 买东西 | 6.1 我想买点儿苹果<br>6.2 有大一点儿的吗<br>6.3 白色的比灰色的好看<br>6.4 语音<br>6.5 汉字 |

  该课程的第一章集中讲解汉字、语音和语法基本知识与特点；剩余章节按照话题划分，每章节教学视频数量分布均衡，话题贴近日常生活场景，话题下的小节也彼此联系紧密，且每章节的后两节分别讲解语音和汉字知识。课程视频时长 5—7 分钟不等。

  该课程第一章为课程介绍章节，以留学生大白来到北京语言大学学习汉语，到校第一天跟随老师游览校园的活动来开始整个课程，后期的教学视频也围绕大白在北京语言大学学习汉语的日常生活展开，以学生视角为导入点，以其学习活动为线索串联整个课程能增强学习者的学习课堂真实度，学习者会将自己代入大白的位置来开始自己的实地留学之旅，这样的设置别有新意。课程第一章的剩余小节分别简要介绍了汉字、语音和语法的基本知识，其教学流程都遵循"展示学习目标—师生对话逐步讲解—结语"的步骤；其余章节的语言教学视频遵循"展示学习目标—课堂情景短剧导入—讲解生词—讲解和操练语法点—讲解与练习课文—总结"；语音和汉字教学视频的基本流程为"展示学习目标—教师讲解—练习—总结"。在教学过程中，教室采用图片法、情景法、归纳与演绎法等教学方法。

  该课程第一章的单元测验与作业主要题型为简答题，要求学生简要说明"甲骨文""仓颉"、部首"氵"、造字法、声韵母数量、声调等方面的内容。其余章节的测验与作业除了常规考查所学词汇、语言点与课文之外，还包括一份语音汉字作业，共两份作业：常规作业包括 4—5 题，题型涉及听力、读词语、看拼音写汉字、选择词语、排序、依照例子写句子、写小作文等。该课程设置了期中考试和期末考试，期中考试包括20道题目，主要为选择题和填空题；期末考试分客观题测试卷和主观题测试卷，前者也由选择题和填空题组成，后者含三个答题，分别为写汉字、听录音写词语和写小作文。在讨论区板块，课程针对不同的互动需求，分别设置了老师答疑区、课堂交流区和综合讨论区。

4. "汉语初级入门"

"汉语初级入门"的制作单位是上海外国语大学，2019年12月于中国大学慕课平台首次开课，至2020年10月为第三次开课。该课程的主讲教师为张艳莉、朱璇、李亚梦和李惠，都是汉语教学的一线教师，经验丰富，整个团队的研究方向包括第二语言习得、认知语言学及初中级汉语教学等。"汉语初级入门"面向的是有意愿学习汉语拼音及一些基本语言结构的汉语零基础学习者，在完成该课程后，学习者可以掌握汉语水平考试一级核心词汇及一些日常生活汉语，能够运用汉语进行问路、点餐等日常交际活动。

该课程采用全英文授课，录制形式为通过教师出镜一问一答，逐步引出教学课件，但教师与教学课件不同时出现。基本框架是教学视频、测验与作业、考试和讨论区。教学内容包括9个章节，涵盖基本拼音知识、拼读规则、问候与自我介绍、家庭成员与职业、点餐与支付、日期与时间、天气与健康、问路与制定计划8个主题，其中还穿插汉语水平考试一级汉字与文化方面的教学。本书将详细章节列表如下：

表4-4 "汉语初级入门"课程介绍

| 章节 | 标题 | 章节 | 标题 |
| --- | --- | --- | --- |
| 01<br>拼音（一） | 1.1 拼音简介<br>1.2 声母 b p m f 和单韵母<br>1.3 声母和韵母（一） | 06<br>点餐与支付 | 6.1 食物与饮料<br>6.2 点餐与支付<br>6.3 汉字 |
| 02<br>拼音（二） | 2.1 声母和韵母（二）<br>2.2 韵母 er<br>2.3 变调规则 | 07<br>日期与时间 | 7.1 日期<br>7.2 时间<br>7.3 汉字 |

续表

| 章节 | 标题 | 章节 | 标题 |
| --- | --- | --- | --- |
| 03<br>近音辨析 | 3.1 近音辨析1<br>3.2 近音辨析2 | 08<br>天气与健康 | 8.1 季节与天气<br>8.2 健康<br>8.3 汉字 |
| 04<br>问候和自我介绍 | 4.1 问候<br>4.2 自我介绍<br>4.3 汉字 | 09<br>方位与计划 | 9.1 询问方位<br>9.2 询问计划<br>9.3 汉字 |
| 05<br>家庭成员和职业 | 5.1 家庭成员<br>5.2 职业和爱好<br>5.3 汉字 | | |

该课程的章节数量分布均衡，且话题明确，前三章讲解拼音知识与辨析，后六章讲解与各话题相关的词语、语言结构与对话，每一小节包括1—3个视频不等。前者的各小节教学视频分别由一位教师与不同的留学生出镜，通过双方的对话问答来不断引出并逐步推进教学，其基本教学流程为"师生问候—对话导入—讲解—师生结语—内容总结"。后六章的教学视频所遵循的基本流程为"展示小节标题—教师对话导入—展示目标语句1并结合生词讲解—简单练习—展示目标语句2并结合生词讲解—教师问答练习完整对话—总结"，部分带有文化知识点的教学视频会在总结之前以教师之间对话的形式告知学习者。后六章的教学视频还包括汉字视频，介绍本课关键汉字及其英文释义、笔顺、结构（主要是形声字，介绍声旁和形旁）、各部件及整字来源义，部分汉字还配有词语。该课程的每一小节教学视频都配有1—2份文档，全英文介绍相关知识、学习建议等，部分小节还有讨论区。本书将各小节文档和讨论区主要内容列表如下：

表4-5 "汉语初级入门"各小节文档和讨论区

| 节 | 小节 | 文档 | 讨论区 |
|---|---|---|---|
| 01 | 1.1 拼音简介 | 拼音的历史和用途；拼音学习建议 | 自我介绍、汉语学习经验 |
| | 1.2 声母 b p m f 和单韵母 | 如何用汉语说"不"；如何打出字母"ü" | 无 |
| | 1.3 声母和韵母（一） | 表达爱意；复习总结 | 介绍所爱 |
| 02 | 2.1 声母和韵母（二） | 表达"这是……"；你想吃/喝什么；y、w、yu；表达谢意与歉意 | 无 |
| | 2.2 韵母 er | 儿化音；家庭成员词汇 | 无 |
| | 2.3 变调规则 | 三声变调；发表评价 | 无 |
| 03 | 3.1 近音辨析1 | 如何议价；表达"我要……"；自我介绍 | 汉语自我介绍 |
| | 3.2 近音辨析2 | 表达祝福；数字文化意义；复习声韵母 | 分享各国数字文化义 |
| 04 | 4.1 问候 | 日常问候话语 | 无 |
| | 4.2 自我介绍 | 姓名文化；国家词汇 | 汉语问候、介绍姓名、国籍等 |
| | 4.3 汉字 | 汉字田字格练习纸 | 无 |
| 05 | 5.1 家庭成员 | "四世同堂"；11—100数字 | 无 |
| | 5.2 职业和爱好 | 职业与爱好词汇 | 汉语介绍姓名、国籍、爱好与家庭成员 |
| | 5.3 汉字 | 汉字田字格练习纸 | 无 |
| 06 | 6.1 食物与饮料 | "两"；饮食词汇；中国美食分类 | 无 |
| | 6.2 点餐与支付 | 外卖 | 用汉语点餐 |
| | 6.3 汉字 | 汉字田字格练习纸 | 无 |

续表

| 节 | 小节 | 文档 | 讨论区 |
|---|---|---|---|
| 07 | 7.1 日期 | 传统节日与日期 | 无 |
| | 7.2 时间 | 日常安排词汇；时钟的读法 | 介绍生日和日常起居活动 |
| | 7.3 汉字 | 汉字田字格练习纸 | 无 |
| 08 | 8.1 季节与天气 | 无 | 无 |
| | 8.2 健康 | 生病词汇；"姜汤治感冒" | 介绍天气、季节 |
| | 8.3 汉字 | 汉字田字格练习纸 | 无 |
| 09 | 9.1 询问方位 | 南北方指路方式的不同 | 介绍家乡和首都的方位 |
| | 9.2 询问计划 | 中国城市苏州、杭州和桂林 | 介绍旅游计划或交通方式 |
| | 9.3 汉字 | 汉字田字格练习纸 | 无 |

从表中可得，每小节配备的文档主要有词汇、文化、语言点等类型，有效补充了视频教学内容，尤其是在前三章讲解拼音时，配备文档介绍了许多实用的拼音表达，增加了拼音知识学习的实用性和趣味性。结合教学视频、文档和讨论区话题设置，该课程在教学方面的主要特点为：教学视频注重句式的介绍，而将生词的学习放入配套文档中，由学生自学之后代入所学句式当中；课程注重结构、功能和文化相结合，视频按照功能分章节并讲解语言结构、配备文档补充文化知识、讨论区话题紧扣章节主题训练学习者的交际能力。在教学方法上，视听法、交际法、图片法、演绎法等在该课程中得到充分运用。该课程的测验与作业部分由前三章的拼音练习和后六章的句型与语法练习组成，拼音练习每份 15 题，多为听音频选择相应声韵母，句型与语法练习每份 7—10 题，多为看问题选择正确回答或正确语言点、看图片选择正确时间与日期。该课程无期中考试卷，期末考试共 50 题，题型主要为九章测验与作业题型的汇总，有听音频选择、选择词语完成句子、选择正确句子或语言点、填空完成句子等。讨论区则设置了老师答疑区、课堂交流区和综合讨论区，包括上文提及的 11 个随堂讨论帖子。

### 5. "初级汉语"

"初级汉语"由圣彼得堡国立大学制作并发布于慕课平台 Coursera，截至 2020 年 11 月，已有 14000 多人注册学习。该课程的主讲教师为曹鹏、刘丽梅、弗拉索娃·娜塔莉娅·尼古拉耶芙娜，其中前两位教师以汉语为母语，后两位以俄语为母语。课程的教学对象是以俄语为母语或掌握俄语的汉语零基础入门学习者。教学目标为：学习者在完成课程之后能掌握 A1 水平的基本词汇和语法，同时培养学生对汉语的兴趣和对中国文化的尊重。课程还成为圣彼得堡国立大学中文专业学生的学习内容，故整体教学内容丰富，也注重汉字教学。

课程除了目标词汇、语句和对话之外，采用俄语作为教学语言；录制方式多样，有教师单独出镜、教师与课件同时出镜和课件单独显示三种。该课程共包括 11 周教学内容，主题包括问候、家庭与日期、个人信息与一周、业余活动与年龄、家庭与时间、空间位置、购物、交通与货币兑换、休闲、机场接人等；该课程每周有两段对话，每段对话分别配有两个词汇视频、一个语法视频、一个语句视频，遵循"讲解词汇—词汇测验—讲解语法—朗读语句—展示对话—对话测验"的基本流程。词汇视频分别展示生词的拼音、汉字、笔顺与释义；语法视频则结合多个例句讲解用法；教师在语句视频中分别朗读对话中的重点句子；对话视频则以卡通人物对话的形式演示对话。在教学过程中，该课程采用语法翻译法、情景法、演绎法、图片法等多种教学方法。

课程测验主要分为词汇测验、听力测验和语法测验三种：词汇测验要求学习者给生词标声调、看拼音选词语、完形填空、翻译生词和短语（俄译中）；听力测验要求学习者听音频写句子或回答问题；语法测验的题型则主要是选词填空和选词语造句等。该课程的补充阅读材料提供了关于汉语历史、中国文化与文学作品、中国人生活习惯方面的文化知识，内容丰富。

综上，课程的主要特点是面向掌握俄语的汉语学习者，提供完整且颇具条理的教学体系，教学内容全面充实，在词汇、语法、汉字教学方面各有侧重点。

6."汉语基础：如何给人留下积极的第一印象"

"汉语基础：如何给人留下积极的第一印象"由亚利桑那州立大学制作并发布于慕课平台 Coursera，截至 2021 年 5 月，已有 23000 多名学员注册学习。该课程由艾米莉亚·格拉西亚主讲，艾米莉亚·格拉西亚主讲从事了多年的英语和西班牙语二语教学工作，是亚利桑那州立大学英语作为第二语言教学的教学督导。该课程是 Coursera 上"汉语基础：语言与企业文化"专项课程中的第一门，旨在使学习者了解汉语的基本知识，如拼音、数字、问候、自我介绍、家庭、爱好及相应文化知识等，故其面向的是以西班牙语为母语或懂西班牙语的汉语零基础水平学习者，教学语言也为西班牙语。

该课程的录制形式为教师与课件轮流出现讲解和呈现教学内容。它共有六周课程，除了最后一周的期末考试周以外，其余各周均包括三小节和一份章节测验，每一小节包含 2—4 份视频，部分小节包含补充阅读材料、小节测验和话题讨论区。前四周课程分别以拼音、自我介绍、数字、日期为主题，第五周以对话教学为主，涵盖家庭、运动、游戏、乐器等主题。本书整理列举如表所示：

表 4-6　"汉语基础：如何给人留下积极的第一印象"课程介绍

| 第一周<br>拼音 | 1.1 声母和韵母<br>1.2 声调和拼音<br>1.3 基本汉字"人、大、小、再见"<br>1.4 本周测验 | 第四周<br>日期 | 4.1 日期<br>4.2 一周<br>4.3 本周汉字"男人、女人、家庭、房屋"<br>4.4 本周测验 |
|---|---|---|---|
| 第二周<br>自我介绍 | 2.1 自我介绍<br>2.2 国籍<br>2.3 本周汉字"火、月亮、太阳"<br>2.4 本周测验 | 第五周<br>对话 | 5.1 家庭<br>5.2 体育活动<br>5.3 乐器及其他活动<br>5.4 本周测验 |
| 第三周<br>数字 | 3.1 数字<br>3.2 买东西<br>3.3 本周汉字"你好、谢谢"<br>3.4 本周测验 | 第六周<br>期末<br>测试 | 6.1 课程总结视频<br>6.2 期末测试 |

该课程的教学视频中除了主讲教师之外，还有一位汉语母语发音者朗读词语、例句和对话，书写汉字，为学习者提供地道发音和书写。每周的基本教学流程是"教师简要介绍主题—讲授生词—讲授目标语句—讲授汉字"，教学视频中会要求学习者回答若干问题，即时考查及帮助记忆问题前所讲的内容。该课程的汉字教学独立于各章节的主题或词汇，而且只是稍微涉及，比较零散，不成体系。在教学方法方面，语法翻译法占有主要地位，此外演绎法也经常被采用。在章节测验和期末测试中，听音频选声韵调、音节或句子、看释义选择拼音、看拼音选择释义、看问题选择回答、判断正误等题型频频出现，集中考查学习者对所学词语和句子的掌握程度。部分小节中的补充阅读材料为学习者提供拼音知识、文化知识或词汇与句型笔记等内容。该课程每周设有话题讨论区，要求学习者针对相应主题发表自己的观点。综上，该课程的特点在于教学对象是西班牙语学习者，而且每周教学内容不都以对话为目的，对话教学在第五周才集中出现，前四周聚焦于单语句的教学，而且汉字教学有其规律，独立于每周主题。

7. "初级汉语进阶课程"

该课程由北京大学制作并发布于慕课平台 Coursera 上，是"初级汉语"的进阶课程，主讲教师同为刘晓雨。截至 2021 年 5 月，该课程已有 43000 多名学习者注册学习，面向能听懂英语并对汉语有基础了解或已经完成"初级汉语"课程的学习者。在完成该课程后，学习者能掌握更多关于个人信息、日常生活、饮食和健康方面的词汇和关于问候、建议、同意、比较、抱怨、禁止、经历、计划和推荐等功能项目的表达，学习能提高汉语听说能力，加深学习者对中国社会文化的了解。

该课程的教学语言为英语，录制形式为教师单独出镜、教师与课件同时出现和课件单独展示三种。课程包括六周学习内容，每一周包括四小节，每小节包括一个教学视频、一份生词列表、若干练习题、补充阅读材料或讨论区。1—6 周的教学主题分别是个人信息、工作生活、饮食、解决日常问题、身体健康和假期计划，着重于拼音教学，不教授汉字。每一小节的教学视频时长 2—5 分钟不等，遵循"问候并导入对话情景—课件展示对话—讲解语言点"的基本流程。学习者在观看教学视频前需要先阅读生词列表，然后在教师所构建的情景下学习对话和语言点。整个教学过程采用情景法、语法翻译法、图片法等教学方法，有机结合结构和功能，使学习者更深入掌握语言结构的应用语境。

该课程的测验和练习题型有根据语境或图片选择合适称谓、选择句子完成对话、给词语选句中合适位置、根据意思选择短语、听音频选择短语、根据对话视频判断正误、根据意思选择词语完成句子、看图片根据所给词语写句子、给词语排序写出句子。此外，还包括运用讨论区进行的练习，如翻译、看图片问问题并写出回答、描述图片等机械与半机械性练习，也有语段表达的交际性练习，如谈论运动经历、列出开车或骑自行车的好处和坏处、询问某人旅行的经历、询问某人的兴趣、推荐旅游景点等。另外，部分讨论也用于复习每周的教学内容。补充阅读材料提供的是与各小节教学内容相关的文化知识，细致全面，体现了文化与结构、功能的有机结合。

8. "普通话要领"

"普通话要领"由中文客制作并发布于全球三大慕课平台之一 edX 上，至 2021 年 5 月，已有 42700 多名注册学员。该课程是大规模开放在线平台 edX "普通话沟通"专业证书项目课程中的起始课程，其后续课程依次为"普通话一级"、"普通话二级"、"普通话三级"和"商务普通话"。该专业证书项目的前三个课程将会在本章节中依次介绍，"普通话二级"在中级综合汉语慕课章节中说明，最后者则在本书商务汉语慕课章节中进行讨论。中文客致力于线上汉语教学，2015 年在美国洛杉矶注册成立；其创办人陈侑敏即该课程主讲教师，执教已有 20 余年，也一直从事线上教学研究。另外，本书所用汉语与普通话同义。

"普通话要领"为入门课程，教学对象是零基础的汉语学习者；教学语言为全英文；教学目标是让学习者学会声调、拼音和日常生活场景下的基本语法、汉字和语言结构，培养其基本的汉语交际能力。该课程的录制形式为在非课堂环境下教师出镜讲授，讲授内容以注释的形式展示在教师旁边。

该课程的基本框架为介绍章节和五个课程章节。介绍章节包括课程大纲和介绍视频，后者说明了学习汉语普通话有关键五步；故之后的五个课程章节就以该"学习普通话关键五步"说法来划分,依次讲解了声调、拼音、一个汉字一个音节、汉字和基本结构。每个课程章节包括1—4个讲解视频、1个对话视频和1份测验。本书将五个课程章节的视频内容概括列表如下:

表4-7 "普通话要领"课程介绍

| 章节 | 讲解视频主要内容 |
| --- | --- |
| 步骤一:声调 | 视频一:声调基本知识 |
|  | 视频二:声调和词语、语段练习 |
| 步骤二:拼音 | 视频一:拼音基本知识和作用 |
|  | 视频二:拼音练习与声韵拼合 |
|  | 视频三:拼音词语练习(包括星期的教学) |
| 步骤三:一个汉字一个音节 | 视频一:汉语无形态变化 |
|  | 视频二:一音多字多义;字词组合 |
| 步骤四:汉字 | 视频一:象形字、独体字 |
|  | 视频二:非独体字;部首(亻、扌、女) |
|  | 视频三:形声字 |
|  | 视频四:复习总结 |
| 步骤五:汉语基本结构 | 视频一:汉语基本语序 |
|  | 视频二:时间与地点状语的位置 |
|  | 视频三:修饰语置于中心语前 |
|  | 视频四:英语和汉语是非问句的不同 |

从该课程的教学内容看,我们可以知道,该课程其实是汉语基础知识课程,并不涉及明确的目标生词、语法、句式和对话。但是教师在讲授过程中结合了许多有意义的词语和句子,所以学生可以在了解这些基本知识的同时学习一些基本词汇和句式。该课程的测验题型有认读拼音、听音频打字(拼音)、选择、判断正误、猜一猜和完成句子,考查的是相应章节介绍的汉语知识和一些词语。该课程无期中或期末考试,但是设置了论坛供教师与学习者以及学习者之间相互

交流。

该课程作为入门知识课程，以"学习普通话关键五步"展开教学，脉络清晰，而且在讲解过程中采用语法翻译法、对比听辨法、搭配法、声调组合法等多种教学方法，循序渐进，是一门不错的汉语基础知识课程。

9. "普通话一级"和"普通话二级"

"普通话一级"和"普通话二级"课程的制作发表机构为中文客，主讲教师为陈侑敏。截至 2021 年 5 月，前者已有 71000 多名学习者注册，后者则有 10000 多名注册学习者。"普通话一级"为汉语零起点入门课程，面向对汉语无了解或知之甚少的学习者，旨在通过对日常词汇、语法和句式的学习，提高学习者在真实场景中运用汉语进行交际的能力，同时增强学习者对中国文化的了解。"普通话二级"面向对汉语已有基本了解或已经完成一级课程的学习者，教学目标在于提高学生在更多真实生活场景中运用汉语的交际能力，加深学习者对中国文化的理解。

两个课程皆采用全英文教学，录制形式为教师出镜授课，同时以注释而非课件的形式在教师旁边展示教学内容，授课过程中生词和关键句式会独立显示 1 秒左右。两个课程皆包括概述章节、六个课程章节和期末考试：概述章节介绍了课程大纲、每课总结和学习工具，其中"普通话二级"还包括要求认读的简繁体汉字列表；六个课程章节的基本框架由导入、词汇、语法和句式、对话、测验、文化点、词汇笔记和句式笔记七部分组成，其中"普通话一级"在文化点处还包括听写环节。课程的章节以不同主题划分，"普通话一级"包括介绍自己、过海关/打出租车、酒店登记、在酒店和餐厅、怎么去和为什么来中国台湾；"普通话二级"包括逛老街、家人、买东西、买衣服、学中文、租房子六个主题。此外，"普通话一级"由于是零基础入门课程，故在课程章节前还设置学前章节，讲授声调、拼音、数字和简繁体相关知识。本书将两个课程大纲中的各章节学习目标和语法点总结截取如表 4-8、表 4-9 所示：

表4-8 "普通话一级"课程介绍

| 课别 | 学习目标 | 语法点 |
|---|---|---|
| 01 介绍自己 | 我能与人打招呼<br>我能简单介绍自己 | 请/请问……<br>我（不）是……<br>我也是……<br>我（没）有……<br>我从……来 |
| 02 过海关/打出租车 | 我能说明、询问和谈论去一个地方的理由<br>我能询问和谈论一个人在某个地方待了多久<br>我能谈论长途飞行的感受 | ……的……<br>你为什么……<br>我快……了 |
| 03 酒店登记 | 我能在酒店登记入住<br>我能询问和谈论酒店服务<br>我能向酒店前台提出请求 | 能不能/可不可以/会不会<br>……但是/可是……<br>……好像<br>还有 |
| 04 在酒店和餐厅 | 我能说出中餐食物的名称并描述味道<br>我能邀请其他人一起做某件事<br>我能约时间 | 我（想）要……<br>V+起来很……<br>……跟……<br>虽然……，不过/但是/可是…… |
| 05 怎么去 | 我能说出交通工具的名称<br>我能询问和谈论交通工具 | ……除了……，还……<br>V过<br>如果/要是……（的话），…… |
| 06 为什么来中国台湾 | 我能讨论和朋友去某地的原因<br>我能做简单的比较<br>我能和朋友讨论旅行计划 | ……比……<br>……比较……<br>……对……有兴趣<br>……怎么样 |

表 4-9 "普通话二级"课程介绍

| 课别 | 学习目标 | 语法点 |
| --- | --- | --- |
| 01 逛老街 | 我能说明事件先后顺序<br>我能描述一个地方的特色<br>我能说明对商品的看法<br>我能表达假设的情况 | ……先……，再……<br>V+不起/得起<br>虽然……，但是/可是……<br>如果……就…… |
| 02 家人 | 我能说出我的家人及称谓<br>我能说明自己与他人的职业<br>我能形容人的特质<br>我能询问与表达年龄<br>我能表达即将发生的事情 | ……当（职业）……<br>又……又……<br>是……的<br>快……了 |
| 03 买东西 | 我能对物品进行比较<br>我能说明对物品的看法<br>我能表达对物品价格的看法<br>我能说出一些常见的日常生活用品及衣服的名称 | 跟<br>比较<br>差不多<br>对……来说 |
| 04 买衣服 | 我能描述某个地方有哪些商品<br>我能说明对衣服的看法<br>我能打电话跟别人约定见面的时间和地点<br>我能说明事件的原因和结果<br>我能表达我对某人或某事的惊讶 | ……约……<br>……V+到/不到<br>……连……都……<br>因为……，所以…… |
| 05 学中文 | 我能说明考试项目<br>我能谈论对一个技能的学习程度<br>我能说明课程时间、长度、价钱<br>我能描述固定时间发生的事情 | V得……<br>每<br>以后 |
| 06 租房子 | 我能提出对租房子的要求<br>我能描述房间的样子<br>我能说明租房子的相关情况<br>我能描述住家附近的环境<br>我能表达一般情况下的事件 | ……以下/以上/以内/以外<br>一般来说<br>让……左右 |

从各章节的主题和学习目标来看，两个课程的主题设置与日常生活场景非常贴近："普通话一级"接近于赴中国台湾旅游的非汉语母语者视角，从介绍自己、过海关、打出租车、酒店登记入住到和朋友在酒店餐厅或去某地，最后谈论来中国台湾的原因，过程自然顺畅；"普通话二级"的视角则是在中国台湾生活的汉语非母语者，从购物、学习、租房子等方方面面来学习相关表达，具有高度实用性。此外，课程的学习目标也以第一人称"我"说明，拉近课程与学习者的距离，增强学习者的成就感与学习动力。从各章节的语言点来看，该课程不局限于单句句式，还包括从相应场景出发可能需要用到的一些复句关联词，体现以功能为主的教学思想。"普通话二级"中有部分语法点与"普通话一级"重合，但是讲解更深入，所结合的例子与语境也更全面，这对已完成"普通话一级"的学习者来说，是一种"温故知新"的学习体验，既复习巩固了之前的学习成果，又加深了理解，表现出螺旋式上升的学习规律。

从教学流程看，两个课程皆依次包括导入视频、词汇视频、语法和句式视频、对话视频、小测验、听写与文化点以及词汇和句式笔记（"普通话二级"课程句式笔记位于课程大纲中），这也反映了该课程的教学基本流程为"导入—词汇讲解—语法与句式讲解—对话讲解"，之后辅以测验、听写等课后巩固练习，并补充文化点、词汇和句式相关资料。导入视频中，教师会简要概括本章节的学习内容和其中的重点。词汇视频中，教师依次讲解生词，首先独立显示生词及其拼音、英文释义 1 秒，然后切入教师讲解界面，教师会简要说明生词的声调、意思和相应搭配词语和句子，部分生词还会说明运用的语境。语法与句式视频中，教师依次讲解大纲中所列的目标句式，并结合不同例子重点讲授句式的应用语境。在对话视频中，教师先说明对话发生的情景（"普通话二级"直接省去了该环节），再通过相应的情景短剧串联本课的生词和句式进行集中展示，之后教师跟随视频逐句翻译情景短剧中的对话。在测验和期末考试部分，两个课程有所不同：前者主要涉及对翻译、语法、对话、听力和声调的考查，有选择题、听音频写句子（拼音或汉字）等题型；后者则主要考查听力和阅读两个方面。"普通话一级"听写的形式为视频播放生词音频，要求学生写出对应拼音。文化点视频则介绍与章节主题相关的文化知识，如"普通话一级"第四课程章节"在酒店和餐厅"，教师介绍了"勺子"和"金枪鱼"的不同说法。词汇与句式笔记则以文档的形式说明词语和对话中重点句子的简繁体、英文释义、拼音和读音音频。在教学过程中，两个课程都采用语法翻译法、情景法、演绎法、搭配法、图片法等教学方法，结构清晰，流程顺畅。在讨论区板块，edX 的平台统一设置了综合讨论区，教师和学习者、学习者之间可以就学习过程中的一些问题讨论，相互交流想法、经验和建议。此外，edX 还设有"视频""关键日期"和"资源"版块，使学习者能更清晰地就某一方面浏览、完成课程。

10. "汉语语言文化（一级）"和"汉语语言文化（二级）"

"汉语语言文化"系列课程包括两门子课程，即"汉语语言文化（一级）"和"汉语语言文化（二级）"，两者互为先后，由麻省理工学院制作并发布于 edX 慕课平台。该系列课程非自主学习课程，而是定期开放供学习者选择并跟随教师安排的进度逐步进行的。麻省理工学院中文项目负责人廖灏翔担任该课程的主讲教师，其主要研究方向为汉语教学法、跨文化交际、教师培训以及课堂指导与数字学习的融合。该系列课程面向零基础汉语学习者开设，旨在培养学习者的汉语发音与基本的阅读和写作技能，以及简单谈论日常话题的汉语运用能力。此外，学习者的中国文化知识以及在此基础上的跨文化交际能力也是课程的重点教学目标之一。课程采用全英文的教学语言，教师的语言组织简洁易懂；课程录制形式分为动画短片与教师出镜讲解的实景录制两种。

课程共包括 15 周的教学内容，其中"汉语语言文化（一级）"为 7 周，"汉语语言文化（二级）"为 8 周，两者预估的每周学习时间为 5—7 小时。"汉语语言文化（一级）"的 7 周课程包括汉语普通话的基本知识、日常问候、正式与非正式场合下的自我介绍、日常小对话、汉语阅读与书写、期末口语项目；"汉语语言文化（二级）"的 8 周课程包括地点位置、饮食、购物、打电话、节日庆祝、汉语阅读与书写、期末口语项目。该系列课程所包含的教学内容涵盖基础的日常交际话题，能满足汉语初学者的交际需求。除去课程开始的汉语基本知识介绍和最后的测验类项目，每一课教学内容的基本结构包括核心会话、补充词汇、句式、文化点、句式复习、测验、阅读练习以及补充资源，汇集词汇、语法、句式与会话、练习测验以及知识延伸拓展多个方面。核心会话部分包括时长为1分钟左右的动画短片，并附有拼音和英文释义文本，其下为列有拼音、音频与英文释义的词汇列表，最后为3个左右的选择题考查学习者对会话的理解。补充词汇部分包含符合当课主题且分小类的常用课外词汇、以真人实景录制短视频为根据的听力理解问题（两道左右）和教师指定的讨论题。语法部分一般包括4个左右的小语言点和1个语法问题讨论区，每个语言点含2分钟上下的教师讲解视频、讲解文本和随堂小练习。此外，语法部分还包括若干重点词汇及其用法，并附有以真人实景短视频为依据的听力理解题。文化点部分是对中国人表达习惯与方式以及文化常识的介绍，前者如中国人习惯间接委婉的表达方式，后者如微信与支付宝的使用，非常贴近当代中国人的生活。句式复习部分是以语言点为中心、划分句子成分的例句列表，并附有英文释义和范读音频，以使学习者更熟悉汉语句式表达。测验包括听力理解、选词填空、回答问题、翻译对话以及角色扮演表达五个部分。听力理解分纯音频理解与视频听力理解，共15小题左右；选词填空4道左右；回答问题4道左右；翻译对话3段左右。该课程的测验侧重于考查学习者的听力理解，其次为阅读与口语表达，同时通过对话翻译也体现出对基本语言知识掌握的注重。阅读部分通常为短对话的阅读理解以及对重点句式和段落的朗读，该部分文本除了拼音、音频与英文释义外，还附有简体和繁体汉字，意在使学习者在理解文本意义的基础上也能对汉字形体的使用产生印象。最后的补充资源部分为测验主观题的答案、补充的视频资源以及当课问题的讨论区。

两门子课程在教学周的最后皆设置了汉语阅读与书写模块，该模块介绍汉字的基本知识，提供以汉字文本呈现的各课核心对话及相应阅读理解题，同时包含听音频选汉字等形式的练习、汉字阅读训练、汉字书写资源以及汉字练习实时课。因汉字掌握并非该系列课程的主要教学目标，故汉字阅读与书写模块的教学内容较为简略，感兴趣的学习者可根据课程的指导在课下自主进行汉字书写练习。有意获得课程证书的学习者还需在课程最后完成一个自我介绍或介绍他人的期末口语项目以展示与评估课程所学。

此外，该课程的一个特色之处在于丰富的实时在线活动，每一课皆包含一节教学课、两节练习课以及一节社交活动课，活动时间皆在课程起始的教学进度日程表中有所说明，并于每周以邮件形式通知学习者。课程借助 Zoom 平台提供固定时间段的实时在线教学课和练习课，并在 edX 平台上传当课的教学课视频，学习者可以参加教学课，也可观看课后上传的会议视频。课程每周的社交活动课在快捷流利（Fluentsoon）网站上进行，开展符合当课主题的对话练习、文化活动、中文歌曲等活动，使学习者在训练汉语表达能力的同时与其他学习者建立同伴联系，增强学习社群集体感。这一形式弥补了多数汉语慕课在师生互动方面的缺陷，有效建立了师生与生生之间的教学联系，也有助于学习社群及学习者共同归属感的创建，同时也能训练与提高学习者的口语表达能力，充分利用现有网络技术与资源，使其与语言教学高效结合，是目前其他汉语慕课所少有的。

该系列课程作为初级水平的综合汉语慕课，为汉语初学者提供了很好的汉语入门指导，英文为主的教学语言和拼音为主的教学呈现与要求有助于学习者对教学内容的理解与入门，每门课程起始的教学进度日程表与每节课的推荐学习顺序也给学习者详细的参考与指导。课程在练习和测验方面的设置也具有阶梯性，练习和测验分必写与选写两部分，必写部分以客观题为主，内容较为基础，选写部分则以主观题为主，难度有所增加，适合学有余力的学习者。另外，课程的教学内容注重语言知识与文化知识的融合，强调学习者在不同语言场景下的得体表达，教学过程中体现了视听法、情景法、听说法等教学法思想，师生与生生之间充分的互动活动设置也是互动式语言教学模式的体现。

11. "东方语言联结工具：中文"

"东方语言联结工具：中文"由法国国立东方语言与文明学院制作并发布于法国慕课平台 FUN 上，主讲教师为白乐桑和王珏，另有两名导师何术和贝阿。白乐桑为欧洲中文教学协会会长，研究方向为中文教学及法国的中文教学历史；王珏为日内瓦大学语言科学博士和信息与通信技术中文教师，研究侧重于外语和文化教学法；何术和贝阿则在语言教学领域具有丰富的经验。该课程面向的是对汉语语言和文化感兴趣的零基础学习者，课程设置从《欧洲共同语言参考框架》A1级出发，旨在教授基础口语和书面汉语，并同时培养学习者尊重和理解中国文化及价值观的意识。

该课程有七周的教学内容，包括课程概述和六周教学内容：课程概述包括汉语写作的发展、汉字、拼音、法语学习者的语音和困难；第二周至第七周的教学则按照"对话—词汇和语句—汉字—语法点—文化点"的步骤进行，包括中日对比、国籍、姓名、中文学习和家庭等主题。围绕课程的每周教学内容，本书整理列表如下：

表4-10 "东方语言联结工具：中文"课程介绍

| 周目 | 对话主题 | 汉字 | 语法点 | 文化点 |
| --- | --- | --- | --- | --- |
| 第二周<br>中国很大，日本很小 | 中国大，日本小 | 中、王、国、大、日、本、小、马、吗、很、不 | 形容词大、小；副词"很"；"吗"疑问句 | 中日之间的差异 |
| 第三周<br>您来自哪个国家 | 你是哪国人 | 你，是，哪，人，李，田，我，法，也，他，们，美，一，二，三，四，五，六，七，八，九，十 | 动词"是"；疑问词"哪"；副词"也"；词缀"们" | 中国人民 |
| 第四周<br>您叫什么名字 | 您贵姓 | 您，贵，姓，立，阳，月，文，叫，什，么，名，字，去，儿 | 替代性提问 | 中文姓氏 |

续表

| 周目 | 对话主题 | 汉字 | 语法点 | 文化点 |
| --- | --- | --- | --- | --- |
| 第五周<br>您在学习什么 | 你学什么 | 学，这，谁，的，书，那，老，师，冬，哦，生 | "的" | 书籍文化 |
| 第六周<br>你会说中文吗 | 你汉语说得怎么样 | 汉，语，说，得，怎，样，外，都，好，呢，写 | 副词"都"；<br>疑问词"呢"；<br>补语"得" | 中国的语言 |
| 第七周<br>您家有多少人 | 你家有几口人 | 家，有，几，口，回，在，北，方，南，上，海，没，孩，子，个，男，女，爱，工，作，她 | "两"；汉语句子；表确定"的" | 基本点 |

从教学内容可以看出，该课程面向的是以法语为母语的学习者，概述章节直接说明以法语母语者在学习汉语时可能出现的语音等其他方面的困难。另外，该课程从对话入手讲解生词、汉字和语法点，思路与其他慕课有所不同；汉字和语言点教学紧扣对话文本和章节主题，语法点的教学也从章节主题出发，难易结合。测验和论坛区的设置也为学习者提供了检查巩固所学和与教师、其他学习者的交流与分享。此外，课程还提供了脸书和推特群组，以保证学习者了解课程的最新消息。

12. "爱上中文"

《爱上中文》由台湾交通大学开发制作，并发布于 FutureLearn 慕课平台，截至 2021 年 5 月，课程已有 7000 多名学员注册。该课程非完全自主学习课程，而是有固定的开放学习时间，有意向的学习者需在课程开始后进行注册学习。课程的主讲教师为台湾交通大学汉语教师文茹梅和杜海永，两者在课程中相互配合共同讲解相关语言知识。课程面向对汉语或中国台湾文化与生活方式感兴趣，且具备基本拼音知识的学习者开设。完成课程后，学习者能在某些日常生活场景中运用基本的汉语词汇和句式，谈论与表达自身需求，以及提高汉语沟通能力，增强对中国文化的了解。课程的教学语言为英文，录制形式为生活情景短剧、教师出镜讲解和课件展示三种形式。

"爱上中文"课程教学风格轻松有趣，故教学内容较为简练，包括交友、点餐、邀请与介绍四个最常用的生活主题，每个主题引导一个教学周，每个教学周以相应的情景短剧为中心展开教学，情景短剧由越南人武红玉和德国人麦禾杰两位主角演绎，以其在中国台湾的生活经历串联整个课程，其中还融入当地的风俗习惯介绍。课程的每个教学周包含4—5个小节，第一节为当周的情景短剧与讨论题，最后一节为当周内容的总结和练习，中间的2—3节则由主讲教师引导下的讲解视频和讨论题组成。每一节的教学视频均少于3分钟，教师的讲解也颇为简练，基本的讲解顺序为"介绍生活场景及相应句式—依次讲解词汇—教师互动运用"三步，视频展示汉字、拼音以及英文释义，但课程不要求学习者掌握汉字，也并未涉及汉字的讲解。观看完教学视频后，学习者可在随附的讨论区运用所学句式发表自己的观点，即学即用。课程的练习较少，以讨论区口语练习和练习环节的选择题为主，前者借助网站沃卡罗（Vocaroo）要求学习者录制口语音频并在讨论区分享链接，后者则给予教学视频内容选择拼音句式和回答，且不计入课程成绩。

总体来说，"爱上中文"是一门教学内容简练、风格轻松活泼的入门汉语课程，能有效激发学习者对汉语及中国文化的学习兴趣。课程以情境短剧为中心，重视学习者的句式运用和口语表达，体现了情景法、听说法和视听法的教学思想。从课程评价来看，大部分学习者皆提及该课程颇具创意与乐趣，学习压力较轻，实用性强。然而，教学内容的简练会导致无法进行系统全面的语言教授，该课程可作为汉语零基础学习者的入门课程，但无法满足想深入系统学习汉语的学习者的需求，这也是课程的取舍之处。

## 二、初级综合汉语慕课的主要教学环节

本书初级综合汉语慕课的主要教学环节包括导入、生词讲解、语言

点讲解操练和课文/会话操练。导入环节所采取的方式有教师直接介绍当课话题、通过教师口头描述并结合图片创建情景、情景短剧等，并且初级汉语慕课一般综合使用多种导入方式，而非单纯使用某一种。在生词讲解环节，多数课程直接给出英文释义，并结合多个例句进一步讲解，也有少数课程将重点置于课文/会话语句的整体教学上而未使用除了课文句子之外的其他例句。举例子时，有的教师直接展示而后解释，有的先结合图片和英语创建情景后引出例句，有的结合课文/会话情景短剧片段从课文例句入手，形式多样。在语言点讲解和操练环节，绝大多数课程采取演绎法，即先简要解释语言点意义和用法并给出相应语言结构，再依据语言结构给出多个例句进行说明和阐释。在操练环节，教师多采用情景法引导学习者产出目标语句；也有部分课程着重于课文/会话整体语境的构建而未突出语言点的操练。在课文/会话操练环节，这20门课程所采用的方式多样，有看情景短剧跟读的，有为短剧配音的，有根据课文/会话内容回答问题的，有观看情景短剧并逐句解释的；也有部分课程无此环节，在讲解完词汇和语言点之后便做总结结束。

### 三、初级综合汉语慕课的课堂活动设计

本书所讨论的课堂活动指教学视频中采取的操练或活动形式。从上述12门汉语慕课概况可以看出，各门慕课所设计的课堂活动大多为机械性与半机械性的，极少数具有交际性。机械性与半机械性活动主要有观看情景短剧并回答问题、跟读目标语句、给词语排序组成句子、选择语序正确的句子、根据图片说出句子、用目标语言点完成句子、跟读情景短剧、听课文音频填空等。具有交际性的课堂活动则是使用目标结构回答问题和为情景短剧配音，但是前者由于慕课的非即时性，故教师得不到学习者的当堂反馈，也无法检查学习者语句产出的准确度，使其效果大打折扣。

### 四、初级综合汉语慕课的典型案例分析

#### (一)"中文入门"

"中文入门"由北京大学开发,于 2014 年 9 月份上线 Coursera 网站,截至 2021 年 5 月,已有注册学员 94.5 万多名。该课程由北京大学对外汉语教育学院副教授刘晓雨担任主讲,其主要研究领域为对外汉语课堂教学、教材编写和师资培训。"中文入门"面向对中国语言和文化感兴趣的零起点汉语学习者,教授汉语语音知识和一些日常表达的语言结构。该课程采用英语作为教学语言,并进行纯汉语拼音教学而不教授汉字及汉字知识,旨在让学习者获取对汉语普通话的基本理解,并使其能够谈论基本的生活话题,如交换个人信息、讨论食物、价格、天气、爱好等。

1. 课程基本结构

课程有 7 周的教学内容,每周的教学单元包括 4 个小节,每节包括教学视频、小测验两部分,部分小节还包括延伸练习、补充阅读材料、复习、讨论区等部分。每周教学单元与其小节的主题具体如表所示:

表 4-11 "中文入门"教学内容

| 周数及主题 | 小节标题 | 小节话题 |
| --- | --- | --- |
| 第一周 自我介绍 Who are you? | What is your name?(你叫什么名字?) | 名字 |
|  | Where are you from?(你从哪里来?) | 国家和国籍 |
|  | Are you a student?(你是学生吗?) | 身份职业 |
|  | Who is he/she?(他/她是谁?) | 家庭成员 |
| 第二周 日常生活安排 When do you go to school? | Can you count?(你能数数吗?) | 数字 |
|  | What time is it?(几点了?) | 时刻 |
|  | Morning or afternoon?(上午还是下午?) | 一天中的时间段 |
|  | Do you have a busy life?(你的生活忙碌吗?) | 日常活动 |

续表

| 周数及主题 | 小节标题 | 小节话题 |
|---|---|---|
| 第三周 饮食<br>What do you like to eat? | Do you like dumplings?（你喜欢饺子吗?） | 主食 |
| | I like apples（我喜欢苹果） | 水果 |
| | I like chicken（我喜欢鸡肉） | 蔬菜和肉类 |
| | Do you want a cup of tea?（你想要一杯茶吗?） | 饮料 |
| 第四周 购物<br>I like shopping | What is your favorite color?（你最喜欢的颜色是什么?） | 颜色 |
| | This is too big（这个太大了） | 大小 |
| | How much is this?（这个多少钱?） | 价格 |
| | It's too expensive!（这个太贵了!） | 如何还价 |
| 第五周 交通<br>Do you live in a big city? | I go to work by car（我开车去上班） | 交通工具 |
| | Is there a supermarket near here?（这附近有超市吗?） | 公共场所 |
| | The bank is on the left（银行在左边） | 方位 |
| | How do I get to the underground station?（如何前往地铁站?） | 问路 |
| 第六周 天气<br>How about weather? | What is the temperature today?（今天的气温是多少?） | 气温 |
| | Is it cold in January?（一月份冷吗?） | 月份 |
| | I like spring（我喜欢春天） | 季节 |
| | I caught a cold（我感冒了） | 生病 |
| 第七周 爱好<br>What is your hobby? | What day is it today?（今天是星期几?） | 星期 |
| | I like swimming（我喜欢游泳） | 运动 |
| | I watch TV news everyday（我每天都看电视新闻） | 电视节目 |
| | We can do a lot of things on the internet（我们可以在互联网上做很多事情） | 娱乐活动（网络、书籍、音乐、旅行等） |

下文将从各小节组成部分出发进行分别介绍与分析。其中，对教学视频的分析包括教学流程、教学内容、教学方法三个方面，同时会稍微结合小测验、延伸练习、复习、补充材料等环节的情况进行分析；对小测验的考查则分为题量、题型等方面。

2. 教学视频

教学流程与教学内容

该门课程每一个教学周都包含4个教学视频，每个视频2—6分钟不等。通过观察我们发现各教学周的视频教学流程有其共性，主要包括导入或复习、展示句式（生词）、引出生词（句式）、代入（生词或句式）操练、会话操练等步骤。下文以第五周"交通"为例，详细介绍各教学视频的流程与环节。

第五周共有4个教学视频，分别围绕交通工具、公共场所、位置方位和问路4个小话题展开，各视频的生词与句式如表所示：

表4－12　"中文入门"第五周教学视频内容

| 视频及话题 | 生词 | 句式 |
| --- | --- | --- |
| 教学视频一（交通工具） | 工作、走路、骑自行车、坐地铁、坐公共汽车、开车 | A：你每天怎么去学校？<br>B：我每天走路去学校。<br>A：你每天开车去工作吗？<br>B：我每天开车去工作。/不，我不开车，我坐公共汽车。 |
| 教学视频二（公共场所） | 地铁站、超市、商店、银行 | A：请问，附近有地铁站吗？<br>B：有，在那儿。/对不起，我不知道。（A：没关系。） |
| 教学视频三（方位） | 上边、下边、左边、右边、前边、后边 | A：超市在哪儿？<br>B：超市在前边。 |
| 教学视频四（问路） | 洗手间、往……走、往……拐 | A：请问，洗手间在哪儿？<br>B：洗手间在前边，往前走，往左拐。 |

教学视频一时长5分44秒，具体教学流程如下：

第一步的导入环节开门见山,"你好"的问候之后,直接说明本视频将要讨论交通工具。

第二步,展示问句1"你每天怎么去学校",并对句中的词语挨个进行英文解释,如"每天,every day",再对"你每天怎么去学校"整体进行英文解释,然后朗读整个问句。引出新词"工作",也代入问句1,"你每天怎么去工作"。教学视频二、教学视频三、教学视频四中的新句式与新结构的解释方式也同此。

第三步,引出有关交通工具的生词"走路",并代入句式"我……去学校",回答"我走路去学校",并进行回问"你呢"。

第四步,依次展示新词语"骑自行车""坐地铁",代入句式"我……去学校"回答,并让学习者回问,进行虚拟师生会话1;继续展示新词语"坐公共汽车""开车",结合"坐地铁"简要说明其共同语素"坐",之后将新词语代入句式"我……去学校"回答,其间让学习者回问,操练会话1。

第五步,展示问句"你每天开车去工作吗",并口头回答"我每天开车去工作",屏幕展示"不,我不开车,我坐公共汽车"。

第六步,有指导地操练会话2。要求学习者问自己"你每天走路去学校吗"(用英语),之后教师先用英语说明答案意思,然后汉语回答"不,我不走路,我骑自行车"。

第七步,结束,告别。教师说"谢谢,再见"。

**教学视频二时长3分02秒,具体教学流程如下:**

第一步,问候,直接说明本课学习如何询问公共场所的位置。

第二步,展示问句"请问,附近有地铁站吗",英文解释,方法同教学视频一的第二步。

第三步,依次引出生词"超市""商店""银行",并分别代入问句操练。

第四步,展示回答"有,在那儿"/"对不起,我不知道",用英文解释意思,进一步展示句子"没关系"。

第五步，有指导地操练整个会话，方法如教学视频一中的第六步。

第六步，结束，告别。教师说"谢谢，再见"。

**教学视频三时长 3 分 30 秒，具体教学流程如下：**

第一步，问候"你好"，直接说明本课学习方位词。

第二步，展示生词"上边、下边、左边、右边"，领读并重复。

第三步，展示图片，创建情境：冰箱里有很多食物，但是你找不到。以此引出问句"……在哪儿"。

第四步，代入前几节课所学词语提问"水在哪儿"，回答"水在上边"；"鱼在哪儿"，回答"鱼在下边"；"可乐在哪儿"，回答"可乐在左边"；"蔬菜在哪儿"，回答"蔬菜在右边"。

第五步，代入本课前两节所学词语"超市"，提问"超市在哪儿"，引出生词"前边"（带图片），回答"超市在前边"，重复；提问"银行在哪儿"，引出生词"后边"，回答"银行在后边"，重复。

第六步，结束，告别。教师说"谢谢，再见"。

**教学视频四时长 3 分 38 秒，具体教学流程如下：**

第一步，问候学习者（"你好"），直接说明本课学习怎么问路。

第二步，复习教学视频三所学会话。教师展示问句"请问，洗手间在哪儿"，重复，之后依次展示回答"洗手间在左/右/前边"，分别重复一遍，进一步引出句子"谢谢你"和"不客气"。模拟师生会话操练"谢谢你"和"你客气"。

第三步，过渡：教师说明"有时候找位置不太容易，我们需要转弯"。展示问句"请问，附近有超市吗"，回答（带方向图片）"有，往前走"，英文解释，解释方式如教学视频一种的第二步，之后重复一遍，展示"往右拐"，英文解释，同上。

第四步，有指导地操练会话，虚拟师生会话，方法如教学视频一的第六步。"请问附近有地铁站吗？""有，往前走，往左拐。""谢谢你。""不客气。"

第五步，结束，告别。教师说"谢谢，再见"。

第五周内容的四个教学视频流程归纳如下：

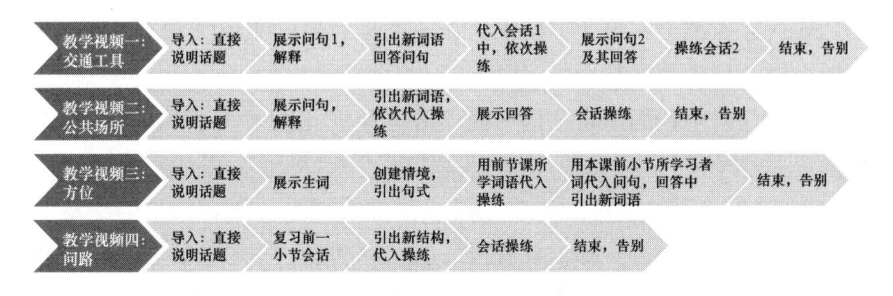

| 教学视频 | 流程 |
|---|---|
| 教学视频一：交通工具 | 导入：直接说明话题 → 展示问句1，解释 → 引出新词语回答问句 → 代入会话1中，依次操练 → 展示问句2及其回答 → 操练会话2 → 结束，告别 |
| 教学视频二：公共场所 | 导入：直接说明话题 → 展示问句，解释 → 引出新词语，依次代入操练 → 展示回答 → 会话操练 → 结束，告别 |
| 教学视频三：方位 | 导入：直接说明话题 → 展示生词 → 创建情境，引出句式 → 用前节课所学词语代入操练 → 用本课前小节所学习者词代入问句，回答中引出新词语 → 结束，告别 |
| 教学视频四：问路 | 导入：直接说明话题 → 复习前一小节会话 → 引出新结构，代入操练 → 会话操练 → 结束，告别 |

图 4-1 "中文入门"第五周教学视频流程

以第五周教学视频为代表，我们可以发现该课程在教学流程与内容方面的特点表现为：

A. 该课程的教学视频时长都比较短，所以其教学环节设计得非常精练。以第五周的教学视频为代表，该课程的基本教学环节为"展示+简单讲解+操练"，部分视频还有进一步操练巩固的环节。各个环节相扣，视频开头教师一句话点明话题之后就直接引出核心句式（生词），再进一步引出生词（句式），随即结合生词和句式进行会话操练。简明扼要与直入主题的教学环节设计能有效提高学习者的学习效果。

B. 教学环节循序渐进。这体现在两方面：从单个教学视频来看，教师先展示生词与句式，然后结合两者进行句式操练，最后扩展到整个会话操练；从每一周的教学内容来看，4个教学视频的话题联系紧密，逐步推进。从第五周的教学视频来看，教师或以话题核心句式引出生词，或以生词引出核心句式，最后结合两者进行单个句式与会话操练，颇有条理，两种呈现方式各有千秋，从依次引出并讲解到操练整个会话，层层推进，给学习者以操练会话的基础，推动后期的语言输出。而且，4个教学视频的话题互相联系紧密，"交通工具—公共场所—询问位置—问路"的安排紧紧围绕"交通"这一主题，前者为后者开展教学的基础，交通工具话题是学习表述乘坐某一交通工具到达某一地点，引出后面的公共场所，之后学习者学习如何询问某一公共场所的位置，最后学习如何询问到该地点的方向，环环相扣，逐步递进。

C. 各教学视频的内容呈螺旋式上升，在教授后一教学视频的新词语和句式之前都会将前小节的词语或句式作为引出前者的方式，特别是第四个教学视频首先整合复习了前三个教学视频的主要会话，再以此为基础引出并讲解新的语言结构，使学习者能"温故而知新"，增强学习效果。

D. 注重交际性。每个教学视频所教授的词语、语言结构与会话高度贴合中国人的生活实际，具有极强的交际功能。学习者在学习了视频内容之后，可以直接将所学用于实际生活中而不需进行改动，对培养学习者的交际能力大有裨益。

E. 教学语言以英文为主，且只以拼音的形式开展汉语教学。在该课程的教学视频中，教师的教学指示语都是英语，涉及所学习词语、语言结构和会话的部分则是汉语，但课件展示纯拼音，课程中也没有涉及汉字与汉字知识。这对一门早期在英语国家慕课平台上线的课程来说，有利之处不言而喻，英语的教学语言和纯拼音的学习在很大程度上扫除了汉语学习者的"畏难心理"，有利于学习者汉语口语水平的提高，增强其对中文的基础理解和学习兴趣。但第二语言教学从汉语学习者后期深入学习的角度来说，其不足之处也很明显。在第二语言教学过程中，教师应尽量以目的语来开展教学活动，潜移默化地增加目的语输入，在辅助学习者理解方面可以采取英文字幕等方式。另外，对有意继续深入学习汉语的学习者来说，汉字和汉字知识的缺乏会成为其取得进步的极大障碍，在后期会打击学习者的学习兴趣和信心。

3. 教学方法

本书所讨论的教学方法有两层含义：第一为某一教学法（流派）

及其核心思想；第二为教学中具体采用的方法与技巧。下文将进行详细分析。该课程所体现的教学法（流派）思想有：

（1）语法翻译法

该教学法主张在语言教学过程中依靠母语，以翻译的方式来培养学习者的第二语言能力。该课程教师在教学过程中以英语为教学语言，引导学习者在给出英语释义的基础上产出目的语的语言结构和会话。如，在第三周的教学视频一"你喜欢饺子吗？"中，教师说道："If I ask you, nǐ chī shénme? What do you want to eat? And you like dumplings. Wǒ chī jiǎozi."下划线的句子很明显是通过给出英文释义来产出汉语会话。另外，在每小节的测验环节，主要习题类型也包括"听词语选英文释义""看英文释义选拼音"和"看拼音选英文释义"三种侧重于考查母语和目的语翻译转化能力的题目。

（2）情景法

该教学法强调口语教学，主张通过有意义的自然情景来学习和操练目的语的基本语言结构。该课程的7周主题都与现实生活场景高度契合，其下的4个小话题及所构建的情景也紧密结合生活实际，从这些情景出发，教师进一步开展生词、语言结构和会话的教学和操练，加之纯拼音的学习，我们不难看出该课程在情景和口语教学方面的侧重。如第五周的教学视频三"银行在左边"中，教师通过创建"在冰箱里找食物"的情景自然引出句式"……在哪儿"，并进行讲解和操练。

（3）听说法

该教学法主张通过反复的目的语结构操练来培养学习者的口语听说能力。在该课程的教学视频中，教师在讲解完句式之后，会直接将每一个词语代入进行反复操练，并在此之后开展会话的操练，要求学习者回问，模拟师生会话。如第四周的教学视频二"这个太大了"，教师讲解有关马克杯的会话："这个怎么样？""我不喜欢这个，我喜欢那个。"之后，围绕衣服再次进行操练："这件怎么样？""这件太大/小了。我要那件。"随后，教师再次进行两遍会话操练。

（4）视听法

该教学法强调在语言教学过程中听觉与视觉的结合。该课程在教学视频中广泛使用各类图片来辅助学习者学习和理解；在小测验中，"听录音""选图片"等练习方式也深刻体现了视听法的运用。

（5）交际法

该教学法围绕语言功能和意念项目，培养学习者在特定社会语境下运用目的语进行交际的能力。该课程的教学主题及其小话题都是一些特定且真实的社会语境，而且选取的生词、语言结构和会话都具有高度的社会交际功能。如第二周的教学视频四"你的生活忙碌吗？"的话题是讲述日常安排，学习者学习之后可以和他人谈论自己的日常活动安排，交际性和实用性很强。

此外，该课程具体采用的教学方法有：

（1）翻译法

教师在讲授生词和句式的时候都会用英语逐词解释。该课程的生词都较初级，很少涉及抽象词汇，在英语中大部分都有直接的对应单词，所以翻译法的使用极大地提高了教学效率。

（2）情景法

教师在讲解完生词后都会直接代入句式和会话中，通过语境来增强学习者的理解。

（3）语素义法

教师在讲解词汇时，对一些具有统一语素的生词，会先分析这一共同语素，以此来使学习者更准确、快速地理解和记忆单词。如第五周教学视频一"我开车去上班"中，教师对"坐地铁""坐公共汽车"中的共同语素"坐"进行了特别讲解和说明。

（4）类聚法

该课程以不同的生活场景和话题为纲，集中讲解该话题下的相关词汇，充分利用了词语之间的聚合关系，如第三周的食物话题、第六周的天气话题、第七周的爱好话题等教学周，有利于学习者理解和记忆。

（5）对比听辨

该课程在第一周的教学视频二"你从哪里来？"中集中对比讲解了j、q、x和zh、ch、sh，j、q、x和z、c、s，r和l，z、c、s和zh、ch、sh声母，通过教师的重复朗读和讲解，引导学习者分辨不同，以防混淆。

（6）演绎法和归纳法

本课程主要采用的是演绎法，即教师首先展示和讲解句式结构，然后带领学习者进行操练。如第七周教学视频四《我们可以在互联网上做很多事情》中，对句式"我常常上网……（做什么）"，教师首先展示句子"我常常上网看新闻"，然后依次展示"聊天、购物、玩儿游戏"等生词，代入上述句式中反复操练。另外，该课程有少数几处则采用了归纳法，如在第二周教学视频二"几点了?"中关于两点钟的读法，教师首先带领学习者朗读了数字1—12，然后针对课件中展示标红"2:00"提问"What about 2 o'clock"，引导学习者先自己思考，然后说明："In Chinese, 'diǎn' is a measure word … So you can never say 'èr' before any measure word. You have to say 'liǎng'. So 2 o'clock in Chinese is 'liǎng diǎn'"。

（7）图片演示法

在该课程中，生词和部分句式、情景都配有相应的图片，一方面起到附属理解的作用，另一方面增强了教学的趣味性。

4. 小测验

该课程每一小节都包括小测验。通过考查与统计，各小节测验的题量、题型列表如下：

表4-13 "中文入门"每小节测验题量与题型

| 主题 | 小节话题 | 题量（道） | 题型 |
| --- | --- | --- | --- |
| 第一周 自我介绍 | 名字 | 6 | 听录音选拼音（声调） |
| | 国家和国籍 | 21 | 听录音选拼音组合 |
| | 身份职业 | 12 | 听录音选拼音组合 |
| | 家庭成员 | 8 | 听录音选拼音组合 |
| 第二周 日常安排 | 数字 | 10 | 听录音写数字 |
| | 时刻 | 7 | 听录音写钟点 |
| | 一天中的时间 | 10 | 听录音选钟点，看英文释义选拼音 |
| | 日常活动 | 14 | 听录音选图片，看拼音选英文释义 |

续表

| 主题 | 小节话题 | 题量（道） | 题型 |
|---|---|---|---|
| 第三周 饮食 | 主食 | 8 | 听录音选图片，看拼音选图片 |
|  | 水果 | 6 | 听录音选英文释义，看拼音选图片 |
|  | 蔬菜和肉类 | 8 | 听录音选图片，看英文释义选拼音 |
|  | 饮料 | 9 | 听录音选图片，看图片选拼音 |
| 第四周 购物 | 颜色 | 12 | 听录音选图片，看图片选拼音 |
|  | 大小 | 5 | 听录音选英文释义，看图片选拼音 |
|  | 价格 | 5 | 听录音写价格 |
|  | 如何还价 | 3 | 听录音选价格 |
| 第五周 交通 | 交通工具 | 8 | 听录音选图片，看拼音选图片 |
|  | 公共场所 | 8 | 听录音选图片，看图片选拼音 |
|  | 方位 | 3 | 听录音选图片，看图片选拼音 |
|  | 问路 | 11 | 听录音选英文释义，看拼音选英文释义 |
| 第六周 天气 | 气温 | 7 | 听录音选图片，听录音选温度，看拼音选图片 |
|  | 月份 | 4 | 听录音选英文释义 |
|  | 季节 | 8 | 听录音选英文释义，看图片选拼音 |
|  | 生病 | 9 | 听录音选英文释义，看图片选拼音 |
| 第七周 爱好 | 星期 | 7 | 听录音选图片 |
|  | 运动 | 8 | 听录音选图片，看拼音选图片 |
|  | 电视节目 | 11 | 听录音选英文释义，看拼音选英文释义 |
|  | 娱乐活动 | 8 | 听录音选英文释义，看拼音选图片 |

从表4-13，我们可以看出，每一小节的题量3—21道不等，是根据每小节的生词数量来决定的，尤其是第一周小测验二考查了所学声母和生词，题量最大，为21道；测验主要由听力和阅读两部分组成，题型有"听录音选拼音/数字（价格、温度）/图片/英文释义""听录音写数字（钟点/数字/价格）""看拼音选图片/英文释义""看英文释义选拼音""看图片选拼音"。听力部分的内容以词语为主，极少数为短句，如第四周小测验三中的"苹果七块"，要求学习者选择选项或者书

写数字；阅读部分涉及的是拼音、英文释义和图片之间的相互认知。这样的测验设置简洁直接，针对性强，非常集中，能有效巩固所学词语。测验所考查的词语也会反复出现在各题目的选项中，给学习者在完成过程中反复区别和记忆的机会；完成测验所需的时间较短，能减轻学习者的学习负担，避免出现学习者因习题繁重而产生的消极心理。但是其不足为：题型设置单一，难免枯燥，也无法全面巩固本小节所学知识；测验内容以考查词语为主而极少涉及句式，对学习者句式、语段的巩固和表达极为不利；测验内容不涉及拼音的书写，而且与教学内容纯拼音有关，习题中也不涉及汉字的书写，减少了学习者通过书写训练的输出，影响了测验的有效性。

5. 延伸练习

该课程的部分小节配有延伸练习，本文将延伸练习所处小节与形式列表如下：

表4-14 "中文入门"延伸练习各小节练习形式

| 主题 | 小节话题 | 延伸练习形式 | 考查内容 |
| --- | --- | --- | --- |
| 第一周<br>自我介绍 | 名字 | 绕口令 | 声调、单韵母 |
| | 国家和国籍 | 读词语、绕口令，均配有音频 | 声母 |
| | 身份职业 | 读词语、绕口令，配有音频<br>会话练习，谈论姓名、国籍、职业 | 复韵母、会话表达 |
| | 家庭成员 | 读词语、绕口令，均配有音频<br>自我介绍，包括姓名、国籍、职业、家庭成员 | 鼻音复韵母、音节<br>语段表达 |
| 第二周<br>日常安排 | 时刻 | 用汉语报时（现在……点） | 语句表达 |
| | 一天中的时间 | 用汉语报时（现在早上/上午/中午/下午/晚上……点） | 语句表达 |
| | 日常活动 | 谈论自己的一天安排 | 语段表达 |
| 第三周<br>饮食 | 主食 | 在餐厅点餐的会话练习 | 语段表达 |
| | 水果 | 谈论喜爱的水果 | 语段表达 |

续表

| 主题 | 小节话题 | 延伸练习形式 | 考查内容 |
| --- | --- | --- | --- |
| 第三周 饮食 | 蔬菜和肉类 | 在市场买菜的会话练习 | 语段表达 |
|  | 饮料 | 在酒吧点饮料的会话练习 | 语段表达 |
| 第四周 购物 | 颜色 | 谈论喜爱的颜色 | 语段表达 |
|  | 大小 | 在商店买东西谈论大小 | 语段表达 |
|  | 价格 | 看数字读价格；询问饮料价格的会话练习 | 词语 语段表达 |
|  | 如何还价 | 询问水果的价格并议价 | 语段表达 |
| 第五周 交通 | 问路 | 看图指路 | 语段表达 |
| 第六周 天气 | 生病 | 生病请假，说明缘由和感受 | 语段表达 |
| 第七周 爱好 | 娱乐活动 | 讲述网上可做的活动 | 语段表达 |

该课程的延伸练习目的明确，第一周聚焦于汉语拼音，通过听音频读词语和绕口令的方式分别训练声调、声母、复韵母及鼻音韵母，兼具针对性和趣味性，所配音频也能帮助学习者自查；其余各周的延伸练习则根据每小节教学内容来设置相应的语段表达练习，且每个延伸练习都提供了关键词语的拼音或参考答案。延伸练习紧密结合所处小节的话题和教学内容，旨在训练学习者在不同社会情境中的语句和语段表达能力，弥补了小测验中忽视语段表达的缺陷。但是配备音频和参考答案以便学习者自查的方式虽然可以锻炼学习者的自我检查与监控能力，但其效果会受限于学习者的汉语能力；但是，如果要求学习者提交语音表达作业由后台老师批改之后返还，则会极大增加检查学习者作业和维护课程的人力和精力的投入，在每年庞大的注册学习者数量基础上，两者皆有利有弊。

6. 复习

复习部分包括每一周教学内容的复习和最后一周对整个课程内容的笔记，前者以语段表达练习为形式，后者则是一篇包括汉字、拼音和英文释义的文档。本文将前者的练习列表如下：

表 4-15　"中文入门"语段表达练习形式介绍

| 周数与主题 | 语段表达练习 |
| --- | --- |
| 第一周　自我介绍 | 回答问题，介绍姓名、国籍、职业和家庭成员等 |
| 第二周　日常安排 | 按照所给句子的英文释义介绍日常安排 |
| 第三周　饮食 | 回答问题，说明想吃的主食、水果、蔬菜肉类、饮料 |
| 第四周　购物 | 写出一段在中国买茶杯的会话，必须谈及颜色、大小、价格和如何还价 |
| 第五周　交通 | 按照所给句子的英文释义介绍上班的交通工具以及怎么到达地铁站 |
| 第六周　天气 | 谈论所在地在一月、四月、七月和十月的天气情况 |
| 第七周　爱好 | 询问家人和朋友的爱好，包括运动、电影、电视节目、上网活动、旅行、购物、音乐等方面 |

该部分是对每周学习内容的总结和综合运用，也是对小测验和延伸练习的进一步延展和综合。各周复习部分的练习紧扣该周主题，构建相对真实的社会情境，要求学习者运用该周所学生词和语言结构来介绍相关内容或构建会话。所提供的参考答案或关键词语在学习者产出目标语段方面起到辅助和检查作用。综合来说，该课程"小测验+延伸练习+复习"的练习模式在内容、形式上皆由简入难，循序渐进，并反复提及，前期为学习者巩固了生词，然后过渡到语句和短语段练习，最后要求学习者综合运用所学进行长语段练习，极其有利于学习者的课后巩固。有一点不足是，一些复习部分的练习直接给出目标语段的全部英文释义，暗示学生只需要根据英文释义翻译成汉语即可，这极大地限制了学习者的发挥空间，也限制了其产出目标语段所需进行的语言处理和思考空间与水平。

7. 补充阅读材料

补充阅读材料集中在该课程的第一周，主要介绍拼音相关知识，每一小节都有两种补充阅读材料，一种是视频材料，是分别从相应小节的教学视频中截取的声调和单韵母、声母、复韵母、鼻音韵母教学部分；另一种是"文本材料+视频材料"，前三节以文本形式用中英文分别简要介绍了汉语普通话的定义和声韵调等组成部分、汉语拼音的概况（包括缘起、发展过程、适用范围、拼音规律和属性)、汉语拼音拼写规则，最后一节以视频形式用英文简要介绍了上述三个方面的知识。

该课程的补充阅读材料在课程初始向学习者提供了有关拼音的知识，构建了汉语拼音知识框架，并明确了拼音"辅助阅读汉字"的属性，为进一步开展教学活动奠定了基础。

### 8. 讨论区

该课程设有综合讨论区、介绍讨论区和周讨论区。综合讨论区供学习者和导师讨论在汉语学习过程中出现的比较普遍的问题，如证书等；各责任导师也发布汉语学习线上资源和工具、汉语歌曲与歌手、汉语学习技巧等方面的内容。介绍讨论区主要用于课程伊始注册学习者的自我介绍和互相认识。周讨论区按照教学周分七个，学习者在学习完当周课程后，在该讨论区中发布自己的作业，同时也可以参考查看同学者的作业，其中当周的讨论区会显示在讨论区页面首条，方便学习者发布帖子。

讨论区的设置促进了师生在课后的交流和学生之间的合作，弥补了在教学视频中教师单方面教授而缺少真实互动的不足，同时也为解答学习者疑惑，交流学习经验与感想提供了支持，缩小了教师和学习者之间的距离，发挥了同学者之间相互鼓励和支持的积极作用。

### 9. 总结

本书从课程的基本框架出发，讨论了其教学视频、小测验、延伸练习、复习和补充阅读材料方面的设置，分析了该课程的教学流程、教学方法、教学语言、总体练习框架等方面。该课程作为最早上线的汉语教学慕课，从教学视频到练习框架、补充材料环节的设置都非常经典，上线多年广受好评。该课程最突出的特点是以教师在课件前讲课的真实场景为录制形式，讲课过程中遵循"导入—讲解—操练—复习"的教学步骤，为学习者呈现了无比接近于线下真实课堂的上课体验，同时，配合课后"小测验—延伸练习—复习"的练习框架和讨论区的互动交流，使整个课程的设置既简洁易懂，又直接高效。另外，该课程对语法翻译法、视听法、交际法等多种教学法思想的实践和类聚法、演绎法、对比听辨、图片演示等多种教学方法和技巧的运用使其教学效果颇高，结合

"词语—句式—会话"循序渐进的讲解顺序以及"小测验—延伸练习—复习"由简入难的练习框架，使学习者扎实地完成课堂学习和课后巩固的过程。此外，该课程以不同场景和交际功能为线索设置教学板块，每周的教学内容符合初学者的语言水平和承受能力，场景接近于真实生活，所选取的生词、句式和会话也具有极高交际性和实践性，在教学过程中还穿插了文化知识的讲解，做到功能、结构和文化的结合。

然而，该课程也存在一些尚需改进和提高之处。首先，除了目的语生词、结构和会话之外，该课程全程采用英语作为教学语言，这虽然有其好处，但从更长远的角度来看，纯英语的教学语言无法满足学习者逐渐深入的学习要求。由于学习者的语言水平，初级汉语综合课程不可避免地需要采用英语或其他语言作为辅助教学语言，但是随着学习者汉语水平的提高，教师应逐步减少英语在教学语言中的使用比例而逐渐增加汉语的教学语言，增加学习者目的语输入，协助其进一步提高汉语水平。其次，此课程虽将其定义为一门拼音课程，但是纯拼音的教学只侧重于培养学习者的口语能力。针对语文分开和语文并进的教学模式，学界都有各家之言，但大家的共识是，若初学者想要深入学习，那么汉字基础是必不可少的。课程可以将重点放在拼音教学上，但是也可以讲解一些基本的汉字知识和简单汉字，为学习者铺垫一下汉字基础。最后，该课程在呈现方式上还可以更多样化，如制作一些动画模拟会话，让学生更直观地感受所学内容在某一场景下的运用。

### （二）"清华中文：与13亿人开启畅聊"

"清华中文：与13亿人开启畅聊"（简称"对外汉语"）由清华大学制作并发布于慕课平台edX上，后期也在学堂在线慕课平台上线。截至2021年5月，该课程在edX上注册学员达61000多人，在学堂在线上的数据则为74000多人。该课程的edX版本与学堂在线版本大致相同，唯一不同之处在于学堂在线版本中增加了"汉语教学设计"指导的部分，使之也适用于对初级汉语慕课教学感兴趣的汉语教师学习观摩。本书对该慕课的分析基于edX版本，学堂在线版本的"汉语教学设计"本书将另做讨论。

该课程的教学团队由清华大学对外汉语文化教学中心教授丁夏、副教授王小宁和鲁俐、讲师李园组成，各位教师皆具有丰富的海内外一线汉语教学经验，其中丁夏负责汉语教学设计指导，鲁俐负责会话教学，王小宁负责汉字教学，李媛负责各章节之间的衔接。该课程面向对汉语感兴趣，尤其是打算在汉语国家学习或工作的零基础学习者，同时有益于学习者后期参加汉语水平考试。从教学目标上看，该课程着重于基本的日常汉语语言技能，希望学习者能掌握汉语日常生活用语、特定语境下的实用表达和使用频率较高的基本汉字，培养并提高与汉语母语者交流的听力技能和语言自学能力。在课程中，教师主要采用英语作为教学语言，以扫除学习者汉语水平尚低而带来的理解障碍；同时拼音的使用也能让学习者更好更快地理解教学内容。录制方式则为混合式，有教师单独出现、教师与课件同时出现和课件独立展示三种。

1. 课程基本结构

课程包括先导章节和 6 个教学章节，先导章节包括 edX 总裁关于学习汉语的建议、课程故事情节的导入和拼音指南；6 个教学章节则包含会话教学、汉字教学、听力理解、皮特的下午茶，有的章节包括小结和汉语歌曲，各部分顺序不定，会根据每章节教学内容灵活变动。教学章节的主题分别为问候、自我介绍、交通、美食、住宿和购物。其中，会话教学和汉字教学配有选择题练习，且每个视频都匹配一个讨论；听力理解环节皆有文本创建某一真实情境，引导学习者完成后续练习；下午茶视频则配有评论和讨论两个发言区；小结则以文本的形式推动故事情节的发展，引出下一章节话题。结构如图所示：

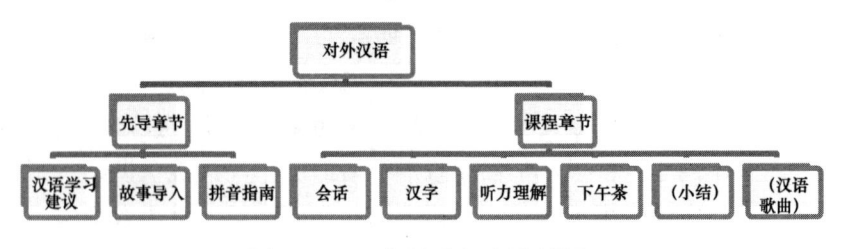

图 4-2 "对外汉语"课程导图

本书将按照课程的基本结构依次对各部分进行考查和分析，其中在会话教学和汉字教学章节，本书将从教学内容、教学流程和教学方法三个方面入手，而各章节中的练习和测验将结合听力理解环节一起讨论。

2. 先导章节

先导章节包括汉语学习建议、故事导入、拼音指南三部分。汉语学习建议来自 edX 总裁阿南特·阿加瓦尔（Anant Agarwal），分别是制作学习计划、多做比较、多讨论、多在生活中练习。故事导入介绍了课程主人公皮特在北京的第一天和学习汉语的缘由：皮特的父亲在 30 年前曾来到清华大学学习建筑，游历中国；受到父亲的影响，三十年后皮特也来到清华学习汉语，并在校门口认识了汉语老师李园。拼音指南以文本的形式比较了汉字"川普"和拼音"chuānpǔ"，突出拼音的简易性，强调了汉语拼音的重要性。此外，拼音指南还包括声母表和韵母表，表中的每个声母和韵母都标注了国际音标，并写出英语中与之相似的辅音和元音，最后配有范读音频供学习者参考。

该章节作为课程的先导部分，为课程的进一步展开做了很好的铺垫。首先，来自阿南特·阿加瓦尔的学习建议为学习者提供了有效指导，"多比较""多练习"和"多交流"的建议也与课程所强调的真实情境和交际运用理念契合。其次，整个课程以皮特到达清华大学开始学习汉语及之后的学习过程为线索逐步展开，故事的先导视频让与皮特同为学生的课程学习者产生同感，易引起学习者的共鸣，使其将自己代入皮特的情境中一起学习，激发兴趣。最后，配有图片和表情包的拼音介绍生动形象，向学习者明确了课程内容以拼音形式呈现和教授，最大程度扫除了部分学习者可能存在的汉字学习心理障碍引起的畏难情绪；其后详细的声韵母表也让学习者对拼音有了整体全面的认识。

3. 会话教学

会话教学是该课程的主体和重点，六课会话教学的主题涵盖问候、自我介绍、交通、美食、住宿和购物。每课会话教学视频 5—9 个不等，时长 1—8 分钟不等，且一般两个视频讲解一段会话，一课会包括多段会话。各教学视频之间衔接自然紧密,个别视频之间有文本形式的补充单词表和互动问题。

(1) 教学内容

该课程每一课包括多段不同话题的会话,这些话题分别是每课主题下的不同方面,如第六课"购物"主题下的多段会话涉及购买水果、衣物、手机与电话套餐等话题。会话教学的内容包括语音、词汇、语法和会话教学,且皆使用拼音,不涉及汉字书写。本书在考查了课程会话教学视频后,将各课的重点会话、话题、词汇与语言点整理如表所示:

表4-16 "对外汉语"各课重点会话、话题、词汇与语言点

| 课目及主题 | 会话 | 话题 | 词汇(下划线为补充) | 语言点 |
|---|---|---|---|---|
| 第1课 问候 | 你好!您好!<br>丁老师,您好!/鲁老师,您好!<br>你们好!早上好!/下午好!/晚上好!<br>谢谢!/多谢!不客气!<br>不好意思!对不起!没关系!<br>再见!明天见!拜拜! | 打招呼、道谢、道歉、道别 | 你、你好、您、老师、你们、早上、谢谢、不客气、多谢、好、不好意思、没关系、对不起、再见、明天、见、我、他、她、它、我们、他们、她们、同学、中午、下午、晚上 | |
| 第2课 自我介绍 | A:你好!我是鲁俐。<br>B:鲁老师您好!我是阿飞。见到您很高兴。 | 介绍 | 是、见到、很、高兴<br>先生、女士、服务员、师傅、阿姨、美女、帅哥 | |

续表

| 课目及主题 | 会话 | 话题 | 词汇（下划线为补充） | 语言点 |
|---|---|---|---|---|
| 第2课 自我介绍 | A：你是哪国人？<br>B：我是美国人。<br>A：你叫什么名字？<br>B：我叫麦克。 | 姓名与国籍 | 哪、国、人、叫、什么、名字、贵姓、姓<br>英国、法国、德国、巴西、印度、加拿大、西班牙、意大利、新加坡、越南、日本 | |
| | A：请问，他们是？<br>B：他是我的爸爸，她是我的妈妈。<br>A：你们好，欢迎你们！<br>B：谢谢！见到您很高兴。 | 介绍他人、表示欢迎 | 请问、的、爸爸、妈妈、欢迎、哥哥、弟弟、姐姐、妹妹、男朋友、女朋友 | |
| | A：请问您的电话是什么？<br>B：我的电话是139 10245678。<br>A：请问，您的邮箱是什么？<br>B：我的邮箱是…… | 电话与邮箱 | 电话、邮箱 | |
| 第3课 交通 | A：您好！请问银行在哪儿？<br>B：在那边。<br>A：走路多长时间？<br>B：七八分钟。 | 问路 | 银行、在、哪儿、那、边、走路、多、长、时间、分钟<br>商场、超市、便利店、咖啡馆、饭馆、酒吧、面包店、卫生间、左边、右边、前边、后边、左拐、右拐、直走、东、西、南、北 | |

续表

| 课目及主题 | 会话 | 话题 | 词汇（下划线为补充） | 语言点 |
|---|---|---|---|---|
| 第3课 交通 | A：您好！您去哪儿？<br>B：师傅，您好！我去天安门。<br>A：好的。<br>A：天安门到了。<br>B：多少钱？<br>A：五十块。<br>B：给您，谢谢！<br>A：不客气！ | 打车 | 去、到、好的、了、多少、钱、块、给、分、块/元、角/毛 | "了"表动作完成 |
| | A：您好，我买一张一卡通。<br>B：押金是二十块。<br>A：请充三十块。<br>B：好，一共五十块。 | 买交通卡 | 买、张、押金、请、充、一共、地铁、地铁票、地铁站、13号线、出口、换乘、公交车、飞机、飞机场 | 量词 |
| | A：您好，我买一张票。<br>B：您去哪儿？<br>A：我去清华大学。<br>B：两块。 | 买票 | 票、大学、两<br>香港、上海、北京大学、故宫、长城、天坛 | "两" |
| 第4课 食物 | A：欢迎光临，您几位？<br>B：三位。<br>A：您有预定吗？<br>B：没有。<br>A：这边请。 | 就餐 | 光临、几、多少、位、有、预定、吗、没有、这<br>忌口、大厅、单间、桌子、椅子、碗、杯子、盘子、筷子、刀子、叉子、勺子、服务员 | "几"和"多少"；<br>"吗"是非疑问句；<br>"有"字句 |

续表

| 课目及主题 | 会话 | 话题 | 词汇（下划线为补充） | 语言点 |
|---|---|---|---|---|
| 第4课 食物 | A：服务员，您好，点菜。<br>B：您想吃什么？<br>A：一个宫保鸡丁，一碗米饭。<br>B：您喝什么？<br>A：我喝茶。<br>A：服务员，买单。<br>B：好的，一共五十块。<br>A：给您。<br>B：谢谢！ | 点菜与买单 | 点、菜、想、吃、个、碗、米饭、喝、茶 面条、馒头、饺子、馄饨、包子、豆浆、酸辣汤、绿茶、红茶 | 特指疑问句及其回答句语序不变、名量词"碗""盘" |
| | A：您好，您要什么？<br>B：一个汉堡，一个大薯条，一杯可乐。<br>A：可乐要中杯还是大杯？<br>B：中杯，加冰，谢谢。 | 点菜 | 要、汉堡、大、薯条、可乐、中、还是、加、冰 甜品、冰激凌、奶昔、苹果派、饮料、牛奶、雪碧、热巧克力、其他、番茄酱、炸鸡 | "还是" |
| | A：请问您喝什么？<br>B：一杯咖啡。<br>A：热的还是冰的？<br>B：热的。<br>A：请问餐巾纸在哪儿？<br>B：在那儿。 | 点饮料 | 咖啡、热、餐巾纸 摩卡、卡布奇诺、拿铁、美式、浓缩咖啡、啤酒、果汁 | "的"字短语省略；"……在哪儿？" |

续表

| 课目及主题 | 会话 | 话题 | 词汇（下划线为补充） | 语言点 |
|---|---|---|---|---|
| 第5课 住宿 | A：您好，我要入住。<br>B：您的护照？<br>A：请问每天什么时候退房？<br>B：中午十二点以前。 | 入住宾馆 | 入住、护照、每天、退、房、中文、以前 | |
| | A：请问房间里有Wi-Fi吗？<br>B：有，是免费的。<br>A：含早餐吗？<br>B：含早餐。 | 宾馆设施 | 房间、里、免费、含、早餐<br>被子、枕头、床单、窗帘、沙发、灯、遥控器、浴室 | 有……吗？ |
| | A：您好，我的房间里没有热水。<br>B：不能洗澡，是吗？<br>A：是的。<br>B：请稍等。 | 故障报修 | 水、不、能、洗澡、是的、稍、等<br>马桶、卫生纸、洗发水、沐浴露、毛巾、浴缸 | |
| | A：您好，我要退房。<br>B：您的房卡？<br>A：给您。<br>B：好的，谢谢！ | 退房 | 卡<br>酒店、快捷酒店、青年旅社、汽车旅馆、民宿 | |
| 第6课 购物 | A：您好，请问苹果多少钱一斤？<br>B：七块一斤。<br>A：您能便宜一点儿吗？<br>B：已经很便宜了。<br>A：甜不甜？<br>B：很甜，买的人很多。<br>A：我要三斤。<br>B：您还要别的吗？<br>A：不要了，谢谢。 | 买水果 | 苹果、斤、一点儿、已经、甜、还、别的<br>葡萄、梨、火龙果、西瓜、柚子、橙子、草莓、樱桃 | A不A |

续表

| 课目及主题 | 会话 | 话题 | 词汇（下划线为补充） | 语言点 |
|---|---|---|---|---|
| 第6课 购物 | A：请问这件T恤有中号的吗？<br>B：有。<br>A：请问有白色的吗？<br>B：有，请试试这件。<br>A：这件很合适，我买这件。<br>B：谢谢。<br>A：请问可以刷信用卡吗？<br>B：可以，请输入密码。 | 买衣服 | 件、T恤、号、白色、试、合适、可以、刷、信用卡、输入、密码<br><u>衬衣、毛衣、手套、裤子、鞋子、袜子、人字拖</u> | 动词重叠 |
| | A：您好，我想买一个手机。<br>B：请问你想买哪个牌子？<br>A：华为。<br>B：我还想办一个手机套餐。<br>A：您看这种套餐可以吗？<br>B：一个月多少钱？<br>A：三十八块。<br>B：好的，我要这种套餐。<br>A：谢谢。 | 买手机与电话套餐 | 手机、牌子、套餐、种、月<br><u>充值卡、闪存、鼠标、笔记本电脑、电池、充电器</u> | |

我们可以看出，六个章节的会话与话题紧密贴合在北京生活的方方面面，非常真实，学习者学完之后可将其直接运用于相应语境中。语音、词汇和语法的讲解也融入会话教学的各个步骤。

语音方面，教师在第一课中依次插入讲解了四声的读法、三声变调规则、轻声和三声变半三声，在第二课中穿插讲解了叠词轻声和"1"的两种读法；第五课单独列出 j、q、x、z、c、s、zh、ch、sh、-i 读法的讲解章节，并配了练习；第六课单独讲解了不同语调代表不同语气，配有练习。故语音知识除了拼音指南部分、第五课 j、q、x、z、c、s、zh、ch、sh、-i 读法部分和第六课句子语调部分为单独列出外，其余的都是在会话教学中进行的，与会话所涉及语句相结合，让学习者在语流中体验声调与变调，促进学习者在会话练习中掌握语音。本书将该课程的语音教学体系列如图所示：

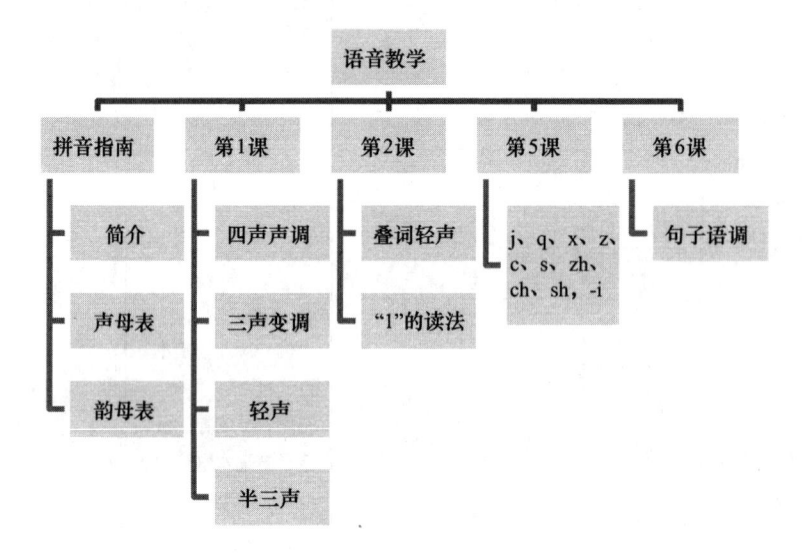

**图 4-3　"对外汉语"语音课程体系导图**

词汇方面，教师在讲解完会话中的生词后，会在教学视频后部分展示补充词汇，有时也以文本形式附于教学视频之后。补充词汇以名词为主，对应会话中的同类词汇，与当课视频话题相符合。另外，该课程采用的词汇具有时代性和真实性，如"美女""帅哥""男朋友""女朋友"等词汇是当下中国人常用的，且也未出现在其他初级综合汉语慕课中，"13 号线""北京大学"等补充词汇也符合清华大学的地理位置，真实度高。

　　该课程的语法教学无特定体系，随会话而教，从实用会话语句出发来讲解其中的语言点，语言点高度融于会话中，而不是以语言点为基础来组织相应会话。而且，教师对语言点的教学止于简单讲解，并未展开单独操练，而是随着会话语句同时操练，语言点的讲解服务于会话教学，这与整个课程以主题会话为纲构建授课体系、注重会话教学的理念相契合。

（2）教学流程

　　每一课会话教学的流程从皮特的情景短剧视频开始，在导入本课主题后，鲁俐老师依次按照每一段会话进行讲解，因此该部分教学视频分两种，一为导入视频，二为每段会话教学视频。本书以第四课会话教学视频为例，详细剖析各个教学步骤，以示该课程会话教学的典型流程。第四课共包括五个教学视频，如下：

教学视频一（导入视频）：

　　第一步，皮特情景短剧。皮特给玛丽莎打电话，邀请玛丽莎一起去披萨店吃晚饭。玛丽莎代入上课所学"请问，……在哪儿？"句型。

　　第二步，课程片头。

　　第三步，教师问候并复习上课所学内容（问路、打车、坐公共交通），播放相应动画片段。

　　第四步，引出本课主题：中国美食。

　　第五步，介绍本课小话题：食物、中西餐点菜。

教学视频二：

　　第一步，播放动画会话片段。"欢迎光临，您几位？""三位。""您有预定吗？""没有。"

　　第二步，教师讲解"欢迎光临，您几位？""三位。""欢迎光临"的使用场景；"几"的用法及与"多少"的不同；"位"的用法。

第三步，会话语句跟读。教师示范，展示语句的拼音、意思、动态调形图及正面动态口型图；学习者跟读，同样展示语句的拼音、意思、动态调形图及侧面动态口型图。

第四步，教师讲解"您有预定吗？没有。这边请。"——"有"；"预定"；带"吗"的是非疑问句，举例子"你去银行吗"；"有"和"没有"；"这""这边"。

第五步，会话跟读。步骤同第三步。

第六步，教师朗读补充单词，课件展示拼音、调形图、英文释义和图片："忌口、大厅、单间、桌子、椅子、碗、杯子、盘子、筷子、刀子、叉子、勺子、服务员"。

**教学视频三：**

第一步，播放动画会话片段。"A：服务员，您好，点菜。B：您想吃什么？A：一个宫保鸡丁，一碗米饭。B：您喝什么？A：我喝茶。A：服务员，买单。B：好的，一共50块。A：给您。B：谢谢！"

第二步，教师讲解"服务员，您好，点菜。""您想吃什么？"——"服务员"；"点菜"；"想""吃""想吃"；"什么"及特指疑问句回答句语序不变，"你想吃什么？""我想吃……"。

第三步，会话语句跟读。教师示范，展示语句的拼音、意思、动态调形图及正面动态口型图；学习者跟读，同样展示语句的拼音、意思、动态调形图及侧面动态口型图。

第四步，教师讲解"一个宫保鸡丁，一碗米饭"。——"个"及其适用名词；"宫保鸡丁"；"一碗米饭"，名量词"碗""盘"。

第五步，会话跟读。步骤同第三步。

第六步，教师讲解"您喝什么？我喝茶。服务员，买单。好的，一共50块。给您，谢谢！"——"喝""茶""买单"。

第七步，会话跟读。步骤同第三步。

第八步，教师朗读补充单词，课件展示拼音、调形图、英文释义和图片："面条、馒头、饺子、馄饨、包子、豆浆、酸辣汤、绿茶、红茶"。

**教学视频四：**

第一步，教师介绍肯德基、麦当劳、必胜客等西餐厅，说明这一系列西式连锁餐厅在中国很受欢迎。

第二步，播放动画会话片段。"A：您好，您要什么？B：一个汉堡，一个大薯条，一杯可乐。A：可乐要中杯还是大杯？B：中杯，加冰，谢谢。"

第三步，教师讲解"您好，您要什么？一个汉堡，一个大薯条，一杯可乐。"——"要""汉堡""大""薯条""杯""可乐"。

第四步，会话语句跟读。教师示范，展示语句的拼音、意思、动态调形图及正面动态口型图；学习者跟读，同样展示语句的拼音、意思、动态调形图及侧面动态口型图。

第五步，教师讲解"可乐要中杯还是大杯？中杯，加冰，谢谢。"——"中""中杯""大杯"；"A还是B"；"加""冰""加冰""冰的"。

第六步，会话跟读。步骤同第三步。

第七步，教师朗读补充单词，课件展示拼音、调形图、英文释义和图片："甜品、冰激凌、奶昔、苹果派、饮料、牛奶、雪碧、热巧克力、其他、番茄酱、炸鸡"。

**教学视频五：**

第一步，教师从在餐厅点菜导入点饮料。

第二步，播放动画会话片段。"A：请问您喝什么？B：一杯咖啡。A：热的还是冰的？B：热的。A：请问餐巾纸在哪儿？B：在那儿。"

第三步，教师讲解"请问您喝什么？一杯咖啡。热的还是冰的?热的。"——"咖啡""热";"A还是B";"热的""冰的","的"字短语省略。

第四步,会话语句跟读。教师示范,展示语句的拼音、意思、动态调形图及正面动态口型图;学习者跟读,同样展示语句的拼音、意思、动态调形图及侧面动态口型图。

第五步,教师讲解"请问餐巾纸在哪儿?在那儿。"——"餐巾纸";"……在哪儿",例句"银行在哪儿?";"哪儿"和"那儿"的声调区分;"在那儿""在这儿"。

第六步,教师朗读补充单词,课件展示拼音、调形图、英文释义和图片:"摩卡、卡布奇诺、拿铁、美式、浓缩咖啡、啤酒、果汁"。

从以上具体分析,再结合课程其余会话教学视频,本书发现:导入视频首先播放以皮特为主线索的情景短剧片段,如第二课,皮特在楼道上遇见李老师,讨论第一周学了什么,第二周将要学什么;在插入课程片头之后,鲁俐老师会简短概括上一课内容并通过创建不同情景来介绍本课话题与关键语句。

在导入视频之后,就进入每段会话的具体教学。该部分从播放动画会话片段开始,教师也会在部分动画片段前以提问题的方式做简要介绍;之后,教师以一问一答两句语句为单位依次讲解会话中的词汇、语句及其应用场景,若涉及语言点则说明其用法并附带例子;讲完之后进入语句跟读环节,课件展示语句的意思、拼音及其动态声调调形图,还附有教师的动态口型图,教师领读时附正面口型图,学习者跟读时附侧面口型图,将句子的语音语调通过动态调形图和口型图实体化,化解部分声调带来的跟读难度。根据以上步骤讲解完整段会话之后,教师会教授补充词汇,展示词汇的拼音、调形图、意思和相应图片。本书将两类视频的教学流程列举如下:

另外,在第一课和第二课中,教师还插入语音知识的教学。第一课教学视频二中,教师讲授了四声声调和三声变调,其流程为"从'你'的拼音出发引出四声声调—展示调形图—教师领读,学习者跟读—朗读'你'的拼音—讲授三声变调规则—朗读'你好'的拼音"。教学视频五

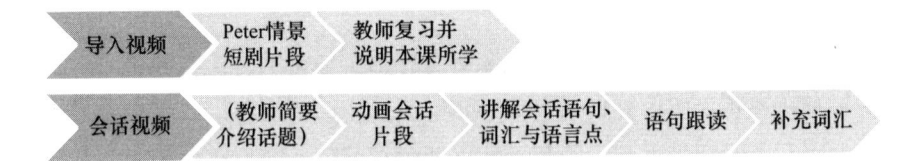

导入视频 → Peter情景短剧片段 → 教师复习并说明本课所学

会话视频 → (教师简要介绍话题) → 动画会话片段 → 讲解会话语句、词汇与语言点 → 语句跟读 → 补充词汇

**图 4-4　"对外汉语"两类视频教学流程**

中，教师从"你们"中引出轻声的语音知识，并要求跟读"你们"，之后从"老师"引出三声变半三声的语音知识，要求学习者跟读"老师""你们好""鲁老师，您好"。在第二课教学视频四中，教师在词语"爸爸""妈妈"的基础上讲解了叠词轻声的现象，并拓展了"哥哥""姐姐""弟弟""妹妹"等包含叠词轻声现象的词汇。从整体来说，该课程的语音讲解语速适中，适合初学者理解与跟读，动态调形图和口型画面的展示也使声调实体化，使学习者更容易把握住发音要领。在语音讲解过程中，教师也要求学生重复跟读，以加深印象，提高语音熟悉度。

总的来说，该课程会话教学流程中融合了情景短剧、动画片段、动态图和静态图等多种新颖的环节辅助教学；教师在会话语句中讲解词汇和语言点也使学习者能具体深刻地理解意思和用法，其中语言点教学服务于会话教学，故简明扼要，无拓展操练；会话的主要操练方式是跟读，强调学习者的语流输出，注重发音的准确性；每个教学视频时长较短，部分会话由两个教学视频完成，避免学习者因视频过长而产生枯燥厌倦的消极情绪，每个教学视频内容清晰明确，也能使学习者在学习后获得较强的成就感。

（3）教学方法

本书所述教学方法主要分两类：一为教学法（思想）流派，一为在教学过程中采用的具体教学技巧。通过考查，阐述如下。

A. 教学法（思想）方面

情景法。情景法强调在情境中学习与操练词汇与语言结构。该课程通过情景短剧、动画短片、图片、动图、文本等多种手段构建了大量情景，每一段会话都有具体对应的真实生活情景，紧贴留学生在北京生活的方方面面，会话所涉及的词汇与具体语句在对应情景下皆具有高度真实性与实用性。

视听法。该教学法结合视觉和听觉感知，紧密结合语言和情景，使学习者在视频、图像等形式下整体感知会话中的词汇与语言结构。该课程运用大量的动画视频、图片，并以此呈现会话，学习者在动画短片中感知了会话整体意思之后，教师再结合图片讲解会话中的词汇与句型结构，帮助学习者完全理解会话内容。

交际法。交际法主张以语言功能和意念项目为纲，培养学习者在特定社会语境下运用目的语进行交际的能力。该课程在问候、自我介绍、交通、美食、住宿、购物六个主题下安排了具备不同交际功能的会话。根据刘珣对六大交际功能的论述，该课程的会话设计包括传达与了解实际情况、表达和了解理智性的态度、表达或了解道义上的态度、表达或了解情感性的态度、请人做事、社交这六大交际功能。[1] 在传达与了解实际情况方面，"你是哪国人""请问每天什么时候退房""您好，我的房间里没有热水"等语句涉及报告与询问；在表达或了解理智性的态度方面，"好的，我要这种套餐""不要了，谢谢"等语句体现了接受与拒绝；在表达或了解道义上的态度方面，"对不起""不好意思""好的"等语句涉及道歉、赞同等态度；在表达或了解情感性的态度方面，"见到您很高兴""您好，我想买一个手机"等语句表达了高兴、意愿等情感态度；在请人做事方面，"请充三十块""您能便宜一点儿吗""请试试这件"等语句涉及请求、要求等功能；在社交方面，"您好""再见""我是美国人""他是我的爸爸，她是我的妈妈""再见"等语句体现了问候、介绍、告别等功能。

B. 教学技巧方面

演绎法。教师在讲解语言点时首先给出语言结构或点明语言点使用规则，然后再在规则的指导下给出例句进一步分析，直截了当，简明清晰，从抽象到具体，从理论到实践。如"了"表示动作完成，教师首先说明汉语中使用"了"来表示某一动作已经发生或完成，之后列举了"我们到了""银行到了""北京到了"三个例子来进一步说明。

---

[1] 刘珣：《对外汉语教育学引论》，北京语言大学出版社 2000 年版，第 63 页。

归纳法。该课程中的归纳法主要体现在语言点和句式教学过程中。如第四课第四段会话中,教师首先讲解了"冰的""热的"两个短语,并解释其完整意思为"冰的咖啡"和"热的咖啡",然后归纳说明了"的"字短语的省略形式。再如第六课第一段会话中,教师在展示讲解完"甜不甜"的意思之后,归纳说明了"A不A"句式用于肯定或否定回答的提问。

演示法。该课程采用多种演示方法讲解语音、词汇与句式。课程在会话语句跟读环节全程采用教师的动态口型图,直接且生动地演示了语句朗读过程中的口型变化。在词语讲解过程中,大量图片的展示有效辅助了学习者对词汇的理解,可加深学习者对词汇的印象。

类聚法。教师在讲解完会话中的词汇之后,补充扩展了同话题下的相关词汇,使之形成一个词汇群,方便学习者记忆及在相应语境下的运用。

### 4. 汉字教学

汉字教学在该课程中是除了会话教学之外的第二块重点内容。每一课都包含四个汉字教学视频及相应材料和练习,教学视频时长半分钟至四分半不等,大部分在两分半至三分半之间,主讲教师为王小宁。该部分的录制形式结合场景实地录制与课件录制,既讲解了相关汉字知识,也真实展示了教师教授、书写汉字及其笔顺、笔画的全过程,鼓励学习者在学习过程中进行实际书写练习,提高学习效果。

(1) 教学内容

该课程的汉字教学有自己独立的体系,但是部分会联系当课的主题,教授与其相关的基础常用汉字,本书认为该课程主要采用的是语文分开的模式,部分与当课会话教学主题相关。现将各课汉字整理列表如下:

表4-17 "对外汉语"汉字教学内容介绍

| 课目及主题 | 汉字 |
| --- | --- |
| 第1课 问候 | 一、二、三、四、五 |
|  | 六、七、八、九 |
|  | 十、百、千及数字的写法 |

续表

| 课目及主题 | 汉字 |
|---|---|
| 第2课　自我介绍 | 女、男 |
| | 人、大、天、好 |
| 第3课　交通 | 山、木、森林、休、火 |
| | 云、雨、水、 |
| 第4课　食物 | 肉 |
| | 牛、羊、美、鱼、鸡、美女、牛肉、羊肉 |
| | 马、妈 |
| 第5课　住宿 | 车、汽、火车、汽车 |
| | 出口、入口 |
| | 安、全 |
| 第6课　购物 | 生、快、乐、生日快乐 |
| | 我、爱、你 |
| | 月、十二个月及日期的写法 |

从表中我们可以看出，该课程汉字教学的起点是数字，在日常会话中使用率高且笔画简单，可减轻学习者对汉字学习的畏难、恐慌等消极情绪，激发其进一步学习的兴趣。结合汉字教学视频，本书认为该课程的汉字教学有如下特点：

首先，教师在教授汉字之前都创设了相应的情景，如第二课的"男、女"从第二课会话教学导入视频中皮特寻找男女厕所的情景出发，第六课的汉字则从妈妈生日将近而皮特想送生日贺卡的情景出发，将学习者代入故事情境中，点明汉字可能出现和应用的日常生活场景，同时增加趣味性。

其次，教师在导入环节运用了日常生活中的真实图片，如第五课汉字"车""汽"及词语"火车""汽车"的导入图片为实际火车站和汽车站的汉字照片，真实语料的采用能更突出汉字在中国人日常生活中的实用性，也能给学习者展现具体的应用场景。

再次，教师从一些简单象形字的教学入手，配合一些卡通实物与古代文字（如甲骨文、篆书等）图片，解释具体汉字的由来、演变、汉字本身的来源义和现在的意义，如第四课汉字"马"，教师展示了篆书"马"字和坐卧在地上的卡通马图片，并书写了"马"的繁体字来解释"马"字的演变。在后面的课中，教师就个别汉字引出形声字的教学，如第四课从汉字"马"中引出"妈"，解释形声字的意义及其形旁和声旁。除了对不同造字法的讲解，教师也非常注重汉字部件（笔画）的划分和组合、字与字组合形成新字的汉字现象，如第二课汉字"人、大、天"，让学习者明白通过添加笔画横能构成不同的汉字。第二课汉字"男"，教师分别展示"田"和"力"的卡通图片，将之上下放于一处组成"男"字，并解释内在含义。又如第四课，教师在教授完汉字"羊"后，又加入汉字"大"组成新字"美"。第三课的汉字"木、林、森"，让学习者熟悉汉字可由不同部件（笔画）与字构成的现象，也潜移默化地减轻了学习者的畏难情绪。上述汉字知识和现象的讲授也符合该课程以大学生为主体的成人教学对象的认知水平，设计得当。

另外，该课程的汉字教学还注重汉字组合成词及相关的语言点。如"森林""美女""牛肉""羊肉""生日""快乐"等，教师抑或同时教授词语中的两个新汉字，抑或在教完新汉字之后加入之前所学汉字组成词语。第一课和第六课在教授完数字和月份之后，紧接着讲解了数字的写（读）法和月份的写（读）法，趁热打铁，既训练了所学汉字，又教授了新语言点，一定程度上弥补了会话教学中遗漏的或者无法设计进去而欠缺的常用语言点。字、词、句和语言点的结合正是该课程汉字教学的特点之一。

（2）教学流程

该课程每周四个汉字教学视频的流程为"导入—讲解汉字—书写汉字—看卡片读汉字—认读复习"。导入和汉字讲授一般为三个视频，认读复习另外一个视频。本书以第五课汉字教学为例，详细描述各个教学步骤。

教学视频一：

第一步，教师创设在路上经常能看到一些标志牌的情景，结合带有"火车站""汽车站"和"停车场"的真实图片引出目标汉字，要求学习者找出图片中的共同汉字。

第二步，在图片中圈出"车"，解释其意思，展示两张"车"字的古代字体实物图片；教师执笔书写"车"的繁体字和简体字，并依次写出"车"的笔顺。

第三步，解释只有笔画复杂的繁体字才被简化。

第四步，同时展示"火"和"车"字的实物图片，教师写下"火车"，并解释词义；教师写"汽车"，并将"汽"字分为"氵"和"气"两部分，分别解释两部分的意思，写出两部分的笔顺，解释"汽车"的词义。

第五步，教师手持卡片，要求学习者跟读。

**教学视频二：**

第一步，教师创设"在中国驾驶车辆"的情景，引出词语"入口"和"出口"。

第二步，教师解释"出口"两字的意思，写下"入口"两字，强调"入"和"人"不同；写出"入"的笔顺；展示"口"的古代字体图片，并写出笔顺。

第三步，教师写下"出口"，并展示"出"的古代字体图片，之后写出"出"的笔顺。

第四步，教师手持卡片，要求学习者跟读。

**教学视频三：**

第一步，教师描述：有一个标志牌在很多公共场所都能看见，如医院和超市，而且后面两个字"出口"已经学过。

第二步，展示"安全出口"标志牌的实物图片，并写下"安全"两字；教师将"安"分为宝盖头和"女"两部分，并分别写出笔顺，同时解释各部分意义；将"全"分为"人"和"王"两部分，并分别写出笔顺，同时解释各部分意义。

第三步，教师手持卡片，要求学习者跟读。

**教学视频四：**

第一步，教师口述复习本科所学汉字。

第二步，动画以圆牌正反翻转的形式依次展示"车""火车""汽车""安全""出口""入口"，圆牌正面为拼音和汉字，反面为英文释义。

在导入环节，教师主要采用情景法和图片法两种。每一课汉字的导入都有一个情景，如第二课导入环节，皮特需要找厕所，但是看不懂"男""女"两字；第四课导入情景为皮特和朋友去餐厅吃饭，看到一张只有汉字的菜单，上面很多道菜的名字都有"肉"字。创设了情景后，教师会结合动画或者真实图片进一步增强情景的真实性，将学习者代入其中。在讲解汉字的环节，教师书写目标汉字，同时展示古代字体图片或汉字所代表事物的卡通图片，解释汉字意义；之后将合体字拆分为相应的部件，解释意义，并以此写出笔顺；如此依次教授目标汉字。最后的练习环节主要分为两步：一为教师手执卡片，要求学习者跟读；二为动画翻转圆形卡片正反面，认读并跟读。

该课程的汉字教学方式独树一帜，其他初级综合汉语慕课中的汉字教学部分往往只是动画展示笔顺，录制形式或是课件单独出现，或是以课件为背景的教师讲解，而不是该课程中所呈现的实景拍摄。教师身穿旗袍，端坐于课桌前，并结合教师真实书写汉字及笔顺的镜头和实物图片展示，营造了一种相对轻松自然又真实的学习氛围。书写过程的呈现也能消除学习者对汉字学习的疏远感，教师带着学习者一同书写能增强学习者的汉字书写意愿，与印刷体不同的手写体也能让学习者有所接触并进一步熟悉。

（3）教学方法

该课程的汉字教学主要采用情景法、演示法和比较法三种教学方法。

情景法。该课程每一课的汉字教学都有一个情景，如第六课的情景为皮特为妈妈买了一张生日贺卡，其后的汉字教学便围绕如何书写生日贺卡展开。教师首先演示书写了"生、日、快、乐"，之后教授了"我、爱、你"，然后过渡到"日、月"和日期的书写，最后以完成生日贺卡任务为总结。情景的设置既能巧妙引出和串联教学环节，又能点明汉字的使用场景，帮助学习者掌握书写和运用。

演示法。首先，在汉字教学的导入环节，大量图片和动画的演示既辅助构建了教学情景，将学习者尽快带入其中，又体现了目标汉字在真实生活中可能出现的场所和用途。其次，在汉字书写环节，教师大量使用实物图片的演示，如第三课汉字"木"和"休"，教师分别使用"木"字形树木和人靠在树下休息的实物卡通图片来诠释"木"和"休"的形体与意义，既帮助学习者联想记忆，又增强汉字书写与学习的趣味性。

比较法。教师在讲授汉字意义的过程中会先谈及该汉字的本来义，之后解释现在义，一古一今的意义比较让学习者了解了汉字意义的发展，同时会因理解了现在义的由来而对现在义记忆更深。此外，相似汉字、相似词语之间的比较也让学习者明白部件构字、汉字组词的原理以及汉字百变不离其宗，掌握笔画或部件便可衍生出不同汉字的规律。如"人、大、天"中，加同一部件横便可变换成不同的汉字；"牛肉、羊肉"和"火车、汽车"，在同一位置上替换同类的另一个字便能组成同一类别的另一个新词。如此比较，能极大减轻学习者学习汉字的心理压力，并进一步激发学习兴趣。

5. 练习（包括听力理解）

该课程的练习分为四种：会话练习、汉字练习、听力理解练习和语音练习。练习在 edX 平台上的设置为，各部分练习分散于各教学视频之后，学习者学习完某一教学视频/文本后就应完成之后的相应练习，具有即时性；在学堂在线上的设置则为，各部分练习在该部分所有教学视频/文本之后汇总呈现，更突出总结性。本书将各课所包含的练习及题量、题型列表如下：

表4-18 "对外汉语"课程练习题量及题型

| 课目 | 练习 | 题量（道） | 题型 |
| --- | --- | --- | --- |
| 第1课 | 会话练习 | 22 | 看释义选音频、根据情境（文字/图片/动图）选回答（文字/音频）、根据音频选图片 |
| | 汉字练习 | 2 | 看图片中的汉字数字写阿拉伯数字、听音频写阿拉伯数字 |
| | 听力练习 | 7 | 听音频选释义/数字 |
| 第2课 | 会话练习 | 23 | 看释义选音频、根据情境（文字/图片）选回答、看词语标声调、选拼音完成句子、听音频选图片/释义、看释义选词语 |
| | 汉字练习 | 7 | 多选题与单选题，考查笔画、笔顺、部件组字、字组词 |
| | 听力练习 | 7 | 听音频标声调、根据图片情景听音频选答案（拼音/音频）、听音频选数字 |
| 第3课 | 听力练习 | 4 | 选择相应声调音频（十选五） |
| | 会话练习 | 27 | 看释义选词语音频、听音频写声调、听音频选回答/释义、根据情境（文字/图片）选音频/拼音、根据图片判断对错、看回答选问句、听音频写数字 |
| | 汉字练习 | 12 | 看图片选汉字、看汉字选释义、看释义选汉字/词语、看图片判断对错 |
| 第4课 | 声调练习 | 7 | 看拼音选音频 |
| | 会话练习 | 19 | 看释义选拼音、看句子选图片、听音频选释义/回答/图片、听音频写声调、根据情境选回答 |
| | 汉字练习 | 7 | 看图片找汉字写/选回答、看汉字/词语/句子选释义、字组新字 |
| 第5课 | 语音练习 | 9 | 看拼音选音频 |
| | 会话练习 | 15 | 根据情境选拼音/音频、根据图片听音频判断对错、看图片选音频、根据声调选符合的音节/句子 |
| | 汉字练习 | 9 | 看释义选汉字、看释义选择对应汉字组成部件、看汉字选释义/图片 |
| 第6课 | 会话练习 | 22 | 看图片选拼音/音频、听音频选图片/拼音/释义/回答、根据情境选择正确会话、听音频判断句子正误 |
| | 汉字练习 | 5 | 看释义选汉字/句子、根据图片看汉字选回答、看图片选汉字句子 |
| | 语音练习 | 7 | 听音频选语气 |

由表 4-18 我们可知，该课程的练习先后顺序不定，一般情况下语音和听力练习在会话和汉字练习之后，但极个别课中，听力和语音练习在绘画和汉字练习之前。语音和听力练习题量 4—9 题不等，题型主要有根据音频选相应释义/数字/拼音/音频/语气、根据音频写出数字、根据拼音/声调选相应音频三种，考查内容主要是声调、数字与当课所学的会话。会话练习考查了当课会话所学词语和句子，题量在 15—27 题之间；题型主要涉及根据图片选择拼音/音频、根据图片判断正误，根据音频选择图片/拼音/释义/回答，根据音频判断正误，根据音频写声调/数字，根据声调选择符合的音节/句子，根据情境（文字/图片/动图）选择音频/拼音/正确会话/回答，根据释义选择拼音/音频，看词语标声调，根据回答选择问句，选择拼音完成句子，题型丰富多样。会话练习主要训练学习者的阅读和听力技能，同时结合文字、图片或动图构建以该课程故事主人公皮特及其朋友为主的多种情境，强调该课程背景故事的连贯性；练习所采用的图片和音频也多为真实语料，如北京出租车司机的语音片段、餐馆标牌和饮料的图片等。在汉字练习部分，题量在 2—12 题之间，题型多为选择题，少数为书写题，具体有根据释义选择汉字/汉字句子，根据释义选择对应汉字组成部件，根据图片查找汉字并选择相应回答，根据图片选择汉字句子，根据汉字/词语/句子选择释义/图片，根据现有汉字选择可组成的新字，根据阿拉伯数字写汉字数字，考查了笔画、笔顺、部件组字、字组词等汉字知识。汉字练习也非常注重情境的构建，所采用的图片为日历、北京地铁路线图、饭馆菜单等真实语料，使学习者明白所学汉字的真实应用之处。

总的来说，该课程练习的设置有如下特点：（1）练习注重故事性，描述了以该课程故事主人公皮特及其朋友为主的方方面面的生活场景，将练习贯穿其中，保持了课程故事的完整性与统一性。（2）练习高度强调真实情景的构建，所采用的图片、音频等也多为真实语料，将目标练习内容与真实情景结合，首先明确了目标内容的运用语境，以提高学习者对目标内容用法的理解水平和相应的交际能力。其次将学习者带入其中，模拟在北京的留学生生活。如在住宿一课中，其中一个情景为玛丽莎的韩国朋友来北京旅游，小叶推荐北京喇嘛寺青年旅社，并配有旅社的真实图片,学习者需要通过练习一步步来帮助玛丽莎的朋友入住,兼具交际性与实用性。(3)练习具有趣味性,该课程练习并未单纯呈现习题,而是以游戏闯关或设置悬念的方式将练习嵌入其中,如虚拟限定时间的"时间炸弹"增强了完成练习的节奏感和刺激性,完成练习获知皮特与小叶的会面地点等,游戏化与悬念化的设置能有效激发学习者的答题热情与兴趣,避免其产生完成练习的枯燥感。

6. 其他部分

除了常规的先导章节、会话与汉字教学、练习等环节之外,该课程另有若干别出心裁的环节,分别为下午茶、汉语歌曲、神秘的素描本、小叶的奶奶和尾声部分。这五者分别从不同角度为该课程的教学效果与故事性添砖加瓦。该课程的学堂在线版本还添加了课程设计板块,由丁夏教授点评总结该课程的特点与课程设计思路。

下午茶部分为以皮特及其朋友为主的会话情景短片,时长皆在2分钟左右,皮特和朋友间的会话中融入当课所学的会话语句和汉字,也常以交流学习汉语的经验为形式自然引出学习建议、技巧和资源等。第一课下午茶短片中,皮特和玛丽莎交流了第一节课上课的感想,在交谈中自然引出当课的问候、声调等学习内容,并通过皮特制作的词卡来复习汉字,为学习者提供一种记忆汉字与词语的方法。第二课下午茶短片中,皮特和豪厄尔在交谈中复习了询问名字、电话号码等会话内容,皮特介绍了鱼(Pleco)汉英词典,这一有助于学习汉语的手机应用,并通过"昨日分不清男女卫生间"的尴尬遭遇呼应了汉字教学中提及的"男""女"两字。第三课下午茶短片中,皮特和玛丽莎讨论了一些学习汉字的方法,即多与同汉语水平的同学、朋友在课后用汉语交谈练习,互帮互助,也可在讯佳普(Skype)论坛等网络平台和当地大学寻找中文语伴练习口语。第四课下午茶短片中,皮特跟米莉分享了自己与语伴交谈的经历,米莉分享了近期听汉语歌曲、观看中文电视剧的体验。听汉语歌曲、看中文电视剧一方面具有娱乐性,另一方面能增加词汇量,在油管、优酷、声田(Spotify)音乐播放器等国内外平台上有大量中文歌曲和电视剧资源,汉语初学者建议从儿歌和儿童节目入手。第五课下午茶短片中,皮特向乔哈英(Jo Ha Young)的朋友提供了一些深入学习汉语的建议：在当地语言学校或大学寻找一些汉语课程，或者去一些普通话国家留学。如果想了解一些交流项目，可以咨询当地大学的国际交流办公室或相关单位，也可访问大学官网获取信息；在谷歌上也能搜索到奖学金的信息；网站北京人（thebeijinger）上有大量外国人在中国工作留学生活的介绍；就留学城市而言，看个人喜好而定，如云南的环境与景色皆美、上海的城市生活繁华等。第六课下午茶短片中，皮特和米莉分享了整个课程学习的感受，皮特介绍了微信及其功能，如语音电话、支付、新闻消息、翻译功能等，手机和电脑中也可载入拼音输入系统打出汉字；米莉则介绍了汉语水平考试的等级和必要性；最后，双方互相道别，并相约再见。下午茶部分的设置试图从课程学习者的角度出发，通过同为汉语初学者的皮特及其朋友们的学习经验分享来提供一些切实可行的学习方法和资源，降低学习难度。此外下午茶时间本身也是同学课下交流互动过程的体现，强调社交与语言练习相结合，为课程学习者示范了一种有益的学习模式，引导学生建立课后多练习的意识和良好的学习习惯。

汉语歌曲部分出现在该课程的第三、第四和第六课，以情景短剧现场表演的方式为学习者依次展示了三首歌——《你好》《两只老虎》和《朋友》。第三课中，皮特到李媛老师家做客，巧遇其女儿为学生谱写以"你好""再见""谢谢""不客气"等日常用语为歌词的《你好》歌；第四课中，皮特演奏了《两只老虎》的旋律，李媛老师便演唱了《两只老虎》；第六课中，课程参与拍摄人员共同演奏并演唱了歌曲《朋友》。该部分设计与下午茶时间中提到的"多听汉语歌曲"的建议有所呼应，也为学习者介绍了几首普遍流行的汉语歌曲作为入门歌曲；第六课的歌曲《朋友》旋律优美，寓意深远，既为课程画下圆满的句号，也契合课程学汉语交新朋友的理念。

神秘的素描本、小叶的奶奶和尾声部分多为文本、图画形式，并在其中融入北京文化符号之一"胡同"。这几个部分的主要作用是推动课程故事情节向前发展，以构建完整的故事框架：皮特追随父亲30年前的步伐来到清华大学留学，在到达的第一天遇见李老师，随后拜访了李老师的家，与李老师及其女儿合唱歌曲；但是皮特的语伴小叶却告诉他没有李老师这个人，电话也是空号，但小叶的奶奶曾于 30 年前在清华教授汉语，其所经历的与李老师极度相似，原来有关李老师的一切都是皮特幻想中的情景，而 30 年前与皮特的父亲相识的正是小叶的奶奶。随着课程学习过程的逐步展开，故事也一步步推进，情节环环相扣，悬念十足，激发学习者继续学习与探索的兴趣和热情，增加了课程的趣味性。

本小节所提的下午茶、汉语歌曲、神秘的素描本、小叶的奶奶和尾声部分在该课程中起到的是"润滑剂"的作用，前两者为学习者提供学习建议和学习资源，后三者则协助构建完整的课程故事结构，让课程学习者的汉语学习过程更丰富流畅，学习体验更形象生动。

另外，在学堂在线平台上，该课程还添加了课程设计板块，丁夏教授在每课结尾从不同角度对该课程的设计进行深入说明，详情如图所示：

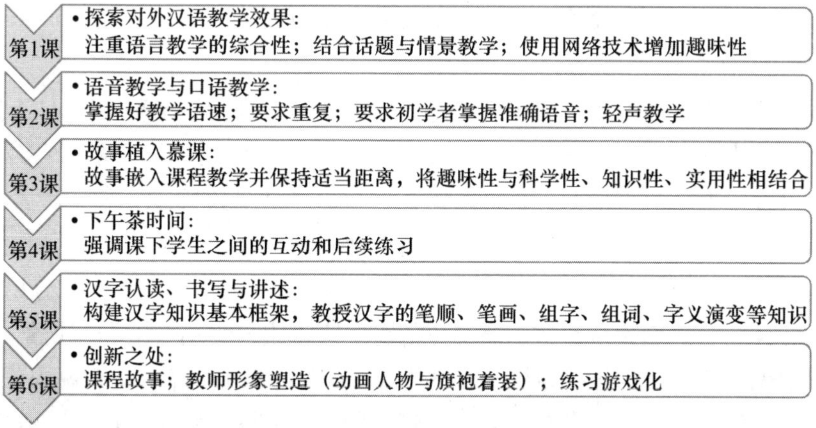

第1课 · 探索对外汉语教学效果：
注重语言教学的综合性；结合话题与情景教学；使用网络技术增加趣味性

第2课 · 语音教学与口语教学：
掌握好教学语速；要求重复；要求初学者掌握准确语音；轻声教学

第3课 · 故事植入慕课：
故事嵌入课程教学并保持适当距离，将趣味性与科学性、知识性、实用性相结合

第4课 · 下午茶时间：
强调课下学生之间的互动和后续练习

第5课 · 汉字认读、书写与讲述：
构建汉字知识基本框架，教授汉字的笔顺、笔画、组字、组词、字义演变等知识

第6课 · 创新之处：
课程故事；教师形象塑造（动画人物与旗袍着装）；练习游戏化

图 4-5 "对外汉语"课程设计板块介绍

课程设计部分还设有以汉语教师为对象的练习题，每课 5—10 题不等，考查汉语语音、词汇、语法、汉字基本知识、语言学知识、教育学知识和汉语教学知识，题型多为选择题，少数为判断正误题与设计教案的主观题。这些练习的设计能巩固汉语教师的汉语本体和汉语教学知

识，与丁夏教授的点评思路一脉相承。

7. 平台板块设置

edX 平台设置了课程、进度、日期、讨论、课文、语音练习、课本、教学大纲、爱拓奇（italki）应用和脸书群组等板块。课程板块包括会话教学、汉字教学等课程环节；进度板块以课时为划分单位排列每课学习者需要完成的内容并显示相应得分；日期板块则以时间排列各课练习需要递交的截止时间；讨论区板块汇总了该课程中的所有讨论区，在会话教学和汉字教学视频下也可以找到相应的随堂讨论区，学习者可以根据某一教学视频做出针对性的及时反馈；语音练习板块介绍了语音录制软件发声管（SpeakPipe），学习者可录制语音发布在讨论区与其他学习者共享，相互纠音；课本板块罗列了该课程涉及的所有教学内容，如词汇、汉字、会话、《你好》歌等，供学习者参考阅读；教学大纲说明了该课程的教学计划、评分规则等内容；italki 应用为学习者寻找汉语语伴提供了一条有效途径；脸书群组则为所有学习者提供了交流的平台，同时学习者也能即时收到教学组的相关通知。

8. 总结

综观之，该课程最突出的特点为整体性与综合性。课程中嵌入留学生皮特来到清华大学学习汉语的故事，全程以文本、图片、视频等多种形式逐步揭示故事情节，贯穿了语音、会话、汉字教学与练习等教学环节，将各环节紧密结合在一起，塑造出课程整体性。这也是该课程的创新之处。此外，课程的语言教学强调综合性。课程并未完全拆分听、说、读、写，而是从日常沟通交流的真实需求出发，结合话题与情景教学，融合语音、词汇、语法、汉字、会话等各方面内容，以听说为先，再辅以汉字教学加强读写，有重有轻。同时，该课程将文化内容分散融于教学文本、视频及练习等环节中，虽未有系统的讲授，但也是于细微处润物无声，使学习者得以在相应情景下自然接触。如在推动情节发展的"神秘素描本"部分，将北京胡同文化融入故事情节中，学习者在了解到故事进一步发展的同时也知晓了北京特有的胡同文化。又如在第六课汉字练习以中国日历截图为基础，介绍了中国的"阳历"和"阴历"的不同，以及"阴历"的由来和用途，进一步引出"清明节"这一传统节日。学习者在完成练习的过程中自然而然地了解了中国的日历文化，一箭双雕。

另外，课程巧妙运用情景短剧、动画短片、动画人物、卡通与实景图片，将视觉与听觉结合的积极教学效果发挥到极致；以上呈现形式又助力于课程多个情景的构建，模拟真实场景，将学习者带入其中，在情境下学习汉字、词汇、语句和会话。练习设计游戏化、悬念化也是该课程趣味性的表现之一；练习题型接近汉语水平考试题型则是其实用性的表现。

（三）"你好，中文"专项课程

"你好，中文"专项课程由上海交通大学制作，发布于 Coursera 慕课平台，包括四门子课程，依次为"你好，中文 1"（简称"你好 1"）、"你好，中文 2"（简称"你好 2"）、"你好，中文 3"（简称"你好 3"）和"顶点课程"，其中最后一门是对前三门课程的复习和对汉语水平考试一级、二级试题的模拟练习；课程学习者也能选择参加汉语水平考试一级、二级考试，合格后可获得证书。截至 2020 年 11 月，四门课程的注册学员分别为 55400 多名、15000 多名、14500 多名和 10300 多名。该专项课程的主讲教师为来自上海交通大学人文学院的副教授王骏和讲师安娜，王骏主要研究第二语言习得和汉语国际教育，安娜的主要研究领域为计算机语言学。

该专项课程的教学对象是零基础的汉语学习者，其包含的四门子课程中，"你好 1"学习者不要求有任何汉语基础；"你好 2"要求学习者已经完成"你好 1"或者 15 个小时的其他汉语课程；"你好 3"要求学习者完成"你好 1"和"你好 2"或者 30 个小时的其他汉语课程，"顶点课程"则要求学习者已经完成前三门课程。完成全部四门课程之后，学习者将达到汉语水平考试二级水平，可以开始中级水平汉语课程的学习。课程的整体教学目标是掌握在 30 个生活场景下所需的 950 个词语和 60 个语言点，培养学习者的基本汉语口语能力，使其能在特定真实生活场景下运用汉语进行基础交际。其中，"你好 1"包括 150 个新词语、20 个语言点和 5 个生活场景；"你好 2"各包括 300 个新词语、20

个语言点和10个生活场景;"你好3"则包括500个新词语、20个语言点和15个生活场景。教师的教学语言以英语为主,汉语为辅,两相结合;录制形式有教师与课件同时出现以及实地场景录制两种。

1. 教学内容

该专项课程的教学内容分四大类——会话、语音、汉字和文化,其中主体是会话教学,与文化教学一同贯穿于前三门子课程,语音教学集中在"你好1",汉字教学则集中在"你好2"和"你好3"。"顶点课程"是对前三门子课程的复习以及汉语水平考试样卷的模拟练习,并不涉及新教学内容。

(1) 会话教学内容

在前三门子课程中,每周的会话教学都有其主题或场景,围绕该主题或场景,教师以语句为单位展开教学。三门子课程所涉及的主题如下:

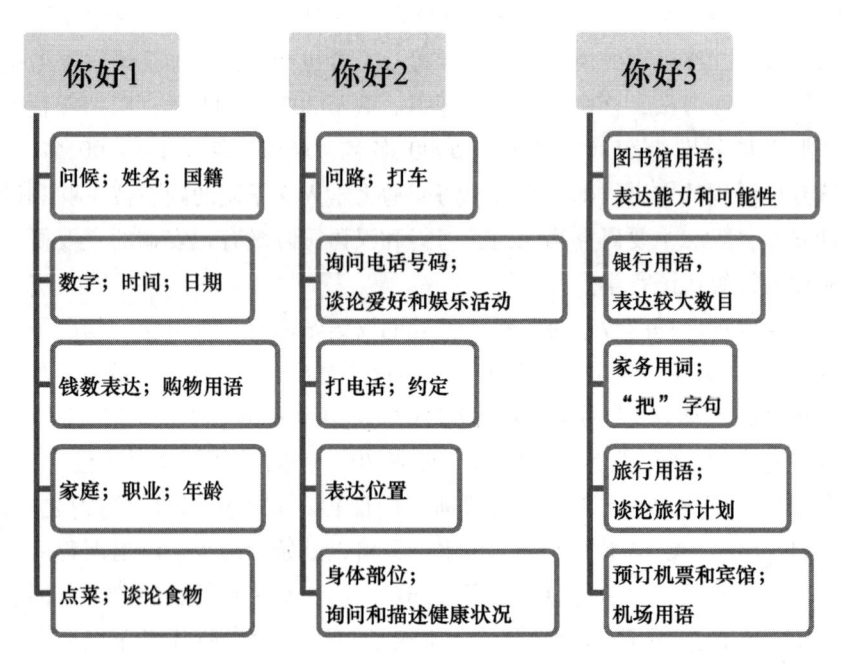

| 你好1 | 你好2 | 你好3 |
| --- | --- | --- |
| 问候;姓名;国籍 | 问路;打车 | 图书馆用语;表达能力和可能性 |
| 数字;时间;日期 | 询问电话号码;谈论爱好和娱乐活动 | 银行用语,表达较大数目 |
| 钱数表达;购物用语 | 打电话;约定 | 家务用词;"把"字句 |
| 家庭;职业;年龄 | 表达位置 | 旅行用语;谈论旅行计划 |
| 点菜;谈论食物 | 身体部位;询问和描述健康状况 | 预订机票和宾馆;机场用语 |

图4-6 "你好,中文"三门子课程主题

各主题下的会话教学重点句式和语言点注释如下表所示：

**表4-19 "你好1"会话教学重点句式和语言点注释**

| 课目 | 主题 | 重点句式 | 语言点注释 |
|---|---|---|---|
| 第一课 你好 | 问候 姓名 | 你好！我是……。你呢？ 我叫……很高兴认识你。 我也很高兴认识你。 | "呢" "也" |
| | 国籍 | 你们好！她/他是…… 您是美国人吗？ 我不是美国人，我是英国人。 | |
| 第二课 现在几点 | 数字 时间 | 现在几点？现在八点十分。 你几点上课？我八点半上课。 | |
| | 年份 月份 日期 | 今天几月几号？今天九月十号。 你几号回国？我九月十七号回国。 九月十七号是星期几？ 九月十七号是星期三。 | 日期和时间表达法 |
| 第三课 你买什么 | 钱的表达 购物所需用语 | 你买什么？我买面包。 多少钱一个？ 大的十块，小的五块五。 你买几个？我买两个。 这是你的面包，一共十一块钱。 谢谢！ | "两"和"二" |
| | | 请问您买什么？我买一件毛衣。 您买什么颜色的？我买白的。 您试试这件。 这件有点儿小，有大的吗？ 这件很好，多少钱？ 太贵了，便宜一点儿吧。 | "很"和"太" |
| 第四课 你家有几口人 | 家庭 年龄 | 你家有几口人？我家有四口人。 你家有哪些人？/你家有谁？ 我家有爸爸、妈妈、哥哥和我。 你弟弟多大？我弟弟十五岁。 | "个" "多大" |

续表

| 课目 | 主题 | 重点句式 | 语言点注释 |
|---|---|---|---|
| 第四课 你家有几口人 | 职业 | 你爸爸在哪儿工作？我爸爸在医院工作。<br>她也在医院工作。<br>他们都是医生吗？不，我妈妈是护士。 | |
| 第五课 您想吃什么 | 点菜<br>食物 | 欢迎光临！这是菜单，请点菜。<br>我要一个红烧肉，一个鱼香肉丝。<br>还要别的吗？再要一个米饭。<br>您喝什么？<br>好的，您稍等。<br>请快点儿上菜，谢谢。<br>服务员买单。 | |
| | | 你想吃什么？<br>我想吃麻婆豆腐，我爱吃辣的。<br>我不喜欢吃辣的。<br>那我们去吃上海菜。<br>糖醋排骨怎么样？<br>这个菜很甜，我们可以尝尝。<br>这个菜真好吃。我非常喜欢。 | 动词重叠 |

表4-20 "你好2"会话教学重点句式和语言点注释

| 课目 | 主题 | 重点句式 | 语言点注释 |
|---|---|---|---|
| 第六课 去图书馆怎么走 | 问路 | 你好，请问去图书馆怎么走？<br>一直往前走，第一个路口往左拐。<br>从这里到图书馆多远？<br>不远，大约200米。<br>谢谢！不客气！<br>过马路，坐地铁2号线。<br>在哪一站下车？在人民公园站下车。 | |

续表

| 课目 | 主题 | 重点句式 | 语言点注释 |
| --- | --- | --- | --- |
| 第六课<br>去图书馆<br>怎么走 | 打车 | 师傅，您好，我要去机场。<br>师傅，请快点，我赶时间。<br>你是美国人吧。<br>到了，五十元。<br>请给我发票。 | |
| 第七课<br>你的电话号<br>码是多少 | 谈论爱好和娱乐活动<br>询问电话号码 | 这是谁？<br>他长得挺帅的。<br>对，他高高的、瘦瘦的。<br>他在打球吗？是的，他在打网球。<br>下次我们可以和他一起打网球。 | 形容词重叠 |
| | | 我们去打网球吧。<br>王浩明跟我们一起去吗？<br>他不去，他正跑步呢。<br>我每周三下午都有空。<br>你的电话号码是多少？<br>好，下次给你打电话。 | "每" |
| 第八课<br>你找我<br>什么事 | 打电话<br>约定 | 喂？你好！请问你是王浩明吗？<br>对，我是王浩明。您是哪位？<br>最近天气不冷不热，适合运动。<br>下周三一起打网球吗？<br>周三我不上班，两点在网球场见面行吗？<br>行，一言为定！ | |

续表

| 课目 | 主题 | 重点句式 | 语言点注释 |
|---|---|---|---|
| 第八课 你找我什么事 | 打电话 约定 | 您找谁？我找艾米丽。她在吗？<br>她不在，去开会了。<br>她什么时候回来？她快要回来了。<br>等艾米丽回来了，请让她给我回电话。<br>你找我什么事？<br>明天晚上7点去看电影，好吗？<br>马克和我们一起去吗？<br>马克不去，他可能有事。好，明晚见！ | |
| 第九课 我的手机呢 | 描述事物或地方的位置 | 我的手机呢？在包里吗？不在。<br>在桌子上吗？我找了，也没有。<br>在电脑旁边吗？我看一下，也不在。<br>别着急，再找找。<br>在这儿呢，在书下面。 | 语气词"了" |
| | | 我家在中山公园旁边。<br>在第二医院西边吗？<br>不是，在第二医院北边。<br>那儿怎么样？<br>挺方便。我家附近有超市和学校。<br>学校在马路对面，超市在我家东边。<br>超市南边还有一家银行。 | |
| 第十课 你怎么了 | 询问身体部位及表达健康状况 | 你怎么了？我有点儿不舒服。<br>你哪里不舒服？我嗓子疼，头也有点儿疼。<br>你是不是发烧了？<br>可能是发烧了。我昨天回家的时候淋雨了。<br>你吃药了吗？<br>没有，我打算去医院。我帮你请假吧。 | |

续表

| 课目 | 主题 | 重点句式 | 语言点注释 |
|---|---|---|---|
| 第十课 你怎么了 | 询问身体部位及表达健康状况 | 医生,我需要打针吗? 不用,吃点儿药就可以了。 这个药饭后吃,一天三次,一次两片,多喝水。 | "就" |

**表4-21　"你好3"会话教学重点句式和语言点注释**

| 课目 | 主题 | 重点句式 | 语言点注释 |
|---|---|---|---|
| 第十一课 我想借几本汉语书 | 图书馆用语表达能力和可能性 | 你会说中文吗?我能说一点儿中文。 你借什么书?两本中文书。 你有借书卡吗?没有。 没有借书卡,不能借书。 请问怎么办理借书卡? 在二楼的大厅,填申请表就可以了。 我现在去可以吗? 现在下班了,不能办理。请你明天上午八点以后去办理。 |  |
|  |  | 我想去图书馆办理借书卡,你能陪我去吗? 你打算借书吗?是的,我想借几本汉语书。 好的,没问题。 你带学生卡了吗?带了。 麻烦您填一下申请表。你会写汉字吗? 对不起,我只会一点儿。 你能帮我填申请表吗? 请问什么时候可以办好? 五个工作日可以办好。 | "几" |

续表

| 课目 | 主题 | 重点句式 | 语言点注释 |
|---|---|---|---|
| 第十二课 我想换人民币 | 银行用语 表达较大数目 | 你好，我想换人民币。<br>你要换多少？<br>我这里有两千美元，能换多少人民币？<br>今天美元对人民币的汇率是6.2008。<br>您可以换一万两千四百零一点六元人民币。请您确认后在表上签字。 | |
| | | 先生，您有什么需要？<br>我的卡丢了，我要办一张新卡。<br>好的，请稍等。请您填写申请表，出示护照。<br>什么？请您再说一遍。<br>首先，请出示您的护照，然后，请您填写申请表。 | |
| 第十三课 请把桌子收拾一下儿 | 家务用词 "把"字句 | 阿姨，请把孩子的衣服换一下儿。<br>换一件厚一点儿的衣服。<br>脏衣服要洗吗？<br>要，再把地板擦一下儿。<br>请把桌子收拾一下儿。碗和杯子都要洗。 | "把"字句 |
| | | 明天上午你要到商店买点儿蔬菜、肉、鸡蛋、水果和饮料。<br>另外，不要忘记买些花儿。<br>明天我要把房间收拾一下儿吗？<br>要，还要把碗、勺子、筷子放在桌子上。<br>把杰克的新衣服挂到衣柜里。 | |

续表

| 课目 | 主题 | 重点句式 | 语言点注释 |
|---|---|---|---|
| 第十四课<br>我想去旅游 | 旅游用语<br>讨论旅游计划 | 假期你有什么计划吗？<br>我打算先去实习，再去海南旅游。<br>我想去北京，听说那里有很多名胜古迹。<br>北京是中国的首都，我去年暑假去过一次，去北京旅游的人真多啊！<br>你去没去长城？去了，长城太美了！<br>你一定要去。<br>你是一个人去吗？<br>祝你们玩得愉快！ |  |
|  |  | 暑假我想去北京旅游，你去不去？<br>北京的景点多不多？<br>景点很多，有长城、故宫、颐和园……好吃的也很多，北京烤鸭、涮羊肉、糖葫芦……<br>我们怎么去？我们坐飞机去吧。<br>我们要参加旅行团吗？<br>参加旅行团不自由，我们还是自己去吧。<br>好的，我们现在就订机票和宾馆。<br>我来打电话。好，我去收拾行李。 | "还是" |

续表

| 课目 | 主题 | 重点句式 | 语言点注释 |
|---|---|---|---|
| 第十五课<br>我想订<br>一张机票 | 预订机票和宾馆<br>机场用语 | 我想订一张后天去北京的机票,现在订票可以吗?<br>后天有两班飞机去北京,一个早班,一个晚班。早班飞机1200块,晚班飞机1400块。您要订早班的还是晚班的?<br>我要订早班的。对了,早班几点出发?<br>您记得提前两个小时到机场办理登机牌。<br>请告诉我您的姓名、证件号码、银行卡或者信用卡号码。 | |
| | | 你好,我要办理登机牌。<br>请稍等,请出示您的证件。<br>护照可以吗?<br>可以,您有行李需要托运吗?<br>我有两个行李箱需要托运。放这里吧。我的行李没有超重吧?<br>没有。这是您的登机牌和行李托运小票,请拿好。<br>马克,你的宾馆订好了吗?<br>订好了,我昨天在网站上订的。<br>宾馆环境怎么样?<br>网上说很干净,交通也很方便。<br>那就好,注意安全。<br>时间不早了,我该去登机了。<br>去吧,九点四十飞机就要起飞了,别耽误了航班。<br>再见,一路平安。 | 补语"好" |

从表中我们可以看出，前三门子课程所涉及的主题从日常生活中最基本的场景出发逐渐扩展到其他场景，各课主题安排由浅入深，每一课的会话语句也随着学习的深入逐渐复杂；语句也紧密围绕当课主题，是相应生活场景下切实可用的。另外，该课程的教学内容并非以语法点为纲，而是将重心放在整段会话及其语句的意义和功能上，并未过多强调语言结构，是该课程的特点之一。

（2）语音、汉字与文化教学内容

语音教学集中于"你好1"，分五课进行。在"你好1"的第一课中，课程组也附上所有语音知识的文本材料，学习者若想了解可提前阅读。语音教学内容以一课一视频的形式，依次讲解拼音组成部分与六个单韵母、四个声调、声母、复韵母、变调规则（三声变调、"一""不"的变调），向学习者呈现了拼音的基本知识；还有若干拼音知识则附在第一课的语音本文材料中。

汉字教学集中于"你好2"和"你好3"。前者着重汉字知识，以文本形式用英语讲解了汉字的应用、简繁体等基本情况；起源与历史发展阶段；汉字的字词对应关系、基本笔画、偏旁、汉字结构、笔顺；"六书"；学习汉字的建议，如使用字卡、记忆偏旁、多加练习等。"你好3"则侧重于实际汉字的书写，课程附有英文文本解说、每课目标汉字的笔顺动图、目标汉字可组成的重点句子和手写体练习范例，详细如表所示：

表4-22　"你好1"汉字教学目标汉字与可构句式

| 课目 | 目标汉字 | 可构句式 |
| --- | --- | --- |
| 第一课 | 一、二、三、四、五、六、七、八、九、十 | |
| 第二课 | 你、好、我、她、他、是、也、不、认、识 | 你好，我是…… <br> 我不认识他。<br> 我也不认识她。 |

续表

| 课目 | 目标汉字 | 可构句式 |
| --- | --- | --- |
| 第三课 | 现、在、几、点、分、半、上、下、课、吗 | 现在几点？<br>现在八点半。<br>现在七点五十分。<br>你九点上课吗？<br>我十点上课，十二点下课。 |
| 第四课 | 买、多、少、什、么、有、大、小、的、个 | 你买什么？<br>我买大的。<br>你买多少？<br>我买五个。<br>你有小的吗？ |
| 第五课 | 家、口、人、谁、爸、妈、和、没、哥、岁 | 你家有几口人？<br>你家有谁？<br>我家有爸爸、妈妈和我。<br>我没有哥哥。<br>你多大？我二十岁。 |

另外，课程团队后期在三门子课程的每一课中都附加了一份汉字书写练习，学习者若想随文识字，则可通过这份汉字书写讲解文本进一步练习巩固。书写练习中为当课所学的15个重点汉字及相关的重点偏旁，还附有汉字的语句和语段阅读书写练习及汉字知识英文讲解。每课书写练习的内容设置从偏旁出发，再逐步到汉字、语句、会话书写和阅读练习，颇有条理。

文化教学内容贯穿于前三门子课程，以师生间的会话视频为形式为学习者介绍一些中国文化点，"你好1"在五课中依次介绍了中国的问候方式、聚会时间观念、购物还价场所、年龄观念和饮食文化；"你好2"依次介绍了"东西"、数字文化、娱乐活动、电子商务和中医；"你好3"依次介绍了造纸术和电子书籍、中国古代货币、生日庆祝习俗、北京旅游景点和常用语"慢走""保重""吃了吗"。这些文化点皆为留学生在日常生活中经常接触到的易引起跨文化交际误会的地方，对学习者来说非常实用；同时由于介绍的文化点与现代中国及中国人的生活息息相关，学习者也能通过视频了解现代中国的真实情况。

该课程教学内容的依据为上海交通大学自主开发编写的教材"你好，中文"，该教材是为在华生活的零起点成年外国人编写的任务型口语教材，并配有官方手机软件，可与课程配套学习，实现了教学资源的立体化。

2. 基本结构

"你好，中文"专项课程所包括的四门子课程除了"顶点课程"之外都具有相同的结构，即前三门子课程都包括五周教学内容，每周一课，每课分两小节，每小节都依次包括生词文本、教学视频、练习、测验、讨论、课文文本。不同之处在于，前一小节还包括语音入门视频（"你好1"）、汉字入门文本（"你好2"）或汉字书写文本（"你好3"），后一小节则包括文化知识视频。该课程的学习流程也遵循"熟悉生词—观看教学视频，学习语句—完成随堂练习—完成测验—学习语音（汉字/文化）知识—完成当课讨论—阅读课文文本"的步骤。另外，应学习者要求，课程教学团队后期在前三门子课程的每一课都附上当课汉字学习和练习的文本材料，以满足兴趣的学习者所需。

"顶点课程"共包括六周学习内容，第一、第三、第五周分别复习"你好1""你好2""你好3"的内容，先呈现对应子课程中所有的情景短剧视频，然后为子课程测试卷，分听力部分和阅读部分；第二、第四、第六周则包括前一周所复习子课程的扩展情景报告讨论、汉语水平考试的一份样卷和一首当下较流行的汉语歌曲。下文将就各课程部分进行具体分析。

（1）教学视频

教学视频的学习安排在生词之后，意在使学习者在了解生词的基础上进行语句及会话的学习。每小节的教学视频时长为6—11分钟不等，大致环节有导入、讲解、练习、总结，基本流程为"教师问候—（复习）导入—介绍当课主题—依次讲解目标语句—播放情景短剧—针对课文内容的随堂练习—情景短剧跟读—总结"。下文以"你好3"第十三课第一小节的教学视频"请你把桌子收拾一下儿"为例，剖析具体的教学流程：

第一步，教师问候。

第二步，提及上节课的银行用语主题，介绍本课主题：家务活和"把"字句。

第三步，解释"把"字句意思和句式结构。

第四步，展示句子"阿姨，请把孩子的衣服换一下儿"，要求学习者跟读。

第五步，分别解释"阿姨""孩子""衣服""换""一下"的意思，之后分别放入"把"字句结构中，再次要求跟读，后要求学习者完成视频中的随堂互动练习题。

第六步，分别解释"请""擦""地板"在把字句结构中的句法成分和位置，代入结构中，朗读"请把地板擦一下儿"，要求学习者跟读。

第七步，展示句子"请把桌子收拾一下儿"，分别解释"桌子""收拾"，后整句朗读，要求学习者跟读并完成随堂互动练习题。

第八步，教师介绍情景短剧的场景，后播放短剧，学习者完成针对短剧会话内容的随堂互动问题。

第九步，再次播放短剧，并要求学习者逐句跟读。

第十步，教师总结本课所学。

该小节的教学视频非常重视学习者对语句的意思理解和整体把握，在讲解目标语句时包含两种方式：一为"整体—局部—整体"，即"引出目标语句—跟读—逐个讲解目标语句中的生词—跟读—做随堂练习"，如教师在解释完"把"字句的基本意思和结构后，整体展示了目标语句"阿姨，请把孩子的衣服换一下儿"，然后分别解释各部分词语的意思，随后要求学习者整句跟读并做随堂互动练习；二为"局部—整体"，即"逐个解释生词意思—展示目标语句—跟读（做随堂互动练习）"，如教师首先解释"请""擦""地板"在把字句结构中的句法成分和位置，然后展示整句"请把地板擦一下儿"，并要求学习者跟读。该课程教学视频流程具体如图所示：

第四章 汉语慕课教学模式研究

```
教师问候 → (复习) → 导入 → 介绍当课主题 → 依次讲解目标语句 → 播放情景短剧 → 完成随堂练习 → 情景短剧跟读 → 教师总结
```

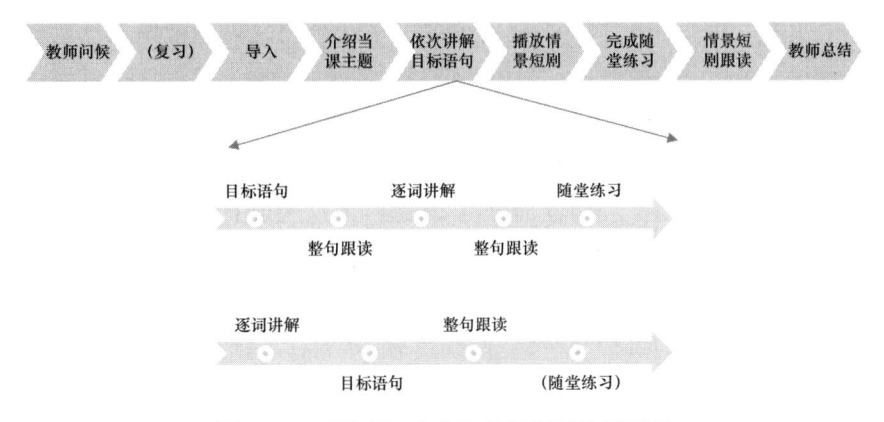

目标语句 — 逐词讲解 — 随堂练习
　　　整句跟读　　整句跟读

逐词讲解 — 整句跟读
目标语句　　　(随堂练习)

**图 4-7　"你好，中文"教学视频流程导图**

　　另有"顶点课程"包含了前三门子课程的 15 个情景短剧片段，作为对相应子课程的复习和回顾。每课的短剧片段播放两遍，一遍有拼音和汉字字幕，一遍无字幕，以此让学习者检验是否仍然理解短剧内容，若理解有困难，则需要回到相应课节重温。

　　(2) 练习与测验

　　前三门子课程的练习与测验共分三类：一为教学视频中的随堂互动问题，考查学习者的即时掌握情况；二为教学视频后的相关练习，侧重于学习者对会话的理解；三为小节测验，总体考查学习者对小节生词、句子和对话的掌握情况。

　　随堂互动问题一般有三个，前两个考查目标语句的即时学习效果，后一个则与情景短剧相关，考查学习者对会话内容的理解。

　　每小节会话练习题有三个，为选择题，题型主要有选择句子/词语完成对话/句子、根据句子选择释义、根据情景描述选择句子、选择结构正确的句子、根据图片选择词语、选择词的语法功能、根据音频选择释义/图片，考查的内容主要是句子结构和意义，少数练习题考查词语的意思和个别词的语法功能。

　　小节测验包括 15 道题，也为选择题，题型集中，有根据音频选择词语/句子的释义/拼音/图片和选择词语/句子完成对话/句子两种；一部分题目考查词语的拼音与意义，另一部分则考查句子的意义及对话的问答。

另有"顶点课程"包含针对前三门子课程的三份测试题和汉语水平考试一级、二级的样卷。每份子课程测试题的设置与汉语水平考试一级、二级考试卷相同，都包含听力部分和阅读部分。听力部分共20题，题型主要有听音频根据图片判断正误/是否相关、听音频选择相关图片、听音频选择正确答案。阅读部分共20题，题型主要有读词语根据图片判断正误/是否相关、读句子选择相关图片、读问题选择正确回答、选择词语完成句子/对话。汉语水平考试一级样卷一份，二级样卷两份。其中一级样卷听力部分20题，阅读部分20题；二级样卷听力部分35题，阅读部分25题。

该课程的练习与测验形式多样，结合图片与音频等视听资源，考查学习者的听力和阅读能力；考查内容从字词、句子到对话的问答，还注重相应情景和功能下的语言表达，既全面又有条理；除了拼音以外，题干和题支还包括相应的汉字，让学习者在练习的过程中加深对汉字的印象，这是与其他初级综合汉语慕课不同的一点。另外，"顶点课程"的子课程测试卷设置与汉语水平考试一级、二级考试卷接轨，与该专项课程可拿汉语水平考试证书的设定相呼应，也有利于让学习者熟悉适应考试题型，更好地把握考试题目，提高考试成绩及通过率。

（3）讨论

该课程的讨论除了常规的问题疑惑答疑区之外，还有指导性的话题讨论，且这部分话题讨论占主体，兼具练习和讨论两种教学功能。该专项课程的话题讨论分三种：一为前三门子课程每小节的话题讨论；二为前三门子课程末节的情景报告讨论；三为"顶点课程"的扩展情景报告讨论，后两者要求学习者互相评估。

前三门子课程的每小节都有一个话题和情景，其讨论任务则从该话题与情景出发，要求学习者综合本小节所学产出语句。作为每小节学习流程的最后一步，目标明确的话题式讨论任务既能督促学习者总结所学内容，又能提升其运用所学进行情景交际的能力，从机械性的练习与测验过渡到交际性的任务中，讨论的形式也能让学习者了解其他人的回答，取长补短，相互学习。本书将前三门子课程的各小节讨论任务列表如下：

表 4-23 "顶点课程"各小节讨论任务

| 课目 | 话题式讨论任务 |
| --- | --- |
| 第一课 | 自我介绍（1）；自我介绍（2） |
| 第二课 | 谈论你的上课时间；谈论你的旅行计划 |
| 第三课 | 购物的时候怎么问；购物时提出请求 |
| 第四课 | 谈论家庭成员；谈论你的工作和工作地点 |
| 第五课 | 餐厅用语；评论食物并询问意见 |
| 第六课 | 怎么问路；怎么打车 |
| 第七课 | 描述一位朋友；向朋友询问电话号码 |
| 第八课 | 电话留言；邀请朋友参加活动 |
| 第九课 | 描述三件东西的位置；描述自己家的位置 |
| 第十课 | 描述自己的病症；看医生 |
| 第十一课 | 谈论自己能做和不能做的事情；谈论做某事的可能性 |
| 第十二课 | 表达千、万以上的数目；换钱并办新卡 |
| 第十三课 | 用"把"字句表达某物的处置位移；为朋友准备生日聚会 |
| 第十四课 | 谈论你想游玩的地方；谈论旅行计划 |
| 第十五课 | 为自己预订一张机票；预订宾馆 |

前三门子课程末节的情景报告分别为：介绍自己和家人、留一段长留言邀请朋友参加活动、谈论最近的一段旅游经历。"顶点课程"的三份情景报告分别为：描述在中国的一天、描述看医生的经历、计划周末。上述情景报告要求学习者针对任务描述产出不少于六句话的语段，并在相应讨论区上传音频，供其他学习者参考和评价；同时要评论至少一位学习者的报告音频，以促进学习者之间的相互学习。这类情景报告讨论重点考查了学习者的口语表达和交际能力，学习者对所学知识整合并进行有效产出的处理能力和语段表达能力也得到锻炼。

（4）汉字入门与文化知识视频

"你好1"中包含5个语音入门视频，时长1—3分钟，简明扼要，分别讲授了汉语语音知识的不同方面。从教学流程上看，教师首先讲解新知识并领读示范，之后要求学习者跟读，把握声韵调的拼合；故语音教学视频中的操练方式也以跟读为主。

前三门子课程中每课的文化视频时长皆为 2 分钟,视频围绕留学生在生活中遇到的困惑之事,以师生对话、答疑解惑的形式为课程学习者一步一步呈现中国的风土人情。该形式新颖有趣,消除了教师单方面讲授可能导致的枯燥感,营造了轻松平等的氛围,让课程学习者在观看中吸收和了解中国的风俗文化。

(5) 汉字入门与书写文本

"你好 2"中所包含的 5 个汉字入门文本用英语解释了汉字的基本情况、发展过程、结构、笔画笔顺等方面的知识。汉字书写文本则分为两类:一为"你好 3"中的 5 个汉字书写文本,着重教授"你好 1"中的重点汉字,并非与"你好 3"的教学内容同步,而是语文分开,独为一个系统;二为后期课程组附加的贯穿于前三门子课程的每课汉字书写文本,这类书写文本所体现的是语文并进的教学模式,适用对象是对汉字感兴趣并对汉字掌握有高要求的课程学习者,并非所有课程学习者。这两类汉字书写文本同时注重偏旁和整字的练习,学习者也要求能在词语、句子和对话中认读、书写相应汉字。

故该专项课程的汉字教学体系同时呈现了两种可选模式,一为语文分开,先掌握拼音,后逐步展开汉字教学,所学汉字与当课教学内容并无关联;二为语文并进,所学汉字与当课内容保持一致。两种模式视学习者的实际学习所需而取,体现了自主学习的特点。

(6) 生词与课文文本

前三门子课程提供生词和课文的文本,满足学习者预习与阅读所需。生词文本置于每小节的第一步,要求学习者在观看教学视频前先预习本小节生词;课文的文本置于每小节最后一步,非必读项,有需要的学习者可以查看阅读。生词文本提供了生词的汉字、拼音、词性、英文释义和音频,全面清晰;课文文本则呈现了会话的拼音和汉字、会画插图、英文释义和语法点注释,整体呈现教学视频中的会话语句。

3. 教学方法

本书所讨论的教学方法分为教学法(思想)以及在教学过程中实际使用的教学方法和技巧。在教学法(思想)方面,该课程主要采用语法翻译法、情景法、听说法、视听法;在教学方法与技巧方面,该课程采用演绎法、话语联结法、图片法，详述如下。

（1）教学法（思想）方面

语法翻译法。该课程在讲解词汇和语句的过程中简洁直接地使用英文释义进行解释，使用英文释义是引导学习者理解的主要手段，尤其是在词汇讲解环节，教师往往先朗读，然后说明英文释义。语法翻译法的得体运用既能促进学习者的准确理解，也能提高教学效率，避免一些不必要的解释无用功，直奔主题。

情景法。该课程的每一段会话都有其对应的情景，可以说，该课程综合考虑了日常生活场景与相关词汇、语法结构，并从生活场景出发组织课程的教学内容。在讲解过程中，教师也注重情景的构建，在导入环节针对相关情景进行提问，在讲解环节说明语句运用的情景，在情景短剧跟读环节更是直接将学习者带入情景中模拟主人公进行对话练习。在练习和测验中，课程也会通过描述场景要求学习者选择合适的语句。

听说法。该课程重视学习者听说能力的培养，口语教学领先于其他技能的教学，在练习和测验中也考查学习者的听力技能。另外，在教学过程中，教师在讲解完句型结构后，要求学生反复模仿、跟读目标语句，侧重句型的反复操练，以加深印象。

视听法。该课程结合了视觉和听觉感知，通过图片和情景短剧使目标词汇和句子与形象直接连接，引导学习者直接使用目的语表达自身想法与观点。此外，该课程紧密结合情景和目标语句，使学习者在接近真实场景的背景下进行听说读写的操练，有利于增强学习者运用汉语进行交际的能力。该课程同时也强调语句和会话的整体感知，教师往往从句子出发分析各部分，后又回到句子整体，要求学习者模仿、跟读，情景短剧的跟读部分也强调了从整体感知会话的特点。

（2）教学方法与技巧方面

演绎法。在讲授语言点时，该课程主要使用演绎法。如第十三课的"把"字句，教师首先解释了"把"字句的意思，然后直接说明"把"字句的结构"S + 把 + O + V + other elements"，使学习者对"把"字句的使用规则有清晰的了解，然后在该规则和结构的指导下，教师给出句子"阿姨，请把孩子的衣服换一下儿"和"请把地板擦一下儿"进行操练，从抽象到具体，在实践中使学习者理解和掌握"把"字句的语法规则与结构。

话语联结法。该课程着重在句子中讲解词汇，先整体呈现句子，然后在句子的语境下逐个解释词语，使学习者能更准确地理解词语意思，最后再回到句子。如第十五课第二小节"你哪儿不舒服"，教师结合"你哪儿不舒服？我咳嗽，嗓子疼"的会话和看医生的语境解释"不舒服""咳嗽"和"嗓子"，加深学习者的理解。

图片演示法。图片在该课程中得到广泛使用，教师在创建情景、讲解生词与句子时都配有相应的图片，既形象生动，又能辅助学习者理解情景、生词和句子，使学习者将图像和语言直接联结，加深印象。

4. 总结

"你好，中文"是由四门子课程组成的专项课程，子课程之间的衔接自然有序，系统性是该专项课程的特点之一。从专项课程来讲，前三门子课程依次讲解各个场景和主题下的汉语表达，最后的"顶点课程"回顾复习前三门子课程的教学内容；从单门子课程来讲，在课程的开头和结尾都有欢迎视频和总结视频，结尾还有一项情景报告讨论；每门子课程中的语音、词汇、语法、会话、汉字、文化虽相互联系紧密，但各自都有完整的教学系统；每门子课程中的课前预习、课中学习和课后练习、复习环节也都有明确的任务设定。此外，该课程以日常生活情景主题为纲组织教学内容，教学过程强调会话和语句的整体教学，侧重意义的理解，而淡化语言点，操练也是以会话中出现的语句为反复跟读模拟的中心。该课程的另一大特点为两种汉字教学模式，学习者可根据学习目标、学习能力与兴趣自主选择随文识字或先拼音后汉字，如此设置使课程的汉字教学部分灵活有度，学习者各取所需，自主性强。

在练习和测验方面，该课程层次清晰、分工明确。随堂互动问题注重学习者的即时掌握情况，课后练习考查重点会话语句和语言点，课后测验从整体上把握当课小节的词汇和语句，课程末和"顶点课程"复习中的情景报告讨论注重学习者对所学内容的综合运用，从机械性练习到交际性练习一应俱全。另外，该课程的教学资源具有立体化的特点，教学资源中除了纸质版和电子版的配套教材外，还配有教材官方手机软件和配套音频文件，课程还为学习者提供了分级阅读网站资源，鼓励有能力的学习者自主阅读，提高自身阅读理解能力。

（四）"初级综合汉语"分析

"初级综合汉语"由北京语言大学制作，2019 年 12 月首次上线于中国大学慕课平台，截至 2020 年 12 月已开课三次，注册学员将近 7000 名。该课程的主讲教师团队由张浩、朱世芳、高蕊、刘畅、彭坤、杨琦组成，前四位教师分别主讲不同章节的词汇、语言点和课文；彭坤主讲汉字章节；杨琦主讲语音章节。其中，张浩长期从事对外汉语教学工作，具有近十年的海外汉语教学经验，并发表多篇核心论文，主编多套教材，研究方向为比较文学研究和汉语国际教育课程论；朱世芳在商务汉语教学方面经验丰富，研究方向为商务汉语教学、第二语言习得和教育技术；刘畅则从事多年的初级综合、古代汉语、汉语听力等课程教学工作。"初级综合汉语"面向汉语零起点学习者，旨在通过六个章节的学习，为学习者在目的语国家生活和学习提供坚实的语言基础，提高学习者使用中文进行日常交际和工作交流的积极性。课程的教学语言为中英文结合，词汇、语言点和课文教学采用汉语，汉字和语音教学则使用英语。在录制形式方面，课程采用多种方式：教师与教学内容同时出现、教学内容单独出现和教师单独出现。本书将从教学内容、课程结构和教学方法三个方面详细分析该课程，其中对课程结构的探讨包括教学流程。

1. 教学内容

"初级综合汉语"包括六章教学内容，分别从课程概况、问候、家庭、日期与时间、日常生活和购物六个主题出发进行教学；每章教学内容包括课文、语音和汉字，课文教学占三至四小节，语音和汉字则各列为一小节讲解。本书将分别从词汇、语言点、课文教学、语音教学和汉字教学三方面阐述。

（1）课文教学

该课程的课文主要为对话体，单有第五课第三小节为陈述体；作为零起点的初级综合汉语课程，对话体课文能让学习者完成课程之后直接应用于生活之中，实用性高。本书将各章节的课文教学内容整理如表所示。

表 4-24 "初级综合汉语"教学内容

| 章节 | 小节 | 教学内容 ||
| --- | --- | --- | --- |
| | | 语言点 | 重点句式 |
| 第一章 课程介绍 | 1.1 导入 | 大白来到北京语言大学留学并参观校园 ||
| | 1.2 汉字 | 汉字发展历史概况;汉字基本造字法;结构特征和偏旁部首;汉字基本笔画、笔顺及书写方法 ||
| | 1.3 语音 | 汉语语音主要特点;声母、韵母和声调;音节构成特征;轻声和儿化现象 ||
| | 1.4 语法 | 汉语句法基本特点;汉语基本句子结构;量词 ||
| 第二章 问候 | 2.1 你好 | 问候语:你/你们/您/老师好;早上/下午/晚上好 | 你好!你们好!老师好!早上/下午/晚上好! |
| | 2.2 你是哪国人 | "是"字句;疑问代词"谁";表示领属关系的"的" | 同学们好!我是你们的老师。你叫什么名字?我叫……你是哪国人?我是……人。你是中国人吗?不是,我是蒙古人。这/那是谁?这是我的同学/朋友。 |
| | 2.3 喝咖啡 | 疑问助词"吗";用"呢"构成的省略问句 | 你喝咖啡吗?我不喝咖啡。你喝什么?我喝果汁。/来一杯绿茶。你吃什么?我吃米饭,你呢?我吃面条。给你。谢谢! |
| | 2.4 他是外星人 | 复习 | 复习 |
| 第三章 家庭 | 3.1 我有一个妹妹 | 形容词谓语句;"有"字句 | 这是你们家的照片吗?是的。这是谁?这是我的哥哥。你哥哥很帅!你也有哥哥吗?我没有哥哥,我只有一个妹妹。 |

续表

| 章节 | 小节 | 教学内容 ||
|---|---|---|---|
| | | 语言点 | 重点句式 |
| 第三章 家庭 | 3.2 你们家有几口人 | 疑问代词"几" | 认识你很高兴。认识你我也很高兴。<br>你爸爸妈妈做什么工作？我爸爸是医生，妈妈是老师。<br>你们家有几口人？我们家有五口人：爸爸、妈妈、姐姐、弟弟和我。 |
| | 3.3 您家真漂亮 | 感叹句 | 来，请进！您家真漂亮！<br>这是我爱人。您好，欢迎！<br>这是我的女儿梓洋，她是中学生。 |
| 第四章 日期和时间 | 4.1 几月几号期中考试 | 日期的表达方式；太好了；V+一下 | 我们有期中考试吗？<br>我们几月几号期中考试？我看一下，10月25号期中考试。<br>10月25号是星期几？星期五。<br>太好了！考试结束后，我们一定要好好放松一下。 |
| | 4.2 几点开始上课 | 时间的表达方式；疑问代词"多少"； | 我学习英语/汉语。你们几点开始上课？<br>我们8点开始上课，你呢？<br>你们一个星期有多少节课？<br>我们24节，每天都很忙。我觉得汉语很有意思。<br>对了，你可以帮我学习英语吗？我可以帮你学习汉语。<br>你有微信吗？我们加一下吧。你明天下午有时间吗？有时间，明天见！ |

续表

| 章节 | 小节 | 教学内容 | |
|---|---|---|---|
| | | 语言点 | 重点句式 |
| 第四章 日期和时间 | 4.3 一起过生日怎么样 | 序数词；用"怎么样"的问句表征询；副词"还" | 今天星期五，你周末打算做什么？周六上午10点我和语伴一起学习。晚上6点参加她的生日晚会，她的爸爸、妈妈和朋友都来参加。你的生日是几月几号？我的生日是5月8号。 |
| 第五章 日常生活 | 5.1 你去哪儿 | 疑问代词"哪儿"；连动句；动词重叠；要……了 | 你去哪儿？我去教室上课。快点儿，要迟到了。我去食堂吃饭，然后去图书馆看书。你下午去哪儿？我下午去篮球场打篮球。让我想想。 |
| | 5.2 我在五楼等你 | 介词词组"在……""跟……"；V呢 | 你在哪儿？我在食堂吃饭呢。你到底在哪儿？我在五楼等你。 |
| | 5.3 我的一天 | 动态助词"了" | 今天早上，我七点起床，七点半去食堂吃早饭，我吃了包子、鸡蛋和豆浆。四点，我听了老师的讲座。下午吃饭后，我还看了电影，很精彩。已经十一点了，我要睡觉了。 |
| 第六章 买东西 | 6.1 我想买点儿苹果 | 价格的询问和钱数的表达 | 我想买点儿苹果。这种苹果多少钱一斤？六块钱一斤。这个用汉语怎么说？这个叫"草莓"。草莓怎么卖？十八块钱一斤。便宜点儿吧。我买两斤草莓和三斤苹果，一共多少钱？一共是五十四块。 |

续表

| 章节 | 小节 | 教学内容 ||
|---|---|---|---|
| | | 语言点 | 重点句式 |
| 第六章 买东西 | 6.2 有大一点儿的吗 | 100至1000的称数法；"的"字短语 | 你好！欢迎光临。<br>这件衣服多少钱？<br>可以试一下吗？<br>这件太小了，有大一点儿的吗？<br>这件很合适。可以打折吗？不好意思，现在不打折。<br>可以支付宝付款吗？没问题。 |
| | 6.3 白色的比灰色的好看 | "比"字句 | 这儿的鞋款式真多！<br>不过我觉得这双白色的比灰色的好看。<br>不大也不小，正合适。我就买这双吧。<br>这双鞋又便宜又好看。 |

从表中我们可以看出，每一章节都包括三小节课文教学内容，且每小节各有一个小话题。每小节包括的语言点1—3个不等，且皆为相应话题情景对话中包含的，语言点的运用与话题情景结合紧密；语言点的排序从易到难，前面章节所讲授的语言点在后面章节的课文中反复出现，编排呈螺旋式上升，使学习者能在学习新语言点的同时复习旧语言点。六个章节的课文主要为对话体，句子和课文的长度随着学习的深入逐渐增加，对话中的角色也不断增加。该课程的教学内容以主题及小话题为划分依据，语言点与课文的教学目标明确，编排自然，循序渐进。

（2）语音和汉字教学

除了课文教学之外，该课程每章节还包括语音和汉字教学的内容。其中，第一章中的语音和汉字知识是总括性的，第二章至第六章则分条展开具体进行具体阐述和练习。本书将各章节的语音和汉字教学内容整理列表如下。

表 4 – 25　"初级综合汉语"各章节语音与汉字教学

| 章节 | 语音 | 汉字 |
| --- | --- | --- |
| 第一章<br>课程介绍 | 1.1　汉字发展历史概况；汉字基本造字法；结构特征和偏旁部首；汉字基本笔画、笔顺及书写方法 ||
|  | 1.2　汉语语音主要特点；声母、韵母和声调；音节构成特征；轻声和儿化现象 ||
| 第二章<br>问候 | 声母 b、p、m、f、d、t、n、l；单韵母 a、o、e、i、u、ü；声调 | 认识和书写汉字基本笔画 |
| 第三章<br>家庭 | 声母 g、k、h；开口呼韵母 ai、ei、ao、ou；鼻韵母 an、en、ang、eng、ong；轻声 | 实际汉字笔画关系；了解和运用汉字笔画顺序 |
| 第四章<br>日期和时间 | 声母 zh、ch、sh、r；韵母 – i；合口呼韵母 ua、uo、uai、uei、uan、uen、uang、ueng；三声变调 | 掌握汉字常用结构；正确书写基本汉字 |
| 第五章<br>日常生活 | 声母 j、q、x；单韵母 ia、ie、iao、iou、ian、in、iang、ing；隔音规则 | 认读和书写常用成字部件 |
| 第六章<br>买东西 | 声母 z、c、s；韵母 – i；撮口呼韵母 üe、uan、un、iong；韵母 er | 认读和书写常用成字部件 |

从表 4 – 25 我们可得知，该课程的语音教学内容主要为声母、韵母、声调（包括变调）、轻声、儿化和隔音规则；汉字教学内容主要为基本笔画、笔画关系、笔顺、结构、基本汉字和成字部件。语音教学内容从基本的声母和单韵母开始，继而逐步进行较难声韵母组合的教学；汉字则从基本笔画开始，过渡到笔画之间的关系和笔顺，最后讲授汉字结构、基本汉字和常用的成字部件。从课文、语音和汉字教学的整体关系来看，第一章的语音和汉字简介能让初学者有整体印象，具备拼读音节和书写汉字的基本能力，以解认读和书写的"燃眉之急"，以便直入主题进行词汇、语言点和课文的学习；第二章至第六章中的语音和汉字小节则跟着课文学习的深入详细阐述相应知识，并给予学习者充分练习的机会；如此安排也有助于学习者随文识字，有了第一课汉字知识的基本介绍，学习者可跟随课文教学中的汉字笔顺训练书写能力，同时每一章的汉字小节又形成一套系统，完善学习者的汉字知识，增强学习者的

汉字认读和书写能力。该课程的课文、语音和汉字教学合为一体，相互之间环环相扣，注重汉字的认读和书写使"初级综合汉语"在一众初级综合汉语慕课中脱颖而出。

2. 课程结构

该课程的背景为留学生大白来到北京语言大学学习汉语，章节主题围绕大白在北京留学生活的方方面面设置。每个章节由教学视频、章节作业、期中期末测试、讨论区四部分组成，包括五至六小节，前三或四小节为课文教学视频，后两节分别为语音和汉字教学视频。其中，第一章课程介绍分为四小节，一小节为课程故事开头，剩余三小节分别为语音、汉字和语法知识概况；章节作业两份，一份为课文作业，一份为语音汉字作业；测试卷两份，分别为期中和期末测试卷。下文将详细探讨四个部分，其中对教学视频的探讨包括教学流程。

（1）教学视频

该课程的教学视频时长在十分钟上下，一个教学视频讲解一段对话体或陈述体课文，故包含完整的词汇、语言点和课文教学，且以"生词—语言点—课文"的基本流程展开。每个教学视频在开头皆标明学习目标，学习目标包括语言点和功能目标，随后情景短片演示课文对话，结束后教师针对对话内容提一至两个问题，考查学习者的初步理解。之后进入生词讲解环节，教师先依次朗读所有生词，视频呈现生词的拼音、汉字和英文释义，然后教师结合图片和例句依次对各生词进一步讲解。生词后是语法环节，教师先展示情景短片中的相应片段，然后介绍语言点用法，展示语言点结构，之后结合多个例句深入说明；讲解之后是操练环节，教师要求学习者完成给词语排序、填空完成对话、看图说句子、回答问题等练习，并总结语言点。最后是课文环节，学习者先对照文本听课文录音，再听课文音频填空，然后给情景短片配音。教学视频最后呈现本课生词和语法点，并由教师简单告别后结束。

在语音视频中，教师首先示范朗读所有音节，再分别结合舌位发音图讲解发音规则和注意事项，然后朗读含有目标声母、韵母的字或词语，或完成如听教师朗读选择正确音节等的语音练习。在汉字视频中，教师依次讲解汉字知识，并在讲解完后结合练习进一步巩固，在讲解基本汉字和常用成字部件时，教师会结合甲骨文、小篆等字体解释其来源和意义，并通过组词和组句子来进一步阐释用法。本书将课文视频、语音视频和汉字视频的基本流程归纳如下图所示。

课文视频：

学习目标 → 语法目标和功能目标

导入 → 播放情景剧 → 针对情景剧内容提问

生词 → 朗读生词 → 结合图片和视频讲解例句

语法 → 展示相应情景剧片段 → 讲解用法，展示结构 → 结合多个例句说明 → 操练 → 总结

课文 → 听课文录音 → 听录音填空 → 配音

总结 → 展示当课生词和语言点 → 教师结束语

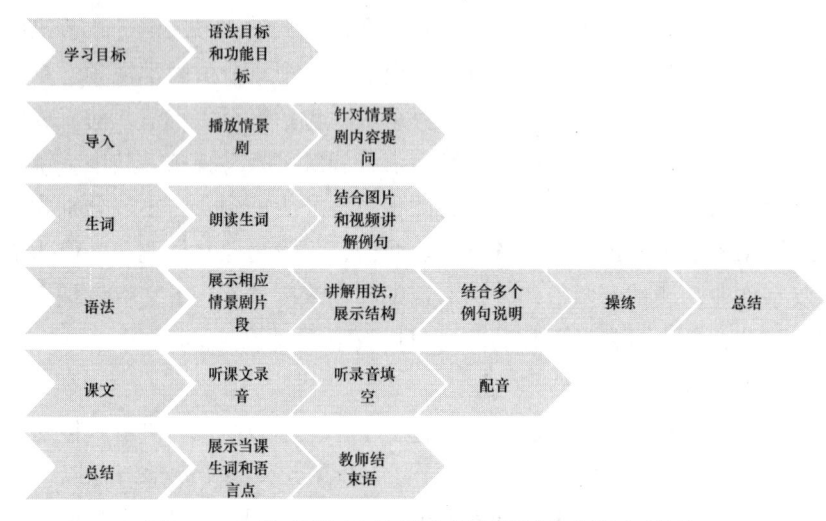

图4-8 "初级综合汉语"语音与课文视频流程导图

语音与汉字视频：

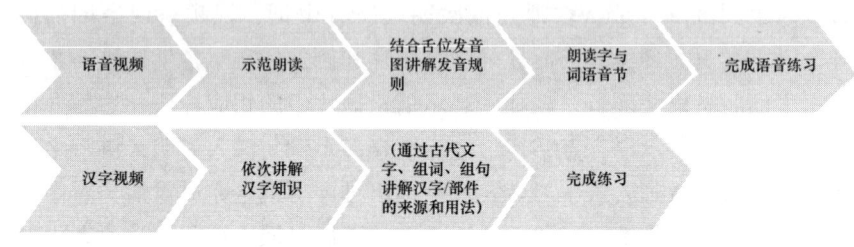

语音视频 → 示范朗读 → 结合舌位发音图讲解发音规则 → 朗读字与词语音节 → 完成语音练习

汉字视频 → 依次讲解汉字知识 → （通过古代文字、组词、组句讲解汉字/部件的来源和用法） → 完成练习

图4-9 "初级综合汉语"语音与汉字视频流程导图

（2）章节作业

该课程第一章无语音汉字作业，只有一份章节作业，包括了十个简答题，与视频中所讲述的语音、汉字和语法知识有关。第二章至第六章报刊章节作业和语音汉字作业。章节作业一般包括五道大题，考查当课

的词汇和语言点，题型主要有朗读生词上传音频、看拼音写汉字、根据某一语法点写句子完成句子/对话、选择字/词语完成句子/对话、根据例句写结构相同的句子、给词语排序写出句子、听音频写数字、连线。第五章和第六章作业中还包括小短文写作。章节作业考查了学习者听说读写四项技能，考查目标也针对词汇和语言点的运用，目标明确。语音汉字作业则主要考查学习者的读和写，主要题型为读音节上传音频、根据描述写出相应笔画/部件/汉字、简答题。该课程的章节作业与教学内容相呼应，不仅考查课文的词汇和语言点，还注重语音和汉字的练习；两份作业的考查目标都非常明确，形成一个有序的练习系统。

（3）期中期末测试

该课程的期中和期末测试卷有所不同。期中考试卷二十道题均为客观题，题型涉及根据情境描述选择句子、根据释义选择句子、根据句子肯定形式选择否定形式、根据释义写出词语、写句子完成对话、标出词语的拼音，其中一道考查声母，两道考查汉字的部首和结构。由此可见，期中考试卷主要考查学习者对词汇和语言点的掌握情况。期末测试卷则分客观题和主观题两部分。客观题部分的题型与期中测试卷相同，主体部分是对词汇和语言点的考查，个别则考查语音和汉字知识；主观题则包括三大题，第一大题为根据汉字结构写出相应汉字，第二大题为听音频写出词语，第三大题为短文写作，要求学习者写一篇 80—100 词的自我介绍。课程的期中和期末测试客观题题型前后呼应，期末测试的主观题则注重学习者的书写能力和语段表达能力。

（4）讨论区

该课程并未设置额外的讨论任务，故任务区的设置为中国大学慕课平台常规讨论区设置，即分为老师答疑区、课堂交流区和综合讨论区。老师答疑区针对课程中的作业、测试和课件内容，课堂交流区用于学习者对教学内容的讨论，综合讨论区则发表学习者关于本课程、学习、工作和生活等方面的经验与想法。

3. 教学方法

"初级综合汉语"所体现的教学法思想有情景法、听说法、视听法、交际法；在教学过程中采用的具体教学方法与技巧有图片演示法、翻译法、话语联结法和演绎法。

（1）教学法（思想）方面

情景法。情景法强调在真实或接近真实生活场景下的语言结构学习与操练。该课程以留学生大白来到北京语言大学学习汉语为背景，围绕在北京的留学生活设置了问候、家庭、日期与时间、日常生活和购物等五个主题，并在主题之下设置了相应的小话题，这些主题与小话题都代表着一个生活场景。课文教学视频也以相应场景下的短剧为开头，故该课程的教学内容注重构建情景，使学习者明白所学内容的具体应用情景，提高其运用汉语进行交际的能力。

听说法。听说法强调对语言结构和句型的反复操练以及口语听说能力的培养。该课程在讲解语言结构的过程中结合多个例句反复讲解，并通过给词语排序、用目标语言结构回答问题、看图说话、填空完成句子等练习进行多番操练，以加深学习者对目标语言结构的印象，提高运用能力。

视听法。视听法强调视觉和听觉感知的结合，注重语言操练和真实情景的结合。该课程采用情景短剧的视频形式，一方面构建了真实生活情景，另一方面通过视频形式结合视觉和听觉感知，辅助学习者对目标内容的理解。此外，大量图片的采用也将词汇概念与具体图片相结合，使语言和形象紧密结合。

交际法。交际法强调语言教学过程中的语言功能和意念项目。该课程在每个教学视频开始都会展示学习目标，学习目标主要强调的是功能目标，如第四章第三节"一起过生日怎么样"的学习目标之一就是用"怎么样"征询意见，又如第五章第三节"我的一天"中"能够简单描述一天的生活"的学习目标。诸如征询、询问、表达、描述等都是语言功能项目，该课程紧密结合语言结构与功能，使学习者在学习语言结构之后能将其用于相应的场景中发挥相应的语言功能。

（2）教学方法与技巧方面

图片演示法。该课程在课文、语音和汉字教学中使用了大量的图片，语音教学中的舌位发音图清晰地展现了声韵母的发音部位和规则，课文教学中的图片则辅助词汇的理解和例句情景的构建，汉字教学中的图片表明了不同古代文字的演变和汉字的初始意义。

翻译法。课程学习者囿于零基础或接近零基础的汉语水平可能会有理解上的困难，故该课程的教学视频在展示词语、例句和语言点用法时均附有英文释义，为学习者提供了另一个理解目标词汇和语言点的途径。

话语联结法。该课程在讲解词汇时并非孤立地解释意义，而是结合课文中的句子和多个例句解释，将词汇放在句子及课文的语境中理解，事半功倍。

演绎法。该课程对演绎法的运用体现在语言点讲解中。教师一般首先简要介绍语言点的用法并列出语言结构，然后根据用法和结构引入多个例句，如此从抽象到具体的运用能让学习者了解整个语言结构的应用过程，加深对目标语言点的印象。

4. 总结

"初级综合汉语"课程以不同的生活场景和主题为划分标准，充分结合语言结构和功能，教学内容涵盖了语音、词汇、语法和汉字，四部分内容有所联系又有独立的系统。使用中文作为主要教学语言也是该课程作为一门初级综合汉语慕课的特点之一，在教学过程中使用汉语讲解能增加学习者的目的语输入，而在课件中附英文释义则扫除了可能给零基础汉语学习者带来的理解障碍。另外，对汉字教学的重视是在其他初级综合汉语慕课中不常见的，初级综合汉语慕课往往只要求学习者掌握拼音或极个别汉字，但该课程不仅在课文教学中附有词语的汉字书写动图，还在每章一小节中专门讲解汉字知识，以帮助学习者构架完整的汉字基本知识体系，视频讲解的方式也能有效加强学习者的理解，避免仅有文本介绍带来的枯燥感。该课程在练习和测验方面也颇为用心。练习和测验全面考查了语音、词汇、语法和汉字能力，训练学习者的听说读写四项技能，其中要求学习者朗读词语并上传音频是对其发音能力的有效训练和提高，初级汉语学习阶段的一大重心就是准确的发音；对汉字结构、部首、笔顺等方面知识的考查则是为学习者下一级别学习奠定基础。在文化教学方面，该课程未过多涉及，在课程中的体现主要是文化词汇，如"成龙""长城""砂锅""麻辣烫"等，较为零散，未单独列出。总而言之，该课程是一门涵盖全面又有所侧重的初级综合汉语课程，兼顾语言结构和功能，以期提高汉语初学者的基本交际能力，同时情景短剧等形式也为课程增添了趣味性，增强了学习内容的交际性和实用性。

## 第二节　中级及高级综合汉语慕课教学

相较于第一节所述的初级综合汉语慕课，中级及高级综合汉语慕课数量较少，但因综合课的核心地位，其依然受到教师们的重视。现将中级及高级综合汉语慕课相关概况总结如下：

### 一、中级及高级综合汉语慕课概况

**（一）中级及高级综合汉语慕课总体概况**

目前在国内外各大平台上，中级及高级综合汉语慕课共有4门，中级3门，高级1门。其中，"你好，中文"（中级）在两个不同平台上线，在Coursera平台上，该课程包括四门子课程，前三门子课程为教学课程，最后一门则为复习课程，总结回顾前三门子课程内容。在中国大学慕课平台上，"你好，中文"（中级）则将Coursera上的前三门子课程合并为一门课程，且舍去最后的复习课程，此为两者不同之处。本书将该课程的两个版本列入表中，但由于其内容相同，合计为一门。

表4-26　"你好，中文"课程介绍

| | 课程名称 | 发布单位 | 主讲教师 | 发布平台 |
| --- | --- | --- | --- | --- |
| 1 | "你好，中文"（中级） | 上海交通大学 | 王军、安娜、叶军 | 中国大学慕课 |
| 1（1） | "你好，中文1" | 上海交通大学 | 王军、安娜、叶军 | Coursera |
| 1（2） | "你好，中文2" | 上海交通大学 | 王军、安娜、叶军 | Coursera |

续表

|   | 课程名称 | 发布单位 | 主讲教师 | 发布平台 |
|---|---|---|---|---|
| 1（3） | "你好，中文3" | 上海交通大学 | 王军、安娜、叶军 | Coursera |
| 1（4） | "顶点课程" | 上海交通大学 | 王军、安娜、叶军 | Coursera |
| 2 | "普通话三级" | 中文客 | 埃斯特拉·陈 | edX |
| 2 | "汉语 UPUP" | 武汉大学 | 熊莉 | 中国大学慕课 |

资料来源：作者自制。

表中的两门中级综合汉语慕课各有特色，"你好，中文"（中级）延续了"你好，中文"（初级）的特点，重视口语教学和听说能力的培养，教学内容也具有日常口语交际特色。"普通话三级"则以全英文教授中级水平的词汇与语法点，教学内容具口语风格。高级综合汉语慕课"汉语 UPUP"以书面语教学为主，侧重近义词语的辨析、语言点和文化点的讲解。以下为四门中高级综合汉语慕课的概况。

（二）各门中级及高级综合汉语慕课概况

1. "你好，中文"（中级）概况

本书对"你好，中文"（中级）课程的探讨基于中国大学慕课上的版本，另附加对 Coursera 版本中最后一门子课程"顶点课程"（中级）的考查和描述。

"你好，中文"（中级）由上海交通大学制作并分别发布于 Coursera 和中国大学慕课两个平台上。截至 2021 年 5 月，中国大学慕课上显示 1100 多人参加学习；Coursera 平台上，"顶点课程（一）"课程注册学员 7800 多人，"顶点课程（二）"课程 3000 多人，"顶点课程（三）"课程 2600 多人，"顶点课程"（中级）11000 多人。"你好，中文"（中级）的教师团队由王骏、安娜、叶军组成，其中安娜在教学视频中承担主讲工作。该课程的教学对象是具备大致相当于汉语水平考试二级的水平，或具有 300 以上的词汇量，或已学习大约 50 小时中文课程的学习者。学习者完成该课程后能具备 1000 左右的词汇量，并能熟练运用汉语与中国人进行日常交际和经贸往来，同时能达到汉语水平考试三级汉语水平。课程主要的教学语言是英语，教师使用英语解释词语和语言点的意义和用法；录制形式为教师与课件同时出现和课件独立出现两种，另外文化欣赏视频的录制形式为实景录制。

"你好，中文"（中级）共包括十五节课，每课分两小节，每小节都包括生词文本、教学视频、语言点文本、练习、测验、讨论和课文文本，第二小节还包括文化赏析视频；第五、第十、第十五课还包括一个情景报告讨论任务，作为每五课的总结报告。从教学内容上说，该课程以主题与功能项目为划分标准，每课都有一个主题，每小节有与大主题相关的小话题、功能项目或语言点，本书将各小节的话题、功能项目与语言点设置整理并列表如下。

表 4-27 "你好，中文"各小节话题、功能项目与语言点设置

| 课目 | 小节话题、功能项目与语言点 |
| --- | --- |
| 第一课 | 表达爱好；运动相关词汇 |
| 第二课 | 教育；家具摆设 |
| 第三课 | 生活方式；比较事物 |
| 第四课 | 紧急情况用语；强调事件的位置、时间和方式 |
| 第五课 | 评价某人；面试相关词汇 |
| 第六课 | 网上购物 |
| 第七课 | 租房；室内装饰 |
| 第八课 | 理发；健康与化妆相关词汇 |
| 第九课 | 职业；找工作 |
| 第十课 | 礼物和聚会；生日等庆祝场合 |
| 第十一课 | 快递；表达动作方向（1） |
| 第十二课 | 传统节日；表达动作方向（2） |
| 第十三课 | 爱情；趋向短语的扩展用法 |
| 第十四课 | 婚礼和结婚习俗 |
| 第十五课 | 梦想和未来的计划 |

从表中我们可以看出，每小节的设置以小话题为主，个别辅以相关

的功能项目或语言点，如第三课"比较事物"和第十三课"趋向短语的扩展用法"；与每小节话题设置呼应的是讨论任务，小节讨论任务的情景设置紧扣小节话题，要求学习者根据情景描述应用当小节所学的目标语句，如第七课"那套房子怎么样"的小节情景讨论话题分别为"说说你想租/买什么样的房子"和"更详细地介绍你家的摆设"，对应于教学视频中的内容与小节话题，使学习者有所学、有所用。教学视频与"你好，中文"（初级）流程相似，即"教师描述情景，导入话题—观看情景短剧片段—讲解片段中的目标语句—观看情景短剧—回答随堂互动问题—短剧跟读—教师总结"。教师会根据多个情景短剧片段依次讲解多个目标语句或语言点，讲解方式分"整体—局部"和"局部—整体"两种。前者先展示整句，然后依次讲解其中的词汇或语言点，回答互动问题；后者则先讲解词语意义，然后连词成句整体讲解，回答互动问题。教师在讲解语言点时会进行简短操练，如根据所示图片用指定语言结构说句子。在练习和测验方面，该课程主要分四类：一为教学视频中的随堂互动问题，考查学习者即时学习效果；二为课后练习，考查会话和重要语言点；三为小节测验，综合考查词汇和会话；四为情景报告讨论，要求学习者之间互查上传的报告音频，相互学习。在文化教学方面，该课程每一课的文化欣赏视频或从留学生的角度出发根据当课主题介绍中国文化、讲述在中国生活的经历或比较中外文化的不同，如第三课"肉夹馍比汉堡包好吃"中，留学生介绍中国八大菜系及其特点；或单纯展示中国的传统艺术，如古筝演奏、太极拳表演等；或以留学生与教授对话讨论的方式呈现相关内容，如第六课"网上购物"中，留学生请教叶军教授有关汉语语言特点的问题，形式丰富，内容多样，贴合留学生在中国的学习与生活实践。在教学过程中，该课程体现了语法翻译法、视听法、情景法等教学法思想，也运用演绎法、话语联结法、图片演示法等教学方法与技巧，与"你好，中文"（初级）课程一脉相承。总的来说，"你好，中文"（中级）课程深入讲授了初级课程中的部分话题，并扩展了其他生活场景与主题，在教学中注重会话语句的整体性，将语言点放入会话语句中讲解和操练，重点培养学习者的听说能力，注重会话的实用性和交际性。

## 2. "普通话三级"

"普通话三级"由中文客制作并发布于 edX 慕课平台,主讲教师为埃斯特拉·陈,是"普通话一级"和"普通话二级"之后的中级课程,截至 2021 年 5 月,已有 9700 多名学员注册学习。该课程面向对汉语具有初步了解或者已经完成同系列前两门课程的学习者,主要包括汉语语言知识、语言要素和文化知识的教学,旨在培养在商务环境下学生的初级词汇、语法、对话和汉字能力,进一步提高学习者声调的准确度。

该课程的教学语言依旧是全英文教学,包括起始章节、六个课程章节和期末考试三部分。起始章节提供课程大纲和学习工具介绍,前者说明课程学习内容、学习目标、学习活动、学习计划、评估和证书政策、论坛发言注意事项、帮助区、联系方式、学习应用软件、学习相关网站与汉语拼音输入法等内容,清晰详细,为课程的进一步开展做好铺垫;后者则重点介绍了知识记忆工具"安琪"(Anki),协助学习者更高效地记忆学习内容。六个课程章节的内容补充和深化了"普通话一级"和"普通话二级"中的主题和语法点,本书将之归纳列表如下:

表 4-28 "普通话一级"与"普通话二级"中的主题和语法点

| 课别 | 学习目标 | 语法点 |
| --- | --- | --- |
| 01 周末安排 | 我能谈论周末安排<br>我能谈论喜欢的电影和演员 | Verb + 了<br>Time duration + 没……了<br>什么<br>本来……后来…… |
| 02 学习 | 我能谈论中文学习的困难 | 比如说……<br>多 Verb/少 Verb<br>还是……<br>会……的 |
| 03 健康检查 | 我能去医院做健康检查 | V. 完<br>……以前/以后<br>把 Sth. + V. + Complement<br>先……再…… |

续表

| 课别 | | 学习目标 | 语法点 |
|---|---|---|---|
| 04 | 做运动 | 我能表达我的兴趣<br>我能表达假设某种情况发生<br>我能请求其他人给我东西 | 帮忙<br>……的话<br>对……有兴趣<br>把……V. 给…… |
| 05 | 办电话卡 | 我能买手机、选号码和办电话卡 | ……就够了<br>一点都/也不 + adj.<br>只要……就……<br>才 |
| 06 | 约会 | 我能约喜欢的对象一起吃饭<br>我能描述自己喜欢的人 | 其实<br>是不是<br>A 比 B + adj.（一点/得多）<br>像……的 + Noun |

  从课程章节的基本结构看，导入、词汇视频（3—4个）、语法视频、对话视频、文化笔记、词汇册、语法册和随堂测验逐渐展开，有其规律。教师在导入视频中用英语简要介绍本章节的话题和情景，并强调声调的重要性。词汇视频则是先展示关键词汇的汉字、拼音和英文释义，然后结合相应搭配和例句，构建不同情景，说明应用语境；在部分生词讲解过程中，教师也会分析构成生词的语素义，来增强学习者对生词的理解；语法视频以各个语言结构来划分教学流程，每个语言结构在展示完汉字、拼音和英文释义之后，教师讲解多个例句帮助加深理解。在对话视频中，多个角色会使用本课所学，实地演绎情景短剧，在播放第二遍时，教师会逐句进行英文翻译。文化笔记环节以视频的形式由教师讲解与本章节主题相关的文化知识点。词汇和语法册则会列举本章节所学，包括拼音、简繁体汉字、例句和音频。此外，随堂测验和期末考试题型大致相同，分为听力、阅读和听音频打字三个类型。

  三级的教学方法与一级和二级基本相同，主要有语法翻译法、语素义法、情景法、演绎法等。讨论区与其他板块设置也与前两个课程相同。中文客制作的这一系列初级汉语课程的特点为每章节的教学以"导入—词汇—语法—对话—文化点"的顺序依次进行，且词汇和语法教学以每个生词和每个语法点的逐步讲解为基本步骤。此外，语法点的选取并不过度拘泥于初级水平，而是选取符合章节主题和交际情景下的部分复句连词等语法点。

3. "汉语 UPUP"概况

武汉大学制作的高级综合汉语慕课"汉语 UPUP"2018 年 10 月首次上线于中国大学慕课平台，截至 2021 年 5 月为第六次开课，共计已有 10000 多名学习者注册。该课程由熊莉和刘姝主讲，采用汉语作为教学语言，面向具有中等以上汉语水平的学习者，旨在提高学习者的辨析和运用能力，以准确、得体地使用汉语。

从教学内容上看，该课程依据《博雅汉语·高级飞翔篇I》，着重讲解书面近义词语的辨析，辅以词语、语言点、传统节日和汉语知识或现象的讲授。从课程基本框架来看，教学视频占主体，其次是各课的练习与测验。教学视频分为词语辨析、词语教学、语言结构教学、古代故事、传统节日和汉语知识教学视频。前三者的教学流程基本遵循"导入—讲解—举例—练习—总结"的流程；后三者则以讲解各方面的知识为主体，无练习环节，导入和总结环节也视情况有所增减。课程在教学过程中体现了情景法、视听法、句型法等教学法核心思想，采用直接法、语素义法、演绎法等多种教学方法与技巧。在测验、作业与考试方面，该课程的安排为：测验考查学习者对词语和句子的理解，主要有选择词语完成句子、理解句子选择正确选项或判断正误、填空完成句子等题型；作业则以每周的文化与汉语知识为主题，考查学习者对相关主题的理解水平和语段表达能力；期末考试则为单选题，注重考查学习者的近义词辨析能力。

"汉语 UPUP"作为一门高级综合汉语慕课，从词汇和语言结构入手，并在此基础上辅以文化知识构建课程，顾及词汇、语言结构和文化三方面，使学习者不仅能提高对书面词汇和语言结构的理解水平与运用能力，还能了解到中国文化相关知识，满足高级汉语水平学习者的学习需求。

## 二、中级及高级综合汉语慕课的主要教学环节

本书所统计研究的三门中高级汉语慕课在教学环节上都有导入、生词

讲解练习、语言点讲解操练环节，两门中级汉语慕课还包括课文/会话讲解的环节。本书将从上述四个环节出发论述中高级汉语慕课的基本情况。

中级汉语慕课在导入环节采用的方法主要有会话导入、教师描述情景以及教师朗读课文三种。在教师描述情景时，往往采用多张图片辅助构建当课话题，或从对旧课内容的复习过渡到当课话题。高级汉语慕课"汉语UPUP"的导入方式多样，主要有情景会话导入、图片导入、情景描述导入、动画导入、俗语和文化常识导入、视频导入等，综合运用图片、视频等形式和俗语、文化常识、实际生活情景等内容导入当课的教学内容。

在生词讲解和练习环节，中高级汉语慕课都采取与多个例句结合讲解的方式，操练方式则各不相同。"你好，中文"（中级）侧重于生词的讲解而未对生词进行操练，教师首先会直接给出英文释义，然后联结会话中的语句和语境进一步解释。高级汉语慕课"汉语 UPUP"主要以辨析书面语词汇为主，故在词汇讲解过程中引入多个例句，并使用比较法来突出近义词之间的不同点，在词汇练习环节则是采用选词填空、根据所给词语完成句子等形式对目标词语进行反复操练，以加深学习者的印象。

在语言点讲解操练上，中高级汉语慕课都倾向于采用演绎法。中级汉语慕课主要有翻译法、直接法、图片法、情景法等不同方式。"你好，中文"（中级）对语言点的讲解会结合英文释义，并侧重于结合会话语句。在操练上，多采用图片创建情景并产出目标例句，或要求学习者使用目标语言点回答问题；后者除了给出例句之外并无其他操练。"汉语UPUP"在讲解和操练语言点时一般直接说明语言点的意义和用法，且直接给出语言点涉及的结构，然后通过多个例句进一步分析阐述。

在课文/会话讲解和操练方面，两门中级汉语慕课具有共同点，两者都先从课文/会话整体出发，逐段讲解其中的生词和语言点，最后再回到课文/会话进行进一步操练和理解。"你好，中文"（中级）通过依次播放情景短剧的片段来讲解其中的生词和语言点，然后整体听读整段会话。"汉语 UPUP"的课程内容并未依托于课文，故无此环节。

### 三、中级及高级综合汉语慕课的课堂活动设计

本书所讨论的课堂活动指教师在教学视频中所设计的操练或活动形

式。囿于慕课非即时性的特点，教师无法在授课过程中得到学习者的即时反馈，三门中高级汉语慕课的课堂活动都是输入性、机械性或半机械性质的，常见的课堂活动有观看情景短剧、做替换练习、使用目标语言点完成句子、看图说句子、跟读情景短剧会话等，在个别课次，教师会要求学习者使用目标语言点回答问题。具体来说，"你好，中文"（中级）中，教师一般会要求学习者观看情景短剧；在操练语言点时，学习者需要看图片说句子；在课文操练环节，学习者需要跟读短剧中的会话。"汉语UPUP"的课堂活动集中于词语和语言点练习环节，学习者需要参与替换练习、用目标语言点完成句子、看图片说句子等课堂活动。

### 四、高级综合汉语慕课的典型案例分析

#### （一）高级综合汉语慕课"汉语UPUP"分析

"汉语UPUP"由武汉大学制作并于中国大学慕课平台发布，首次上线是在2018年10月，至2021年5月已是第六次开课，本书的分析基于第五次开课所呈现内容。该课程的主讲教师为熊莉和刘姝，熊莉老师专门研究对外汉语教学，教授综合、口语、阅读、听力等多门课程，并主持了多项研究，也主编并参编了多本汉语教材与工具书，在课程中主要负责讲解词语和语言结构；刘姝老师则负责讲解部分词语和语言结构、文化与汉语知识。

"汉语UPUP"面向的是已经具有中等以上或汉语水平考试四级水平的学习者，应掌握一定数量的词汇、语法结构和一般常用的语言表达。该课程教学内容的重点是对书面语常用词汇的进一步扩充，尤其是近义词的辨析使用及书面表达中的重点语言点，因此其教学目标是提高学习者对汉语的辨析和运用能力，使学习者能准确、得体地运用汉语。

从基本框架来看，该课程由教学视频、测验与作业、考试和讨论区四部分构成，下文将进一步分析各组成部分。在教学视频部分，本书将讨论教学内容、教学流程、教学语言、教学方法、视频页面四个方面；

在测验与作业、考试部分,本书将从题量、题型等角度进行分析。

1. 教学视频

(1) 教学内容与流程

教学视频是教学内容的承载体,也是整门课程教学的主力军。在参考教材《博雅汉语·高级飞翔篇Ⅰ》的基础上,该课程的教学内容侧重于书面语词汇的辨析,大部分小节讲解词语辨析,小部分则是讲解某一词语或语言结构、某一传统节日或某一汉语知识或现象(如谐音)。本书将各小节教学内容列表如下:

表 4 - 29 "汉语 UPUP"各小节教学内容

| 周目 | 小节 | 教学内容 | 周目 | 小节 | 教学内容 | 周目 | 小节 | 教学内容 |
| --- | --- | --- | --- | --- | --- | --- | --- | --- |
| 第一周 | 1.1 | 得意—满意 | 第四周 | 4.4 | 崇拜—崇敬 | 第七周 | 7.6 | 无比 |
| | 1.2 | 烦恼—苦恼、忧郁—忧愁 | | 4.5 | 怪异—奇怪—古怪 | | 7.7 | 非凡 |
| | 1.3 | 深邃—深刻 | | 4.6 | 统/统统 | | 7.8 | V1 了 V2, V2 了 V1 |
| | 1.4 | 提示—提醒 | | 4.7 | 为/被……所…… | | 7.9 | 枚 |
| | 1.5 | 嘲笑—讥笑 | | 4.8 | 所谓 | | 7.10 | 一时 |
| | 1.6 | 给予 | | 4.9 | 称……为……/把……成为……被视为/誉为 | | 7.11 | 七夕节 |
| | 1.7 | 一……一…… | | 4.10 | 极为 | | 7.12 | 汉字的历史 |
| | 1.8 | 副 | | 4.11 | 向来 | 第八周 | 8.1 | 完满—完美—完备 |
| | 1.9 | 动词1 + 也 + 动词1 + 不 + 动词2/形容词 | | 4.12 | 元宵节 | | 8.2 | 信赖—信任—相信 |
| | 1.10 | 陡然 | | 4.13 | 梁山伯与祝英台 | | 8.3 | 回想—回忆 |
| | 1.11 | 中 | 第五周 | 5.1 | 清晰—清楚 | | 8.4 | 只要……,(就)不愁 |
| | 1.12 | 盘古开天辟地 | | 5.2 | 可惜—惋惜 | | 8.5 | 分 |

续表

| 周目 | 小节 | 教学内容 | 周目 | 小节 | 教学内容 | 周目 | 小节 | 教学内容 |
|---|---|---|---|---|---|---|---|---|
| 第二周 | 2.1 | 不必—未必 | 第五周 | 5.3 | 绝望—失望 | 第八周 | 8.6 | 照例 |
|  | 2.2 | 实惠—优惠 |  | 5.4 | 不已 |  | 8.7 | 不得 |
|  | 2.3 | 介意—在意 |  | 5.5 | 这么说 |  | 8.8 | 中秋节 |
|  | 2.4 | 虚伪—虚假 |  | 5.6 | 别无 | 第九周 | 9.1 | 坦诚—坦然 |
|  | 2.5 | 突兀—突然 |  | 5.7 | 眼睛都不眨 |  | 9.2 | 漂泊—漂流 |
|  | 2.6 | 迷惑—困惑 |  | 5.8 | 毫不、毫无 |  | 9.3 | 孤独—孤单 |
|  | 2.7 | 谈不上—说不上 |  | 5.9 | 过头 |  | 9.4 | 最终—最后 |
|  | 2.8 | 好容易—好不容易 |  | 5.10 | 重赏之下，必有勇夫 |  | 9.5 | 永恒—永远 |
|  | 2.9 | 不是……就是…… |  | 5.11 | 清明节 |  | 9.6 | 恐慌—惊慌—恐怖 |
|  | 2.10 | 如此 |  | 5.12 | 谐音 |  | 9.7 | 强行—强制 |
|  | 2.11 | 精卫填海 | 第六周 | 6.1 | 束缚—约束 |  | 9.8 | 岂 |
| 第三周 | 3.1 | 完毕—完结 |  | 6.2 | 踌躇—犹豫 |  | 9.9 | 从中 |
|  | 3.2 | 为难—难为、争斗—斗争 |  | 6.3 | 懊悔—懊恼 |  | 9.10 | 交加 |
|  |  |  |  | 6.4 | ……式 |  | 9.11 | 难免 |
|  | 3.3 | 随意—随便 |  | 6.5 | 免 |  | 9.12 | 手 |
|  | 3.4 | 固执—顽固 |  | 6.6 | 予 |  | 9.13 | 白头偕老 |
|  | 3.5 | 无愧—不愧 |  | 6.7 | 上有天堂，下有苏杭 | 第十周 | 10.1 | 诞生—出生 |
|  | 3.6 | 是否、之类 |  | 6.8 | 好 |  | 10.2 | 延续—延长 |
|  | 3.7 | 大大、大为 |  | 6.9 | 端午节 |  | 10.3 | 损害—伤害—危害 |
|  | 3.8 | 且不说……，就是……也…… |  | 6.10 | 绕口令 |  | 10.4 | 改良—改进—改善 |
|  | 3.9 | 区区小事，何足挂齿 | 第七周 | 7.1 | 屈服—服从 |  | 10.5 | 一旦 |
|  | 3.10 | 春节 |  | 7.2 | 险峻—险恶 |  | 10.6 | 不妨 |
|  | 3.11 | 月下老人 |  | 7.3 | 摸索—探索 |  | 10.7 | 姑且 |
| 第四周 | 4.1 | 亲身—亲自、亲…… |  | 7.4 | 历程—过程 |  | 10.8 | 鉴于 |
|  | 4.2 | 缘故—原因 |  | 7.5 | 比起 |  | 10.9 | 重阳节 |
|  | 4.3 | 寻常—平常 |  |  |  |  | 10.10 |  |

资料来源：作者自制。

该课程以语言结构为纲,每一个教学周包含10—12小节不等,每小节视频在2—7分钟不等。小节的教学内容除了基本的词语辨析、词语和语言结构之外,每一周都有1—2小节讲解文化或汉语知识。辨析的词语涉及名词、动词、形容词、副词以及短语等类型,文化知识涉及古代故事、传统节日、文化俗语,汉语知识则涉及谐音、绕口令等颇有意思的现象,使学习者在学习词语和语言结构的同时,也能了解一些文化和汉语知识,增强课程的趣味性。

从教学流程来看,每一类别的教学视频都有共性,即词语辨析教学视频的基本流程是"导入—讲解共同点—结合例子分别解释意思及各自搭配—列举不同点并讲解例子—练习—总结",词语教学视频的基本流程是"导入—简要讲解意思—结合例子讲解—练习—结语",语言结构教学视频的基本流程是"导入—简要讲解意思—结合例子讲解—练习结语",古代故事的教学视频遵循"导入—讲解故事—结语"的流程,传统节日教学视频遵循"节日内涵—节日典故—特色食品—祝福语—相关古诗"的基本流程,汉语知识教学视频遵循"导入—讲解—举例—结语"的基本流程。通过考查,本书将在各类别中选取最具有代表性的教学视频一一进行描述,将基本流程具体化。

词语辨析视频:本书选取第一周教学视频一,辨析"得意"和"满意",时长5分11秒,其教学流程详细如下:

第一步,显示本小节标题"让你学得满意,是我最得意的事情",包含所需辨析的一对词语"满意"和"得意"。

第二步,教师问候,自我介绍。

第三步,播放两段真实情景会话,两名学生用含有"得意"和"满意"的会话讨论考试。第一段情景会话为:学生A:"哈哈哈,期末考试终于结束了。"学生B:"你不要太得意了,你还不知道考得好不好。"第二段情景会话为:学生B:"考试考得怎么样?"学生A:"啊,太糟糕了,我自己都不满意,老师肯定更不满意。"

第四步,教师引出要辨析的词语"得意"和"满意",简要解释其共同点:都是形容词,表示"心里高兴、满足"的状态。

第五步，分别解释"得意"和"满意"的意思及感情色彩，并给出不同例句讲解不同用法。

第六步，列举两词的不同之处，并给出两句相同但分别含"得意"和"满意"的例句进行辨析，引出固定搭配"得意之作"。

第七步，引出并讲解"得意"的固定搭配"得意洋洋""得意忘形"，分别给例句。

第八步，做练习，选择不同词语完成句子，并讲解。

第九步，总结"得意"和"满意"的不同之处，并结束：让你学得满意，是熊老师最得意的事情。

除了上文所述的情景会话导入之外，词语辨析教学视频还有其他多种导入方式：图片导入，如第六周教学视频三辨析"懊悔"和"懊恼"，教师用男孩儿心情不好的图片导入；情景导入，如第五周教学视频二，教师用自己有事儿没能参加十五年大学同学毕业聚会和大学同学小兰年纪轻轻得癌症去世了的情景来导入，分别"可惜"和"惋惜"；动画导入，如第七周教学视频一，用人物不断弯曲手臂的动画作导入，引出"屈"，以及之后的"屈服"和"服从"；俗语和文化常识导入，如第七周教学视频二，教师用诗句"五岳归来不看山，黄山归来不看岳"和结合图片的解释作导入，引出"险峻"；视频导入，如第七周教学视频四，用制作西红柿炒鸡蛋的短视频作导入，引出"过程"。

在讲解完词语的不同点之后，教师也会采用不同的操练方式，如上文所述"选词语填空"，还有创造情景，如第六周教学视频三辨析"懊悔"和"懊恼"，教师结合图片构建"双十一"中付款时网断了的情景，来解释"懊恼"。在教学视频之后，教师往往还会从所教授内容出发或联系学生实际来进行延展，如在辨析完"懊悔"和"懊恼"之后，还介绍了俗语"子欲养而亲不待"，并鼓励学生多与父母联系。

词语教学视频：本书选取第二周教学视频十为代表进行具体分析，该视频讲解"如此"，时长3分41秒，具体流程如下：

第一步，显示本小节标题"我如此爱你"，包含词语"如此"。

第二步，导入。教师问候，播放歌手在舞台上唱歌的视频，并标红显示歌词"你是如此的难以忘记"，进一步介绍汪峰《我如此爱你》的歌词：我如此爱你，这是我存在的意义；我如此爱你，因此我站在这里。

第三步，讲解"如此"的意思，及其搭配词语：后加两个字双音节词、多音节词形容词和动词。

第四步，操练。展示例句"想不到海底世界竟是如此有趣，以前我们对这里的了解太少了"；创建情景，朋友请假每天照顾生病住院的你：朋友对我如此关心，真让人感动；创建情景，"我"最近看了一本很没有意思的小说：没想到这本书的内容如此枯燥；介绍电影《摔跤吧！爸爸》，展示例句：我已经看过了，如此感人的电影让人看后印象深刻。

第五步，讲解"如此之"，后可带单音节词。展示例句：作为一个外国人，他的书法如此之好，真是让人佩服。为何这位运动员的速度如此之快？

第五步，结语。教师询问学生：今天的内容是不是觉得"如此简单"？

从具体流程来看，词语教学视频最突出的特点是例子讲解方式的多样性，有直接讲解、创建情景讲解、结合影视剧讲解等，其他教学视频中还有结合课程和学生具体情况的讲解方式。如第九周教学视频九讲解"从中"，其例句之一为：熊老师希望你学习了"汉语UPUP"，能够从中获益/受益；结合俗语讲解，教师介绍了俗语"读万卷书，行万里路"，后引出例句"多读书可以从中获得知识，旅行就可以从中积累经验"。另外，一些词语教学视频还有练习的环节，如第十周教学视频五，教师在讲解了"一旦"之后，要求学习者完成句子"现代人，一旦断网，＿＿＿＿＿＿"和"地球上一旦没有能源，＿＿＿＿＿＿"巩固所学。

语言结构教学视频：本书选取第三周教学视频八详细分析其教学流程，该视频讲解"且不说……，就是……也……"，时长3分39秒。

第一步，显示本小节标题"且不说学生，就是老师也不知道"，包含结构"且不说……，就是……也……"。

第二步，导入。教师问候，结合图片创建情景，现今人们使用电脑和手机打字，有时候会忘记汉字怎么写，引出句子"且不说你，就是中国人也会忘记汉字的写法"。进一步给出例句"这次的汉语水平考试六级比较难，且不说留学生，就是中国人也不一定都能做对"。

第三步，展示结构"且不说……，就是……也……"，分别解释"且不说""就是"。

第四步，结合例句讲解。创建情景，一个漂亮女孩儿穿名牌衣服和普通衣服都会显得很好看，引出例句"她天生丽质，且不说穿名牌时装，就是穿很普通的衣服都显得很漂亮"；创建情景，介绍连上卫生间都在玩手机的朋友，引出例句"且不说周末休息的时候，就是上卫生间的时候都在低头看手机打游戏"；结合图片介绍功夫演员成龙，引出例句"他且不说在中国，就是世界上也很有影响"。

第五步，结语。教师结合学习者实际，结束教学：希望你且不说跟老师，就是跟陌生人也能大声主动地说汉语。

语言结构教学视频的流程与词语教学视频基本相同，皆非常注重例子的讲解，再搭配练习，每一个视频中都有五个左右的例句，给学习者理解目标词语和语言结构提供了丰富的情景。

古代故事教学视频：该课程涉及的古代故事有"盘古开天辟地""精卫填海""月下老人""梁山伯与祝英台"。本书选取"盘古开天辟地"进行基本流程的分析，该视频时长2分46秒。

第一步，显示本小节标题"盘古开天辟地"。
第二步，导入，留学生请求老师讲几个神话故事。
第三步，教师对世界各地解释天地来源的神话故事进行简要介绍，引出盘古开天辟地的故事。

第四步，结合一系列图片讲解故事。
第五步，留学生简要评论"盘古开天辟地"，教师结束视频。

**传统节日教学视频**：该课程的传统节日介绍包括春节、清明节、端午节、中秋节、七夕节和重阳节。传统节日教学视频的录制形式与其他视频有所不同，为教师不出镜而只录制课件和音频。下文以中秋节教学视频为例，详细分解其教学流程。

第一步，背景音乐响起，展示标题"中国传统节日文化——中秋节"。
第二步，讲解节日内涵：期盼家人团聚，思念家乡和家人。
第三步，结合动画讲解节日典故：嫦娥奔月的故事。
第四步，讲解特色食品：月饼。
第五步，讲解祝福语。
第六步，讲解相关古诗：《静夜思》。

**汉语知识教学视频**：该课程涉及谐音、绕口令、汉字的历史等汉语知识的讲解。下文以绕口令的教学视频为例，详细分解其教学流程。

第一步，显示本小节标题"绕口令"。
第二步，教师问候。歌曲视频导入：《中国话》的绕口令部分。
第三步，解释"双声"和"叠韵"并举例。讲解绕口令的特点。
第四步，表演绕口令。
第五步，询问学习者，各自国家是否也有"绕口令"现象，并鼓励学习者多多练习汉语绕口令。

综合以上，本书将各类教学视频的基本流程呈现如图所示：
经过考查，我们发现该课程各类教学视频的导入形式丰富多样，有情景会话导入、图片导入、情景导入、动画导入、俗语和文化常识导

| 词语辨析 | 导入 | 讲解共同点 | 分别解释意思并举例 | 列举不同点并讲解例子 | 练习 | 总结 |
| 词语教学 | 导入 | 讲解意思 | 举例讲解 | 练习 | 结语 |
| 语言结构教学 | 导入 | 讲解意思 | 结合例子讲解 | 练习 | 结语 |
| 古代故事 | 导入 | 讲解故事 | 结语 |
| 传统节日 | 节日内涵 | 节日典故 | 特色食品 | 祝福语 | 相关古诗 |
| 汉语知识 | 导入 | 讲解 | 举例 | 结语 |

**图 4-10　"汉语 UPUP"各类教学视频基本流程导图**

入、视频导入等,能极大增强学习者的学习兴趣。同时,该课程也非常注重例句,教师通过各种方式引出例子,如利用图片、情景、教师生活经历等,帮助学习者更好地理解所学内容。此外,在教学视频的举例和结语部分,该课程的突出特点为教师能联系学习者实际,将该小节所学词语或结构融入对学习者的建议或者学习者的学习感想中,拉近教师与学习者之间的距离,这也是增强师生互动的重要手段。然而,本书认为,该课程尚需提高的方面为操练部分,教师应在讲解完例句之后,要求学生做一些练习,如替换练习、运用所学词语或结构完成句子等,这对学习者巩固所学是一个不可或缺的环节。

(2) 教学方法

基于对教学流程的分析,本书总结出该课程教学视频采取的如下教学法,部分教学法也会结合课程测验、作业与考试的一些情况进行阐释。本书所提教学法涉及两个层面:一为某一教学法流派及其核心思想,二为教学过程中具体采用的教学方法和技巧。

A. 教学法(思想)方面

情景法。该教学法主张通过有意义的情景来学习和操练目的语的基本语言结构。该课程通过创建不同的真实情景导入教学,也用于引导学生产出目标语句。教师构建的情景都来源于自身的真实生活或者学习者的学习实际，与所学词语或语言结构的用法高度契合，一方面为学生展示了词语和语言结构的应用语境，另一方面辅助学生更深入理解其用法。

句型法，也称听说法，强调通过反复的句型操练来巩固目的语结构。在教学视频中，教师通过图片、情景、俗语、文化名人等不断引导学生产出目标语句，并结合情景讲解例句，这正是引导学生反复将词语和语言结构放入句子中进行练习的体现。

视听法，强调在一定情景中听觉感知与视觉感知的结合。该课程教学视频在导入、讲解、练习等教学环节广泛采用图片、动画和视频创造接近于真实的情景，使学习者结合视觉和听觉双重感知，加深对词语或语言结构的理解，增强学习者的实际运用能力。

B. 具体教学方法与技巧方面

直接法。教师在引出目标词语和语言结构之后都会简要介绍其基本语义，以汉语来解释汉语，一方面增强学习者的理解，另一方面训练了学习者用汉语理解汉语的能力。

情景法。教师在讲解过程中经常把新词语和语言结构放在语境中，联系语句和一定的社会文化背景来理解，使其通俗易懂。

语素义法。教师利用汉语构词法的特点，在辨析近义词时，通过解释近义词中不同的语素来点名两者的区别，使学习者注意到近义词中不同语素的重要性，学习如何辨别近义词。

搭配法。教师在辨析近义词和讲解新词语及语言结构时会说明相应的搭配，简洁明了。

比较法。这一点在近义词辨析教学中表现得尤其明显，教师在近义词的语义、词性、感情色彩、搭配等各方面进行比较，点出两者的不同点，以防学习者混淆。

联想法。教师通常在讲解某一词语时，延伸思维，引出与之相关的俗语、诗句等内容，并巧妙将其与目标词语再次结合，给予学习者汉语学习的建议。

演绎法。该课程教学视频广泛采取演绎法，在说明词语和语言结构的用法搭配之后，由抽象到具体，结合大量例句对其进行进一步阐释。

图片法。教师借助多种图片创造情境导入或引出例句,形象生动,一则加深了学习者对情景和例句的理解,一则增加了课程的趣味性。

(3) 教学语言

由于该课程为高级汉语综合课程,故教师的教学语言为纯汉语,用汉语创造情境导入,解释词语和语言结构的意思,引出大量例句并总结教学内容。教师所采用的教学语言词汇也符合学习者的汉语水平,增强学习者用汉语理解汉语的能力及思维,提高学习者综合运用汉语进行理解和交际的能力。

(4) 视频页面

该课程的视频页面具有浓郁的中国古风韵味,在教师讲课的同时还有白云飘动、白鹤飞舞的动画页面和舒缓的中国风背景音乐,这样的设置能将学习者带入汉语学习的氛围中,并缓解学习者在学习过程中可能产生的紧张、乏味等消极情绪,提高教学效果。

2. 测验与作业

该课程分别包含 7 次测验与作业,共 14 份练习。本书将各周测验与作业的题量和题型列表如下:

表 4-30 "汉语 UPUP"各周测验与作业的题量和题型列表

| 周目 | 测验/作业 | 题量(道) | 题型 |
| --- | --- | --- | --- |
| 第一周 | 测验 | 10 | 选择词语完成句子、填空完成句子 |
| | 作业 | 1 | 介绍一个城市 |
| 第二周 | 测验 | 10 | 选择词语完成句子、理解句子并选择选项、判断对错 |
| | 作业 | 1 | 给自己起汉语名字并说明理由 |
| 第三周 | 测验 | 10 | 选择词语完成句子、理解句子并选择选项、判断对错 |
| | 作业 | 1 | 分享汉语现象或汉语故事 |
| 第四周 | 测验 | 10 | 选择词语完成句子(多选和单选)、填空完成句子 |
| | 作业 | 1 | 介绍自己喜欢中国传统节日及其传说故事 |

续表

| 周目 | 测验/作业 | 题量（道） | 题型 |
|---|---|---|---|
| 第五周 | 测验 | 10 | 选择词语完成句子（多选和单选） |
| | 作业 | 1 | 简单谈论对儒家或道家思想的看法 |
| 第六周 | 测验 | 10 | 选择词语完成句子 |
| | 作业 | 1 | 谈论对某一民间故事的感想，比较各自国家类似故事 |
| 第七周 | 测验 | 10 | 选择词语完成句子 |
| | 作业 | 1 | 介绍一个喜欢的中国菜及喜欢的原因 |
| 第八周 | 测验 | 10 | 选择词语完成句子（多选和单选） |
| | 作业 | 1 | 介绍一个喜欢的俗语 |
| 第九周 | 测验 | 10 | 选择词语完成句子 |
| | 作业 | 1 | 介绍知道的中国婚庆习俗并与各自国家进行对比 |
| 第十周 | 测验 | 10 | 选择词语完成句子、填空完成句子 |
| | 作业 | 1 | 分享汉语学习方法或经历，提出对本课程的看法 |

该课程每周的测验与作业题量均衡，测验主要题型是选择词语完成句子（单选或多选）、理解句子选择正确选项或判断正误、填空完成句子，考查了学习者对词语和句子的理解；作业考查的是学习者的语言表达能力，主题涉及中国文化各方面，如传统节日、饮食文化、俗语、民间故事、婚庆习俗等，紧密联系每周的文化与汉语知识教学内容，特色明显。对词语、句子、语段的考查，对汉语语言结构知识和中国文化知识的双面涵盖符合学习者的语言水平与学习要求，可培养学习者语段表达的能力，加深学习者对中国文化的理解。

3. 考试

该课程的考试只有期末考试，由 50 道单选题组成，要求学习者选择合适的词语完成句子，考试时长为一个半小时，时间充裕，考查侧重的是学生的近义词辨析能力。除了期末考试外，还有一份期末调查，要求学习者写出其印象最深的一个语言点和对课程的建议，教师如此设置意在获取教学效果较好的视频，以此提升教学质量，学习者的意见与建议对课程改善与提高也至关重要，同时也是师生互动的一个有效途径。

4. 讨论区

该门课程的讨论区分为老师答疑区、课堂交流区和综合讨论区。老师答疑区针对学习者在学习中所遇到的教学内容方面的疑惑，旨在加强师生之间的交流与互动，如学习者的提问"'最……之一'可以一起用吗"。课堂交流区则注重学习者之间的相互沟通，如分享经验、解决疑惑等，如课件问题、提交作业问题等，有利于发挥同伴鼓励与支持的积极作用。综合讨论区则让教师和学生讨论关于课程、学习、工作、生活等各个方面的问题，如申请认证证书问题。三个讨论区职责明确，相互配合，构成该课程师生与生生之间的良性互动。

5. 总结

通过对该课程教学视频、测验与作业、考试和讨论区的分析，尤其是对教学视频的教学内容、教学流程、教学方法、教学语言等方面的详细分析，本书总结出该课程具有以下优点：

（1）教学内容兼具深度与广度。该课程侧重于书面语词汇的辨析与学习，在近义词辨析、书面语与语言结构教学上进行了详细且有条理的阐释，达到了一定深度；同时，对相关文化、汉语知识与现象的讲授也体现了该课程的广度。高级汉语水平的学习者不应该只掌握语言知识，而更应了解中国文化与汉语相关知识，加深对中国和汉语的理解，提高汉语的综合运用能力。

（2）教学语言明确简练。该课程中教师所用语言都有其特定的作用，导入时的引导性语言、讲解时的解释性语言、举例子时的互动性语言以及结束时的总结性语言都恰到好处，而且教学语言中的词汇也符合学习者的汉语水平，使学习者稍加思考便可理解。

（3）教学流程注重例句讲解及互动。在讲解完知识点之后，教师会结合大量例句对知识点进行阐释，使其更易为学习者理解；通过不同情景的创造，学习者也能更明白知识点所适用的语境。教师在讲解过程中，经常会向学习者提出各种问题，如"你学汉语学了多长时间""你喜欢看电影吗""你知道这句话是什么意思吗"，虽然教师得不到学习者的即时回答，但学习者在听到这些问题后仍会不自觉地回答或思考，这在一定程度上已经达到教师互动的目的。此外，教师经常结合学习者的学习实际给予其相关建议，拉近师生间的距离，增加良性互动。

（4）教学方法多样。该课程采用情景法、视听法、句型法等教学法的核心思想和直接法、语素义法、演绎法等多种教学方法与技巧，对多种教学方法的综合使用使其扬长避短，提高课程的教学效率。

（5）练习考查全面且循序渐进。该课程紧密结合每周的教学内容，通过不同题型和形式全面考查学习者对词语、句子和语言的理解与表达能力，同时考查了学习者的语言知识和文化、汉语知识。练习的排列顺序也是以选择词语完成句子、填空完成句子、理解句子选择正确选项到语段表达的题型顺序来逐步考查学习者对词语、句子和语段的理解和表达。

在尚需提高的方面，本书认为，该课程在教学过程中应增加操练的比例。对于机械性操练，教师可交替使用替换练习、完成句子、看图片说句子等练习方式；对于能动性操练，教师可以更多地将一些例句转化为操练，即创造情景，然后引导学生自主思考可能的目标语句。操练对于巩固所学有着极其重要的作用。同时，本书认为可以适当增加课文或选段讲解的比重。该课程以《博雅汉语·高级飞翔篇Ⅰ》为依据重点讲解书面语辨析和学习，虽然在这方面的教授已颇有成效，但是若能在每周教学内容中增加一节课文或选段的讲解和练习，零散的近义词将会有其适用的语段范围，对学习者的语段表达能力也大有裨益，因为高级汉语水平学习者的语段能力培养是高级汉语综合课的重要目标之一。此外，在测验中，该课程可以增加些许当周所讲授文化或汉语知识的常识性内容。

"汉语UPUP"作为一门侧重于书面语辨析的高级综合汉语慕课，有其明确的教学目标与相应的教学设置，为未来更多高级综合汉语慕课的制作提供了宝贵的范例。

## 第三节　汉语口语慕课教学

语言技能包含听、说、读、写四个主要方面，在汉语作为第二语言教学中，口语教学一直都是教学的重点，是汉语水平高低的最直观反映，在语言教学中的作用是至关重要、无可替代的。因此，汉语口语慕课的设计和制作在汉语慕课教学中也发挥着重要的作用。结合相关研究，本节将汉语口语慕课相关情况概括如下：

## 一、汉语口语慕课概况

### （一）汉语口语慕课总体概况

截至2021年5月，已于主流慕课平台正式开课的汉语口语慕课共有五门，即北京语言大学的"初级汉语口语入门"和"功能汉语速成"，北京师范大学的"初级汉语口语"、上海外国语大学的"汉语入门：会话"和北京第二外国语学院的"中级汉语视听说"，其中前四门属于初级阶段课程，最后一门则为中级阶段课程；五者的上线平台主要为中国大学慕课、学堂在线和FutureLearn。本节将五门慕课的详细信息列表如下，排列顺序依照课程汉语水平和慕课名称：

表4-31　五门慕课详细信息介绍

| 序号 | 课程名称 | 发布单位 | 主讲教师 | 发布平台 |
| --- | --- | --- | --- | --- |
| 1 | 《初级汉语口语》 | 北京师范大学 | 胡秀梅、朱志平、伏学凤 | 中国大学慕课、学堂在线 |
| 2 | 《初级汉语口语入门》 | 北京语言大学 | 常娜 | 中国大学慕课 |
| 3 | 《功能汉语速成》 | 北京语言大学 | 徐雨隽 | 中国大学慕课 |
| 4 | 《汉语入门：会话》 | 上海外国语大学 | 张艳莉、李惠、李亚梦 | FutureLearn |
| 5 | 《中级汉语视听说》 | 北京第二外国语学院 | 张雨琪 | 中国大学慕课 |

表中的五门汉语口语慕课各有其特色："初级汉语口语"采用经典的课堂讲授形式对各个交际主题进行简洁精炼的讲解；"初级汉语口语入门"结合大量图片和动画讲解常用句式；"功能汉语速成"在情景剧中嵌入词汇和句式的教学，使学习者在观看情景剧的过程中就能学习相应语境下的常用交际用语；"汉语入门：会话"综合使用情景剧、教师互动的实景拍摄以及景点的课堂讲授呈现教学过程；"中级汉语视听说"则将每单元分成介绍、情景剧、生词、语法、会话、文化等若干小节，紧密围绕情景剧开展教学，讨论区的话题设置也以每单元主题为中心，贴合学习者实际，结合讨论发言的成绩考核设置，有效激发其表达和交流欲望，提高了学习者的课程参与度。

（二）各门汉语口语慕课概况

下文将对各门汉语口语慕课进行概况介绍，以帮助各位读者了解各门慕课的具体信息及课程。

1. "初级汉语口语"

"初级汉语口语"由北京师范大学开发并发布于中国大学慕课平台，2018年10月28日首次开课，截至2021年5月，已完成5轮课程，最后一轮于2020年11月结束，总学习者人数达8000余人。课程的主讲教师为北京师范大学胡秀梅、朱志平和伏学凤，三人皆具丰富的海内外汉语教学经验，并在汉语教材编纂方面有所建树。该课程使用全英文授课，适合零起点汉语学习者，也适用于对汉语教学感兴趣者。学习者完成该课程后，可以掌握约150个常用词汇，能用汉语问候，并进行关于姓名、国籍、爱好以及时间日期和住址等话题的简单交流，对汉字知识和当代中国文化有初步了解；课程也致力于为汉语教学的教师与学习者提供教学参考和教学资源。课程的录制方式主要为"课堂讲授式"，即教师于课件前讲授的形式。

课程的教学内容共分六个单元，分别是问候、个人情况、位置与交通方式、日期与时间、餐饮、健康与求助，皆为常用的初级交际话题；每单元包括相互关联的四大部分：日常会话、语音语法、有趣的汉字和文化闲谈。就结构来看，该课程的单元包含五个教学视频和一份单元练习，教学视频分别讲授会话、语音、语法、汉字和文化知识。从教学视频的排列中可以看出，该课程将不同的教学内容分类，特别是会话与语法部分的分视频讲解，即学习者首先学习词汇和会话，其次进行语音、语法知识的学习，再次是汉字和文化学习，当然也可根据需要调整观看顺序。会话教学视频时长在7—13分钟之间，一般含两段。每段会话中，教师首先以简要介绍当课内容作为导入，再结合例子讲解生词的用法，然后朗读会话并讲解意义。语音教学视频只出现于前两个单元，时长分别为9分钟多与13分钟；语法教学视频则每一单元都有，时长在11—19分钟不等，差别较大。两者的教学流程也首先以教师对当课内容的简要介绍导入，然后结合具体例子逐个讲解语音或语法知识点，其中语法教学视频的最后有总结以及对相应会话段落的录音朗读。每单元的汉字教学视频时长在9—18分钟不等，以介绍汉字知识为主，如汉字发展历史、汉字结构、笔画、笔顺等，促进学习者对汉字背景知识的了解。文化教学视频时长较短，在9—11分钟之间，中国文化知识以教师与学习者面对面谈话的形式展开，内容涉及姓名、称谓、名胜古迹、传统节日、饮食文化和送礼六个方面。

该课程在每单元结尾设有练习，每份练习含13—17道选择题不等，题型主要有选择结构完成对话、词语排序组成句子、选择正确答案（汉字和文化内容），考查内容主要包括语法、词汇、句型、汉字和文化，比较全面。课程并未设置期中和期末考试。在第三单元和第六单元，课程设置了两个征求学习者对课程反馈意见的讨论题，学习者给出的反馈颇多，从回复情况看，文化部分的名胜古迹、汉字部分颇受学习者欢迎。另外，语法和语音规则的讲解也解除了部分学习者原先学习的恐惧心理，卓有成效。除了上述两道讨论题外，现有其他讨论帖发布于讨论区；从两者发帖量的对比来看，课程团队若设置指定主题的讨论题则更有利于学习者与课程团队之间的互动。当然，讨论主题的设置要贴合教学内容或学习者学习的实际情况。

综合来说，"初级汉语口语"是一门以培养初级口语表达能力为主，集语音、语法、汉字和文化于一体的较全面的汉语慕课，其主要讲授方式以结合例句为主，注重词汇和语法在句子中的运用，全英文的授课语言也能扫除零基础学习者的理解障碍，有助于其尽快适应汉语的学习。课程尚待改进之处为：可适当增加对语法、句式和会话运用的情景构建，动画或情景短剧等资源不失为一种有效的方式。

2. "初级汉语口语入门"

"初级汉语口语入门"由北京语言大学开发并发布于中国大学慕课平台，并于2019年10月11日首次开课，截至2021年5月，已开课四次，累计注册学员7200余人。课程主讲团队由北京语言大学汉语速成学院常娜、纵璨、李燕、钱永文、袁金春、于璐、余绮、莫丹组成，主要为零基础汉语水平的学习者开设，旨在培养学习者的口语交际技能，使其能快速学习和掌握日常生活所需汉语，满足日常生活及来华旅行的需要。此外，课程对汉语国际教育专业本科生、研究生及汉语教学从业者也具有指导意义。该慕课采用汉语为其教学语言并配有中文字幕，但英文字幕的缺乏也加大了零基础汉语学习者的理解难度，可能导致学习者因无法理解而中断学习。课程的录制形式为课堂讲授式录制，即教师于课件前讲解相关内容推进教学的形式。

从课程内容上看，"初级汉语口语入门"共计八个单元，三十二讲。第一单元（前四讲）以讲解汉语拼音为主，辅以若干简单的日常用语，帮助零基础学习者快速掌握汉语拼音的构成及拼写规则，轻松拼读生词和句子。后七个单元以功能为纲，以任务教学为方法，围绕初级汉语教学阶段必备的生活交际项目展开，如询问、介绍、时间、方位、购物、饮食、交通、问路、爱好、旅游等；在以上交际项目下，课程教授相应的必备词汇、语法点和基本句型，即学即用，实用性强。在课程结构方面，课程分八个单元和期中、期末测验，每单元四课，并配有一份单元测验，每课含一个教学视频与两份生词表和课文文本。

课程教学视频时长在10分钟上下，语音视频遵循"介绍声母/韵母/声调/拼写规则基本内容—教师逐个领读—朗读有意义音节进行练习—结合图片讲解日常用语—结合图片里练习—复习朗读当课内容"的流程。其余教学视频则为"导入—朗读当课生词（两遍）—生词带入目标句式领读—结合图片练习当课目标词汇与句式—讲解语法—重复朗读加强记忆—结合图片练习语法—动画视频展示对话—重复领读—教师提问练习对话—复习"的基本流程，主要按照"生词—语法—课文"的顺序进行，教学过程中强调词汇和语法点在句子中的使用与教师对目标句式的重复输出，以反复刺激学习者加强其对目标词汇、语法点和句式的理解和记忆，主要体现了听说法的教学思想。此外，对图片和动画的充分利用也是视听法教学思想的表现，通过视觉和听觉的结合来增加学习者的理解性输入。情景的创建也是该课程的重要特点，课程本身也是根据日常生活中的常用交际项目展开的，故对模拟真实情景的构建也是课程的着重点，体现了情景法的教学思想。

  课程的测验分为单元测验和期中、期末测验，期中测验设于第四单元后，期末测验设于第八单元后；三者设置相同，均含十道题客观题，五道为选择题，如选择词语/句子完成句子/对话，五道为判断正误题。除了以上测验之外，课程未设置讨论题，故其讨论区多为学习者在课程学习过程中产生的疑惑，主讲教师皆给出了详细回答，两者间互动良好；但讨论区总体发帖数量不多，根据中国大学慕课平台所显示的数据看，课程在第一次开课期间有3300余名学习者，但讨论区只有12条讨论帖；第二次开课期间有2300余名学习者，但也只有9条讨论帖（第三次开课信息显示尚未公开，第四次开课则刚开始，尚未结束），学习者参与度普遍低下。这当中有可能有部分学习者中途放弃，或学习者确实未有疑问，诸多原因无法有定论，需进行进一步调查。

  总体来说，作为一门口语慕课，"初级汉语口语入门"以交际为主线强化功能表达，注重各个交际项目关键结构的反复操练，结合听说法、情景法、视听法等教学思想，在授课过程中精讲精练，加强学习者的口语表达能力。另外，出于口语课程定位的考虑，课程可设置以学习者口语输出为主的课后练习或讨论题，只是以书面测验为主的形式难以真正锻炼和培养学习者的口语技能。教学视频至少应添加英文字幕，真正零基础的汉语学习者在初次接触时会因视频全中文的教学而很难理解教学内容，不利于其对后续章节的深入学习。

3. "功能汉语速成"

  "功能汉语速成"为国家精品课程，由北京语言大学开发并于2018

年 9 月在中国大学慕课平台上首次开课，截至 2021 年 5 月，已开课六次，学习者累计 9200 余人。该课程由北京语言大学汉语速成学院徐雨隽担任主讲教师，面向海内外汉语初学者与希望了解和学习对外汉语教学的学习者开设，旨在帮助汉语学习者掌握生存汉语，了解中国文化，也为对汉语教学感兴趣的学习者提供教学参考。课程采用中英双语讲解内容，用语简洁易懂，句型精炼，能帮助不同国家的入门级学习者在非传统课堂环境下高效掌握所学知识，并运用到日常交际中。该课程的录制形式为实景融入式录制，即课程的教学内容在以教师和学习者为主题的情景短剧中逐步展开，相当新颖。

"功能汉语速成"以一名留学习者埃里克在北京语言大学的学习生活为主线，实景讲解初学者在日常生活中最常用的汉语；教学内容以交际功能项目为纲，从打招呼与寒暄、介绍、时间与日期、购物、饮食、问路和爱好七个方面开展教学。该课程包括七个单元和期中、期末考试，每个单元包括 4—5 个教学视频、一份当课重点内容文本、一份语言点注释文本、一份文化笔记和一份单元测验。教学视频讲解部分以情景剧的形式呈现，时长在 3 分钟左右，对话采用真实的语调和语速，以帮助学习者走出课堂，适应真实的语言环境。视频没有严格的教学流程，当课的目标词语和结构都融于情景剧师生的对话中，在涉及时，视频页面会随着教师的讲解出现注释，以标出重点辅助理解，在每一课讲解部分之后还配有实景录制的全中文对话视频，这与传统的课堂语言教学模式和其他汉语口语慕课录制形式有很大的不同。课程体现的主要教学法是视听法和情景法，两者相辅相成，情景剧本身与真实情景紧密结合，学习者能沉浸于目标语言结构的真实运用场景中，实用性高。课程的单元测验包含十道选择题，主要有根据中文选择英文释义、根据情境选择相应句子、根据拼音选择汉字、根据英文释义选择词语、选择述说正确的观点、选择句子完成对话等题型，从拼音与汉字、词语与句子、语法点和文化三方面入手考查学习者的掌握情况。期中、期末测验包含二十道选择题，除了上述题型之外，还有根据功能描述选择语法点、根据图片选择词语等题型，考查内容侧重于词语、语法点和句子，对文化点的考查也有所涉及。课程的最终成绩由三部分构成，单元测验占

60%，期中和期末考试各占 20%，此种成绩计算方式注重学习者在学习过程中的表现，而非传统的只论期中期末大考的评价方式。此外，该课程未将讨论区发言纳入评价系统，这或许与教师未设置指定主题的讨论题有关。

在讨论区方面，除了常规的老师答疑区、课堂交流区和综合讨论区外，课程还针对两种教学对象设置了对外汉语教师交流区和学习者讨论区。然而，讨论区中的帖子寥寥无几，如第四次开课期间有 2400 余名学习者注册，但讨论区只有 7 条讨论帖，其余几次开课周期的讨论区发言情况也类似。教师未根据每单元的教学主题设置相应的讨论题，而是在开课伊始向学习者发了问候帖，并对需要回复的帖子进行了反馈，此外，也有若干学习者就学习过程中的疑惑提出问题。

4. "汉语入门：会话"

"汉语入门：会话"为上海外国语大学制作并发布于 FutureLearn 慕课平台上的一门汉语口语慕课，是"汉语入门"系列课程中的一部分，截至 2021 年 5 月，已有 12700 余名学习者在 FutureLearn 上注册学习。课程主讲教师团队由张艳莉、朱璇、李亚梦和李惠组成，分别负责不同的教学内容。课程以汉语基本日常会话为特色，面向零基础的汉语学习者开设，旨在培养学习者基本的汉语交际能力，以及对中国文化的了解，为其进一步深入学习做铺垫。课程采用英文作为教学语言，录制形式主要为课件单独出镜教师录屏式、教师单独出镜的实景式、教师之间谈话的实景式三种。

从课程的教学内容、教学结构和教学流程来看，该课程与同为上海外国语大学制作的初级综合汉语慕课"汉语初级入门"相同，实际上为其后六课，详细情况已于初级综合汉语慕课一节中做了介绍，本节仅再简要介绍与总结其教学内容。课程的教学内容涵盖的主题有问候与自我介绍、家庭成员与职业、购物与支付、日期与时间、天气与健康、方向与计划。以上内容包括 150 个词汇及其在相应语境下的运用，对基本的日常交际方面皆有所谈及，同时因其口语慕课的定位，也对常用句式的教学和口语表达训练有所侧重，学习者在完成课程后课直接于现实生活中应用，课程的中国文化知识部分也能增强学习者对中国文化的理解，有助于培养其跨文化交际的能力。

5. "中级汉语视听说"

"中级汉语视听说"由北京第二外国语学院制作并发布于中国大学慕课平台。该课程于 2019 年 12 月首次开课，截至 2021 年 5 月已开课 3 次，注册学习者共有 4300 余人，主讲教师为北京第二外国语学院宋飞、王曼卿、徐煜和张雨琪。课程面向已掌握 1000 个左右汉语词汇并可用汉语完成学习、工作、生活等方面基本交际任务的学习者，旨在提高汉语学习者视频理解、听力理解以及运用基本句型表达自己观点的能力，并使学习者由浅入深地了解中国现当代文化。课程的教学语言为中文，录制形式分为三种：教师于课件前讲授、情景短剧录制与教师单独讲解的实景录制。

该课程主要以美国留学习者哲君在中国学习汉语的生活为主线，围绕机场接机、超市购物、朋友邀约、考试报名、求职面试等话题对哲君的生活、学习、人际交往等方面进行介绍，便于学习者了解中国现代社会的真实情景，由浅入深地掌握不同交际环境中的语言表达，感受当代中国社会的主流文化。课程共二十个单元，分别为机场接机、超市购物、初见寒暄、语伴互动、朋友邀约、探讨婚恋、共享单车、寻师答疑、化解争论、乘坐高铁、家中做客、医院挂号、网申求职、餐桌礼仪、游览名胜、酒店登记、求职面试和文化探讨，主题丰富多样，由浅入深，涵盖当代中国生活的方方面面。

在课程结构上，每单元内容均包括本课介绍、生词跟读、视频播放、视听技巧、语言点讲解、中国文化、本课小结七个部分，"总分总"的结构设计全面具体，并将语言知识的讲授和听力技能的训练融为一体。单元教学视频总时长约为 20 分钟，其中生词教学视频占时较长，约为 8 分钟；其次为语言点讲解、情景剧视频、视听技巧、中国文化，占时约 3 分钟；本课介绍、生词跟读和本课小结三部分占时皆约 1 分钟。课程在主要教学环节皆紧密结合情景剧，实现目标语句的重复出现，生词和语言点讲解遵循"朗读—讲解情景剧例句—讲解用法—结合图片造句练习"的基本流程，视听技巧环节也以情景剧中的例句入手具体讲解，再结合情景剧中其他片段进行多次训练。整个教学过程体现的教学方法主要是视听法和情景法，每单元的讲授皆离不开当课的交际主题和相应的情景短剧，情景短剧充分利用学习者的视觉和听觉感官，在增加课程趣味性的同时也形象地诠释了目标语言结构的真实运用语境。

该课程每单元皆配有单元测验，但无期中和期末测验。单元测验含20道题，主要为选择题和填空题，有选择词语完成句子、选择近义词、根据提示填写词语等题型，考查内容涉及语音、词汇、语法、情景对话的理解和运用。课程讨论区多为课程团队根据每单元的文化知识所设置的相应讨论题，根据平台公开显示的讨论区回复情况看，学习者的参与度较高，其中回复帖数最多的为支付方式、见面礼仪、旅游出行方式三个主题，其余主题的回复帖数大部分在8—12条之间。此回复量在同类汉语口语慕课中是较多的，随单元主题设置相应讨论题是一种促进师生、生生交流互动的有效方式，也能帮助学习者巩固总结所学。

总体来说，"中级汉语视听说"结构完整，"总分总"的设计从粗到细再到粗，一方面突出单元教学内容的重点部分，另一方面有利于学习者总结归纳每单元所学，增强学习者的成就感和自信心。其最突出的特点为情景短剧的使用，情景短剧在该课程的主要教学环节皆有涉及，前后呼应，增强了课程的紧密度和系统性。此外，该课程讨论题的设置也相当成功，贴近真实生活的主题设定激发学习者的表达交流欲望，因而其参与度也相应提高，学习者与课程内容、教师、其他学习者之间的良好互动皆有所实现。

## 二、汉语口语慕课的结构设计

通过对5门汉语口语慕课的观察和分析，笔者发现课程主体主要由课件、测验与作业、考试、讨论区四部分构成，个别课程并未设置考试，但为全面起见，在考试模块本节将介绍包含该内容的课程情况。该主体设计让学习者在参与慕课时能够更加清晰直观地看到自己需要完成的内容，给授课教师安排更多样的教学内容提供了可能，也弥补了慕课学习中师生缺少互动这一缺点，为师生实现实时互动提供了可能。下文将对汉语口语慕课主体设计中的每一模块进行详细的介绍。

(一) 教学视频

该部分是整个慕课课程的核心和主体。汉语口语慕课通常会以不同的话题作为单元分类依据，每个单元里又包含具体教学视频。比如北京语言大学"功能汉语速成"慕课共分为七个单元，分别是打招呼与寒暄、介绍、时间与日期、购物、饮食、问路、爱好。其中，打招呼与寒暄又分为三课，分别是"你好""好久不见""可以加你的微信吗"，其余单元的具体课程安排如图所示：

| 第一周 打招呼与寒暄 | 你好！ | 好久不见！ | 可以加你的微信吗？ |
| --- | --- | --- | --- |
| 第二周 介绍 | 你叫什么名字？ | 你是哪国人？ | 他是我朋友 |
| 第三周 时间与日期 | 今天几月几号？ | 现在几点？ | 我晚上九点睡觉 |
| 第四周 购物 | 这个多少钱？ | 绿茶多少钱一盒？ | 便宜一点儿吧！ |
| 第五周 饮食 | 来一个宫保鸡丁 | 我喜欢吃甜的 | 服务员，买单！ |
| 第六周 问路 | 地铁站在哪儿？ | 去银行怎么走？ | 你住在哪儿？ |
| 第七周 爱好 | 我的爱好是喝茶 | 我常常打篮球 | 他们唱歌唱得很好 |

图4-11 "功能汉语速成"各单元课程安排导图

其他汉语口语慕课所涉及的话题基本类似，多与问候、介绍、询问、时间方位、购物、饮食、交通、爱好、健康等与日常生活密切相关的话题有关。这体现了汉语口语教学以培养学习者口语交际能力为目标的重要特点。

在教学视频的录制形式方面，课程团队基本采用课堂讲授式录制和实景融入式录制两种。课堂讲授式录制是绝大多数慕课视频采用的录制方式。在该录制模式中，教师所展现的是类似线下课堂的情景。比如，北京语言大学"初级汉语口语入门"慕课采用的为课堂讲授式，教师立于课件前讲授，通过对课件内容的讲解来推进教学。

图4-12 课堂讲授式录制视频截图

资料来源：北京语言大学汉语速成学院。

实景融入式录制指的是教师通过在现实生活中创设情景进行教学的录制方式，这也正是口语慕课不同于其他类型慕课之处，口语课程旨在提高学习者的口语交际能力，对初中级阶段学习者来说，贴近日常生活的口头交际训练非常重要。通过实景融入式的视频录制，教师能够把教学内容和日常情景很好地结合起来，相当于带着学习者在日常生活交际中学口语、练口语。比如，北京语言大学"功能汉语速成"慕课采用的即为实景融入式录制，情景视频的主人公为徐雨隽老师和一位美国留学生，基本以在北京语言大学的学习生活为录制背景，每课时长不超过5分钟。视频中，师生两人从初次见面介绍自己，再到讨论日期时间、饮食购物，整个课程类似于情景剧。教师在生活情景中对学习者进行教

图 4-13　实景融入式录制视频截图

资料来源：北京语言大学汉语速成学院。

学，使学习者在学到日常交际语的同时也能获得对中国大学生日常生活的基本了解。此种视频录制模式体现了趣味性的原则，实现了寓教于乐的效果，比传统的课堂讲授式更加生动活泼，同时也更好地体现出口语教学重视情景交际训练的特点。

（二）测验与作业

该部分作为每章教学内容的补充和及时检测有着不可或缺的作用。由于慕课的特殊性，教师无法像线下课堂一样实时掌握学习者的学习进度和效果，因此测验和作业成为教师了解学习者学习效果最重要的方式。在该部分，教师一般会对每一章学习内容都设置一个小测验来及时检测学习者

单选 (10分) Which one are the characters of "nǐ hǎo"?

○　A. 你好
○　B. 你们好
○　C. 您好
○　D. 老师好

图 4-14　根据所给拼音选择正确的汉字

资料来源：北京语言大学汉语速成学院。

的掌握情况。测验题型以客观题为主,主要包括单项选择题和判断题,题量一般不超过 20 道。题目的内容主要包括根据所给拼音选择正确的汉字、为汉语句子选择正确的英文意思、根据英文句子选择正确的汉语句子、根据交际情景选择正确用语、补全交际对话、判断所给句子是否正确等。

单选 (10分) If you meet two friends, you can say

○ A. nǐmen hǎo
　　 你们 好

○ B. nǐ hǎo
　　 你 好

○ C. qǐng zuò
　　 请 坐

○ D. nín hǎo
　　 您 好

**图 4-15　根据交际情景选择正确的汉语句子**

资料来源:北京语言大学汉语速成学院。

单选 (10分)
Please choose the right answer to complete the conversation.
　　 hǎo jiǔ bú jiàn le, nǐ hǎo ma?
a: 好 久 不 见 了, 你 好 吗?
　　 hěn hǎo, nǐ zěnmeyàng?
b: 很 好, 你 怎么样 ?
a: _____

○ A. nǐ hěn máng
　　 你 很 忙

○ B. yě wǒ hěn hǎo
　　 也 我 很 好

○ C. wǒ yě hěn hǎo
　　 我 也 很 好

○ D. wǒ hěn hǎo yě
　　 我 很 好 也

**图 4-16　补全交际对话**

资料来源:北京语言大学汉语速成学院。

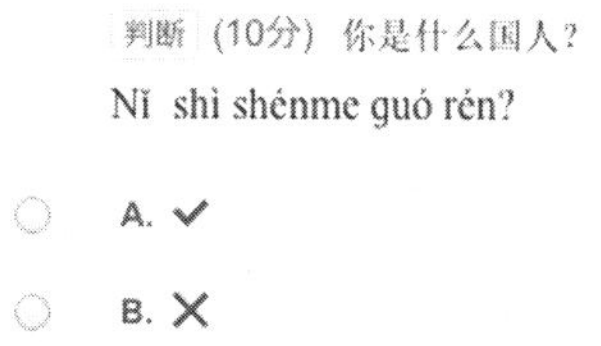

判断 (10分) 你是什么国人?
Nǐ shì shénme guó rén?

○ A. ✓

○ B. ✗

**图 4-17　判断所给句子是否正确**

资料来源：北京语言大学汉语速成学院。

学习者在完成每一章视频学习后需要在规定时间内完成测验；完成后，学习者点击"提交"，系统会自动为学习者批改打分，学习者能立即看到自己的完成情况，并能针对自己做错的题目及时回顾补缺。在传统的线下课堂中，教师无法当堂对所有学习者的小测验进行批改给分，学习者也无法当堂得到测验反馈。而慕课弥补了传统线下课堂这方面的不足，实现了"测验、提交、批改、打分、反馈"一体化。这不仅减轻了教师批改测验的工作负担，而且能够让学习者趁热打铁，对未完全掌握的课堂知识及时复习回顾。

（三）考试

该模块和测验与作业模块较为类似。教师通常会在这一部分上传期中考试和期末考试的试题。学习者在规定时间通过点击"进入考试"获得相应的试题页面，考试模拟线下真实的考试环境，学习者需要在教师限定的时间内作答完毕并提交答案。像上文提到的测验与作业模块一样，学习者提交答案后，能够立即得到系统的批改并得到反馈。这一部分试题通常用于对学习者进行阶段性检测，考查学习者半个学期和一个学期之后的慕课学习效果，与测验与作业模块相比题量通常更多。

（四）讨论区

该部分为教师和学习的交流提供了平台。慕课线上教学的特点使得师生无法如线下课堂般进行面对面的交流沟通，因此如何利用讨论区进行问题答疑、师生联系、生生交流就非常关键。部分教师会把学习者在讨论区的讨论参与情况作为评分标准之一。北京第二外国语学院"中级汉语视听说"就在课程评分标准处明确写道"课程讨论占10%，在课堂讨论中回复10次即可获得满分"。教师每节课课后都会在讨论区发布两个与本课内容有关的课后问题供学习者讨论回复，学习者可以在讨论区自由留言讨论，基本每道讨论题下面都能看到学习者热烈的讨论回复。

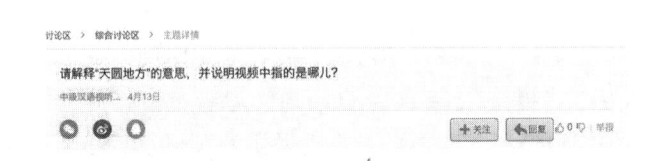

**图 4-18　讨论区截图示例 1**

资料来源：北京语言大学汉语速成学院。

**图 4-19　讨论区截图示例 2**

资料来源：北京语言大学汉语速成学院。

另外，如果学习者在听课或者完成作业过程中遇到问题，也可以在讨论区留言提问，教师看到后就会及时解答。学习者也可以在讨论区针对课程设计、内容安排、作业布置等提出自己的意见和建议，便于课程团队得到真实且及时的学习者反馈，有利于课程质量的提高。

### 三、汉语口语慕课的主要教学环节

汉语口语教学具有不同于其他课型的独特性，具体表现在教学目标、教学内容和教学方法上，其教学环节需建立在对教学目标、教学内容和教学方法的清晰认识和掌握之上。口语教学的目标是提高学习者的口语交际能力，它是一种综合能力，具体表现为语音表达的准确性、言语表达的正确性和语用表达的得体性，需要建立在语言知识和相关文化知识的基础上。口语教学目标的独特性决定了口语教学涉及内容广泛，任务繁重，因此教学要分阶段、有侧重地完成目标。初级阶段着重培养学习者的汉语语言能力，教学重点在于语素学习和言语技能训练，如语音、基本词汇和句型的单句操练等（刘晓雨，2001）。初级阶段的口语教学中，教师需要根据口语教学的目标和内容采用切实有效的教学方法，其指导需占据较大比重，但同时仍要以学习者操练为课堂主体。初级及中级汉语口语课的口头表达训练过程通常为"词—语句—语段—语篇"；训练方法常用提问式、描述式、学习者补充式等（刘晓雨，2001）。另外，汉语口语教学注重语境，教学过程基本需要在不同的语境中推进，故语境教学也是口语课最重要的特点之一。

从大体上看，线上的汉语口语慕课具有与传统课堂口语教学相同的教学目标、内容和方法，但同时也有不同于传统课堂教学的特点。下文将对汉语口语慕课的主要教学环节进行详细介绍。

（一）课程导入

课程导入是整节课的基础，起着介绍课程内容、吸引学习者兴趣的作用；线上的汉语慕课缺乏师生的面对面交流，因此课程导入部分显得更为重要。成功的课程导入能够让学习者明确本节课的学习内容，同时也能引起学习者的兴趣，使其关注后续教学。

汉语口语慕课教学视频通常会以配乐片头为起始。以北京语言大学"功能汉语速成"教学视频为例，每节视频开头前30秒均为片头。片头以动画形式呈现，有老师和学习者的卡通形象，背景为课程中将会出现的口语情景，同时配以欢快的背景音乐，如此能使学习者清楚了解学习内容，也能快速进入上课状态。

另一种常见的课堂导入类似于传统线下课堂的导入形式，即介绍本节课的学习目标以及需要掌握的重要生词，如北京师范大学"初级汉语口语"教学视频的导入方式。

图 4-20　课程视频片头示例 1

资料来源：北京语言大学汉语速成学院。

图 4-21　课程视频片头示例 2

资料来源：北京语言大学汉语速成学院。

（二）课程主体

课程主体部分的时长通常会控制在 5—10 分钟。以北京语言大学"功能汉语速成"教学视频为例，每节视频通常为 5 分钟左右，符合慕课片段式教学的特点。

第四章 汉语慕课教学模式研究

图 4-22　课程导入

资料来源：北京师范大学。

　　每节视频都会有一个明确的主题，比如第一单元第一课"你好"，视频以师生二人第一次在学校见面为录制背景，引入对汉语问候用语的教学。教学方法采用情景式和问答式，具体为教师在校园里用"你好"和他人打招呼，学习者对此提出问题"what does '你好' mean?"（"'你好'是什么意思？"），教师随后作答"'你好' means hello, '你' means you, and '好' means good. '你好' is the most common expression used to greet people."。（"'你好'的意思是打招呼，'你'是你，'好'是好，'你好'是跟你打招呼最常用的表达方式。"）之后，教师接着对"您好"和"你们好"进行讲解："If you want to show respect, you can say '您好'. '您' is the respectful form of '你'. If you're talking to more than one person, you should say '你们好'. '你们' is the plural form of '你'."。（"如果你想表示尊敬，你可以说'您好'。'您'是'你'的敬语形式。如果你在跟两个及以上的人说话，你应该说'你们好'。'你们'是'你'的复数形式。"）至此，教师的讲解全部结束。视频最后又引入另一情景，帮老师带领新学习者去教室，生生互相问好。

　　再比如第五单元第一课"来一个宫保鸡丁"，视频录制背景为北京

图 4-23　课程主体讲解示例 1

资料来源：北京语言大学汉语速成学院。

语言大学食堂，情景设置为学生在食堂就餐。食堂服务员问美国学生"你想吃点儿什么？"，学习者随即询问教师"what did she say？"，教师由此开始讲解环节，"In this sentence,'想'means want, and'吃'means eat.'点儿'literally means a little, but here it doesn't emphasize quantity. It has the same meaning as'你想吃什么'. but when we speak, we would like to add'点儿'and say'你想吃点儿什么'."。（"在这个句子中，'想'的意思是想，'吃'的意思是吃。'点儿'从字面上就是一点儿的意思，但是这儿它不强调数量。它跟'你想吃什么'的意思一样，但是我们说的时候，会喜欢加'点儿'，说'你想吃点儿什么'。"）讲解之后，教师接下来教学习者如果回答："When you order, you can say'来一个西红柿炒鸡蛋'.'来一个'plus the dish name is the pattern we use to order food. If you don't know the name of the dish, you can just point and say'来一个这个'.'这个'means this one."。（"你在点菜的时候，可以说'来一个西红柿炒鸡蛋'。'来一个+菜名'是我们点餐时用的句式。如果你不知道菜名，你可以指一下，说'来一个这个，'这个'是这个的意思。"）至此，本课教师的讲解环节全部结束。学习者随即利用刚学会的词汇和结构在食堂顺利地完成点餐。

图 4-24　课程主体讲解示例 2
资料来源：北京语言大学汉语速成学院。

### （三）课堂练习

口语课的教学目标是培养学习者的口语交际能力，因此在课堂上提高学习者开口率非常关键。但是，慕课无法实现师生实时互动的弊端给汉语口语慕课中学习者的口语表达训练造成了很大的困难，这就需要课程团队在设计课堂练习时多加注意。

在北京语言大学"初级汉语口语入门"慕课中，教师对基本对话的结构和意义讲解之后进入练习环节。课堂练习的方式为情景对话，即教师和学习者分别扮演所学对话中的人物，在给定的情景中进行对话。教师说完一句后，会留出 5 秒的时间给学习者回答，学习者则可在留白的时间里说出答案，从而实现和老师的"跨时空对话"。

北京语言大学"功能汉语速成"慕课中，每节视频之后都会另有 2—4 个实景对话来帮助学习者巩固所学内容并且向学习者展示更多能够用到所学交际用语的情景。比如第六单元"问路"的第一课，实景对话部分展示了以下日常情景：在操场向陌生同学询问洗手间在哪儿、打车向司机询问目的地在哪儿以及在家询问妈妈自己的东西在哪儿。这些情景均来源于日常生活，有助于学习者接触真实的生活情景，真正掌握日常交际用语。

## 四、汉语口语慕课的典型案例分析

本节选取"功能汉语速成"进行汉语口语慕课的典型案例分析，该课程的概况已于上文有所简述，本节选取该课程进行典型案例分析的原因在于其在情景剧中学习生存汉语口语的新颖形式，其他同类课程或采用传统经典的课堂讲授式，或引用情景剧作为讲授中的一环。此种将情景剧与语言知识学习完全结合的形式别出心裁，尚不多见，本节将从教学内容、课程结构、教学流程、教学方法等方面对课程进行详细阐述，剖析其值得借鉴及不足之处。

### （一）教学内容

"功能汉语速成"包含七周内容，相较于其他汉语口语慕课长达十多周的学习量显得较简练，符合其"速成"的授课目标。教学内容的主题涉及问候、介绍、时间日期、购物、饮食、问路和爱好七个方面，为日常生活中高频率出现的生活场景。在每周主题之下又分三节小话题分述不同方面，下文将其列为表以做概括。

表4-32 "功能汉语速成"教学内容

| 周目主题 | | 话题 | 文化内容 |
| --- | --- | --- | --- |
| 第一周 | 问候 | 你好；好久不见；联系方式 | 中国人打招呼的方式 |
| 第二周 | 介绍 | 名字；国籍；介绍朋友 | 姓名文化 |
| 第三周 | 时间日期 | 日期；时间；日常生活 | 中国农历 |
| 第四周 | 购物 | 中国货币及读法；询问价格；还价 | 讨价还价 |
| 第五周 | 饮食 | 点餐；描述味道；买单 | 饺子 |
| 第六周 | 问路 | 询问位置；描述方位；询问地址 | 中国的地址 |
| 第七周 | 爱好 | 爱好；运动；特长 | 麻将 |

如表 4-32 所示，除了小话题下的词汇和句式之外，每一周也附有相应主题下的文化知识文本阅读材料；而且在各小节的教学视频中，如茶艺、老舍茶馆、国庆节等文化要素也频频出现，与语言知识的教学融为一体，潜移默化地对学习者进行中国文化熏陶。此外，诸如寻找语伴、参加文化节、参加长城语言实践等体现北京语言大学留学生生活的活动也颇具特色，使学习者在观看视频时也能了解北京语言大学，从侧面起到宣传招生的目的。

在具体语言知识方面，课程围绕以上小话题在每小节皆讲授了相应的词汇、语法和句式，教学视频重点教授词汇和句式，而对语法结构的讲解较简略，这主要是基于该课程零起点生存汉语速成的定位和以语言功能运用为导向的目标设置。首先，生存汉语涉及的词汇、语法和句式皆较为基础简短，结构复杂者很少出现；再者，课程侧重语言知识的功能，看重学习者在真实生活中对所学知识的直接运用，故教学视频对结构知识的讲解会有所省略；作为补充，课程提供了语法结构详细的文本讲解材料，供学习者下载阅读。为更清楚地了解课程所涵盖的语言知识，本节将之列表如下。

表 4-33　"功能汉语速成"词汇、语法及句式

| 周目 | 小节 | 词汇 | 语法 | 句式 |
| --- | --- | --- | --- | --- |
| 第一周 介绍 | 你好 | 你、好、您、你们、老师 | "是"字句 | 你好！您好！你们好！ |
| | 好久不见 | 吗、怎么样、忙、很、不 | 用"吗"的疑问句 | 好久不见（了）！你好吗？你怎么样？你忙吗？我很好。我不忙。 |
| | 可以加你的微信吗 | 的、电话、号码、多少、邮箱、什么、微信、加、一、二、三、四、五、六、七、八、九、十、零 | 用代词的特殊疑问句 | 你的电话号码是多少？我的电话号码是……你的邮箱（微信号）是什么？我可以加你的微信吗？ |

续表

| 周目 | 小节 | 词汇 | 语法 | 句式 |
|---|---|---|---|---|
| 第二周 | 你叫什么名字? | 叫、名字、姓、贵姓 | 询问姓名的方式 | 你叫什么名字?<br>我叫……<br>你姓什么?<br>我姓……<br>您贵姓?<br>免贵姓…… |
| | 你是哪国人 | 哪、国、人、哪儿、哪里、小 | 疑问代词引导的特殊疑问句 | 你是哪国人?<br>我是中国/美国人。<br>你是哪儿人?/你是哪里人?<br>我是重庆人。 |
| | 他是我朋友 | 他、谁、朋友、那、这、位 | 用"吧"的疑问句 | 他是谁?<br>他是我的朋友。<br>那(位)是谁?<br>那是我的学生。<br>这(位)是谁?<br>不到长城非好汉。 |
| 第三周 | 今天几月几号 | 一月、二月、三月、四月、五月、六月、七月、八月、九月、十月、十一月、十二月、月、号、今天、几、星期、星期一、星期二、星期三、星期四、星期五、星期六、星期天/日 | 年、月、日及星期的表达 | 国庆节几月几号?<br>国庆节十月一号。<br>今天几月几号?<br>今天9月25号。<br>今天星期几?<br>今天星期四。 |

续表

| 周目 | 小节 | 词汇 | 语法 | 句式 |
|---|---|---|---|---|
| 第三周 | 现在几点 | 现在、几、点、两、分、刻、半、差 | 钟点的读法；名词谓语句 | 现在几点？几点了？两点（了）。两点零五分。两点十五分。两点半。两点一刻。两点三十分。两点三刻。两点四十五分。差一刻三点。两点五十分。差十分三点。 |
| | 我晚上9点睡觉 | 晚上、睡觉、太、太……了、早、每、天、早上 | | 你几点睡觉？我九点睡觉。你晚上几点睡觉？我晚上9点睡觉。你（每天）早上几点起床？我每天早上六点起床。早睡早起。 |
| 第四周 | 这个多少钱 | 块、毛、分、元、角、钱、百、怎么、卖 | 钱数的读法 | （这个）多少钱？（这个）怎么卖？十八块九毛八分。 |
| | 绿茶多少钱一盒 | 绿茶、盒、苹果、斤、碗 | 量词；……多少钱一斤/一个/一杯 | 绿茶多少钱一盒？绿茶一盒多少钱？苹果多少钱一斤？苹果一斤多少钱？ |
| | 便宜一点儿吧 | 一点儿、看 | ……一点儿 | 便宜（一）点儿吧。太贵了！可以打折吗？ |

续表

| 周目 | 小节 | 词汇 | 语法 | 句式 |
|---|---|---|---|---|
| 第五周 | 来一个宫保鸡丁 | 想、西红柿、炒、鸡蛋 | 动词+（一）点儿+名词，表示少量。 | 你想吃点儿什么？<br>来一个西红柿炒鸡蛋。<br>（"来一个+菜名"）<br>来一个这个 |
| | 我喜欢吃甜的 | 味道、喜欢、酸、甜、苦、辣、咸 | "的"字结构；有点儿；程度补语 | 这是什么味道的？<br>这是甜的。<br>我喜欢吃甜的。<br>我不太喜欢吃甜的。 |
| | 服务员，买单 | 买单、账单、付、现金 | A 还是 B？ | 服务员，结账。<br>服务员，买单。<br>这是您的账单。<br>一共多少钱？<br>一共五十六块。<br>您刷卡还是付现金？<br>我用微信付 |
| 第六周 | 铁站在哪儿 | 地铁、地铁站、在、哪儿、西边、离、这儿、远、走路、只、分钟、骑、自行车 | 方位的表达 | 地铁站在哪儿？<br>地铁站在北语西边。<br>地铁站离这儿远吗？<br>不远，走路只要 10 分钟。<br>骑自行车只要 5 分钟。 |
| | 去银行怎么走 | 往、东、过、路口 | "你最好……" | 去银行怎么走？<br>往东走。<br>过一个路口就是。 |
| | 你住在哪儿 | 住 | "A 离 B 远不远？"/"A 离 B 远吗？" | 你住在哪儿？<br>我住在学院路 15 号。<br>我住在 17 楼 302 房间。 |

续表

| 周目 | 小节 | 词汇 | 语法 | 句式 |
|---|---|---|---|---|
| 第七周 | 我的爱好是喝茶 | 爱好、喝 | "最+形容词/动词" | 你有什么爱好？<br>我的爱好是喝茶。<br>我喜欢喝茶。 |
| | 我常常打篮球 | 常常、比赛 | 常常/经常；有时候；很少 | 你常常打篮球吗？<br>我常常打篮球。<br>我不常打篮球。 |
| | 他们唱歌唱得很好 | 得、汉语 | 结构助词"得"；"会"和"能" | 他们唱歌唱得很好。<br>他们跳舞跳得很好。<br>我歌唱得很好。<br>他们唱得很好，他们跳得很好。<br>你汉语也说得非常好！ |

　　从表中所示的语言知识可得，每单元的词汇、语法和句式皆为日常交际中的基本用语，且三者在各周的分布均衡，紧密结合，句式多以问句和答句配对的对话形式出现，充分体现了内容的口语性和交际性。从课程初始至最后一周，语言知识难度逐渐增加，前一周的教学内容为后一周做铺垫，后一周则对前一周的内容有所延伸，如第一周的数字为第三周时间和日期的基础，知识呈螺旋式上升，有利于学习者温故知新，在巩固旧知识的基础上学习新知识。除了每单元的主教学视频外，课程还附有3个左右的情景视频作为当节句式在真实生活中的补充展示，同时在文本阅读部分也有对应的生词和重点句式列出。总体来说，课程的词汇、语法和句式内容简洁凝练、基础实用，知识呈现循序渐进。然而，课程尚缺少对每节小话题下同类词汇的补充，现有教学内容只教授了某一小话题下的个别词汇，使学习者局限于特定词汇而限制了可能的延伸运用，如第六周关于地点和方位的学习，课程可附上其他公共场所的地点名词作为补充，供学习者对替换地点和方位句式中的词汇进行多次练习，同时也丰富其词汇储备。该部分内容可以文本材料或简短教学

视频的形式呈现。

(二) 课程结构

"功能汉语速成"包括七个教学周与期中、期末测验,每个教学周包括三节语言知识课、一节文化知识课和一份周测验,每节语言知识课包括一个主教学视频、三个实景对话视频、一份重点词汇句式文本和一份语言点注释文本,如图所示:

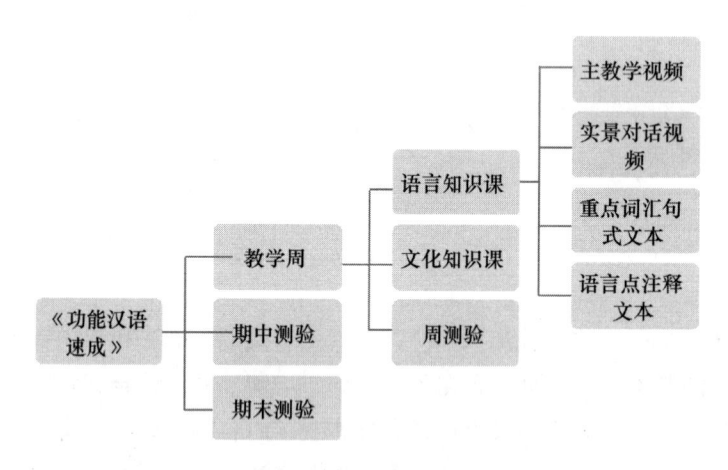

图4-25 "功能汉语速成"教学视频结构导图

该课程结构将词汇、语法、句式等语言知识和相应主题下的文化知识相互融合。其中,教学视频诠释文本内容的真实应用,文本内容为教学视频提供课前、课中与课后的参考与指导;主教学视频系统讲授语言知识,实景对话视频则补充展示相应语言知识的真实应用场景,同时也增加学习者的词汇量;教学模块需要测验模块的课后巩固和检验,周测验帮助学习者即时巩固当周所学,期中和期末测验则引导学习者进行阶段性的检测和查漏补缺,层次性明显,对教学模块起着有效的辅助巩固作用。总的来说,该课程结构较为完整,若有可改进之处,则可设置以每周主题为中心的讨论题。讨论题可当作周内容的回顾,也可适当延伸,可根据教学内容,也可根据学习者的实际学习设置，如此能鼓励学习者对当周所学进行综合性的运用，能扩展和加深学习者对当周主题的了解和认识，也能促进学习者与课程内容、教师、其他学习者之间的交流互动，进而形成学习社群归属感，有助于学习者兴趣和自信的提升。

(三) 教学流程

本节对教学流程的描述分课程总体和教学视频两个部分，其中重点讨论每小节四个教学视频中所体现的教学流程。从每周的总教学流程来看，课程鼓励学习者先依次进行语言知识和文化知识的学习，然后进行周测验，语言知识模块中则以"观看教学视频—阅读当课重点词汇和句式—阅读当课语言点注释"的基本流程呈现，但学习者可根据自身需求灵活安排学习材料的先后顺序。下文将就每课中的教学视频详细阐述具体的教学流程。

每课包括教学视频四个，其中一个为主教学视频，三个为实景对话视频。主教学视频时长约为3分钟，均从片头播放和导入开始，然后教师和学生出现于当课话题对应的生活场景中，两人一开始使用英语谈话，之后留学生根据情景提出相应的汉语问题，教师予以解答，教师的解答过程即语言知识的讲解过程，词汇和句式以视频标记的形式出现于左下方、左上方和右下方，偶尔也会出现课件形式的句式结构笔记，教师解答完留学生的问题后，两人或告别或根据情节发展继续谈话。整个主教学视频情节发展流畅，于其中插入的语言知识讲解也十分自然，接下来的三个实景对话视频均较为简短，在1分钟上下，以展示在相应生活场景下发生的围绕当课语言知识应用的对话为主线。本节以第七周第一节的主教学视频为例具体描述。

第一步：播放课程片头作为导入；出现本节标题"我的爱好是喝茶"。

第二步：视频情景为中国茶文化课，右下角出现汉字、拼音和英文释义兼具的标注，镜头展示茶文化课环境：茶叶、茶桌、茶具等，配有古典音乐作为背景音乐。

第三步：教师出镜进行茶艺表演，留学生出镜品茶，师生共同进行茶艺表演。

第四步：师生开始讨论中国茶艺，学生表达出对茶艺的喜爱，教师引出喝茶已成为学生新爱好的话题。

第五步：学生发问"怎么用汉语讨论爱好"，教师回答"你有什么爱好"，视频右下角出现汉字和拼音标注，并解释"爱好"；学生就"好"字的读音发问，教师解释"好"的两种读音。

第六步：学生提问"你有什么爱好"，教师引出回答句式"我的爱好是……"，视频左上角出现拼音句式，之后教师用该句式回答"我的爱好是喝茶"，在拼音句式标注下出现相应的拼音和汉字句子，学生重复"我的爱好是喝茶"。

第七步：教师引出另一回答句式"我喜欢……"，视频左上角出现拼音句式，教师回答"我喜欢喝茶"，在拼音句式下出现该句的拼音和汉字，并解释英文。

第八步：教师向学生发问"你的爱好是什么"，学生回答"我的爱好是喝茶"。

第九步：教师用英语指导学生泡茶，推动情节继续发展；镜头展示学生泡茶场景，结束。

每小节主教学视频的具体场景和具体流程皆有所变化，但基本的流程都是"片头导入—场景展示—学生根据情景发问—教师给出相应解答—视频出现标注或课件页面—师生继续交谈推动情节发展"。

第七周第一节的实景对话视频分别呈现了三个场景下的语言知识应用：教师在课上询问学生爱好，学生回答并展示；两名学生约看电影，询问对方是否喜欢看电影；两名学生谈论各自爱好。课程的实景对话皆密切贴合生活实际，选用常见的场景呈现对话，且对话所展示的情节顺畅自然，有趣幽默，极易激发学习者的观看兴趣，并引导学习者正确得体地应用目标句式。

## （四）教学方法

"功能汉语速成"最大的特点是口语教学和情景短剧的完全融合，其中体现的主要教学方法即情景法、视听法和交际法。情景法强调语言操练应在模拟真实生活场景的条件下进行，慕课的形式无法实现教师与学习者面对面的情景操练，但情景短剧的形式将真实的生活场景及相应的语言应用展示在学习者面前，主教学视频和实景对话视频皆为真实的生活场景，学习者在观看之后能准确了解目标句式的运用环境与方式，在一定程度上弥补了无法面对面操练的不足。与情景短剧紧密联系的为视听法。视听法注重在语言教学过程中充分调动学习者的视觉和听觉感官以增强学习者的语言输入，辅助学习者的语言输出，情景短剧作为绝佳的视听资源，通过视觉和听觉向学习者输入目标语言知识，形象生动，有效增强了学习者的理解，也提高了课程的趣味性。此外，课程的主题和小话题设置围绕日常生活中的交际项目，突出语言项目的功能，本身已具有实用性与交际性；教学过程中对目标词汇和句式在不同场景下的反复运用更是强调其交际功能，鼓励学习者在实际生活中得体准确地运用所学进行交际。

## （五）总体评价

从教学内容、课程结构、教学流程和教学方法看，"功能汉语速成"是一门优秀的入门汉语口语慕课。课程的教学内容兼顾语言和文化知识，在主题和相应小话题安排上紧扣现实生活场景，也体现出系统性。对词汇、句式运用的重视是汉语口语慕课的首要任务，教学内容的简洁凝练是有效培养学习者口语表达能力的基础，该课程选用的词汇和句式基础简要，与情景短剧的完美融合，能有效提高学习者的学习效率和输出效果。恰到好处的内容承载量也在学习者的学习能力范围之内，避免了教学内容过多或过少导致的不适感。在课程结构上，教学视频之间主次分明，各类型文本也相互辅助以发挥最优的教学效果，周测验和期中、期末测验的题型前后相承，注重对词汇、句式和文化知识的考查，有助于学习者的课后巩固和定期回顾补缺。教学视频的流程以学生发问和教师回答为主线，情节安排自然流畅，能使学习者将自身带入情境之中，通过模拟与教师之间的互动来学习新知识，教学过程中情景法、视听法和交际法的综合运用一方面提高了课程内容的实用性、真实性和交际性，另一方面使课程更加有趣，连续剧般的学习体验对学习者来说是新颖而生动的。在尚需改进之处，课程或可增加以音频为主的作业或测验题型，因汉语口语慕课的主要目的是培养学习者的口语表达能力，故音频作业或可在一定程度上鼓励学习者的口语输出，从而训练其汉语口语能力。另外，根据各周主题设置相应的讨论题并将其纳入考评系统中或可提高学习者、教师和课程内容之间的有效互动，提高学习者的参与度，也有助于学习者对该慕课学习社群归属感的形成，增强学习效果。

## 第四节 汉语文化慕课教学

语言是文化的载体，学习语言的过程也可以说是学习使用此语言的民族或国家历史轨迹和文化底蕴的过程。语言与文化你中有我，我中有你，在教学中难以分割。因此，汉语文化慕课在汉语慕课中发挥着至关重要的作用。本节将以汉语文化慕课为例，对其概况、教学内容、课堂活动设计、典型案例等进行详细的分析，具体如下：

### 一、汉语文化慕课概述

（一）汉语文化慕课总体概述

截至 2021 年 5 月，上线于各主流慕课平台且面向汉语非母语学习者开设的中国文化慕课共有 13 门，分别上线于华文慕课、学堂在线、中国大学慕课、中国高校外语慕课、Coursera 和 OpenLearning 六个慕课平台，具体信息如表所示，排列顺序依次按国内外慕课平台名称与慕课名称首拼。

第四章 汉语慕课教学模式研究

表 4-34 中国文化慕课介绍

| 序号 | 课程名称 | 发布单位 | 主讲教师 | 发布平台 |
|---|---|---|---|---|
| 1 | 汉语与文化交际 | 北京大学 | 杨德峰 | 华文慕课 |
| 2 | 智慧汉语——中国文化概论 | 北京第二外国语学院 | 于淼、赵晓辉、孙俊 | 学堂在线 |
| 3 | 中国概况 | 北京语言大学 | 郭鹏、陈闻、林静、程龙 | 中国大学慕课 |
| 4 | 风从东方来：今日中国概况 | 杭州师范大学 | 骆蓉、李雯静、杨雪、王剑晖 | 中国高校外语慕课平台 |
| 5 | 英语畅谈中国 | 湖北大学 | 万莎、王瑰、王婷、周赟赟、王志茹、吴红、陆小丽、杨慧、张路 | 中国高校外语慕课平台 |
| 6 | 英语话中国传统节日 | 河南理工大学 | 冉玉体、温俊毅、刘秀敏、王静 | 中国高校外语慕课平台 |
| 7 | 中国社会与文化 | 清华大学 | 方琰 | 中国高校外语慕课平台 |
| 8 | 中国社会与文化——历史篇 | 清华大学 | 方琰 | 中国高校外语慕课平台 |
| 9 | 中国文化之世界遗产在中国 | 西南交通大学 | 史迹、杨琼、胡光金、周琳、张洁 | 中国高校外语慕课平台 |
| 10 | 中国文化概况 | 东华理工大学 | 廖华英、唐东堰、周凌、高婷 | 中国高校外语慕课平台 |
| 11 | 中西文化鉴赏 | 郑州大学 | 曾利娟、李珩、丁萌、寇平、倪云、于艳平、王凤华 | 中国高校外语慕课平台 |

续表

| 序号 | 课程名称 | 发布单位 | 主讲教师 | 发布平台 |
| --- | --- | --- | --- | --- |
| 12 | 中国文化与当代中国 | 南京大学 | 程爱民、张斌、杨居柳、敖雪岗 | Coursera |
| 13 | 中国文化简介 | 西悉尼大学 | 凯文·贝尔、詹姆斯·阿瓦尼塔基斯 | OpenLearning |

表中所列的汉语文化慕课中，多数为英语授课，少数如前三门慕课及"中国文化概况"的"汉语+手语版"为汉语授课，其中汉语授课的文化慕课也多配有英语字幕，方便学习者理解。从课程内容来看，表中所列多为概况介绍性的慕课，少数就某一方面展开详细教学，如"汉语与文化交际"侧重于影响日常交际的文化因素，"英语话中国传统节日"侧重于传统节日这一方面，"中国文化之世界遗产在中国"注重各处世界遗产的介绍，"中国社会与文化——历史篇"则就中国历史这一元素展开教学。上述慕课的教学内容既包含中国传统艺术等显性文化，也包括中国传统思想等隐性文化；既注重古代文化的介绍，也注重现代中国文化的阐释。从课程制作单位来看，上述文化慕课多由国内高校制作。从课程的教学角度来看，多数文化慕课从直接介绍中国文化知识出发，少数慕课如"中西文化鉴赏"从文化比较的角度出发展开教学。

（二）各门汉语文化慕课概况

1. "汉语与文化交际"

"汉语与文化交际"由北京大学开发制作，于2018年5月在华文慕课平台上首次开课，截至2021年5月已有490名学习者注册课程，主讲教师为北京大学对外汉语教育学院教师杨德峰。该课程面向有较高汉语水平，能够运用汉语进行流利交流的外国学习者，旨在促进学习者对中外文化不同点之间深入而全面的理解，培养学习者的跨文化交际能力，使其汉语交际更得体、更适合自身身份与所处场合，提高运用汉语进行交际的成功率。课程主要介绍与汉语交际相关的交际文化，像称呼、汉语的比喻、忌讳与委婉、谦辞和敬辞、中国的风俗习惯等。课程采用全中文教学，录制形式为课堂讲授式，即教师立于课件前逐章讲授。

交际文化指的是在两种不同文化背景熏陶下的人在交际时因缺乏有关某词、某句的文化背景知识而发生、误解，此类直接影响交际的文化知识为"交际文化"（黎天睦，1987）。汉语文化教学不是语言教学的转移，而是语言教学的深化，有助于培养学习者的语言交际能力（赵贤州，1994）。"汉语与文化交际"从此概念出发阐述可能对交际产生障碍的汉语文化因素，其内容包括中国人的称呼、忌讳和委婉、汉语的比喻、动物和汉语、数字和汉语、汉语中的五颜六色、汉语中的饮食文化、中国人的姓氏、中国人的自谦、风俗和礼节十讲。每讲包括一个教学视频，视频根据当讲内容分成不同的小模块由教师依次讲解，如第三讲"汉语的比喻"分为"事物作为客体""动物作为客体""颜色作为客体"三部分，通过中英文对比、例句讲解等方式说明不同类型意向所代表的文化内涵，使学习者深入了解这些比喻想要传达的确切意思。

从结构设计看，该课程只包括十讲教学视频，而无相应的课后练习及指定讨论题。学习者可在每讲教学视频发布自己的课堂笔记或问题。根据平台显示的数据看，教学视频下只有 3 条反馈且皆为课堂笔记，在平台所设的讨论区也并未有学习者发帖交流。

综合来看，"汉语与交际文化"全面而细致地讲授了影响汉语成功交际的多类文化知识，能极大丰富学习者的汉语文化知识储备并有效指导学习者得体运用汉语进行交际，具有极高的实用性和针对性。但作为一门汉语慕课，只有教学视频是不完整的，本书建议课程可适当设置每讲的课后练习或阶段性测验，以考查学习者的理解和掌握情况，同时也可增加与每讲主题相联系的讨论题，鼓励学习者基于自身学习与交际经验针对相应主题进行分享与交流，以加深理解。

2. "智慧汉语——中国文化概况"

"智慧汉语——中国文化概况"由北京第二外国语学院制作并于 2020 年 3 月首次在"学堂在线"平台开课，截至 2021 年 5 月，已开课三次，注册学习者共 9200 余人。课程主讲教师由北京第二外国语学院于淼、赵晓辉、孙俊担任，主要面向对中国文化感兴趣并具备高级汉语水平的学习者以及从事汉语教学或有兴趣的教师与学生。课程采用全中文授课，录制形式为课堂讲授式，课件笔记会随着教师的讲解依次出现。

该课程以中国文化为立足点探求中西文化之间的异同点，将文化点串联成文化发展的线条，如从儒家文化和道家智慧的结合所产生的中国人的人格特质，到艺术形态的中国特色，到佛教文化和思辨思维给中国人的智慧滋养，再到中国古代文学总的发展动因以及中华文明成果的特点分析等。课程的每个小节皆选取最重要的文化点进行分析，各个小节之间有文化内涵的相互勾连，引导学习者通过文化现象的解析突破对常识的概念性了解，以达到对中国文化在内在成因上的理解。此外，课程的教学过程也包括高级汉语中高语域词汇的复现，有助于学习者在文化语境下加深对此类词汇的理解。

在课程结构上，"智慧汉语——中国文化概况"共包含 19 课，每课均包含一个教学视频和一份随堂练习，个别课节包含两个视频，如第十四课"儒家思想对中国古代文学的影响"。教学视频的流程遵循"导入—讲授—总结"模式，根据当课文化知识内部的意义和逻辑联系组织并推动教学发展。教学过程中充分利用图片、音乐、动画等视听资源来加强学习者对内容的理解，同时也提高课程的趣味性。随堂练习包含 8 道题，题型涉及单项选择、判断正误以及填空三类，考查当课教学视频中所提及的文化知识。

"智慧汉语——中国文化概论"的课程定位体现为两点：一为国内较早的针对外国留学生的中国文化理论课程；二为用高级汉语对中国文化的内涵进行分析。其有别于其他汉语文化慕课的特点为直接对中国文化的成因和本质进行阐释，并通过文化解读来强化高级汉语的学习，将文化学习和语言学习巧妙融合于一处，是一门讲授中国文化知识方面较为细致而独特的文化慕课。

3. "中国概况"

"中国概况"由北京语言大学制作并于 2019 年 11 月首次发布在中

国大学慕课平台并开课，截至 2021 年 5 月，累计开课四次，总注册学习者达 111600 余人。该课程主讲团队由北京语言大学郭鹏、陈闻、林静和程龙组成，四位教师皆对中国发展的不同方面深有研究。课程适用于以汉语为第二语言的学习者，包括来华留学者、孔子学院及孔子课堂等海外汉语学习者，也适用于对中国文化感兴趣的学习者。

课程采用全中文授课，共包含 9 章 26 讲，内容涵盖中国的地理、历史、思想、科技、中外交流及现当代的发展理念和道路等方面。它概括地讲授了中国社会文化的背景知识和特点，重点介绍中国的发展变化、核心价值和文化精髓，使学习者不仅能对中国社会发展和国情有较深的了解，也能对中国人的价值观念、思维方式、生活习俗、交往习惯等有进一步理解，尤其是在引导学习者了解当下中国人生活中显性或隐性的制度文化、生活文化、物质文化和精神文化方面颇为用心，以增强其跨文化交际能力和中国亲和感。同时，该课程对学习者深入学习汉语以及培养其对中国文化某些领域的兴趣也会起到辅助作用。

在课程结构方面，"中国概况"每章包括 2—4 讲不等的教学视频、一份章节的课件和一份单元测试；不同讲的教学视频围绕当章的主题开展不同小话题下的内容教学，章末所附课件能给学习者参考和辅助以增强其对教学内容的理解；每章学习结束后设置单元测验则考查学习者对所学内容的掌握情况，同时也起到总结当章所学的作用，每份单元测验包括 4 个单项选择题，考查内容皆为视频所教授的文化常识。

此外，课程也在讨论区设置了针对每章内容的讨论题。根据课程第一次开课的讨论情况来看，讨论题所收到的学习者回复在 15—23 条之间不等，这在各类型汉语慕课平台的讨论区回复数量中已处于前列，也反映了课程针对每章教学主题设置讨论题为一条促进学习者、课程内容与教师之间交流互动的有效途径。

总体来说，"中国概况"涵盖中国从古到今发展的各个主要方面，在如此广大的概念下进行相应主题的取舍采纳实属不易。该课程最突出的特点为与现当代中国发展热点问题的紧密结合，对"一带一路""人类命运共同体""中国道路""和谐世界"等核心发展理念的详细诠释能有效消除学习者对中国发展现状的盲点和偏见。

## 4. "风从东方来：今日中国概况"

"风从东方来：今日中国概况"由杭州师范大学制作开发，并于 2019 年 12 月在中国高校外语慕课平台首次开课，截至 2021 年 5 月，已为第 4 次开课，注册学习者达 17400 余人；杭州师范大学骆蓉、李雯静、杨雪、王剑晖担任主讲教师。由课程主页介绍可知，"风从东方来：今日中国概况"课程基于经典中国文化，聚焦当代中国的创新发展与全新面貌，旨在向国内外学习者展示一个活泼开放、奋发图强、兼容并包的中国形象，传递当代开放与传承的大国理念与情怀。[①] 针对国际学习者，课程的教学目标在于使其更客观、更准确地认知与了解中国，打好跨文化交流基础，以方便其日后在中国的学习与工作。

该课程逻辑清晰，同时包括中国传统文化与当代中国的创新发展，涵盖地理人文、生活礼仪、智慧城市、华夏美食、现代科技、音乐传承、影视艺术与体育发展等各方面内容。课程包括十三个章节，其中前十二章为教学章节，最后一章为期末考试；每一章含 7—8 个小节，分别为 1 节引言、1 节讨论题、1 节测验题与 4—5 节教学课时，每节教学课时包括 1 个教学视频和 2 份重点词汇、语言点、句式注释与视频讲义的文本材料。教学章节的流程从引言部分的教学视频开始，以外国留学生在中国的文化体验经历为线索引出后续的教学课时；之后由主讲教师根据章节主题的内在逻辑依次讲解不同方面的文化知识，其意义逻辑一般从古代开始延伸拓展到在当代中国的文化表现；教学课时后为指定话题的讨论题和章节测验题。课程的教学语言为引言视频的中文与教学视频的英文，文本、讨论、测验部分的教学语言均为英文。视频的录制形式也分为引言部分的情景短剧与教学课时部分的教师主讲、课件辅助两种，其中课件辅助也包括视频短片与图片的呈现。该课程的测验分为章节测验与期末测验，章节测验含 20 道客观题，有单选题、多选题、判断题等题型；期末测验则含 30 题，题型与章节测验相同；两者皆侧重于考查学习者对文化知识的理解与掌握，个别题目涉及对汉语语言知识的考查。在评分标准方面，该课程将平时测试、视频观看、讨论参与与

---

[①] 相关课程参见：https://www.icourse163.org/course/。

期中/期末测试成绩一同纳入评分系统，有助于学习者循序渐进地完成课程的学习，而从学习者在讨论区的积极回复来看，课程评分标准的设置也极大提高了学习者的课程参与度。

总体来说，"风从东方来：今日中国概况"为一门较为全面系统、层次分明的文化慕课，章节主题下各个小主题的设置以及之间的古今联系能让学习者从横向和纵向两个层面深入理解中国传统文化的继承与创新。情景短剧、视频短片与多种图片的综合运用也增强了课程的趣味性，同时辅助诠释了各类文化元素。章节的测验也从各个方面考查学习者的掌握情况。课程整体风格生动，为国际学习者提供了一个了解中国的绝佳窗口。

5. "英语畅谈中国"

"英语畅谈中国"由湖北大学制作，于2018年8月首次在中国高校外语慕课平台上线，截至2021年5月已开课9次，总注册学习者达36200余人。课程的教师团队由湖北大学万莎、王瑰、王婷、周赟赟、王志茹、吴红、陆小丽、杨慧、张路组成，课程以英文为教学语言，通过代表中国文化特色的元素展示中国人的思想观念、国民性格、生活态度与审美情趣。课程面向来华留学生、孔子学院学生、对中国文化感兴趣的中外人士与有一定英语基础的中国大学生开设。其教学目标一方面在于加深国际学习者对中国文化的理解，培养其跨文化交际能力，另一方面在于提高中国学生对中国传统文化的认知程度与认同感，在国际交流中传播中国文化。

课程着重教授中国传统思想、艺术与习俗三方面的知识，分别包括孔子与老子思想、汉字、剪纸、建筑、京剧、中医、绘画、功夫、传统节日、美食、婚礼十二个部分，共14个教学章节。多数教学章节包含7—8个小节，少数由5个或11个小节组成，每个教学章节包括导入、讲解与测验三个环节，讲解部分按照章节主题的内在含义与逻辑展开。教学视频分导入和讲解两种，前者为外教单独出镜介绍章节主题；后者则为中方主讲教师讲授的实景录制，同时有课件呈现核心知识点作为辅助，其中包括影视资料和图片。课程的测验分为章节测验和期末测验，前者包含10道客观题，限时30分钟，后者则为20道，限时90分钟，两者的题型皆为选择题与判断题，较为简练。课程的评分标准分三部分，为平时测试、期中/期末测试与视频观看课时，同时注重学习者的平时表现与期末成绩，较为中肯。

"英语畅谈中国"定位明确，逻辑清晰，集中介绍了中国传统思想、艺术与习俗，侧重于显性文化的介绍，学习者在完成课程后能即时获得相关的文化知识，是一门知识普及类的文化慕课。

6."英语话中国传统节日"

"英语话中国传统节日"由河南理工大学制作，于2018年8月首次上线在中国高校外语慕课平台，截至2021年5月已开课4次，注册学习总人数达6200余人。课程由河南理工大学冉玉体、温俊毅、刘秀敏、王静担任主讲教师，面向国内学生与外国留学生及对中国文化有兴趣的社会学习者，旨在培养学习者的跨文化意识和文化沟通能力，成为中国文化的传播者。

课程采用主题式教学的编排形式，聚焦中国传统节日，选取春节、元宵节、清明节、端午节、七夕节、中秋节、重阳节七个主要传统节日，从节日的起源、演化、习俗和意义等方面对每个节日进行了全方位讲解。课程共十二单元，除了七个主要传统节日的教学单元外，还有课程开头的前言和传统节日文化现状两个章节，结尾的传统节日与中国文化的关系和传统节日文化的传承两个章节，前后顺承，有始有终，引导学习者以全局和联系的观点看待中国传统节日文化。课程每个教学单元包括5小节，其中最后一节为单元测试，其余小节分别介绍节日的基本情况、习俗、传说、历史、意义等方面中的若干，每个小节包括一个教学视频、一份作业和一道课堂讨论题。教学视频采用英文为授课语言，录制形式综合了教师单独出镜讲解与课件辅助形式，课件辅助包括知识要点与图片的呈现。教学过程通常以每个节日的有关古典诗词为引子，再过渡到教师的讲解，讲解以问题启发的方式为特点。视频后的作业和讨论题设置也体现了课程"产出导向"的教学理念，注重学习者对节日相关内容的反思与表达，以提升其批判思维能力。

课程的练习与测验部分共三类，一为每小节的作业与讨论题，二为单元测试，三为期末测试。每小节的作业为5—8道选择题，个别含9

道，课堂讨论的话题则以当节内容为中心设置；单元测试含 15 道选择题；期末测试则为 50 道客观题，含 30 道选择题，20 道判断题。该部分均考查学习者对文化知识内容的理解与掌握，客观题直接考查授课内容，讨论题则由授课内容延伸所得或为其深入理解。该部分也计入课程评分标准之内，平时作业占 20%，测试占 20%，期中/期末考试占 30%，课堂讨论占 20%，除此之外，教学视频的观看也占 10%。如此设置能督促学习者有规律地完成课程学习，并能积极参与到课堂讨论中，促进师生与生生间的互动，有助于构建学习社群。

"英语话中国传统节日"从中国文化中的传统节日角度出发，深入挖掘其起源、演化、习俗与意义，带领学习者从中国传统节日相关知识一窥其与中国文化的联系及传承。小节作业与课堂讨论的设置足见课程团队的细致，学习者在观看完教学视频后能即学即用，巩固新知；单元测试和期末测试则起到总结回顾，查漏补缺的检测作用。总体来说，该课程是一门就传统节日展开教学的深入性文化知识慕课。

7. "中国社会与文化"与"中国社会与文化——历史篇"

"中国社会与文化"与"中国社会与文化——历史篇"均由清华大学制作并发布于中国高校外语慕课平台。截至 2021 年 5 月，"中国社会与文化"已开课 3 期，"中国社会与文化——历史篇"则正处于第 1 次开课期间，两门课程的总注册学习人数将近 7000 人。从目前慕课平台的开课情况来看，前一门课程已停止开课，后一门课程作为后续成为前者的第 4 期。除了在课程内容上有所不同之外，两门课程的其余部分皆相同，如其授课教师皆为清华大学教授方琰。在教学对象上，两者均主要面向国际学习者开设，中国高校学生也可通过此课程深入了解中国社会与文化相关知识。课程旨在向学习者介绍中国社会文化的各个方面，增进其对中国文化的了解，促进中外人民的理解与交流，为建设人类命运共同体打下良好基础。

"中国社会与文化"课程的教学内容涵盖中国概况、地理特征、人口状况、图腾传说、从史前时期到现今的历史成就和代表性事件、各民族概况、历史文化名城、中国教育以及中国古代哲学思想等方面。"中国社会与文化——历史篇"则省去各民族概况和中国教育两个方面，对历史成就和代表性事件进行了删减，并保留了剩余七个方面的教学内容。所以，在课程结构安排上，前者包括十五个单元，后者包括十个单元。每个单元包含4—5个小节，其中最后1节为单元测验，剩余3—4节为教学视频。教学视频以教师单独出镜讲授的实景录制和课件展示知识要点并配以教师讲解音频的录制形式呈现，教师采用英文作为讲授语言，课件内容也以英文为主，并有大量图片辅助学习者理解课件内容。教学流程基本遵循当课内容的内在意义联系，从横向与纵向两个层面进行讲解。在观看完每个单元的教学视频后，学习者需完成单元测验题，测验题包括8—16题不等，多数为12题或14题，题型主要为填空与简答题，考查内容为教学视频中所提及的文化知识。在课程的评分标准中，学习者只需要完成教学视频的观看任务即可获得满分，这可能考虑到教学视频知识点较多，且单元测验题为填空与简答题，学习任务较为繁重；同时也体现出该课程注重学习者对教学内容的理解，而并未在掌握方面有过多要求，测验题取决于学习者的需求与意愿。

总体来说，"中国社会与文化"和"中国社会与文化——历史篇"两门课程包含丰富的教学内容，系统全面，适合想深入理解与学习中国社会与文化知识的学习者。然而，课程的讲解方式过于单一，加之教学内容信息量巨大，可能会在一定程度上削弱学习者的学习兴趣，另外增加指定话题的讨论题或许能增强师生与生生互动，促进学习者对特定文化知识的理解。

8. "中国文化之世界遗产在中国"

"中国文化之世界遗产在中国"由西南交通大学制作，并于2020年9月首次在中国高校外语慕课平台开课，截至2021年5月，该课程已开课两次，注册学习者总计400多名。课程主讲教师团队由史迹、杨琼、胡光金、周琳、张洁组成。课程面向对中国文化感兴趣的国内和国际人士，以增强学习者对中国世界遗产地及其所体现中华文化的了解，感受中华文化魅力，提高跨文化交流沟通能力，同时也助力于中华文化传播。

课程采用英文授课，以六个世界遗产地长城、故宫、秦始皇陵及兵马俑坑、曲阜孔庙、青城山－都江堰、峨眉山－乐山大佛为主线，融入中国传统哲学、历史、宗教、地理、建筑、艺术等中华文化知识。课程分八个章节，其中第一个为导入章节，最后一个为期末测试章节，剩余六个则为教学章节。每个教学章节包括4—8个小节不等，另含一节单元测验，部分章节也包括2个讨论题。教学视频的录制形式分为两种：一为课件呈现知识要点，并配有教师讲解音频；二为教师与课件要点同时出现。另外，部分视频短片的播放也穿插于教学视频中。教学流程则遵循当节文化内容的内在意义联系。

课程的测验分为两种，即单元测验与期末测验。单元测验含15道题，限时30分钟，题型多为选择题与判断题；期末测验含45题，限时90分钟，题型也为选择题与判断题。单元测验与期末测验在课程评分标准中各占30%，其余还有教学视频观看的30%，以及课堂讨论参与的10%。该评分标准注重学习者的平时表现，是一种形成性评价形式，能有效督促学习者扎实学习课程内容以保证学习效率。

"中国文化之世界遗产在中国"课程的讲解素材丰富，形式多样，教学过程中图片、动画与视频的综合使用将中国的世界文化遗产可视化，让学习者直观感受其壮丽风景与所蕴含的深厚文化底蕴。在教学内容上，课程以世界遗产地为切入点，结合遗产地的基本情况与其所体现的中国哲学、历史、宗教、地理、建筑与艺术等文化知识，由浅入深，融会贯通，为学习者提供了观察中国文化遗产的双重视角。

9. "中国文化概况"系列课程

"中国文化概况"系列课程为国家精品课程，由华东理工大学制作，分英语版和"汉语＋手语版"两个版本。英语版于2018年3月首次在中国高校外语慕课平台开课，截至2021年5月，已开课12期，注册学习者达43000余人；"汉语＋手语版"于2019年10月开课，截至2021年5月，已开课4期，注册学习人数总计680余名。课程的教学对象广泛，面向外国留学生、孔子学院学生、外国中小学生，和从事旅游、文化、外事、外贸等跨文化交流人员，有一定英语基础的中国学生以及对中国文化感兴趣的中外人士开设；"汉语＋手语版"还面向师范院校特教（手语）专业学生、特教（聋哑）学生以及社会（手语）学习者。该课程英语版的主讲教师为廖华英，"汉语＋手语版"的主讲教师团队则由廖华英、唐东堰、周凌、高婷组成。两者的教学目标在于使学习者能系统了解中国文化发展的脉络和基本概况，由表及里地理解中国文化，同时提高学习者的跨文化交际能力，也培养其务实精神、创新意识、美感与情怀。在教学语言方面，两个版本有所不同，前者为英语，后者则为汉语和手语，同时课件内容也相应变化。

在教学内容上，英语版课程分为12个教学章节，包括中国概况、中国哲学与宗教、中国文学、中国艺术、中国教育、中国科技、中国体育、中国节日、中国饮食、中国服饰、中国建筑、中国旅游等方面，"汉语＋手语版"则省去中国服饰和中国旅游两部分内容。在课程结构上，英语版课程更为详细，含14个章节，其中第一个章节为学生优秀作品展示，最后一个章节为期末测验，其余则为12个教学章节，每个章节包括2—8个教学小节、1份单元作业、1个讨论题以及1份课件资料。"汉语＋手语版"则有所简略，含11个章节，其中最后一章为期末测验，其余10章为教学章节，每章包括2—7个教学小节、1份章节测验以及1份课件资料。教学小结均包含教学视频，教学视频的录制形式分为三种：教师单独出镜讲解；课件单独展示知识要点，并配以教师讲解音频；教师与课件同时出现。教学流程以章节内容的内在意义联系为准，或以不同类别，或按时间顺序依次讲解。

课程的练习与测验主要分三种，一为章节作业/测验，二为期末测验，三为讨论题（只出现于英语版中）。英语版的章节作业含5题，题型为选择题与判断题；期末测验"汉语＋手语版"的章节测验含10题，题型多为单选和多选题。

在评分标准方面，两个版本课程也有所不同。英语版课程的最终成绩中，章节作业占10%，期中/期末测验占30%，视频课时占30%，课堂讨论占30%。"汉语＋口语版"由于没有课堂讨论环节，各部分分值占比有所不同，章节测验占40%，期中/期末测验占20%，视频课时占40%。两者的评分标准都注重学习者平时的学习成果，也兼顾最终的测验成绩，有助于其把控学习进度，检查知识掌握情况，提高课程参与度。

"中国文化概况"系列课程兼顾多种学习者的需求，主题选取特色典型，教学内容全面细致，为学习者提供了多方面了解中国文化的平台。教学过程中视频、图片等多媒体资源的使用增强了教学内容的可理解性，生动形象，颇具趣味性。然而，课件式的录制形式虽能全面呈现知识点，但未免过于繁复，也有些枯燥，课程团队可提取知识要点分条列出，再综合使用教师讲解实景录制、动画短片等形式解释要点，或可使知识逻辑更为清晰，也能消除部分枯燥感。

10. "中西文化鉴赏"

"中西文化鉴赏"由郑州大学制作，于2020年3月在中国高校外语慕课平台首次开课，截至2021年5月，已有注册学习者900余人。课程主讲教师团队由曾利娟、李珩、丁萌、寇平、倪云、于艳平、王凤华组成，课程面向在华外国留学生、中国高校学生以及具有一定英语水平并对中西文化感兴趣的学习者开设。针对在华外国留学生，课程的教学目标为激发其了解和体验东方文化的兴趣，增强其对中国传统文化的理解，并提高其跨文化交际能力。

该课程的切入点为中西文化间的对比，教学内容涵盖饮食、服装、建筑、书画与雕塑、音乐与舞蹈、体育、歌剧与戏剧、电影八大主题，解读中西文化在上述方面的不同。课程以英语为教学语言，包含10个章节，其中第一章为导入，最后一章为期末测验，其余八章则为教学章节。每个教学章节含5个小节与1份章节测验，教学小节包含1—2个教学视频，部分小节还包括指定话题的讨论题。教学视频的录制形式为教师单独出镜讲解、课件单独展示知识内容以及教师与知识点同时出现三种，其中课件单独展示部分也包括图片与视频短片。课程的教学流程根据章节内容内在的意义联系进行，一般先介绍中国文化的特点，再进行西方文化特点的介绍，部分章节也会在开头先介绍当章主题文化元素的功能，结尾概括其特点或属性，如第三章"建筑艺术"中的小节依次为"建筑之功能""中国传统建筑鉴赏一""中国传统建筑鉴赏二""西方建筑鉴赏""现代建筑之创造性"，从总到分再到总，层次结构分明。单个教学视频中的流程也遵循教学内容的意义逻辑顺序，其中穿插即时课堂练习，学习者只有在完成小练习之后才能继续观看视频，如此设置使学习者能即时巩固，加深对知识点的印象。教学视频后一般附有相应话题的讨论题，然而从目前讨论区的回复情况来看，学习者的参与度尚不高，这可能与总学习人数较少有关。

课程的测验分为两类，一类为章节测验，另一类为期末测验。章节测验含 20 道客观题，限时 60 分钟，题型为单选题、多选题与判断题；期末测验含 50 题，不限时，题型与章节测验相同。课程的评分标准由四部分组成，分别为平时测试（20%）、期中/期末考试（20%）、视频课时（40%）和课堂讨论（20%）。该四部分考虑到学习者的平时学习表现、最终测验成绩与讨论区的参与程度，能有效督促学习者合理安排学习进度，完成学习内容，为一合理有效的评价方式。

"中西文化鉴赏"的特色之处在于，课程将中西文化间的异同作为教学的落脚点，在介绍中国文化元素的同时兼顾西方文化元素，两相比较之下，两者间的异同更为突出，有利于学习者文化比较意识的形成以及跨文化交际能力的提升。教学内容的重点也在于中西文化的艺术和习俗两方面，是生活中颇为常见的现象，学习者能将所学文化知识应用到日常交际活动中，同时也能提高人文素养与艺术鉴赏能力。

11. "中国文化与当代中国"

"中国文化与当代中国"由南京大学制作并发布于 Coursera 慕课平台上，并由南京大学程爱民、张斌、杨居柳、敖雪岗担任主讲教师，截至 2021 年 5 月，课程已有 21700 多人注册学习。该课程面向对中国文化感兴趣并想较全面地了解中国文化的学习者开设，教学目标在于使学习者深入了解中国文化，进而更好地了解中国。课程聚焦于当下中国人的现实生活与中国文化之间的关系，也着眼于当今社会结构、信仰体系、文学、艺术、支付等领域内的中国文化元素。

课程共分六个教学周，预估完成时长为 12 小时；不同教学周围绕不同主题，分别从儒家思想、中国画、中国音乐、服饰、美食与传统节日六个角度展开，囊括中国地理、历史、思想、文学艺术、社会生活与娱乐生活等方面的内容。每个教学周包括 3—5 个教学视频以及相应的 2—3 个随堂练习，教学视频时长不等，大部分在 4—5 分钟之间，个别视频时长为 2 分钟或 7 分钟。在教学过程中，主讲教师采用英语作为教学语言，视频录制采用中外教师互动讲授、视频短片播放、课件要点展示三种相结合的形式；主讲教师根据当课所教内容的内在逻辑依次讲授，并适当使用图片与视频短片加以诠释，形象生动。每个教学视频后的随堂练习包含 2 道选择题，考查学习者对视频内容的理解；每个教学周还包括 1—2 个讨论题，要求学生针对当周主题展开深入讨论，加深理解。

正如课程名称所示，"中国文化与当代中国"注重中国传统文化与现当代中国社会生活的结合，覆盖面广，实用性强，学习者能直截了当地接触到现代中国人生活中常见的文化元素及其后体现的思想观念；课程以文化知识的理解为主要目的，也未设置过多练习题，以避免过重的学习压力，可作为学习者了解中国文化的全面性入门性的课程。

12. "中国文化简介"

"中国文化简介"由西悉尼大学制作，发布于 OpenLearning 慕课平台，由詹姆斯·阿瓦尼塔基斯担任主讲教师。该课程为付费课程，有意向的学习者需先支付 99 澳元才可观看课程内容，在课程结束后可获得课程证书。该课程旨在介绍中国历史文化的相关知识，以便于澳大利亚企业及其社群能了解与之有商业往来的中方文化，给其中方合作伙伴留下一个好印象，故该课程的教学对象主要为与中国或中国文化圈国家及地区有贸易和业务往来的澳大利亚商务人士及企业，对中国历史文化感兴趣的学习者也可参与学习。在完成该课程后，学习者能获得有关中国文化与历史的基本知识，了解中国文化传统对中国人的生活和工作价值观的影响，能针对其中的一方面向中方合作伙伴表达自身的兴趣并就此进行交流。

## 二、汉语文化慕课的教学内容

汉语文化慕课的主题分类差异较大，其原因在于不同的教师团队对文化的解读不甚相同，因而讲解的整体结构、教学内容也不尽相同。另外，中国文化所包含的方面之广泛、内容之庞杂也使得不同课程之间很难形成统一的教学标准。本节以几门典型特色慕课为例阐述不同的教学内容划分。

北京语言大学"中国概况"慕课共包含9章26讲,涵盖面广,每章主题分别为中国地理环境、中国历史社会、中国传统思想、中国观念文化的传承、中国科学技术的贡献、中西文化交流、"一带一路"与海上丝绸之路、中国道路与和谐世界、当代中国人的生活。

北京第二外国语学院"智慧汉语——中国文化概论"慕课从探求中西文化相同之处出发,集中讲授儒释道等思想,以及中国画、诗歌等文学艺术和中医等传统技艺,课程共包括19课,其主题分别为为什么叫智慧汉语、并非对立的两种文化、生命的意义、儒释道是什么、庄子的可爱与可敬、清华大学的校训、儒道互补是中国文化的底色、佛者觉也、佛教对中国文化的贡献、复杂神奇的中医哲学、中国画的空灵、中华文化的基本特点、中国的地域文化、儒家思想对中国古代文学的影响、道家文化和佛教对中国文学的影响、诗教传统与文以载道、道教与其他宗教的差别、为什么说中国是四大文明古国之一、中国古代的青铜和玉石文化。

北京大学"汉语与文化交际"不同于上述两门慕课,其教学目的为减少汉语交际文化缺乏导致的交际障碍,并提高汉语学习者的交际成功率,故其教学内容着重于中外文化之间的不同之处,切入角度也更为细小具体。课程共包括十讲,分别为中国人的称呼、忌讳和委婉、汉语的比喻、动物和汉语、数字和汉语、汉语中的五颜六色、汉语中的饮食文化、中国人的姓氏、中国人的自谦、风俗和礼节。

清华大学"中国社会与文化——历史篇"针对中国历史以时间轴为线索展开纵向的教学,依次讲述了古代传说、从史前时代到清朝、中国古都和古代哲学思想。在每一小节中,课程再详细展开进行横向的讲解。

### 三、汉语文化慕课的结构设计

虽然各门文化慕课的具体教学内容有所差别,但在结构设计方面大同小异,其课程主题均为教学视频与练习/测验,少数慕课如"汉语与文化交际"则仅有教学视频，不设测验。下文将对结构设计中的每一模块进行详细介绍。

（一）教学视频

教学视频是整个课程的核心和主体。上述文化慕课多采用教师课堂讲授式的录制方式，即由一位教师在镜头前授课，身后为教学所用课件。在教学语言方面，多数采用英语，少数采用汉语，并附有中文或中英文字幕辅助理解。在时长方面，各门慕课之间差异较大，多数文化慕课的教学视频在 10 分钟上下，如"中国概况"大部分视频在 8—9 分钟之间，少数则较长，在 20 分钟上下，且内部差异较大，如"汉语与文化交际"的教学视频在 14—32 分钟之间。以上时长差异或与各门慕课不同的教学内容、章节划分与视频数量有关。

图 4-26 "中国概况"截图

资料来源：北京语言大学。

此外，因文化慕课不强调对语言知识的运用，而只侧重于文化知识的学习，故以上文化慕课在教学过程中均以教师讲授为主，而较少包括如其他慕课般的练习或情景短剧环节。教学视频一般会根据当课主题包含的不同部分而分为不同的模块，由教师依次讲授，讲授过程中结合图

图 4-27　"智慧汉语——中国文化概论"截图

资料来源：北京语言大学。

图 4-28　"汉语与文化交际"截图

资料来源：北京语言大学。

片对内容进行详细讲述。

（二）测试题

该部分作为教学视频的补充有着非常重要的作用。学习者通过完成课后测试题，复习巩固本课内容，加深对中国文化的了解。在上述汉语

## 第四章 汉语慕课教学模式研究

文化慕课中，多数在每节教学视频之后设置了专门的课后测试题。测试题全部为客观题型，其中包括单项选择题、判断题和填空题。题目主要是当节教学视频中讲授过的文化知识点，目的在于考查学习者的听课效果和理解程度。

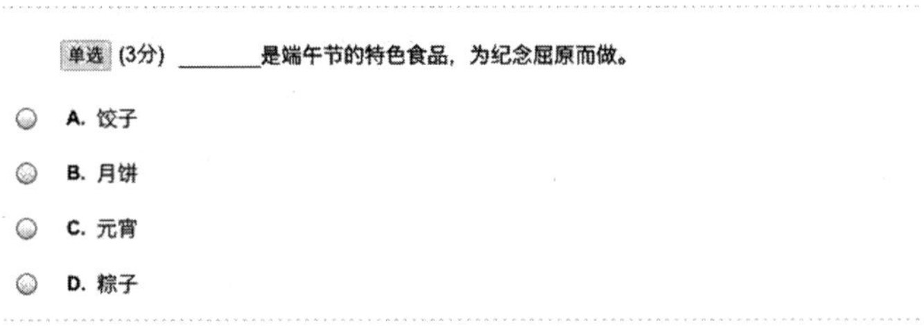

**单选** (3分) _____是端午节的特色食品，为纪念屈原而做。
- A. 饺子
- B. 月饼
- C. 元宵
- D. 粽子

图 4-29 "中国概况"慕课测试题

资料来源：北京语言大学。

**判断题** (1分)
中华文化内部不存在地域差异。（ ）
作答区： ✓  ✗

图 4-30 "智慧汉语——中国文化概论"慕课测试题

资料来源：北京语言大学。

**填空题** (1分)
北京奥运会是第29届夏季奥林匹克运动会，它的举办时间是____年。
作答区：1 输入答案

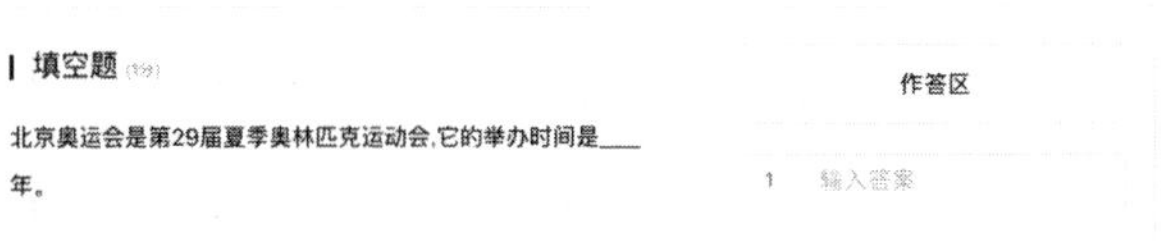

图 4-31 "智慧汉语——中国文化概论"慕课测试题

资料来源：北京语言大学。

学习者在观看完每课的教学视频之后，可以通过完成课后测试题查缺补漏。由于题型均为客观题，系统会在学习者提交答案后给出即时的反馈，学习者能够快速知道自己的学习效果，同时教师也能够通过后台数据实时监测课程的教学效果。

**四、汉语文化慕课的主要教学流程**

在日常交际场景中，文化知识隐藏于语言背后，为说话者提供得体运用目的语的指导和建议；除非在少数以文化知识为中心内容的交际场景下，文化知识才会直接通过目的语成为语言表述的内容。因此，汉语文化慕课重在对中国文化知识的讲授，旨在丰富语言学习者对目的语文化的知识储备，而较少关注像其他类型汉语慕课所注重的对语言结构的操练和运用。该特点在教学流程和环节上则体现为：从课程设计结构来看，汉语文化慕课整体教学流程和环节只包括教学视频和课后练习（考查学习者对文化知识的理解）两个部分；从教学视频来看，则省去操练的环节，只包括导入、讲授和总结三个部分，且讲授环节占主体。

（一）导入环节

教学视频的导入是激发学习者兴趣的起始环节，影响着学习者对教学视频及过程的第一印象和后续学习动力。本书所考查的汉语文化慕课教学视频多以课程片头作为导入，如"中国概况"和"智慧汉语——中国文化概论"以配乐片头为起始；个别如"汉语与文化交际"则直接以教师开门见山的介绍引出后续教学内容。

北京语言大学"中国概况"的教学视频以 20 秒课程片头导入，片头包括天安门、长城、故宫博物院、清明上河图、后母戊鼎、北斗卫星导航系统、丝绸之路、中国高铁、中国港口、港珠澳大桥、东方明珠等极具中国特色的古今名胜古迹和典型标志。这些标志象征着中国从古至今一脉相承的发展，涉及历史、地理、文化、科技等方方面面。同时，整个片头配有极具中国风的音乐，给人以宏伟壮观之感，并以课程标题"中国概况"结束。该片头风格明显，课程内容一览无余，能使从整体上把握教学内容和涵古盖今的教学思路，完美融合的图片和音乐也能以视觉和听觉冲击引起学习者的学习兴趣。

第四章 汉语慕课教学模式研究

图4-32 "中国概况"慕课片头的港珠澳大桥
资料来源：北京语言大学。

图4-33 "中国概况"慕课片头最后的课程标题
资料来源：北京语言大学。

东华理工大学的"中国文化概况"慕课教学视频包含当章文化元素图片与视频的片头，如第三章"中国艺术"的片头中出现古琴、书法、京剧等中国传统艺术的典型意象；片头最后出现标题"中国文化概况"，将该课程定位为对中国文化概况的介绍。

**图 4-34　"中国文化概况"慕课片头**

资料来源：东华理工大学。

## （二）讲授与总结

教学视频的主体部分为讲授环节，其后一般以教师简短的总结语或慕课制作单位名称的片尾结束。在讲授环节，各门文化慕课皆根据当课的教学内容安排分模块依次讲解，前后模块之间联系紧密，环环相扣，故文化教学内容及其之间的意义和逻辑联系是课程开展教学的线索。以"中国概况"第九章第二讲"构建人类命运共同体"为例，教学视频的讲授环节从"独立自主与共同发展"出发，讲述中国从汉代张骞、明代郑和到新中国独立自主的外交政策再到20世纪80年代对外交政策进一步完善的过程，结合中国维和部队在联合国中的重要作用来讲述中国以和平和发展为宗旨的理念，之后引出"一带一路"倡议和人类命运共同体理念，并通过近些年来中国与"一带一路"沿线国家经济、文化等方面的交流合作与发展成就来进一步阐释人类命运共同体的发展理念。又以"智慧汉语——中国文化概论"第十九课"为什么中国古代少见巨石建筑呢"的讲授环节为例，从西方古代多巨石建筑的现象出发引出中国古代少巨石建筑并解释其原因（中国古代文化重世俗而轻宗教与鬼神），之后过渡到宗族祭祀重要的青铜器发展历史与特点，又讲述了另一重要祭祀礼器材料玉石的发展与象征意义。"汉语与交际文化"第八课"中国人的姓氏"从古代姓氏出发,讲述其姓氏来源与作用,然后过渡到现代人的姓氏,说明姓氏的演变,最后通过讲述不同时期中国人名字的不同特色来凸显中国姓氏体现了不同发展时期社会思想特点的观点,对中国的姓氏文化进行了较为全面的介绍。

**五、汉语文化慕课的典型案例分析**

本节将选取"中国概况"作为典型案例进行汉语文化慕课的分析,该课程基本信息已于前文有所叙述,本节主要针对其教学内容、课程结构与教学流程进行具体考查与描述。

(一) 教学内容

"中国概况"的教学内容全面广泛,涵盖中国由古到今物质和精神文化层面的发展历史和现状。课程从中国的地理环境知识出发,依次讲述了中国的历史朝代、传统思想、重要观念、科学技术、中外交流和"一带一路"倡议,最后落脚于当代中国人的生活以及中国特色发展道路与和谐理念,一方面展示了中国的社会发展和国情,另一方面突出呈现了中国人在价值观念、思维方式、生活习俗等方面的特点。为具体了解该课程的章节设置,本节将每讲主题列表如下。

表4-35 "中国概况"课程设置

| 章目 | 课目 |
| --- | --- |
| 第一章 中国地理环境 | 第一讲 地理特点与丝绸之路 |
|  | 第二讲 黄河作为母亲河 |
|  | 第三讲 北京作为政治文化中心 |
| 第二章 中国历史社会 | 第一讲 早期历史与文明 |
|  | 第二讲 秦汉到隋唐的统一繁荣 |
|  | 第三讲 宋元到近现代的发展转型 |

续表

| 章目 | 课目 |
| --- | --- |
| 第三章　中国传统思想 | 第一讲　传统思想的轴心期与变化期 |
| | 第二讲　儒道佛的核心内容 |
| | 第三讲　历史影响与现代价值 |
| 第四章　中国观念文化传承 | 第一讲　"孝"文化与家庭观念 |
| | 第二讲　"礼"文化与生活空间 |
| | 第三讲　作为文化传承基因的汉字 |
| 第五章　中国科学技术的贡献 | 第一讲　四大发明的影响 |
| | 第二讲　独特的中医学 |
| 第六章　中西文化交流 | 第一讲　西学东渐与东学西传 |
| | 第二讲　海外华人对世界的贡献 |
| 第七章　"一带一路"与海上丝绸之路 | 第一讲　海上丝路与中外贸易 |
| | 第二讲　海上丝路的世界影响 |
| | 第三讲　"一带一路"倡议与新时代海上丝路 |
| 第八章　当代中国人的生活 | 第一讲　当代中国人的智享生活 |
| | 第二讲　中国人的饮食起居 |
| | 第三讲　当代中国人的文教生活 |
| | 第四讲　当代中国人的休闲娱乐 |
| 第九章　中国道路与和谐世界 | 第一讲　经济发展、人口政策和环保政策 |
| | 第二讲　构建人类命运共同体 |

从表中的章节标题可知，该课程对每一章主题皆进行纵向或横向的深入讲解。纵向深入如第二章"中国历史社会"中对各朝代的分块把握，凸显中华文明历史悠久、一脉相承的发展特点；横向深入如第八章"当代中国人的生活"，从智享生活、饮食起居、文教生活和休闲娱乐四个方面介绍了当代中国人生活的新特点，有助于消除一些外国学习者对中国人普通生活存在的误解与偏见。除了横向与纵向方面的拓展，该课程内容不拘泥于中国古代的传统文化，而是将落脚点设于其对中国现代社会的影响及当下中国社会的发展热点，为学习者呈现了一个与时俱进、日新月异的中国。此外，课程一开始便提及中国地理与"一带一路"倡议的关系，在第八章

又对"一带一路"倡议进行详细阐释,前后呼应,随后又讲解了人类命运共同体和和谐世界等具有中国特色的世界发展理念。

(二)课程结构

"中国概况"包括九章内容和期末测验,每章包括2—4讲(每讲一个教学视频)、当讲课件、单元测验与单元讨论题。每个教学视频有对应的小主题,大部分时长在10分钟上下;教师采用全中文授课,并配有中英文字幕,能在一定程度上为汉语水平尚有不足的学习者扫除理解和学习过程中的部分障碍。教学视频的录制形式多样,既有教师课堂讲授式,也有播放小视频的同时配上教师的解说语,还有重点笔记随教师的讲解即时出现的形式。如此不同形式搭配使用一方面有助于学习者对主题的理解,增强教学视频的解说力;一方面也能通过图片、小视频等资源来提高课程的趣味度,避免过度讲授带来的枯燥感,维持学习者的学习兴趣。在每章教学视频之后附有一份课件,该课件为教学视频中的重点内容,同时对视频中提及的方面进行适当延伸与扩展。课件配有汉字和英文释义两部分内容,每讲内容包括读前思考和正式阅读内容,最后还包括整章内容中的文化关键词,以及建议练习,如小组讨论、文化实践和扩展阅读材料等。章节课件为视频的重点内容做了总结和回顾,有助于学习者梳理授课内容的思路和逻辑,文本阅读的形式也有助于学习者留存,时时翻阅,是对教学视频的有效辅助学习材料。同时,适当的延伸与练习能加深学习者对教学内容的理解,课件末尾处所附的扩展阅读材料与网站也能拓宽学习者了解中国的信息来源,提供课程之外获取中国相关情况的信息渠道。

课程的单元测验每份包括四个单项选择题,设计内容皆为当章所提及的文化常识,一般一讲对应1—2个选择题,四道题的题量作为单元测验来说并不多,不会给学习者造成过多的学习负担,防止出现因单元测验任务重而中断学习的情况,这或许与课程更注重学习者了解而非完全掌握中国文化的教学目的有关。除了单元测验之外,学习者还需完成每章的单元讨论题,讨论题与当章的教学主题相联系,具体如表所示。

表 4-36 "中国概况"各章目单元讨论题

| 章目 | 讨论题 | 第一次开课回复量（个） | 第二次开课回复量（个） |
| --- | --- | --- | --- |
| 第一章 中国地理环境 | 你心目中最能代表中国的"中国名片"是什么？为什么？ | 19 | 35 |
| 第二章 中国历史社会 | 中国历史源远流长，你印象最深或最感兴趣的是哪个历史阶段？为什么？ | 20 | 33 |
| 第三章 中国传统思想 | 你对中国传统思想中的哪种说法最认同或最感兴趣？为什么？ | 17 | 20 |
| 第四章 中国观念文化传承 | 你对孝道文化或礼文化有什么看法？你能根据所学或生活交流举几个相关的例子吗？并谈谈你的看法 | 15 | 17 |
| 第五章 中国科学技术的贡献 | 你对哪一项中国古代发明与科技印象最深或最感兴趣？为什么？ | 17 | 23 |
| 第六章 中西文化交流 | 你有读过《马可·波罗游记》或其他关于中国的书吗？如果有，能谈谈你的读后感吗？这些游记中描述的中国和你亲眼所见、亲身体会的中国有什么相同或不同的地方呢？ | 15 | 21 |
| 第七章 "一带一路"与海上丝绸之路 | 你的国家或地区有参与海上丝绸之路的贸易交流吗？如果有，有哪些中国特色的产品通过海上丝绸之路传到你的国家或地区呢？如果你是参与新时代海上丝绸之路的一员，你想把中国的哪些产品带回去，又想把哪些产品带到中国来呢？ | 17 | 12 |

续表

| 章目 | 讨论题 | 第一次开课回复量（个） | 第二次开课回复量（个） |
|---|---|---|---|
| 第八章　当代中国人的生活 | 在中国学习和生活的过程中，你是否感受到课程中所提到的方便快捷或"中国特色"呢？请从衣食住行、文化教育、休闲娱乐等方面结合具体例子说明。这其中你最喜欢哪一点？为什么？（比如最喜欢的食物？最喜欢的传统节日？最喜欢的特色活动？） | 23 | 16 |
| 第九章　中国道路与和谐世界 | 在你的国家或地区有"中国制造"的商品吗？你认为中国经济的发展给全球经济带来什么样的影响？ | 18 | 10 |

从表中来看，单元讨论题从学习者的自身经历与观点出发，紧扣当章主题，鼓励学习者发表观点、分享经验。如第六章"中西文化交流"，学习者若读过《马可·波罗游记》或其他有关中国的书，则需要分享读后感，并将书籍所描述的中国与自身经历过的中国进行对比后寻找异同点。有关中国的书籍是中西文化交流中的一种重要媒介，但书籍受作者个人经历的影响会与实际情况存在一定程度的差别，讨论题引导学习者将书中内容与实际经历进行对比，有利于学习者辩证看待相关书籍，辩证分析与看待其实也是中西文化交流中一种必要而合理的方式与态度。从第一次开课和第二次开课的讨论区回复量来看，虽然第二次开课回复量随着章节的增多而有所下降，但总体来看两者的互动效果均相当不错，此等回复量在中国大学慕课平台上的汉语文化慕课及其他类型汉语慕课中已位于前列，可反映出该课程的讨论题设置较为成功。

学习者在学习章节内容的基础上，调动自身的知识储备与学习实践经验，将两者结合，有利于对新学知识的巩固与对相关话题的深入思考。同时，教师和课程团队也能了解课程学习者在相应主题下的真实想法，有助于课程团队后期在课程内容设计等方面可能进行的修改。此外，在完成讨论题之后，学习者还需进行至少五次同伴互评，同伴互评任务的分数占单元讨论题任务的50%，计入成绩系统的同伴互评任务能有效激发学习者阅读、评论同班学习者观点与想法的兴趣和热情，从而促进同伴之间的有效互动。

在九章内容结束之后，学习者需要完成期末测验，期末测验包括客观题与主观题两个部分，满分100分。前者包括40道单项选择题，每题2分，共80分，考查学习者对课程内容文化常识的掌握情况；后者包括两道主观简答题，每题10份，共20分，分别要求学习者就"一带一路"倡议以及所在国家和地区与中国经济发展关系两个话题谈谈自己的理解。主客观结合的期末测验能综合检测学习者对课程内容的理解和掌握，客观题能巩固文化知识，主观题能深化文化知识的理解，成段表达也有助于高级汉语水平学习者语言运用能力的提高。课程的成绩评估方式包括三部分：单元测验，占40%；单元作业，占20%；期末考试，占40%。三个部分分别侧重不同的方面，单元测验注重学习者对每章内容的即时巩固；单元作业注重学习者对每章内容讨论题的回答与互评情况；期末考试则注重对整体课程的综合考查与总结。多样化的评估方式能促进学习者在课程学习过程中多方面的学习成效，注重学习过程的形成性评价也有助于调动学习者的积极性，能更全面地评估学习者的表现。

总的来说，"中国概况"包括教学视频、课件资料、单元测验、讨论题和期末测验，形成较为完整的"学练结合"课程体系，对于开发与制作汉语文化慕课有着积极的借鉴意义。

（三）教学流程

该课程的教学流程细致来分依次有"导入—讲授—总结—片尾"五个部分。导入分为片头和教师语言导入两部分，片头时长约30秒，包含图片、课程章节标题和授课教师简介三部分。图片展示的是中国古今名胜古迹与社会发展成就，伴随音乐与视频动画展示的形式能让学习者对课程内容有大概的了解。片头结束后进入教师导入的环节，教师以"了解中国，理解世界，这里是'中国概况'"的话语导入，随后进行简短问候，引出当讲主题，再根据具体教学内容分模块进行讲授。如第五章第一讲"四大发明的影响"中，教师从英国汉学家艾约瑟提出的四大发明概念入手分别讲述了造纸术、印刷术、指南针、火药的历史以及它们对中国和世界发展的贡献。此外，教师还介绍讲解了丝绸、瓷器的相关内容，四大发明与丝绸、瓷器作为中国文化中的重要组成部分，对世界文化具有极大的贡献。在以上讲授环节结束后，教师以"以上就是这节的内容"结束，视频随后出现展示课程团队人员的片尾。

课程其他教学视频的基本流程皆大同小异，不同之处在于讲授环节中具体教学内容有着不同的模块。不同教学内容模块之间的划分清晰，内里又有意义和逻辑上的联系，前后模块之间主要呈并列关系和顺承关系。并列关系如第八章第一讲"中国人的智享生活"，视频按照高铁、移动支付、共享单车等模块讲解了智享生活的不同方面；时间顺承关系如第七章第一讲"海上丝路与中外贸易"，视频依次包括海上丝绸之路的由来和秦汉形成期、唐宋繁荣期、元明鼎盛期等不同发展阶段。

（四）总体评价

"中国概况"课程内容全面而系统，紧密结合当下发展热点，涵盖中国古今发展的方方面面。课程结构完整细致，兼顾课堂教学、课后练习讨论及课后测验等主要环节，多样且注重学习过程的成绩评估方式也有助于促进学习者对教学内容的巩固及与课程内容、学习者之间的互动交流。课程的教学流程也非常清晰明了，简要的导入和总结为讲授环节提供了明确的课程内容概括，讲授环节的各内容模块环环相扣，过渡自然。总体来说，该课程为汉语文化慕课提供了建设性的参考模式，对后续文化慕课的开发和制作大有助益。

# 第五章　结语：汉语慕课的未来发展方向

2013 年清华大学上线全球首个中文版慕课平台学堂在线，拉开中国慕课建设的序幕；① 2014 年北京大学在美国慕课平台 Coursera 上线"初级汉语"慕课，拉开中国国际汉语慕课建设的序幕②以来，汉语慕课随着中国慕课的迅速发展逐渐发展并完善起来，给国际中文教育事业带来了巨大的发展机遇。如崔希亮（2020）指出："无论是在基础教育领域还是在职业教育领域，甚至高等教育领域，慕课这些年在教育教学改革当中所扮演的角色都越来越重要，它们的作用越来越凸显，前几年在全国范围内出现的慕课热，也体现了网络时代教学模式的变革成为发展潮流和大趋势。"③

但是，同其他学科一样，汉语作为第二语言教学类慕课的建设近几年刚刚起步，现有的汉语慕课主要集中在初级水平，课程类型少；汉语慕课课程尚不够系统，课程之间存在知识上的交叉；缺乏教学体系上的联系；受限于课程的时长和课时限制，内容比较单薄；学习者很难通过慕课来完成系统的汉语学习，④ 课程弃课率居高不下、学分认证困难等

---

① 《清华大学推出全球首个中文版慕课平台——学堂在线》，http：//www.xuetangx.com/communi-ty/post/29。（上网时间：2021 年 7 月 12 日）
② 王陈欣：《国际汉语慕课的历史、现状分析及展望》，《世界华文教学》2020 年第 2 期。
③ 崔希亮：《全球突发公共卫生事件背景下的汉语教学》，《世界汉语教学》2020 年第 3 期。
④ 郑才华：《对外汉语在线教育的现状分析及对策研究》，《新闻传播》2019 年第 8 期。

是目前大多数慕课面临的共同问题。①

如王陈欣（2020）指出："从总体上看，当前学界已充分肯定国际汉语慕课在推动国际汉语教学改革，解决师资不足、教材短缺等问题以及扩大国际汉语传播影响力等方面的积极作用。从相关调查研究结果来看，国际汉语慕课目前已进入全面发展时期，数量持续增加，质量不断提高，类型以及相关研究成果逐步丰富。慕课技术与国际汉语教学的结合为更多的学习者提供了自主、互动学习的机会，为汉语的推广做出积极的贡献。但是，汉语慕课现有的研究主要还是停留在理论层面的教学设计，实证类的调查研究还不多见。如何将现有的教学设计付诸实践，并通过准实验研究的方法验证国际汉语慕课教学的科学性与有效性，是今后该领域研究的一大重点。"②

再如，陈音陶、姚春林（2020）提出："目前汉语慕课存在以下问题：一是专门用途汉语课程单一、课程推出单位数量较少、平台受众数量与课程受众数量差距大、课程语言及字幕与学习者水平不符、师生互动及课程讨论较少、评估与学分认证体制不健全、评价与反馈环节不完善，专门用途汉语课程较为单一，只有商务汉语一类。当前社会对专门用途汉语的需求越来越旺盛，相关单位可考虑增加相关课程。二是从课程推出单位来看，共有13所学校推出了对外汉语相关慕课。其中北京语言大学推出课程最多，共12门；上海外国语大学3门；四川大学2门；其余学校均只开设一门可以看出，无论是招收留学生的院校数量还是开设了汉语国际教育专业的院校的数量都远多于开设慕课的院校数量，因此慕课教育的发展还有很大的空间。"③

为解决汉语慕课存在的上述问题，各高校、机构、研究者们结合已有文献资料对汉语慕课的未来发展方向进行了如下梳理和总结：

---

① 冯传强、张琪：《基于慕课的混合式教学模式在商务汉语教学中的应用》，《中国石油大学胜利学院学报》2020年第3期。
② 王陈欣：《国际汉语慕课的历史、现状分析及展望》，《世界华文教学》2020年第2期。
③ 陈音陶、姚春林：《基于中国大学慕课平台的对外汉语课程现状分析》，《华北理工大学学报（社会科学版）》2020年第6期。

慕课之父史蒂芬·道恩斯（2018）指出：未来教育将是个人的学习，慕课的发展绝不是向更多的人分发相关的学习内容，而是学生作为一个个个体，能够管理好自己所获得的学习内容，同时做好自我提升、自我转变。当初创立慕课的时候，我们的目标就是要实现个人学习，我们现在强调教师的重要性，但是大家要明白，在未来，学生将转变为教师。我描述的模型是基于个体的成长与发展，而不是将大量的事实灌输给学习者，也就是常说的个性化的学习，而另外一个称之为个人学习。[①] 这提醒我们，未来的汉语慕课设计也应更加关注学习者的个性化需求，注重培养学习者的"个人学习能力"。

纪九梅等（2019）提出："慕课发展未来趋势主要有以下几个方向：一是更多高校，更多产品与服务，吸引更多学习者'慕课未来的发展需要更多高校不断注入活力，尤其是在线学位项目的建设；二是平台差异化运营，聚焦优势服务，精准定位用户；三是采用大数据、人工智能等新技术提升学习体验；四是更加关注讨论互动和学习社交的需求；五是重视慕课在混合教学中的应用'。"[②]

王陈欣（2020）指出："国际汉语慕课规划的相关调查与研究也已经从宏观的顶层设计，逐步向海外孔子学院慕课、'一带一路'区域慕课等微观层面延伸，国别化、本地化的国际汉语慕课规划将成为未来调查与研究工作的新方向。同时，鉴于目前学界没有就如何对慕课适用的学习者进行描述达成共识，笔者建议各课程研发团队在课程介绍中详细描述该课程适用的学习者，以便学习者能够有针对性地选择最符合自己学习需求的课程。"[③]

这里，我们将结合上述研究结果，以语言要素为例，分别从汉语语音慕课、汉语语法慕课、汉字慕课等几个方面简单谈一下汉语慕课的未

---

[①] 本文转自公众号"中关村互联网教育创新中心"：《育见未来丨纪录片专访第七站：专家访谈之MOOC之父史蒂芬·道恩斯》，https://www.sohu.com/a/218377594_99950984。

[②] 纪九梅等：《2018慕课发展概要与未来趋势——以Coursera、edX、学堂在线、Udacity和FutureLearn为例》，《中国远程教育》2019年第9期。

[③] 王陈欣：《国际汉语慕课的历史、现状分析及展望》，《世界华文教学》2020年第2期。

来发展方向，以期为汉语慕课未来的长远发展提供新思路、新方向。

## 一、汉语语音慕课的未来发展方向

目前，汉语语音慕课存在的最大问题为缺少教师与学习者面对面的沟通、练习和纠正。随着学习者对慕课要求的进一步提高以及科技的不断进步，这一缺陷也许可逐步解决。本书在这里提供两个汉语语音慕课可能的发展方向：

一为语音慕课配套语音练习软件，慕课学习者可与语音软件进行互动。软件中有汉语语音的标准发音，在将之与学习者发音比对之后可对学习者的发音进行纠正，北京语言大学部分学者已逐步开始类似软件的研发。二为建立课下慕课小组或社区，学习者加入后可在适合本人的时间段内与其他学习者或教师预约进行自由练习，教师也可提供合适的办公时间给予学习者实时交流的机会。这些可能的发展方向都要求汉语教师时刻关注教育前沿，掌握最新教育动态，了解需要的技术支持，为进一步提升慕课质量打下基础。

## 二、汉语语法慕课的未来发展方向

根据第三章汉语语法慕课的内容分析，我们希望，未来的语法慕课可以在中级汉语语法和高级汉语语法这两处填补空白。鉴于上述提到的语法课程语法点较多、学习者的选择问题以及语法慕课运行周期的问题，我们认为，汉语语法慕课可以向自助式语法慕课方向发展，慕课制作者可以将初级、中级或高级语法所涵盖的语法点都制作成相应的课程，学习者可以根据自己的学习需求选择需要学习的语法点进入自己的课程中，一门课程设置最低语法点数量配以相应的学分，语法点选择越多，学分亦随之增加。学习者可以避免选择自己已经学过重复的语法点，提高学习的自主性和学习兴趣。当然，这样的自助式语法慕课需要教师团队耗费时间和精力去精心准备制作，因此笔者也希望未来的精品慕课在慕课平台上不再是免费学习的课程，学习者可以付费学习，同时可以得到相应大学的学分，从而达到教师和学生的双赢。

### 三、汉字慕课的未来发展方向

汉字是汉语教学中的重点，也是汉语教学的特色。线下汉字慕课尚少，还有很大的发展空间。鉴于第三章汉字慕课内容的介绍和分析，我们认为未来汉字慕课的发展大概需要在几个方面增加或者调整内容：

首先，慕课需要有线上的汉字书写练习，这一点可以考虑配套汉字书写 App 使用。从汉语学习者的视角来看，一方面，汉字是神秘的，汉字的书写是艺术性的，练习书写汉字可以提高学习者对汉字的兴趣；另一方面，练习书写汉字也能加强对汉字的记忆，学习者能通过书写来了解汉字的部件以及结构，对汉字学习起到促进作用。

其次，课程制作方需要考虑如何增加学习者的识字量。虽然慕课的负担过重会导致学习者不容易跟进，但长时间学习却没有太多成效也会对学习者造成打击。汉字慕课是否可以根据《汉字常用等级字表》来设置课程大纲，设定学习者在一个周期的学习之后能达到几级的汉字识字量水平，这是课程制作方可以思考的问题。比起无目标的联想学习，有目标的学习更容易使学习者坚持到底。

最后，汉字的学习虽然以部件为基础，但教学内容还应整合，整个课程内容需要形成一个连贯的体系。学习者可以通过部件对一些汉字进行联想学习，也可以通过其他方式进行学习。课程中若能增加文化介绍和情景对话等环节，则能在丰富课程的同时，使课程有更强的实用性。

综上所述，汉语慕课作为网络信息化和人工智能时代的产物，随着社会的发展时刻在发生着变化，目前还面临一系列的机遇和挑战，未来的汉语慕课之路道阻且长。但是，我们坚信，在社会各界的努力下，汉语慕课一定会日臻完善，在未来的汉语教学中发挥更大的作用，获得更长远的发展。

# 参考文献

## 一、研究专著

### （一）中文类

[1] 黎天睦：《现代外语教学法：理论与实践》，北京语言大学出版社 1987 年版。

[2] 刘珣：《对外汉语教育学引论》，北京语言大学出版社 2000 年年版。

### （二）英文类

[1] Castaño, C. & Cabero, J.（2013）. *Enseñar y aprender en entornos M – Learning*. Madrid：Editorial Síntesis.

## 二、期刊论文

### （一）中文类

[1] 曹儒、刘思远：《对外汉语教学慕课的发展现状及思考》，《辽宁师范大学学报（社会科学版）》2017 年第 6 期。

[2] 陈晨：《汉语慕课学习者的自我调节研究》，《国际汉语教学研

究》2021 年第 1 期。

［3］陈良飞：《某〈中级汉语语法〉慕课考察分析——以趋向补语为例》，《2018 年对外汉语博士生论坛暨第十一届对外汉语教学研究生学术论坛论文集》，中国北京，2018 年。

［4］陈音陶、姚春林：《基于中国大学慕课平台的对外汉语课程现状分析》，《华北理工大学学报（社会科学版）》2020 年第 6 期。

［5］崔希亮：《全球突发公共卫生事件背景下的汉语教学》，《世界汉语教学》2020 年第 3 期。

［6］丁晓菲：《多媒体技术在商务汉语教学中的运用》，《汉字文化》2019 年第 16 期。

［7］樊文强：《基于关联主义的大规模网络开放课程（MOOC）及其学习支持》，《远程教育杂志》2012 年第 3 期。

［8］方芳：《慕课时代中华文化传播的机遇、挑战与对策》，《江苏高教》2015 年第 3 期。

［9］冯传强、张琪：《基于慕课的混合式教学模式在商务汉语教学中的应用》，《中国石油大学胜利学院学报》2020 年第 3 期。

［10］冯原：《中亚对外汉语慕课建设必要性研究》，《文学教育（下）》2018 年第 8 期。

［11］傅康：《慕课环境下虚拟社群教学评价模型的理论基础及因子分析》，《教育观察》2018 年第 8 期。

［12］郭建东：《混合式教学评价指标体系的构建与应用研究》，《成人教育》2020 年第 12 期。

［13］侯湖平等：《基于移动学习模式的慕课课程建设与教学效果评价研究》，《高教学刊》2020 年第 21 期。

［14］黄芳、何晴霞：《"英汉互译"课程中慕课教学质量评价与影响因素分析》，《教育教学论坛》2020 年第 8 期。

［15］纪九梅等：《2018 慕课发展概要与未来趋势——以 Coursera、edX、学堂在线、Udacity 和 FutureLearn 为例》，《中国远程教育》2019 年第 9 期。

［16］雷莉：《孔子学院发展的新思路——慕课（MOOCs）教学模

式的应用》，《西南民族大学学报（人文社会科学版）》2014 年第 12 期。

［17］雷莉：《数据挖掘技术在孔子学院慕课微视频教学中的应用与意义》，《宜宾学院学报》2015 年第 3 期。

［18］梁晓波、武啸剑：《慕课教育模式下的文化传播战略研究》，《外语教育研究》2019 年第 2 期。

［19］刘霞、侯海荣：《慕课视域下基于微信公共平台的对外汉语教学设计研究》，《湖北广播电视大学学报》2018 年第 1 期。

［20］邱均平、欧玉芳：《慕课质量评价指标体系构建及应用研究》，《高教发展与评估》2015 年第 5 期。

［21］申灵灵等：《"后 MOOC 时代"终极回归开放在线教育——2008—2014 年国际文献研究特点分析与趋势思考》，《现代远程教育研究》2014 年第 3 期。

［22］王海峰：《机遇与挑战：慕课和汉语教学》，《汉字文化》2016 年第 5 期。

［23］王俊杰、田刈璁：《慕课在线教学评价指标体系及其动态评价研究》，《教育教学论坛》2021 年第 1 期。

［24］王萍等：《大规模在线开放课程的新发展与应用：从 cMOOC 到 xMOOC》，《现代远程教育研究》2012 年第 3 期。

［25］王帅、康可意：《汉语教学慕课发展现状研究》，《海外华文教育》2019 年第 6 期。

［26］王添淼、裴伯杰：《汉语慕课课程个案研究》，《民族教育研究》2016 年第 2 期。

［27］王添淼、张越：《慕课教学中教师角色转换的叙事研究》，《课程．教材．教法》2017 年第 3 期。

［28］王晓华：《基于"一带一路"思路的商务汉语国际生培养》，《西安电子科技大学学报（社会科学版）》2016 年第 3 期。

［29］王颖等：《大规模网络开放课程（MOOC）典型项目特征分析及启示》，《远程教育杂志》2013 年第 4 期。

［30］武家辉：《慕课教学评价体系的研究》，《教育现代化》2019 年第 1 期。

［31］夏晓娟：《中国在拉美地区推广汉语教育的不足与对策》，《许昌学院学报》2017 年第 1 期。

［32］辛平：《教学理念视域下的对外汉语教学慕课分析》，《高教学刊》2019 年第 16 期。

［33］徐晶凝：《基于"中级汉语语法"慕课的思考》，《中国大学教学》2016 年第 4 期。

［34］徐蓉等：《慕课建设与孔子学院结合的研究》，宁波大学学报（教育科学版），2019 年第 1 期。

［35］许香婷、王松岩：《面向"一带一路"的当代中国国情系列慕课的设计与制作》，《文化创新比较研究》2019 年第 26 期。

［36］杨紫娟、王强：《基于混合学习的对外汉语教学模式探索——以 HSK 课程为例》，《广西广播电视大学学报》2019 年第 2 期。

［37］殷晓三等：《慕课视域下的教学质量模糊数学评价探讨》，《中国教育信息化》2019 年第 19 期。

［38］于胜泉等：《网络环境下的混合式教学》，《中国大学教学》2005 年第 10 期。

［39］原昉：《大数据背景下的外语慕课教学》，《中国成人教育》2015 年第 5 期。

［40］张畅：《弹幕技术在对外汉语教学中的应用研究》，《亚太教育》2016 年第 24 期。

［41］赵寰宇：《汉语教学"慕课"视频资源的开发与建设》，《现代交际》2014 年第 1 期。

［42］赵寰宇：《慕课（MOOCs）在汉语教学中的应用与实践》，《数字化汉语教学》2014 年第 5 期。

［43］甄刚：《汉语国际教育慕课平台建设现状及策略探究》，《教育教学论坛》2019 年第 46 期。

［44］郑才华：《对外汉语在线教育的现状分析及对策研究》，《新闻传播》2019 年第 8 期。

［45］周红：《基于案例教学法的国际商务汉语师资培训模式探究》，《国际汉语教育（中英文）》2017 年第 2 期。

[46] 周汶霏、宁继鸣：《学习者视角下的国际中文慕课建设：一种比较的路径》，《国际汉语教学研究》2020 年第 3 期。

（二）英文类

[1] Albelbisi, N., Yusop, F., Mohd S. & Umi K. (2018). "Mapping the factors influencing success of massive open online courses (MOOC) in higher education". *Eurasia Journal of Mathematics, Science and Technology Education.* 14.

[2] Bárcena, E., & Martín-Monje, E. (2014). Introduction. Language MOOCs: An emerging field. In E. Martín-Monje & E. Bárcena (Eds.), "Language MOOCs: Providing learning, transcending boundaries". *Berlin: De Gruyter Open.*

[3] Brouns, F., Mota, J., Morgado, L., Jansen, D., Fano, S., Silva, A., & Teixeira, A. (2014). "A networked learning framework for effective MOOC design: The ECO project approach". In A. M. Teixeira, & A. Szücs (Eds.), *Challenges for research into open and distance learning.* Oxford: EDEN.

[4] Dunbar, R. (1998). "The social brain hypothesis". *Evolutionary Anthropology.* 6.

[5] Ebben, M. & Murphy, J. (2014). "Unpacking MOOC scholarly discourse: A review of nascent MOOC scholarship". *Learning, Media and Technology.* 39 (3).

[6] Gil, J., & Martínez, J. (2018). "El empoderamiento del alumnado en los sMOOC". *Revista Complutense de Educación*, 29 (1).

[7] Jaffer, T., Govender, S. & Brown, C. (2017). "The best part was the contact!: Understanding postgraduate students' experiences of wrapped MOOCs". *Open Praxis.* 9.

[8] John, D. (2012). "Making sense of MOOCs: Musings in a maze of myth, paradox and possibility". *Journal of Lifelong Learning Society.* 8.

[9] Liyanagunawardena, T., Adams, A. & Williams, Shirley.

(2013). "MOOCs: A systematic study of the published literature 2008 – 2012". *International Review of Research in Open and Distance Learning.* 14.

[10] Mailhes, V., & Raspa, J. (2015). "MOOC: De la devolución educativa a la supervivencia". *Letra. Imagen. Sonido: Ciudad Mediatizada*, 14.

[11] Maldonado, J., Alario – Hoyos, C., Pérez – Sanagustín, M., Delgado – Kloos, C., Alonso – Mencía, M. & Estévez – Ayres, I. (2019). "Self – regulated learning in MOOCs: Lessons learned from a literature review". *Educational Review.* 71.

[12] McAuley, A., Stewart, B., Siemens, G., & Cormier, D. (2010). "The MOOC model for digital practice". Charlottetown: University of Prince Edward Island.

[13] Osuna – Acedo, S., Marta, C., & Frau – Meigs, D. (2018). "De sMOOC a tMOOC, el aprendizaje hacia la transferencia profesional: El proyecto europeo ECO". *Comunicar*, 27 (55).

[14] Palacios – Hidalgo, F., Huertas Abril, C. & Gómez Parra, M. (2020). "MOOCs: Origins, concept and didactic applications: A systematic review of the literature (2012 – 2019)". *Technology, Knowledge, and Learning.* 25.

[15] Rodriguez, O. (2013). "The concept of openness behind c and x – MOOCs (Massive Open Online Courses)". *Open Praxis.* 5 (1).

[16] Stracke, C. (2017). "The quality of MOOCs: How to improve the design of open education and online courses for learners?" InZaphiris, P., Ioannou A. Learning and Collaboration Technologies. *Springer.*

[17] Stracke, C., Downes, S., Conole, G., Burgos, D. & Nascimbeni, F. (2019). "Are MOOCs open educational resources? A literature review on history, definitions and typologies of OER and MOOCs". *Open Praxis*, 11.

[18] Vadillo, G., & Bucio, J. (2018). "Un MOOC, muchos MOOC: Diseño multinivel en cursos masivos del área de la salud". *Revista Investigación en Educación Médica*, 7 (26).

［19］Veletsianos, G. & Shepherdson, P. (2015). "Who studies MOOCs? Interdisciplinarity in MOOC research and its changes over time". *International Review of Research in Open and Distance Learning*, 16 (3).

［20］Zawacki-Richter, O. (2009). "Research areas in distance education: A Delphi study". *International Review of Research in Open and Distance Learning*, 10 (3).

［21］Zawacki-Richter, O., Bozkurt, A., Alturki, U. & Aldraiweesh, A. (2018). "What research says about MOOCs – An explorative content analysis". *The International Review of Research in Open and Distributed Learning*. 19 (1).

## 三、学位论文

［1］白璐：《大数据时代下汉语慕课教学资源平台构建初探》，辽宁大学硕士学位论文，2015年。

［2］包梦妃：《MOOC（慕课）模式下的中国文化教学研究》，广东外语外贸大学硕士学位论文，2016年。

［3］侯睿：《对外汉语中慕课与课堂教学结合模式探究》，湖南师范大学硕士学位论文，2020年。

［4］李敏：《初级汉语语法慕课微视频呈现形式研究》，暨南大学硕士学位论文，2020年。

［5］任洁：《国际汉语教师教育技术应用情况调查》，上海外国语大学硕士学位论文，2020年。

［6］唐慧容：《对外汉语初级综合慕课练习与测试的考察研究》，河北大学硕士学位论文，2020年。

［7］杨依然：《慕课模式下对外汉语汉字书写教学探索》，广西大学硕士学位论文，2017年。

［8］张江慧：《SPOC模式下对外汉语线上教学与线下教学互动机制研究》，兰州大学硕士学位论文，2020年。

［9］张隽：《对外汉语慕课教学设计研究》，广东外语外贸大学硕

士学位论文，2016 年。

［10］张以峰：《专业的汉语教学慕课平台建设》，西安外国语大学硕士学位论文，2018 年。

### 四、网络资源

［1］《清华大学推出全球首个中文版慕课平台—学堂在线》，2021 年 7 月 12 日，http：//www. xuetangx. com/communi‐ty/post/29。

［2］Clark, D. （2013）. *MOOCs: taxonomy of 8 types of MOOC*, Retrieved July 12, 2021, from http：//donaldclarkplanb. blogspot. co. uk/2013/04/moocs‐taxonomy‐of‐8‐types‐of‐mooc. html.

［3］Home & OpenupEd. （2015 March 12）. *Definition massive open online courses （MOOCs）*. Retrieved July 12, 2021, from https：//www. openuped. eu/images/docs/Definition_Massive_Open_Online_Courses. pdf.

［4］《风从东方来：今日中国概况》，http：//umoocs. unipus. cn/course/1035。

［5］INTEF. （2016）. *¿Qué es un NOOC?* Retrieved July 12, 2021, from http：//educalab. es/intef/formacion/formacion‐en‐red/nooc.

［6］Retrieved July 12, 2021, from http：//en. wikipedia. org/wiki/Massive_open_online_course.

［7］Steve, K. （2013）. *The professors behind the MOOC hype*. Retrieved July 12, 2021, from http：//chronicle. com/article/The‐Professors‐Behind‐the‐MOOC/137905/#id=results.

［8］UNESCO, （2002）. Forum on the Impact of Open Courseware for Higher Education in Developing Countries：Final Report. Paris：UNESCO. Retrieved July 12, 2021, from https：//docs. iiep. unesco. org/I009621. pdf.

图书在版编目（CIP）数据

汉语国际教育慕课研究/张浩著 . —北京：时事出版社，2023.8
ISBN 978-7-5195-0496-0

Ⅰ.①汉⋯　Ⅱ.①张⋯　Ⅲ.①汉语—对外汉语教学—教学研究
Ⅳ.①H195.3

中国版本图书馆 CIP 数据核字（2022）第 115859 号

出 版 发 行：时事出版社
地　　　址：北京市海淀区彰化路 138 号西荣阁 B 座 G2 层
邮　　　编：100097
发 行 热 线：（010）88869831　88869832
传　　　真：（010）88869875
电 子 邮 箱：shishichubanshe@ sina. com
网　　　址：www. shishishe. com
印　　　刷：北京良义印刷科技有限公司

开本：787×1092　1/16　印张：23.5　字数：361 千字
2023 年 8 月第 1 版　2023 年 8 月第 1 次印刷
定价：128.00 元
（如有印装质量问题，请与本社发行部联系调换）